普通高等教育"十三五"规划教材

大学生职业规划与创业导航

（修订版）

何二毛　冯　霞　主编

王吉田　任贯中　叶　晖　副主编

科学出版社

北京

内 容 简 介

本书紧扣大学生生涯探索、职业定位和创业能力培养等核心问题，依循高等教育理念和教学规律，以大学生职业生涯规划和创业能力培养的内在逻辑为主线，结合高校教学实际与当代青年学生成长特点，重点培养大学生的职业规划意识、职业发展技能和创业能力。

全书分为两部分：第一部分为职业规划，具体包括找寻职业的北斗星、自我认知、探寻职业环境、职业生涯决策、职业规划书撰写、学业规划与能力培养共六章内容；第二部分为创业发展，具体包括开启自主创业之门、塑造创业素养、抢占创业先机、绘制创业蓝图共四章内容。

本书融知识性、趣味性和实用性于一体，既可作为大学生职业规划教材，也可作为青年朋友进行职业探索和创业发展的参考读物。

图书在版编目(CIP)数据

大学生职业规划与创业导航（修订版）/何二毛，冯霞主编. —北京：科学出版社，2016
（普通高等教育"十三五"规划教材）
ISBN 978-7-03-045592-5

Ⅰ. ①大… Ⅱ. ①何… ②冯… Ⅲ. ①大学生-职业选择-高等学校-教材
Ⅳ. ①G647.38

中国版本图书馆 CIP 数据核字（2015）第 209878 号

责任编辑：宋 丽 袁星星 / 责任校对：赵丽杰
责任印制：吕春珉 / 封面设计：东方人华平面设计部

科学出版社 出版
北京东黄城根北街 16 号
邮政编码：100717
http://www.sciencep.com
铭浩彩色印装有限公司 印刷
科学出版社发行 各地新华书店经销
*
2016 年 1 月第 一 版 开本：787×1092 1/16
2018 年 9 月修 订 版 印张：18
2020 年 9 月第九次印刷 字数：438 000
定价：49.00 元
（如有印装质量问题，我社负责调换〈铭浩〉）
销售部电话 010-62136230 编辑部电话 010-62135763-2047

本书编写委员会

主　编　何二毛　　冯　霞

副主编　王吉田　　任贯中　　叶　晖

委　员（按姓氏笔画排序）

王吉田　　叶　晖　　冯　霞　　任贯中

何二毛　　宋亚辉　　张　平　　高扬帆

郭　微　　窦玉玺

前　言

进入大众化教育时代，接受过高等教育的大学生们首先会遇到就业的难题。面对未来就业的种种困境与挑战，刚刚跨进校门或在校的大学生们该如何办？如何实现更高质量就业和更充分就业？有的能提前确定自己的人生理想和职业目标，通过四年努力，成长为基础扎实、素质全面、能力过硬的职场精英，或经过几年历练、试水之后，走上了成功创业之路；有的却始终迷茫，离校时还不知道自己"路在何方"，或成为"啃老族"，或成为"外漂族"。为何会有如此之差距？其实，人与人之间的本质差距是很小的，但某种细节上的差异往往能造就不同的人生图景。这也许就表现在大学生能否认真思考、探究自己的发展远景，能否认真规划未来的职业生涯，进而促使自己更好地利用大学资源，有针对性地培养自己的学习兴趣和发展方向，提高自身综合素质，增强核心竞争能力和就业关键能力。

那么，如何有效地规划大学生活呢？本书将提供一些可借鉴的思路、途径、方式和方法。

从内容上，本书包含了就业和创业两个方面，内容全面，资料翔实，注重知识性、趣味性和实用性。从写作特点上，每章由案例导入，观点明确，分析到位；每个主题都带着问题导入正文，吸引读者边思考边阅读，问题典型，解答到位；正文由案例突出主题，通过"探索活动"训练使理论升华，生动有趣，实用性强。

本书主要面向大一、大二学生，为大一学生提供规划人生、规划职业、规划大学生活的方法和步骤；为大二学生提供创业意识激发和创业能力培养等内容。同时，本书结合职业生涯规划与创业教育实践，为从事大学生职业指导和创业教育的广大教育工作者提供了一些更加务实、操作性更强的教学参考，也为广大青年朋友提供了职业探索和创业发展方面的指导和帮助。

为提高质量，增强适用性和针对性，我们认真组织策划、写作和编辑。具体任务分工如下：何二毛负责编撰第一、二章，王吉田、宋亚辉负责编撰第三、四章，冯霞负责编撰第五、六章，叶晖、郭微负责编撰第七、八章，任贯中负责编撰第九、十章。另外，张平、高扬帆和窦玉玺对全书的修改提出了许多宝贵意见。何二毛负责全书的统稿和定稿。

在编撰过程中，我们参考和借鉴了一些同类教材，专家、学者的专著，以及相关学术论文和资料，并在参考文献中一一列出，谨表谢意。如有疏漏，深表歉意。由于编者水平所限，加之时间仓促，书中难免存在错误与不足之处，恳请各位专家和读者批评指正。

编　者

2018 年 6 月

目　录

第一章　找寻职业的北斗星 ……………………………………………… 1

　　主题 1　职业规划的内涵及意义 ……………………………………… 2

　　主题 2　职业规划的理论基础 ………………………………………… 13

　　主题 3　职业规划的流程及步骤 ……………………………………… 23

第二章　自我认知 ……………………………………………………… 29

　　主题 1　职业性格 ……………………………………………………… 30

　　主题 2　职业兴趣 ……………………………………………………… 36

　　主题 3　职业能力 ……………………………………………………… 42

　　主题 4　职业价值观 …………………………………………………… 51

第三章　探寻职业环境 ………………………………………………… 57

　　主题 1　职业认知 ……………………………………………………… 58

　　主题 2　职业环境认知 ………………………………………………… 65

　　主题 3　职业探索方法 ………………………………………………… 73

第四章　职业生涯决策 ………………………………………………… 79

　　主题 1　职业生涯目标的确立 ………………………………………… 79

　　主题 2　职业生涯决策概述 …………………………………………… 85

　　主题 3　职业生涯决策的方法 ………………………………………… 92

第五章　职业生涯规划书撰写 ………………………………………… 104

　　主题 1　撰写原则和要求 ……………………………………………… 104

　　主题 2　撰写格式和方法 ……………………………………………… 107

第六章　学业规划与能力培养 ………………………………………… 126

　　主题 1　学业规划 ……………………………………………………… 128

　　主题 2　职业素养 ……………………………………………………… 133

　　主题 3　能力养成 ……………………………………………………… 137

第七章　开启自主创业之门 …………………………………………… 150

　　主题 1　大学生创业与社会发展 ……………………………………… 150

　　主题 2　大学生创业的发展 …………………………………………… 157

　　主题 3　大学生创业方式的选择 ……………………………………… 166

第八章 塑造创业素养 ……………………………………………… 178
　主题 1　大学生创业意识和创业精神 ……………………………… 179
　主题 2　大学生创业知识和创业能力 ……………………………… 190

第九章 抢占创业先机 ……………………………………………… 203
　主题 1　商业机会的捕捉 …………………………………………… 204
　主题 2　创业战略定位 ……………………………………………… 211
　主题 3　创业项目选择 ……………………………………………… 216
　主题 4　新创企业的管理 …………………………………………… 222

第十章 绘制创业蓝图 ……………………………………………… 232
　主题　创业计划书的制定 …………………………………………… 232

附录 1　霍兰德职业兴趣测量表 …………………………………… 255

附录 2　MBTI 职业性格测试题 …………………………………… 261

附录 3　职业能力自测量表 ………………………………………… 272

附录 4　职业锚测试 ………………………………………………… 276

参考文献 ……………………………………………………………… 278

后记 …………………………………………………………………… 279

第一章　找寻职业的北斗星

　　在非洲西撒哈拉沙漠里，有一个小村庄，名叫比塞尔，长年与世隔绝。当地人祖祖辈辈从未走出过这个小村庄。他们也曾多次试图走出沙漠，但每一次都绕回了原地。

　　后来，一位欧洲青年来到了这里，建议他们朝着北斗星的方向走。结果，他们只用了三天时间就走出了沙漠。从此，比塞尔人的生活发生了前所未有的变化。

　　原来，比塞尔村地处浩瀚的沙漠，方圆几千公里没有一点儿指引物。在一望无际的沙漠里，如果仅凭着感觉往前走，人们会走出许多大小不一的圆圈，最后的足迹会是一把卷尺般的形状，只能回到起点。比塞尔人之前走不出沙漠，根本的原因在于，他们没有找到正确的指引物——北斗星。

　　同学们，我们每个人未来的学业历程、职业生涯如同这沙漠一样，在亲历之前一切都是未知的、不确定的。进入大学，站在一个新的起点，面对快速变化、充满未知、充满不确定的时代，我们将如何选择？我们的目标在哪里？方向在哪里？动力又在哪里？我们为什么学习？主要学什么？什么样的学习方式是我们最喜爱的？除了学习，我们还需要什么？什么是我们当下最为关心的事情？什么又是我们当下最为困惑的问题？四年之后，又将如何更好识别机会、如何选择合适的职业、如何更好地发展事业、如何谱写自己的人生？这一系列的问题，迫切需要我们去认真思考、认真对待，努力找寻指引我们前行的那颗明亮的"北斗星"。否则，我们也将陷于学业、职业、事业的"沙漠"而无法自制、自主。

　　立足于大学四年，着眼于未来发展，我们的学习需要规划，我们的人生需要设计。有了职业规划，我们的人生就有了方向和动力，不仅充实、有效，而且富有智慧和意义。事实上，如果没有方向，我们都不知道该去哪里？而方向偏了或错了，我们的努力越大，距离目标实现也就会越远。起点很重要，但比起点更重要的是努力的方向。

　　职业规划，就是帮助大家一起找寻属于自己的北斗星——合理定位，科学规划，快速行动，不断完善自我、提升自我、超越自我，新的梦想并不遥远，人生必将更加出彩！

本章要解决的问题

1. 什么是职业规划？
2. 职业规划与人生发展是什么关系？
3. 职业规划对大学生有什么影响？
4. 职业应该如何规划？如何修正并优化？

主题1　职业规划的内涵及意义

困惑和思考

　　高校每年都会出现学霸宿舍。2018年考研时，河南科技学院生命科技学院9#538宿舍八朵金花和资源与环境学院 4#439 宿舍八朵金花全部"榜上有名"。她们的成功，为校园增添了一抹靓丽。看到她们的骄人成绩，你是不是也心动了呢？想知道如何晋级学霸吗？从立下考研决心起，她们坚定不移地朝目标而奋斗——合理的作息时间、良好的心态让她们在前进的道路上能准确定位、认准目标，备考中更有耐心，复试时更有自信。正所谓心中有梦，砥砺前行。那么，作为学弟学妹，你们将如何度过一个有意义、不虚度的大学？如何让自己的前途一片光明？如何珍惜时光，善待青春，编织芬芳年华？

　　我们再来看表1-1：

表1-1　高校大学生毕业去向表

	就业																	未就业			
机关	事业					企业				部队	国家项目	地方项目	农村建制村	城镇社区	自主创业	自由职业	升学、出国	求职中	拟升学	暂不就业	其他
机关	高等教育	中初等教育	科研	医疗	艰苦事业	其他事业	国有企业	三资企业	艰苦企业	其他												
※	※	※	※	※	※	※	※	※	※	※	※	※	※	※	※	※	※	※	※	※	※

　　这是目前通用的高校大学生毕业去向表。如同填图"游戏"一样，无论您在意不在意、考虑不考虑、接受不接受，四年后的毕业季，一个无法回避的事实是：您需要把自己当作一个实实在在的"1"，填入到这个表格内的某个"※"处，以此给自己的未来，确定一个清晰的定位和方向。那么，

　　（1）虽然还是大一新生，对于将来，您可能的选择和去向是什么？

　　请在相应栏中做出1～3项选择，并排出优先顺序。

　　（2）从您的选项倒推、反观大学四年，您应如何度过？

　　是否应有一个较为清晰、具体的学习、成长路线（或规划），以确保预定目标能够如期顺利实现？

　　（3）若再把眼光放远一点儿，想象四年后的1～2年间：您最想做什么、能够做什么、正在做什么、做成了什么？

　　请继续描述之后的愿景：3～5年？6～10年？20年、30年？……

　　（4）随着时代的进步、技术的革新和人工智能的到来，有些工作（或职业、工种、岗位）可能被替代或消失，而新兴职业可能应运而生，面对这些变化，我们如何积极应对、如何主动适应？我们是否应有所思考和准备、有所规划和设计呢？

一、基本概念

1. 人生和职业

简单讲，人生就是指人的一生（从出生到离世），包括生存和发展两大主题。人生的主要内容应包括健康、情感、财富和自我成长，占据人生大部分时间和精力的职业对人生的这 4 个方面都有着不可忽视的影响。工作环境、工作内容和工作回馈都与个人的身心健康、自身成长、事业成功息息相关。对职业的审视与选择、对职业的规划与施行，是人生的重要功课，个人的成就与价值的实现亦始于此。可以说，职业问题并不仅仅是工作问题，更关系到整个人生的发展和个人成就。

职业（career）：一个人一生中所从事的作为谋生手段的工作。举个最简单的例子，姚明，他的职业是什么？是篮球运动员。

心理学家埃德加·H.施恩（Edgar H. Schein）认为，人的生命历程主要受 3 种因素交互影响（见图 1-1）：工作、职业和事业；情感、婚姻和家庭；个人身心发展与自我成长。其中，职业是一个人生活的重要组成部分，它不仅影响个人的整个事业发展，而且会影响到个人的家庭幸福以及主、客观的社会认可度。

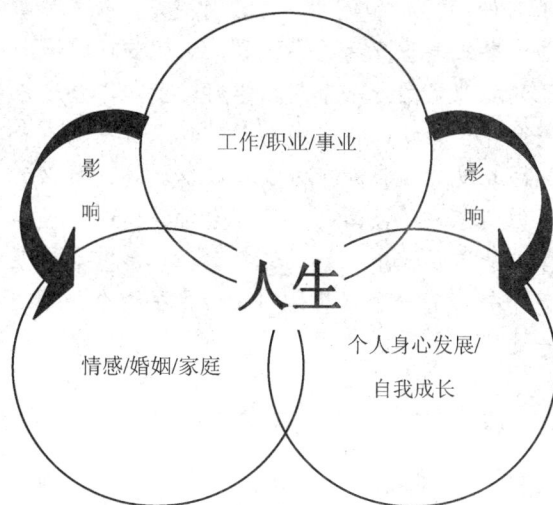

图 1-1　施恩的影响人生的 3 种因素

一份工作，尤其是长期从事的职业可以满足人的 3 方面需求（见表 1-2）：

经济方面，能够满足人们的物质需求，能够使人对未来发展产生安全感，能够提供可用于投资的流动资产，提供购买休闲的自由时间、物品和服务的资本，也是人们成功的标志。

社会需求方面，它给人们提供了会面的场所，使人们建立一定的人际关系和潜在的友谊；它赋予工作者与其家庭一定的社会地位，使人们获得受尊重的感觉；它还赋予人们责任感和被需要的感受。

心理方面，它有助于人们的自我肯定和角色认定，增强人们的可信赖感、胜任感、自我效能感和投入感，并为人们进行自我评价提供了途径。

表 1-2　职业对人生的影响

经济方面	社会方面	心理方面
① 物质需求的满足； ② 对未来发展的安全感； ③ 投资； ④ 购买休闲的自由时间； ⑤ 购买服务	① 提供与人们会面的场所； ② 维持或建立人际关系及潜在的友谊（同事、客户等）； ③ 建立社会地位，受人尊敬； ④ 赋予责任感和被人需要的感觉	① 自我肯定、角色认定； ② 增强可信赖感、胜任感、自我效能感、投入感； ③ 个人评价

　　职业和就业的区别：就业可以是临时工作，能使自己活下去的临时工作，它和你的未来发展方向可以相关也可以不相关；职业就不一样了，你选择的这个行业打算干它一辈子，这就是职业。比如说我下定决心自己一辈子不离开老师这个讲台，下定决心以后从来就没有变过，包括后来做新东方，包括现在做新东方，我依然是以一个老师的身份出现，我依然在给学生上课。我有很多时候有很多的机会可以做别的行业，比新东方赚更多的钱，但我从来没有想过别的，就是因为我觉得做这些东西跟我做老师没有关系，所以我后来的整个事业都是围绕着我的职业展开的。

　　事业是你的职业对外的扩展和延伸。它的前提，就算你事业失败了，你依然能够回到你的职业上去。事业是职业的更高境界。从职业可以慢慢进入事业境界……对于我来说，我对自己的职业定向是一个英语老师，所以即使现在新东方没有了，我回到老师的位置上，将会相当轻松、相当容易，对我来说也一点都不丢面子。为什么？本来就没有新东方。因此就算现在新东方没有了，我还是什么都没丢，因为我原来只是一个老师，现在不做新东方了，回去还是当老师。所以，我觉得以职业为一个中心点，再来扩展你的事业，这是一个很好的选择。所以我相信在座的各位有成就的人，一定是因为自己在某个领域有一个强项，到最后再把这个强项进行扩展，利用这个强项和别人一起来干一番事业。

（资料来源：新东方创始人俞敏洪的演讲）

2. 生涯和职业生涯

（1）生涯

　　"生涯"一词源于两千多年前庄子所说的"吾生也有涯，而知也无涯"，即生命是有限的，但要学习、探索的知识却是无限的。这里，"生"指生命，"涯"指边际、极限。中国古人的诗词中也有"生涯"这个词，如南宋诗人陆游在《秋思》中写道："身似庞翁不出家，一窗自了淡生涯。" 生涯的英文是 career，从字源看，该单词来自罗马词 via carraria 及拉丁词 carrus，二者的意义均指古代的战车。在希腊语中，career 有疯狂竞赛的含义，最早常用于动词，如驾驭赛马（to career a horse）。在西方人的概念中，"生涯"一词隐含未知、冒险精神等意思。如今"生涯"多被引申为人生发展历程。生涯是我们每个人有限的全部人生旅程，意味着人生的两个端点，即生和死之间所有的生活内涵。《辞海》对"生涯"一词的定义是，指从事某种活动或职业的生活。

目前，大多数西方学者所接受的生涯的定义是舒伯（Super，1976）[1]的论点："生涯是生活里各种事态的演进方向和历程，它统合了人一生中的各种职业和生活角色，由此表现出个人独特的自我发展形态。"生涯也是人生从青春期到退休之后，一连串有酬或无酬职位的综合。除了职业之外，还包括任何与工作有关的角色，如学生、退休者，甚至包含家庭和公民的角色。角色由3个层面构成：长度，指个人生命的时程；广度，指扮演角色的多少；深度，指角色投入的程度。

由于生涯是人一生中各种角色的综合，故在生涯发展过程中，必定会在不断的角色扮演中寻找自我，发掘人生的意义与前进方向。了解生涯的特性（见图1-2），有助于认识生涯的本质，以便更合理地规划人生，从而在面对不同情境时都能坦然以对。

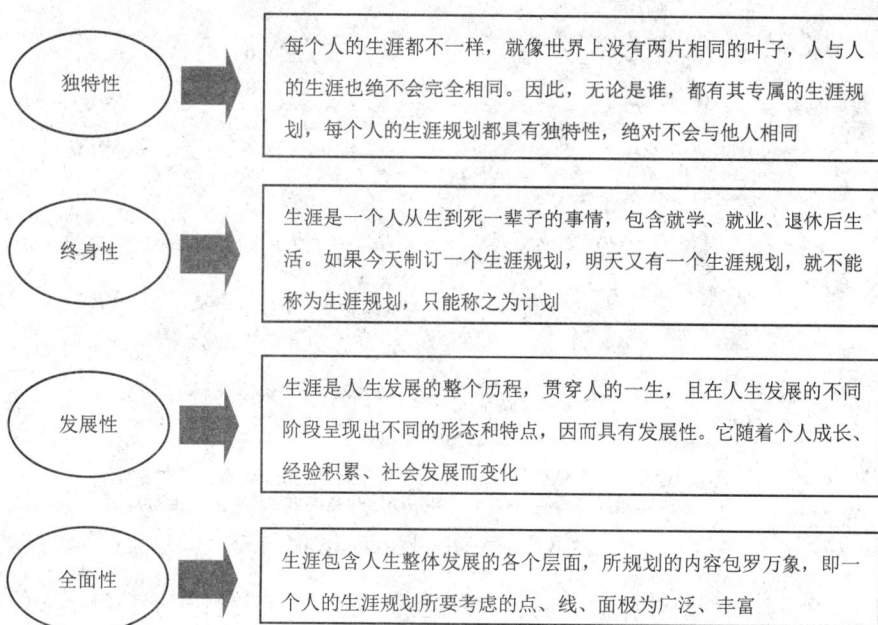

独特性	每个人的生涯都不一样，就像世界上没有两片相同的叶子，人与人的生涯也绝不会完全相同。因此，无论是谁，都有其专属的生涯规划，每个人的生涯规划都具有独特性，绝对不会与他人相同
终身性	生涯是一个人从生到死一辈子的事情，包含就学、就业、退休后生活。如果今天制订一个生涯规划，明天又有一个生涯规划，就不能称为生涯规划，只能称之为计划
发展性	生涯是人生发展的整个历程，贯穿人的一生，且在人生发展的不同阶段呈现出不同的形态和特点，因而具有发展性。它随着个人成长、经验积累、社会发展而变化
全面性	生涯包含人生整体发展的各个层面，所规划的内容包罗万象，即一个人的生涯规划所要考虑的点、线、面极为广泛、丰富

图1-2 生涯的4种特性

（2）职业生涯

舒伯认为，职业生涯是一个人终生经历的所有职位的整体历程，是生活中多种事件的演进方向和历程，是个人独特的自我发展组合。中国台湾学者林幸台认为，职业生涯包括个人一生中所从事的工作，以及所担任的职务、角色，同时也涉及其他非工作或非职业的活动和个人生活中衣、食、住、行、娱等方面的活动与体验。韦伯斯特（Webster，1986）则将职业生涯的概念进一步扩大，指出职业生涯是个人一生的职业、社会与人际关系的总称。由此，职业生涯也可被简称为生涯。实际上，很多现代职业生涯理论的研究也是将其扩展到生涯概念的，很多论著中职业生涯和生涯的概念也是经常通用的。

---

① 舒伯是美国的生涯辅导理论大师，建构了一套完整的生涯发展理论，是现今生涯辅导重要的理论基础。

（3）常见的生涯路线图

所谓职业生涯路线，是指一个人选定职业后，为了实现职业目标和职业理想所选择的路径，如向行政管理方向发展、向专业技术方向发展，还是向其他方向发展等。

典型的职业生涯路线图是一个"V"型图（见图 1-3）。例如，一个人 24 岁大学毕业参加工作，即"V"型图的起点是 24 岁，那么从起点向上发展，左侧是行政管理路线，右侧是专业技术路线。将路线划分成若干等分，每等分表示一个年龄段，并将专业技术等级、行政职务级别分别标在路线图上，作为自己的职业生涯目标。

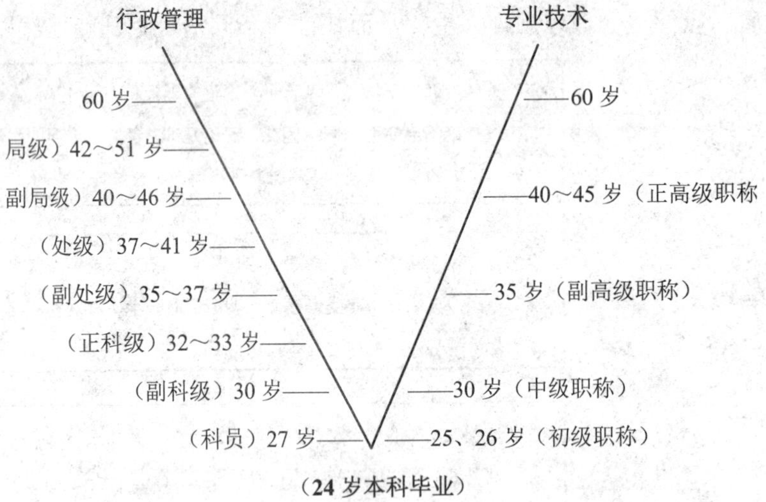

行政管理　　　　　　　　　　　专业技术

60 岁——　　　　　　　　　　——60 岁

局级）42～51 岁——

副局级）40～46 岁——　　　　——40～45 岁（正高级职称

（处级）37～41 岁——

（副处级）35～37 岁——　　　——35 岁（副高级职称

（正科级）32～33 岁——

（副科级）30 岁——　　——30 岁（中级职称）

（科员）27 岁——　　——25、26 岁（初级职称）

（24 岁本科毕业）

（说明：行政管理路线参照公务员职务任免和党政领导干部选拔条件推断，
专业技术路线参照河南省 2017 年中小学和高校职称评审文件推断）

图 1-3　典型的职业生涯路线图

当然，所谓典型的职业生涯路线图，只是就一般情况而言，并不是每个人的路线图都是如此，要因人而异。它只是提供了职业生涯路线图大概的设计路径，仅供参考。现在看来，随着市场经济体制的确立，新兴职业层出不穷，这个典型的职业生涯路线图还是有些过时的，适用的人群也大为缩减，毕竟如今人们的选择余地还是非常大的。

（4）外职业生涯和内职业生涯

埃德加·H. 施恩将职业生涯分为外职业生涯和内职业生涯，因此可以从这两个角度来加深对职业生涯内涵的理解。

外职业生涯指从事职业的工作单位、工作地点、工作内容、工作职务、工作环境、工资待遇等因素的组合及其变化过程，如将职务目标定为销售部经理、经营总监，经济目标定为 30 岁之前赚取 20 万元，40 岁之前赚取 100 万元。外职业生涯的构成因素通常是由别人给予的，也容易被别人收回。外职业生涯因素的取得往往与自己的付出不符，尤其是职业生涯初期。有的人一生疲于追求外职业生涯的成功，但内心极为痛苦，他们往往不了解，外职业生涯的发展是以内职业生涯的发展为基础的。

内职业生涯指从事一项职业时所具备的知识、观念、心理素质、能力、内心感受等因素的组合及其变化过程。例如，将工作目标定为担任销售经理职务并用一年时间建立公司的营销网络管理体制，将心理素质目标定为经得住挫折，做到临危不惧、宠辱不惊。内职业生涯各因素的生成可通过别人帮助实现，但主要是靠自己努力追求才能实现。与外职业生涯的构成因素不同，内职业生涯的构成因素一旦被获得，别人便不能收回或剥夺。

典型案例

打开你观念的抽屉

一天，报社的一位年轻记者去采访日本著名企业家松下幸之助。

年轻人很珍惜这次采访机会，做了认真的准备。他与松下幸之助先生谈得很愉快。采访结束后，松下先生亲切地问年轻人："小伙子，你一个月的薪水是多少？""薪水很少，一个月才一万日元。"年轻人不好意思地回答。

"很好!虽然你现在薪水只有一万日元，但是，你知道吗，你的薪水远远不止一万日元。"松下先生微笑着对年轻人说。

年轻人听后，感到有些奇怪：不对呀，明明我每个月的薪水只有一万日元，可松下先生为什么会说不止一万日元呢？

看到年轻人一脸的疑惑，松下先生接着道："小伙子，你要知道，你今天能争取到采访我的机会，明天也就同样能争取到采访其他名人的机会，这就证明你在采访方面有一定的潜力。如果你能多多积累这方面的才能与经验，就像在银行存钱一样，钱进了银行是有利息的，而你的才能在社会的银行里也有利息，将来能连本带利地还给你。"松下先生的一番话，使年轻人茅塞顿开。

许多年后，当年的年轻人已经做了报社社长，他回忆起与松下先生的谈话时，深有感慨：对于年轻人来说，注重才能的积累远比注重薪水的多少更重要，因为它是每个人最厚重的生存资本。

案例中，这位年轻记者的外职业生涯表现为单位是报社，职务是记者，工资每月一万日元；内职业生涯则表现为具有争取到采访名人的能力，还表现在他建立的一个新观念，即对于年轻人来说，注重才能的积累远比注重薪水的多少更重要。这种内、外职业生涯发展的结果就是这位年轻人的内职业生涯发展了，他积累了才能与经验，而这种内职业生涯的发展带动了他外职业生涯的发展，最后使他成了报社社长。一个好的职业生涯的设计是内职业生涯与外职业生涯的平衡。内职业生涯的发展是外职业生涯发展的前提，内职业生涯发展带动外职业生涯的发展。它在人的职业生涯的成功乃至人生成功中具有关键性作用。因此，在职业生涯的各个阶段，人们都应该重视内职业生涯的发展。尤其是在职业生涯的早期和中前期，每个人一定要把对内职业生涯各因素的追求看得比外职业生涯更重要。

3. 职业规划

孔子曰："吾十有五而志于学，三十而立，四十而不惑，五十而知天命，六十而耳顺，七十而从心所欲不逾矩。"这可以说是生涯的典范。古人云："凡事预则立，不预则废。""预"是规划，凡事都需要规划，职业也如此。

（1）职业规划

简单地说，职业规划是指一个人在完成系统的学校教育之后，进入社会，逐步实现从"学校人"向"社会人"转变之际，对自己将要扮演的社会角色，将要从事的具体工作、职业类型，以及未来事业的发展，所进行的一个整体而全面的规划。

（2）职业规划的内容

广义上讲，职业规划不但包括如何设计自己的职业发展目标和道路，还包括在职业生涯的过程中，如何运用各种信息和方法去获得更大的成功。因此，广义的职业规划包含了职业生涯设计和职业生涯发展两个方面的内容。

狭义上讲，职业规划包括：对职业的认识和了解，职业发展趋势，如何选择职业，选择什么的职业，在什么地方或什么领域、什么行业，甚至什么单位从事这种职业，自己将扮演什么样的职业角色，自己对于选定的职业角色在素质、能力方面的匹配度如何、满意度如何，以及可持续度如何，等等。

（3）职业规划的类型

按照规划的时间长短，职业规划可分为以下 4 种类型。

① 短期规划：3 年以内的规划，主要是确定近期目标，规划近期完成的任务。

② 中期规划：一般为 3～5 年，规划相应的目标与任务。

③ 长期规划：时间跨度较长，一般是 5～10 年，主要设定较长远的目标，并为此制定具体的措施。

④ 人生规划：整个职业生涯阶段的规划，时间长达几十年，主要是设定整个职业阶段的发展目标和行动规划。

二、大学生进行职业规划的意义

探索活动

猜 一 猜

请同学们闭上眼睛，猜猜身边有没有人穿红色的衣服？有多少人穿了红色的衣服？

提问：红色在人群中一般会很显眼，为什么大家都没有注意到呢？

红色的确显眼，但为什么做这个活动时很少有同学能注意到那么多人穿着红色衣服呢？在心理学中，有个名词叫"选择性注意"。所谓选择性注意，简单地说，就是人们在同时存在的两种或两种以上的刺激信息中，选择一种注意，而忽略其他的刺激信息。所以，当没有人提示要注意红色信息时，它被忽略了，因为它不是一个目标。但当红色成为目标时，也许不仅在今天你会格外注意谁穿了红色衣服，在今后几天，你都会关注身边谁穿了红色衣服。如果把注意力看成一种能量，那么很明显，确定目标能帮助人们集中能量。因此，当一个人在生涯规划中确定了目标时，他就容易集中所有的能量和资源去实现目标，成功的可能性就会更大。

职业规划是一个过程，其功能在于为职业生涯设定目标，并确定实现职业目标所需采取的步骤。目标可以为人生带来希望和意义，奥地利心理学家维克多·埃米尔·弗兰克尔（Viktor Emil Frankl）凭借对生命的意义的深刻理解成为奥斯维辛集中营中少有的幸存者之一，并开创了心理治疗中的"意义疗法"。他说："你不要去问生命，你应该要回答生命对你的质询。"在职业规划中，目标的制定是一项探索活动，这个过程能帮助一个人逐渐理清生命的价值和意义，并采取行动将其实现。这就好像为飘忽不定的人生增加了一个职业锚，那么，无论风雨来自何方，人生之船都自有它的航向。

典型案例

职业规划的意义

1. 一位毕业生写给李开复老师的一封信

就要毕业了。

回头看看自己所谓的大学生活，

我想哭，不是因为离别，而是因为什么都没学到。

我不知，简历该怎么写，若是以往我会让它空白。

最大的收获也许是……对什么都没有的忍耐和适应……

这封来信道出了不少大三、大四学生的心声。大学期间，有许多学生放任自己、虚度光阴，还有许多学生始终未找到正确的学习方向。当他们被第一次补考通知唤醒时，当他们收到第一封来自应聘企业的婉拒信时，他们才惊讶地发现，自己的前途是那么渺茫，一切努力似乎都为时已晚……

2. 一个曾做职业咨询的学生的故事

前来做职业咨询的动物科学专业女生小云，衣着简单，头发蓬松，有点来不及梳理的感觉，但精神状态还不错。她很主动地开始诉说自己的困惑："我是挺喜欢这个专业，而且，大学前三年，我一点儿没有浪费时间，忙忙碌碌的，舍弃了很多的玩乐，雅思、报关员、会计证我全考了，前段时间听说很多单位需要有驾照的毕业生，所以趁着寒假学开车。可是，前一段时间看到师兄师姐们开始找工作了，我突然觉得自己到毕业时不知该干些什么，该怎么做，而且这种担忧越来越严重，真不知道该怎么样才好……"

3. 比尔·拉福职业选择之路

中学时代，比尔·拉福就立志经商。他的父亲是洛克菲勒集团的一名高级职员，他发现儿子有商业天赋，机敏果断，敢于创新，但经历的磨难太少，没有经验，更缺乏必要的知识。于是，父子俩进行了一次长谈，并描绘出职业生涯的蓝图。因此，升学时，比尔·拉福没有像其他人一样直接去读贸易专业，而是选择了工科中最基础最普通的机械制造专业。在麻省理工学院的 4 年，除了本专业，比尔·拉福还广泛接触了其他课程，如化工、建筑、电子等，这些知识在他后来的商业活动中发挥了举足轻重的作用。

大学毕业后，这位小伙子也并没有马上投入商海，而是考入芝加哥大学，攻读为期3 年的经济学硕士学位，掌握了经济学的基本知识，明白了影响商业活动的众多因素，还认真学习了有关法律和微观经济活动的管理知识。几年下来，他对会计、财务管理也较为精通，在知识上已完全具备了经商的素质。

最出人意料的是，获得硕士学位后，比尔·拉福还是没有从事商业活动，而是考了公务员。在环境的压迫下，比尔·拉福养成了强烈的自我保护意识，由稚嫩的热血青年成长为一名老成干练、处变不惊的公务员，并结识了各界人士，建立起一套关系网络，为后来的发展提供了大量的信息和便利条件。

5 年的政府工作结束之后，比尔·拉福完全具备了成功商人所需的各种素质，于是辞职经商，进入了通用公司，在国际著名的通用公司进行锻炼。比尔·拉福不仅为实践所学的理论找到了一个强大的平台，而且学习到了丰富的管理经验，完成了原始的资本积累。

又过了两年，比尔·拉福开办了自己的商贸公司。20 年后，他的公司资产从最初的 20 万美元发展到 2 亿美元。

"工学学士→经济学硕士→政府部门工作，锻炼处世能力，建立广泛的人际关系→大公司工作，熟悉商务环境→开公司，事业成功"，比尔·拉福的生涯设计脉络清晰，步骤合理，充分考虑了个人兴趣、个人素质，并着重职业技能的培养，这种生涯设计在他坚持不懈的努力下，终于变为现实。也许他的这套生涯方案并不完全适合每个人，但是却显示了一个重要的信息：人生是可以设计的！只要人有信心、恒心，再加上科学的规划和设计，案例中的主角也许就是明天的自己。

人生发展历程中，职业规划起着"基础性、规范性、导向性、激励性"的作用。大学是我们走向社会、承担责任、完成角色转变、从事某种职业的过渡阶段。做好职业规划，对于大学生来说，意义非常重大。它可以帮助我们更好地认识自我，做出理性选择；可以帮助我们更好地把握自我，积极主动地发展自己、充实自己、提升自己；可以帮助我们更好地理清前进的方向，明确奋斗的目标，不断优化计划方案，促使自己快速行动，发挥优势，补齐短板，增强成就感和获得感，同时增强抗挫能力和风险意识；可以帮助我们更好地超越自我，开发各种潜能，拓展素质，升华境界，实现智慧人生和意义人生的完美融合。

1. 认识自我，理性选择

相关研究表明：一个人所从事的工作与其职业兴趣相吻合，能发挥其全部才能的 80%～90%，并能长时间地保持高效率的工作；反之就只能发挥全部才能的 20%～30%，并且容易感到厌倦和疲劳。大学生在进行职业生涯规划时，可以通过专业的职业测评来确定自己的核心价值观念、个性特点、天赋能力、缺点、性格、气质、兴趣等影响职业选择和职业发展的重要内在因素，充分了解自己，明确自己的优势和劣势，剖析自己的个性特征，明白自己想干什么、能干什么、应该干什么、适合干什么，即明确自己今后要走的路。在前进的道路上，应先给自己定下一个合适的高度，然后再通过自己的努力，一步步地朝着那个方向前进，直至达到既定高度后，再设置新的高度，渐行渐高。其实，前方的高度就是未来。而这个不断攀爬的过程就是不断完善自我、理性选择的过程。

2. 了解自我，主动发展

大学生正处于职业生涯探索阶段。这个阶段，大学生的个体能力迅速提高，职业兴趣趋于稳定，逐步形成了对未来职业的预期。大学生为了毕业后走上社会能脱颖而出，必须做好自己的职业生涯规划。有些应届毕业生不是首先做好职业规划，而是拿着求职简历到处跑，结果却浪费了大量的时间、精力与资金，到头来报怨招聘单位不能"慧眼识英雄"，叹息自己英雄无用武之地。这部分毕业生没有充分认识到职业规划的意义与重要性，认为找到理想工作靠的是学识、业绩、耐心、关系、口才等条件，认为职业规划纯属纸上谈兵，简直是耽误时间，有规划的时间还不如多跑两家招聘单位。这是一种错误的思想，实际上未雨绸缪，先做好职业规划，有了清晰的认识与明确的目标之后再把求职活动付诸实践，这样的效果要好得多，也更经济、更科学。

3. 明确目标，优化行动

近几年，不少毕业生在职业选择中看重大单位、大城市和高收入，甚至为了这些因素不惜放弃个人的专业特长，不顾个人的性格和职业兴趣。同样，存有"这山望着那山高"心理，也是职业目标不确定的一种表现。盲目地攀高追求与选择不仅影响个人目前的就业，同样也会对个体以后的职业发展产生不利影响。现在和将来要做什么，每个人都应有个合理预测和科学规划。对于职业目标的确定，需要根据不同时期的特点，根据自身的专业特点、工作能力、兴趣爱好等分阶段制定。

4. 突破自我，开发潜能

米歇尔罗兹（Michelozzi，1998）指出，生涯规划有突破障碍、开发潜能和实现自我 3 个积极目的（见图 1-4）。一个人最大的幸福就是能以自己选择的方式生活。择其所爱、爱其所择的结果，会使一个人以己为荣，并呈现出圆融、丰足、喜悦、智慧和充满创造力的气质。

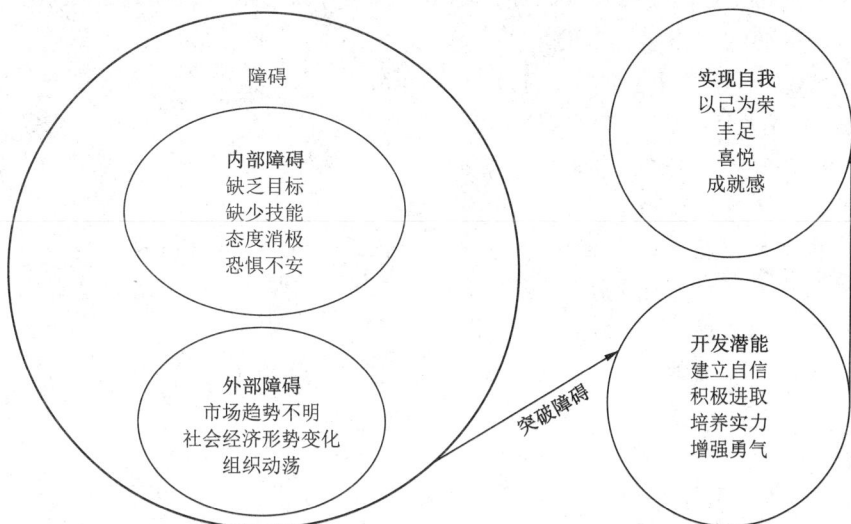

图 1-4 生涯规划的 3 个积极目的

在职业发展过程中，很多学生对追求理想的工作或人生目标充满疑虑；还有的学生甚至不敢想象或者设立理想目标，原因是他们觉得那是不可实现的。阻碍学生插上理想的翅膀、迈出勇敢脚步的原因通常来自图1-4中所示的两种障碍：内在障碍和外在障碍。

内在障碍通常是由一个人对自己的不了解、低评价、不自信或者无安全感造成的。例如，有的学生很难看到自己的优势，总用自己的劣势和别人的优势相比，其内心从未觉得自己有可用或特别之处。因此，这类学生在找工作时，缺乏信心，总感觉自己这也不好，那也学得不够，还没做好踏入社会的准备，从而挫伤自己找到好工作的信心，影响自己在面试等环节中的表现。

外在障碍则来自一个人所处的环境，通常与政局变动、市场的难以预测、经济衰退和社会秩序混乱等相关。一个没有职业生涯目标的人，很容易受外界因素的影响。例如，两名大学生，有着同样普通的家庭背景，毕业时找到的工作也都不理想。客观上，大学扩招之后的就业竞争加剧，的确影响了他们找工作，但对于具有自己职业生涯目标的学生而言，因为对未来充满希望，所以更容易积极面对并不理想的工作，努力从工作中获得和培养自己实现目标所需的能力和资源，把这当作迈向理想目标的第一步。而另一个没有任何职业生涯目标的学生，可能更容易抱怨社会、哀叹自己生不逢时，没有早几年出生，没赶上"大学毕业生是天之骄子"的年代……因为看不到希望，所以他很难从内心积极应对困境，而是认为找不到好工作是环境造成的，更觉得自己的时运不好。两位大学生在毕业时，人生的起跑线是相同的，却可能因为有无职业生涯目标导致人生的不同：一个充满力量，能克服困难、积极进取；另一个被环境所左右，怨天尤人、随波逐流。尼采说："懂得为何而活的人，几乎任何痛苦都可以忍受。"职业生涯规划可以帮助人们设定理想的职业目标，带来希望，从而突破发展中的内外障碍，最终实现幸福人生。

有3个不同国籍的人被判入狱3年，监狱长许诺满足每人一个要求。美国人爱抽雪茄，要了三箱雪茄；法国人最浪漫，要了一位美丽女子相伴；而犹太人则要了一部能与外界沟通的电话。

3年过后，第一个从监狱冲出来的是美国人，嘴里、鼻孔里塞满了雪茄，大喊着："给我火，给我火！"原来他忘了要打火机了。

接着出来的是法国人。只见他手里抱着一个小孩子，美丽女子手里牵着一个小孩子，肚子里还怀着第三胎。

最后出来的是犹太人，他紧紧握住监狱长的手说："这3年来，我每天与外界联系，我的资产不但没有减少，反而增长了200%。为了表示感谢，我送你一辆劳施莱斯！"

什么样的选择决定什么样的生活。今天的生活是由我们以前的选择决定的，而今天我们的抉择将决定自己未来的生活。

同样，人生规划、职业规划会影响一个人未来的发展与贡献。

主题2　职业规划的理论基础

困惑和思考

每个人都有自己的 PCT。PCT 是什么？就是 personal career theory，即"个人生涯理论"。该理论是由生涯理论专家约翰·霍兰德①（John Holland）于 1997 年提出来的。例如，你可能会说："我是那种户外活动类型的人，我喜欢运动、喜欢水和生物课，我觉得我将来可能会成为一名海洋生物学家。"这便是你基于自己的 PCT 做出的判断。然而其他了解你的人也许会说："我认为你将成为一名伟大的小学教师。"这是他人基于其自己的 PCT 为你做出的选择。那么，当你的 PCT 出现问题，不能够有效地帮助你解决生涯问题和进行生涯决策时，学习一些生涯大师的权威理论，也许有助于提高你的 PCT 质量。那么，到底有哪些比较重要的生涯理论值得我们学习、借鉴呢？

目前而言，职业规划在职业管理、教育咨询、事业发展、人生指导等方面都得到了较好的发展和广泛的应用，并形成了较为成熟的不同的理论体系，如舒伯的职业生涯彩虹图理论，帕森斯的人职匹配理论（也称特质因素理论），霍兰德的人格类型理论，以及金斯伯格和格林豪斯的职业生涯发展阶段理论，等等。这些理论，对于我们的学习、成长与发展，尤其是职业规划，会起到积极的指导作用。

一、人力资本理论

相对于物力资本而言，人力资本是对资本理论的丰富和拓展。人力资本（Human Capital）思想最早可追溯到 1676 年威廉·配第（William Petty）的《政治算术》。他认为，人的经济价值来源于人的劳动能力，即"土地是财富之母，劳动是财富之父"。而奠定现代人力资本理论，使之成为经济学重要流派的则是美国西奥多·W. 舒尔茨（T. W. Schultz）和加里·S. 贝克尔（G. S. Becker）。

舒尔茨在《人力投资——一个经济学家的观点》一文中强调，"教育能提高人的认知技能和劳动生产率，使人具有处理不均衡状态的能力；对国家来说，教育水平的提高使个人收入和劳动生产率上升，国民收入也会由于个体收入的上升而提高，促进社会经济的增长，政府应加大人力资本，尤其是在教育方面的投资。"由此可以看出，无论个人层面，还是组织层面，人力资本理论都认为在"教育投资、主体能力、收益贡献"三者存在着重要的正向关联。

该理论认为，人力资本是指通过投资形成的能够带来预期收益的凝结于活的人体中的知识、技能、能力、健康及其他特性。这种投资，在货币形态上可以表现为医疗保健

---

① 约翰·霍兰德，美国心理学教授，长期从事职业咨询工作，并成为该领域的里程碑式人物。

支出、培训教育支出、迁移费用支出等。其特征主要表现为：人力资本既具有先天性，又具有后天性；既具有实物形态，也具有价值形态；具有不可控性；获得途径具有多样性；形成过程具有两重性，即可通过市场活动或非市场活动形成；具有外部性和传递性；具有闲置的可能性。

根据人力资本理论，对于受过高等教育的大学生，花费了更高的成本（包括费用和时间），通常应具有更高的生产能力、资源配置能力和市场技能，具有较强的就业优势和核心竞争力，用人单位也更愿意以相对较高的人力资本投资来吸引和留住他们，以便发挥其更大作用，使其创造更多价值。

二、职业发展理论

职业发展理论的代表人物是美国心理学家舒伯（Donald E. Super）、美国著名职业指导专家金斯伯格（Eli Ginzberg）和美国心理学博士格林豪斯（Jeffrey H. Greenhous）。该理论着重研究人的职业心理与职业行为的成熟过程，强调职业发展在人生中是一个连续的、长期发展的过程。人的职业心理、职业态度和职业诉求在童年时已开始孕育、萌芽，并随年龄、经历和教育等因素的变化而呈阶段性变化。

1. 舒伯的生活/生涯彩虹图理论

舒伯于 1953 年首先提出"生涯"概念。他认为，职业发展过程是自我概念（想成为什么样）的形成、发展和完成过程。职业发展分为五个阶段：①成长阶段（0～14岁），职业能力逐步成长、发展；②探索阶段（15～24岁），择业、初就业；③建立阶段（25～44岁），建立稳定职业；④维持阶段（45～64岁），为改善工作职位和状况而不断调整，并对确立的岗位努力予以维持；⑤衰退阶段（65岁以后），逐步减少工作时间，退出职业生涯。

舒伯的最新理论成果是生活/生涯彩虹图理论（Life-career rainbow）（见图1-5）。

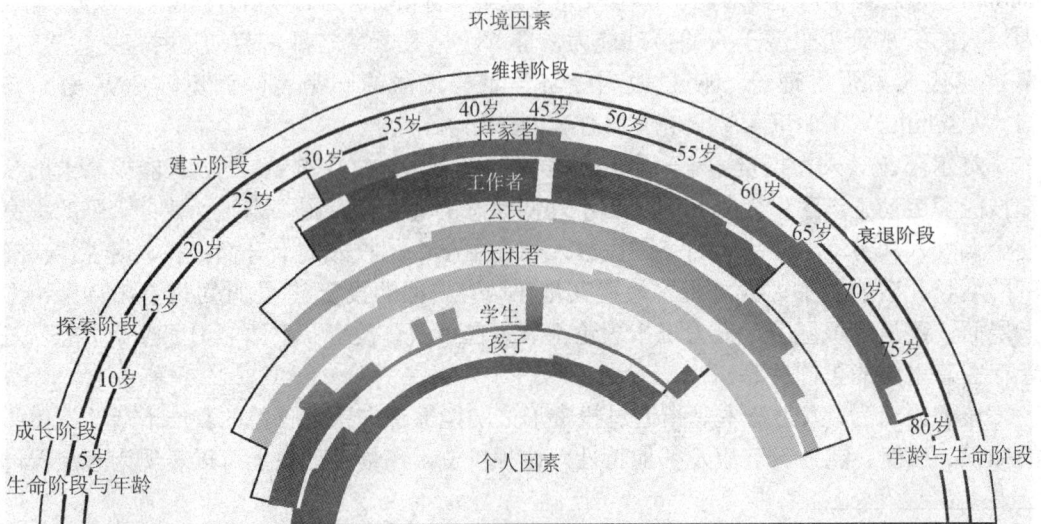

图1-5　生活/生涯彩虹图理论

舒伯认为，一个人在一生中会扮演许许多多的角色，就像彩虹具有许多色带一样。每个人在不同的时期和阶段，会承担着一个或者多个角色，每一种角色的强度也会随着时间的推移而发生变化，多个角色也会存在部分叠加、交叉现象，但总有一个是主要角色。这些角色可能是孩子、学生、休闲者、公民、工作者、退休者、配偶/伴侣、持家者、父母/祖父母。

同时，一个人的生涯发展还受环境因素和个人因素的影响与制约。环境因素，包括社会结构、历史变化、社会经济条件和组织、就业经验、学校、社区、家庭。个人因素，包括意识、态度、兴趣、需要-价值观、一般能力/特殊能力、生物遗传。

显然，职业规划决不仅仅是选择一个专业、一份职业或者一个工作地点，而应全面、彻底地分析每个人自身及其在生活的不同时期所扮演的不同角色，分清某一时段扮演的主要角色、次要角色及其各自的生活内涵、目标方向和责任担当。

对大学生来说，对个人所承担的主要角色和相关角色应有一个清晰的认识和合理的分配，兼顾主次、综合平衡、协调发展。

典型案例

小李的梦想

小李因为工作业绩优秀，晋升为公司的技术经理。可是在担任经理期间，小李发现自己的工作效率下降，在管理和人际关系方面花费了大量的时间，却收效甚微，而技术也没有任何长进。小李在考虑自己是否适合做管理，自己最大的问题出在哪里。

职业规划师在和小李深入交流时，发现他已经 30 岁了却还没有交过女朋友。在谈到将来的梦想时，小李希望自己成为像 IBM 那样的大公司的总裁，却没有谈到任何生活和家庭因素。

根据生活/生涯彩虹图理论进行分析，小李的主要问题是，他没从生涯的角度进行职业规划，最大的问题在于角色缺失。万一做不了像 IBM 那样大公司的总裁，他所受到的打击将会是致命的。

探索活动

设计人生彩虹

请同学们描绘出一个自己的多重角色生涯发展的彩虹图。

同学们选择单一或多种颜色着色，从而反映出你目前所扮演的全部生活角色，颜色越重越浓，表明你投入越多。如果你的生活朝着你理想的方向发生改变，那么再在你理想的角色上着色。

根据描绘的人生彩虹图，思考以下问题。

① 妨碍了你的理想实现的因素：＿＿＿＿＿＿＿＿＿＿＿＿＿＿＿＿＿＿＿

② 为了理想实现，你准备：＿＿＿＿＿＿＿＿＿＿＿＿＿＿＿＿＿＿＿＿＿＿

2. 伊莱·金斯伯格的职业生涯阶段理论

美国著名的职业指导专家、职业生涯发展理论的先驱和典型代表人物——金斯伯格（Eli Ginzberg）研究的重点是从童年到青少年阶段的职业心理发展过程。他将职业生涯的发展分为幻想期、尝试期和现实期 3 个阶段。这个理论揭示了初次就业前人们职业意识或职业追求的发展变化过程。

① 幻想期：11 岁之前的儿童时期。儿童们对大千世界，特别是对于他们所看到或接触到的各类职业工作者，充满了新奇感觉。此时期职业需求的特点是，单纯凭自己的兴趣爱好，不考虑自身的条件、能力水平和社会需要与机遇，完全处于幻想之中。

② 尝试期：11~17 岁，由少年儿童向青年过渡的时期。从此时起，人的心理和生理在迅速成长发育和变化，开始有独立的意识，开始形成价值观念，知识和能力显著增长和增强，初步懂得社会生产并得到一定的生活经验。在职业需求上呈现出的特点是，有职业兴趣但不仅限于此，而是更多地去客观审视自身各方面的条件和能力；开始注意职业角色的社会地位、社会意义以及社会对该职业的需要。

③ 现实期：17 岁以后的青年阶段。该时期的人即将步入社会劳动，能够客观地把自己的职业愿望或要求，同自己的主观条件、能力以及社会现实的职业需要紧密联系和协调起来，寻找适合于自己的职业角色。在现实期，人们对所希求的职业不再模糊不清，而是已经有具体的、现实的职业目标，表现出的最大特点是客观性、现实性、讲求实际。

3. 杰弗里·H. 格林豪斯的职业生涯阶段理论

杰弗里·H. 格林豪斯（Jeffrey H. Greenhaus）研究人生不同年龄段职业发展的主要任务，并以此将职业生涯划分为 5 个阶段（见图 1-6）。

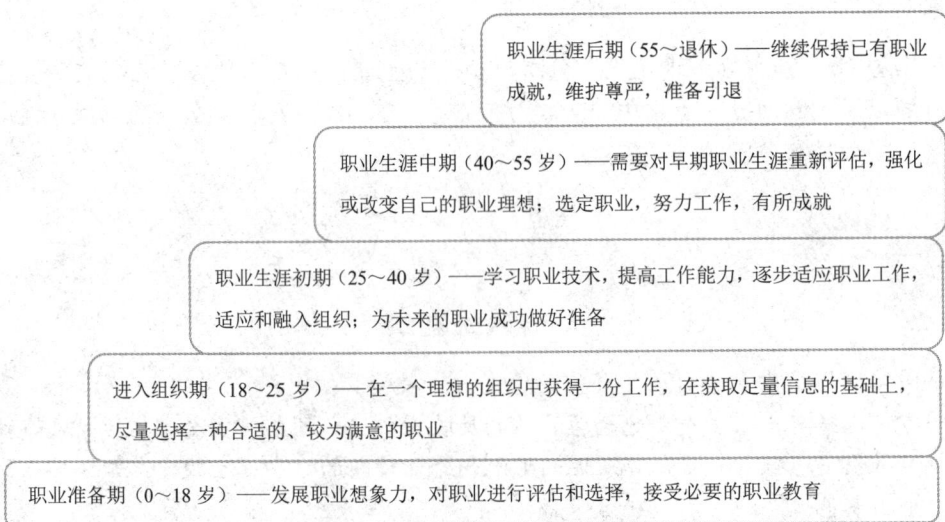

职业生涯后期（55~退休）——继续保持已有职业成就，维护尊严，准备引退

职业生涯中期（40~55 岁）——需要对早期职业生涯重新评估，强化或改变自己的职业理想；选定职业，努力工作，有所成就

职业生涯初期（25~40 岁）——学习职业技术，提高工作能力，逐步适应职业工作，适应和融入组织；为未来的职业成功做好准备

进入组织期（18~25 岁）——在一个理想的组织中获得一份工作，在获取足量信息的基础上，尽量选择一种合适的、较为满意的职业

职业准备期（0~18 岁）——发展职业想象力，对职业进行评估和选择，接受必要的职业教育

图 1-6　5 个职业生涯阶段的主要任务

典型案例

爬楼的兄弟

有一对兄弟，家住在80层。有一天他们外出旅行回家，发现大楼停电了！虽然他们背着大包的行李，但看来没有什么别的选择。于是哥哥对弟弟说，我们就爬楼梯上去！于是，他们背着两大包行李开始爬楼梯。爬到20层的时候他们开始累了，哥哥说："包太重了，不如这样吧，我们把包放在这里，等来电后坐电梯来拿。"于是，他们把行李放在了20层，轻松多了，就继续向上爬。他们有说有笑地往上爬，但是好景不长，到了40层，两人实在太累了。想到还只爬了一半，两人开始互相埋怨。他们边吵边爬，就这样一路爬到了60层。到了60层，他们累得连吵架的力气也没有了。弟弟对哥哥说："我们不要吵了，继续爬吧。"于是，他们默默地继续爬楼，终于到80层了！兴奋地来到家门口的兄弟俩这时却发现他们的钥匙留在了20层的包里了……

这个故事给了我们很多启示，它反映我们人生有很多不同的阶段，每一阶段又有不同的人生感受和责任。

20岁之前，在众多期望中，背负着很多压力和包袱，自己也不够成熟，因此步履难免不稳。

20岁之后，卸下了包袱，开始追求自己的梦想，然而不经意间就这样轻松愉快地度过了20年。

可到了40岁，发现青春已逝，不免产生许多遗憾和追悔，开始惋惜这个、抱怨那个……在无休止地责怨中又度过了20年。

60岁了，发现人生已所剩不多，于是告诫自己珍惜剩下的日子吧！

可到了生命尽头，有所思、有所悟，猛然想起自己好像还有什么事情没有完成……原有的梦想和初心，却留在了20岁的青春岁月，尚未来得及实现！

工作者作为人生的主要角色，在不同的年龄段，会有不同的职业发展，而最初的职业选择和准备则是职业发展的关键因素甚至是动力源泉。

三、人职匹配理论

1. 弗兰克·帕森斯的特质因素理论

美国波士顿大学教授弗兰克·帕森斯[①]（Frank Parsons）首先提出特质因素理论（Trait-Factor Theory，又称人职匹配理论），是最早的职业辅导理论。所谓"特质"，就是指个人的人格特征，包括能力倾向、兴趣、价值观和人格等，这些都可以通过心理测量工具加以评量。所谓"因素"则指在工作上要取得成功所必须具备的条件或资格，这

---

① 弗兰克·帕森斯，美国波士顿大学教授，1909年在其《选择一个职业》著作中提出了人与职业相匹配是职业选择的焦点的观点，并被誉为"职业辅导之父"。

可以通过对工作的分析而进行了解。其核心观点包括如下三个方面：

① 每个人都有自己独特的人格模式，每种人格模式都有其相适应的职业类型。

② 在选择职业的时候，首先须通过心理测量工具评估个人的能力，从而对自己的态度、能力、兴趣等有个清楚的了解；其次，要了解各行各业达到成功所需要的条件、优点，酬劳，机会以及未来展望等；再次，要以个人和职业的互相配合作为职业辅导的最终目标。

③ 测验工具的使用和有关职业资料的提供是职业辅导的重心。

人职匹配理论强调，选择一种职业时，须注重三个要素：一是准确地了解自己，二是准确地把握环境，三是妥善处理个人与环境的关系。据此，主体依据一定的方法和测量工具的帮助，能准确地认知自我、认知职业及其二者的关系（适配度），从而做出最佳的职业决策和选择，实现"人找到合适的岗，岗找到合适的人"的目的。该理论的突出特点在于它更关注个人性向、成就、兴趣、价值观、人格与职业条件的适应性，拓宽了人职匹配的视野，但也存在明显的局限，忽视了个人特质和工作环境的动态变化，个体发展与职业选择的思路比较僵化、呆板，缺乏能动性、创造性。

典型案例

小狗汤姆找工作

小狗汤姆到处找工作，忙碌了好多天，却毫无所获。他垂头丧气地向妈妈诉苦说："我真是个一无是处的废物，没有一家公司肯要我。"

妈妈奇怪地问："那么，蜜蜂、蜘蛛、百灵鸟和猫呢？"

汤姆说："蜜蜂当了空姐，蜘蛛在搞网络，百灵鸟是音乐学院毕业的，所以当了歌星，猫是警官学校毕业的，所以当了保安。但是，我和他们不一样，我没有接受高等教育的经历和文凭。"

妈妈继续问道："还有马、绵羊、母牛和母鸡呢？"

汤姆说："马能拉车，绵羊的毛是纺织服装的原材料，母牛可以产奶，母鸡会下蛋。可我和他们不一样，我什么能力也没有。"

妈妈想了想，说："你的确不是一匹能拉着战车飞奔的马，也不是一只会下蛋的鸡，可你并非一无是处，你很忠诚。虽然你没有受过高等教育，本领也不大，可是，一颗诚挚的心就足以弥补你所有的缺陷。记住我的话，儿子，无论经历多少磨难，都要珍惜你那颗金子般的心，让它发出光芒。"汤姆听了妈妈的话，使劲地点点头。在历尽艰辛之后，汤姆不仅找到了工作，而且当上了行政部经理。鹦鹉不服气，去找老板理论，说："汤姆既不是名牌大学的毕业生，也不懂外语，凭什么给他那么高的职位呢？"

老板冷静地回答说："很简单，因为他忠诚。"

这个案例中，每个动物都能找到适合自己的工作，不同的动物有不同的工作。用帕森斯的人职匹配理论探析其中原因，原来每个人都有自己独特的人格模式，每种人格模式都有其相适应的职业类型。

2. 约翰·霍兰德的职业兴趣理论

美国职业指导专家约翰·霍兰德（John Holland）于 20 世纪 60 年代，在特质因素论基础上，创立了职业兴趣理论，亦称"人格—职业匹配理论"（personality-job fit theory）。著有《职业选择》（*Making Vocational Choice*）一书。他认为，人格类型、兴趣与职业密切相关，职业满意度、职业稳定性和职业成就取决于人格与环境特性之间的适配性。

其理论的核心观点如下：

① 职业选择是个人人格的延伸和表现，个人的兴趣类型即是人格类型。

② 同一职业团体内的人有相似的人格，因此他们对很多的情境与问题会有相类似的反应方式，从而产生类似的人际环境。

③ 人格类型可分为 6 种：现实型、研究型、艺术型、社会型、企业型和常规型。个人的人格属于其中的一种，人所处的环境、从事的职业也可以分为这 6 种类型。个人的人格与环境之间的适配和对应，是职业满意度、职业稳定性与职业成就的基础。

他还先后编制了职业偏好量表（Vocational Preference Inventory）和自我导向搜寻表（Self-directed Search），对职业兴趣进行测量和评估。该理论和相关量表，在人才招募、职业咨询和职业选择等方面，具有较广泛的应用价值。

四、胜任力理论

McClelland 认为，胜任力是与工作或工作绩效或生活中其他重要成果直接相似或相联系的知识、技能、能力、特质或动机[1]。这是较具代表性的释义。Boyatzis 总结为个体所拥有的导致在一个工作岗位上取得出色业绩的潜在特征（可能是动机、特质、技能、自我形象或社会角色或其他所使用的知识实体等）[2]。Spencer 定义为与有效的或出色的工作绩效相关的个人潜在特征，包括知识、技能、自我概念、特质和动机五个层面[3]。

西方学者还针对胜任特定职位要求的特质因素组合，构建了冰山模型、洋葱模型等不同的胜任力模型（Competency Model）[4]。这些模型可用于人才筛选、人力评估、职业发展、绩效管理以及其他人力资源项目。

在冰山模型中，人的能力结构如同浮于大海上的一座冰山。冰山显露的部分代表着"知识和技巧"，是外在的、可改变的，且易通过行动观察的那部分能力。冰山隐藏的部分代表着"自我概念、特质和动机"，是潜在的、不易触及，难以改变的那部分能力。冰山由上至下，代表着感知和发掘的难易程度。"真正决定一个人能否在工作中做出绩效的，并不是他的知识和技能等表象因素，而是水面之下的潜在特质。"[5]

在洋葱模型中，人的胜任力特征由外到内、由表及里、层层深入，表层是最基本的知识和技巧，里层是核心能力即个体潜在特征（包括特质和动机），在表层与里层之间是自我概念（见图 1-7）。

---

① McClelland D C. Testing for competence rather than for intelligence[J]. American Psychologist, 1973, 28: 1-14.

② Boyatzis R E. The Competent Manager[M]. New York: Wiley, 1982.

③ Spencer L M, Spencer S M. Competence at Work Models for Superior Performance[M]. John Wiley&Sons, Inc, 1993.

④ 时勘，王继承，李超. 企业高层管理者胜任特征模型评价的研究[J]. 心理学报，2002，34（3）：306.

⑤ 李玲. 国内外素质和素质模型研究述评[J]. 广西师范学院学报（哲学社会科学版），2011（4）：110-114.

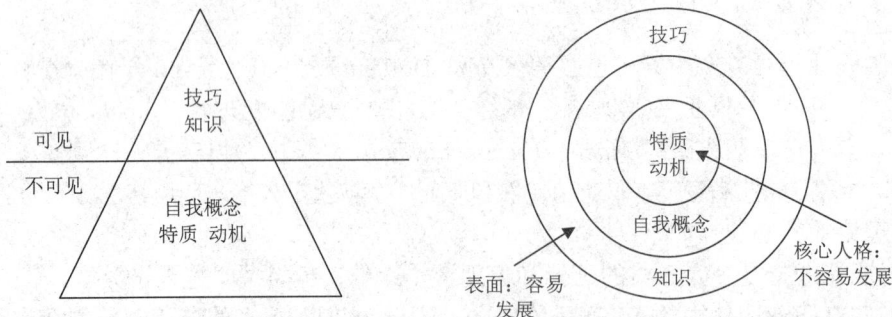

图 1-7 冰山模型和洋葱模型

胜任力就是由一个人能做什么（知识、技巧），想做什么（角色定位、自我认知）和会怎么做（特质、动机）等内在特质形成的有机组合。这些内在特质各有其表现形式，共同建构起人的能力框架，承载着职业岗位的基本需求和最优选择。而这对担负着人才培养重任的高校来说，能够从中获得有益的启示和借鉴。

从 20 世纪初生涯规划理论初露端倪以来，各种流派和学说层出不穷，研究和关注的焦点也各有侧重。不管是人力资本理论、职业发展理论，还是人职匹配理论、胜任力理论等等，都是从各自不同的研究角度出发建构起来的各具特色的理论，而不是覆盖全部的普遍理论。它们或从单一的角度研究生涯，或整合不同学科或不同领域的研究成果来发展自身的理论，一方面汲取其他理论的精髓，另一方面又进行创造性的建构，从而造就了生涯规划理论的丰富性，也增强了生涯规划实践活动的科学性和可行性。

我们将人力资本理论、职业发展理论、人职匹配理论和胜任力理论为作为职业规划的理论基础，意在形成一个由低至高、由浅入深、循序上升的认知视角。在动态、发展的就业活动中，作为主体的人，首先是一种"人力资本"，然后，在"就业链"多向建构、关联互动中，总是循着"寻求职业、实现就业、职业发展、岗位适应、胜任维持"的发展路径，叠加呈现，而上述理论恰恰为此提供了重要的理论依据。这些理论对于大学生如何实现"学校人"向"社会人"的转变，进而顺利完成从"职业意识、职业选择"到"职业适应、职业胜任"等链条式的连贯动作，具有非常现实的指导意义。

📖 扩展阅读

1. 社会学习理论

克鲁姆伯尔茨以社会学习的观点解释人类生涯选择的行为，强调遗传天赋、环境条件、任务进行技巧、学习经验 4 类因素对生涯选择的影响（见图 1-8）。其核心观点如下：

① 生涯选择，不仅反映个人自主的选择结果，也反映社会所提供的就业机会。

② 生涯决定，由人的一生中连续不断的各种事件与任务的处理技巧所决定。

③ 遗传天赋、环境条件、学习经验和任务进行技巧等 4 类因素不断地相互作用，从而形成个体对自己的能力、兴趣、价值观的推论，以及个体对世界的推论。

④个体的行为是以前所有的学习经验、自我与世界的推论以及具备的各种能力综合决定的结果。

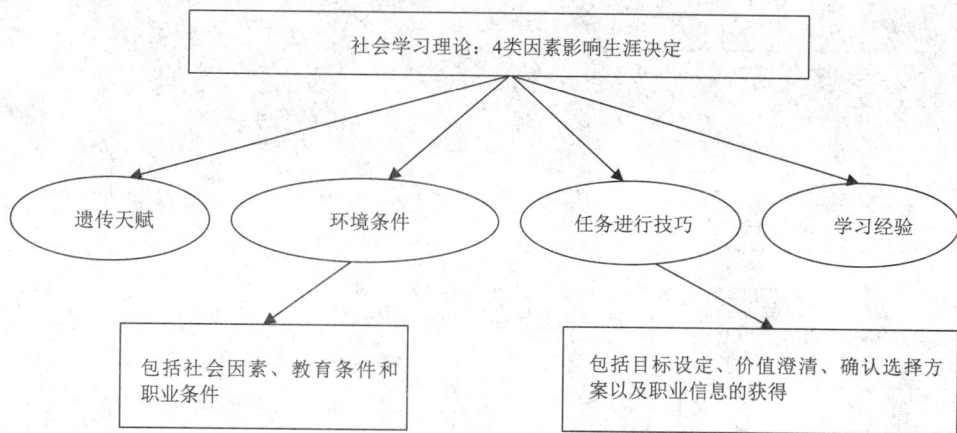

图 1-8　影响生涯决定的因素

2. 职业锚理论

埃德加·H. 施恩提出"职业锚"概念。它是指当一个人不得不做出职业选择时，无论如何都不会放弃的那个至关重要的东西或价值观。正如"职业锚"这一名词中"锚"的含义一样，职业锚实际上是人们选择和发展自己的职业时所围绕的一个中心，是企业和个人进行职业决策的核心问题。这一理论为我们进行职业选择，提供了 8 种基本的职业锚类型：技术-职能型职业锚、管理型职业锚、自主-独立型职业锚、安全-稳定型职业锚、创业型职业锚、服务型职业锚、挑战型职业锚、生活型职业锚等。

3. 影响职业规划的五个概念

做好职业规划，通常需要弄清楚与职业关联密切的五个不同层次概念，以及它们之间的相互关系（见图 1-9）。这对我们大学生来说，具有一定的启发意义。

（1）任务（task）：任务通常是指派的具体工作或特定事项。如"我今天必须完成一项重要任务""您交给我的任务已经顺利完成了""我的任务是在指定的时间把东西送到指定的地点"。任务通常是指定的、有明确的目标和时间节点，具有阶段性和被动性。

（2）工作（job）：工作是程序化的任务。一个人的工作是他在社会中所扮演的角色。社会是由不同的组织构成，而组织又是由个体构成，他们分工合作，朝着既定的目标行动，从而推动社会的发展。工作意味着有明确的分工和职责，并因此获得工资、培训、晋升等回报。

（3）职业（profession）：职业是系统化、常态化的工作以及持有的态度。对于某一职业，更加强调"专业化、精细化和文化化"。专业化是讲，在某个领域有深入的研究和丰富的实践经验，能够为决策提供科学建议。精细化是讲，对工作进行标准化管理，能够比较典型地反映从业者的职业素养。文化化是讲，文化表现为对工作本身的尊重、对自己的尊重、对服务对象与环境的尊重，是发自内心地对工作的执着和热爱。

（4）事业（career）：事业是对职业的升华，充分体现了职业的意义。事业不是别人要求我如何做，而是我要怎样做。事业是一个人可以一辈子为之奋斗的目标。它是解决人类最高层次的需求，是社会价值和自我价值的实现。正如《伟大的工作，伟大的事业》所言："事业就是你能解决什么问题以及你能为这个社会做出怎样的贡献。"

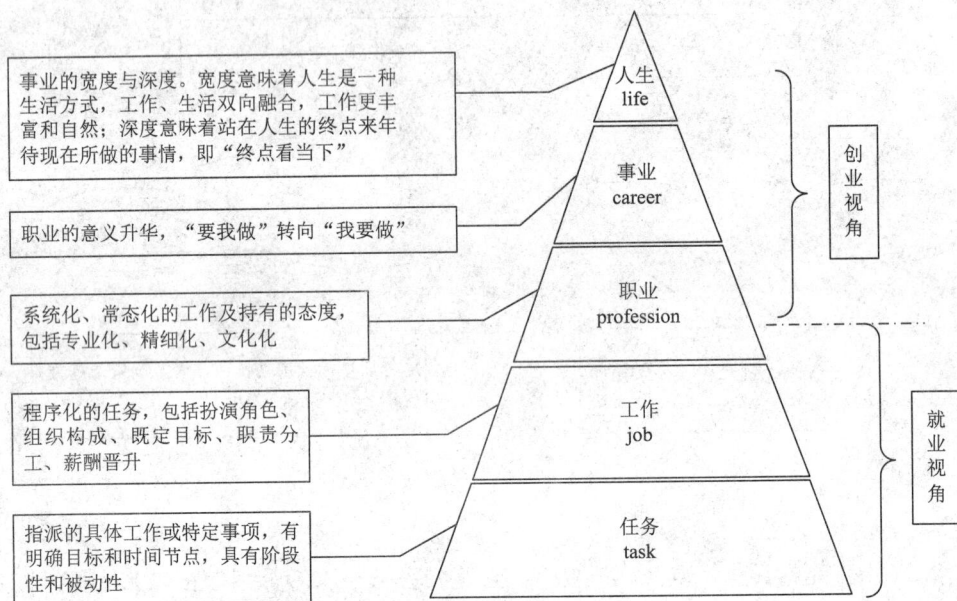

事业的宽度与深度。宽度意味着人生是一种生活方式，工作、生活双向融合，工作更丰富和自然；深度意味着站在人生的终点来年待现在所做的事情，即"终点看当下"

职业的意义升华，"要我做"转向"我要做"

系统化、常态化的工作及持有的态度，包括专业化、精细化、文化化

程序化的任务，包括扮演角色、组织构成、既定目标、职责分工、薪酬晋升

指派的具体工作或特定事项，有明确目标和时间节点，具有阶段性和被动性

人生 life
事业 career
职业 profession
工作 job
任务 task

创业视角
就业视角

图 1-9 影响职业规划的五个概念及其关系

（5）人生（life）：人生是指人的一生，包括人的生存条件、生活质量和生命意义。从职业者的角度讲，人生则意味着一个人事业的宽度和广度、深度和厚度。宽度和广度意味着人生是一种生活方式，把工作融入生活，把生活带入工作，让工作本身的意义变得更丰富、自然和宽广；深度和厚度意味着站在人生的终点来看待现在所做的事情，拓展、深化和升华人生的内涵，让人生更有价值和品质，充满智慧和意义，这是事业的归宿和可持续发展的方向。

这五个层次的概念是什么样的关系呢？

从任务、工作到职业，再到事业和人生，遵循了一个从低到高、渐进发展的过程。

任务、工作与职业，侧重于就业视角——你更多的时候是服从，要求你怎么做，你可能不知道为什么这么做，主要强调把事情做正确，有效地执行，有效地完成。

而职业、事业与人生，更侧重于创业视角——你会更加主动，你会找到事情深藏的意义，是我想要怎么做，主要强调正确地做事，能够做出积极、主动的选择和合理的决策，并能够以积极主动、乐观向上、充满自信的心态去探索、去发现、去创造，在改变自己的同时，努力改变环境、改变周围、改变他人，让这个世界变得更加美好！

主题3 职业规划的流程及步骤

困惑和思考

人们常说，一个人一生最大的幸福在于选择对两件事：一是找对单位、找对老板；二是找对妻子或丈夫。为什么这么说呢？当太阳升起时，我们与上司共事，当夕阳西下时，我们与自己的爱人相拥。那么如何才能找到合适的单位和老板呢？职业规划应该如何"做"呢？规划是一成不变的吗？

一、规划准则

人生之旅只有单程车票，大学生如果只是闭门造车，那自己的职业道路很可能从此阴云密布，坎坎坷坷；相反，如果遵循职业设计的基本规则，运筹帷幄，相信从此便会风和日丽，道路坦荡，个人也终将由此走向辉煌。

1. 择己所爱

兴趣是最好的老师，是最初的动力，兴趣是成功之母。调查一再表明：兴趣与成功的比率有着明显的正相关性。

北大方正集团有限公司（以下简称"北大方正"）如今已是声名显赫的高科技集团，巨额利润已使它成为当之无愧的"航空母舰级"企业。由于北大方正的全力开拓，中国印刷业告别了铅与火，迈进了光电时代。北大方正的迅速发展激荡人心，集团总裁张玉峰的创业史更是发人深省。

张玉峰原是北京大学物理系的一名普通讲师，僵化的行政体制与计划经济制度压抑了他的兴趣与才能。改革开放之后，张玉峰发现自己原来对经商有着如此强烈的兴趣，于是他果断决定，在一片讨伐其"离经叛道"声中下海经商，创办了北大方正公司。长期压抑的兴趣与才能一经释放，便一发不可收拾。短短十年之内，北大方正公司规模扩张了几千倍，创造了巨额财富，成为中国高科技企业的杰出典范。浓厚的职业兴趣是张玉峰事业腾飞的引擎，也正是这种对兴趣的无悔追求造就了一代杰出人物。

所以，大学生在规划职业生涯时，务必注意要考虑自己的特点和自己的兴趣，择己所爱，选择自己喜欢的职业。

2. 择己所长

任何职业都要求从业者掌握一定的技能，具备一定的条件。难以想象让一名卡车司机驾驶一架民航班机会出现怎样的后果，因为他们不具备相应的职业能力。职业不同，对技能的要求也不一样。任何一种技能都是经过一定时间的训练后才能被劳动者掌握，而每个人的一生都很短暂，任何人都不可能在一生中掌握所有的技能。

马克·吐温（Mark Twin）作为职业作家和演说家可谓名扬四海，取得了极大的生涯成功。你也许不知道，马克·吐温在试图成为一名商人时栽了跟头，吃尽苦头。马克·吐温投资开发打字机，最后赔掉 5 万美元，一无所获；他看见出版商因为发行他的作品赚了大钱，心里很不服气，也想发这笔财，于是他开办了一家出版公司。经商与写作毕竟风马牛不相及，马克·吐温很快陷入困境，这次短暂的商业经历以出版公司破产倒闭而告终，马克·吐温本人也陷入债务危机。经过两次打击，马克·吐温终于认识到自己毫无商业才能，遂断绝了经商的念头，开始在全国巡回演说。这回，风趣幽默、才思敏捷的马克·吐温完全没有了商场中的狼狈，重新找回了感觉。到 1898 年，马克·吐温还清了所有债务。

正所谓"尺有所短，寸有所长"，大学生在规划自己的职业生涯时，千万要注意选择最有利于发挥自己优势的职业，即择己所长。

3. 择己所需

一个不得不承认的事实是，职业对每个人而言，依然是一种谋生手段，是谋取人生幸福的途径。通过职业劳动，在谋取个人福利的同时，也为社会做出了贡献，创造了社会财富。谋取职业的第一动机很简单，首要目标在于获得个人生活的幸福。任何人都期望职业生涯能带给自己幸福，利益倾向也支配着人们的职业选择。

择业时，首先考虑的就是预期收益，这种预期收益将使自己实现最大化的幸福，即收益最大化。马斯洛（Maslow）将人们的需求按由低到高排列成 5 个层次：生理需求、安全需求、爱的需求、自尊需求以及自我实现的需求。个人预期收益在于使这些由低到高的基本需求得到最大的满足，而衡量其满足程度的指标就表现在收入、社会地位、职业生涯的稳定感与挑战性等方面。不同的人有不同的偏好，每个人都会尽可能地满足其需求。

明智的人大都会以利益最大化为原则权衡利弊，从一个社会人的角度出发，在一个由收入、地位等变量组成的函数中找到一个最大值。这就是大学生在选择职业生涯中的收益最大化原则。

4. 择世所需

社会的需求在不断变化，旧的需求不断消失，新的需求不断产生。昨天的抢手货今天会变得无人问津，生活处于不断地变异之中。几年前，社会上突然掀起了"呼啦圈热"，一时间街头巷尾，老人和孩子早也摇晚也摇，市场上呼啦圈紧俏，商贩争相进货，厂家竭力生产。没想到呼啦圈热得快，冷得也快，几个月后，人们的新奇感消退了，商店里呼啦圈堆积如山，盲目跟风的厂商叫苦不迭。由此可以看出，每个人在设计自己的职业生涯时，一定要分析社会需求，择世之所需，否则，只会自食苦果。

二、规划步骤

我的旅游计划

教师将一张世界地图挂在黑板上。请同学们参考世界地图，为自己制订一个详细可行的旅游计划。将同学们分为 3 人一组，并讨论以下问题：

① 旅游目标是什么（包括目的地和可能的收获感受两个方面）？

② 选择跟团游，还是自助游？

③ 旅游路线是什么？具体的执行计划是什么？

④ 制订这个计划经过哪些步骤？

⑤ 如何落实这个计划？

小组总结，并在全班进行讨论、交流和分享。

职业发展就像一次人生旅行，要想品尝收获的喜悦，需要提前对行程做好精心安排，也就是职业规划。职业规划需要认真思考自己前进的方向，拟定一个行动计划，步步为营。如果且走且战，则很容易陷入职业发展的泥潭，疲惫不堪。在进行职业规划时，需遵循择己所爱、择己所长、择世所需和择己所利的原则，遵循客观、科学、实际的规划方法和流程（见图 1-10）。

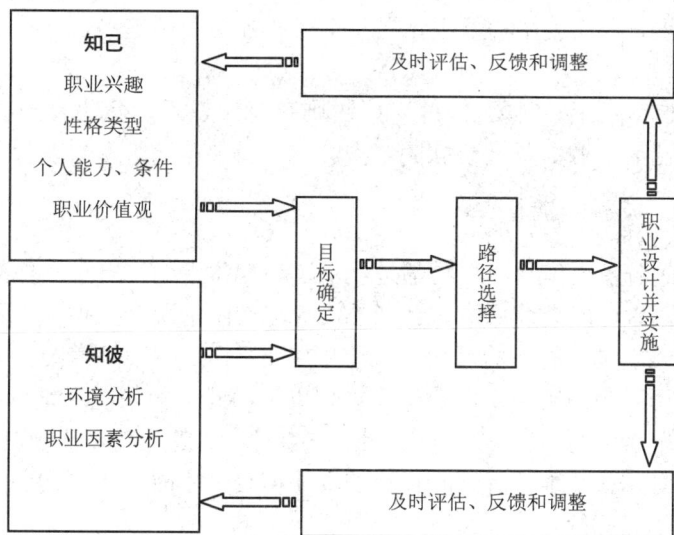

图 1-10　职业规划流程

1. 知己

知己即自我评估，就是对自己作全面分析，认识自己、了解自己，这是实施生涯规划的重要步骤。理想的职业选择要靠科学的规划，科学规划的基础是准确的评估。自我评估的内容包括个人的兴趣、特长、性格、学识、技能、智商、情商、逆商、财商、健商，以及组织管理、协调、活动等的能力。

2. 知彼

知彼即环境因素分析。环境因素对个人职业生涯发展的影响是巨大的，它为每个人提供了活动空间、发展条件和成功的机遇。环境分析的内容包括对社会环境、组织环境和家庭环境的分析。

3. 目标确定

理想的职业生涯目标，对人的发展有着重要的激励作用。由于知识、经验、阅历、态度、各自利益的不同，每个人对于自己预期的职业生涯目标也各不相同，应根据自己的需要确定自己的职业生涯目标。

4. 抉择道路

通过自我评估、分析环境，并且在确定未来职业目标的基础上，从自己的价值观、理想、成就动机等方面对自己今后所要从事的职业做出选择。

5. 制订计划并实施

行动计划指落实目标的具体措施，主要包括工作、训练、教育、学习等多方面的措施。行动计划由长期计划和短期计划两部分组成。长期计划有点像人生目标，它的实现有众多不确定因素，在实施中需要根据自身实际和社会发展趋势，不断地设定新的短期可操作的目标。

当生涯计划制订好后，便要采取行动，否则空有计划而无行动，一切都如梦幻泡影。在行动中累积自己的资源，是此步骤的重点。

6. 及时评估、反馈和调整

常言道，计划赶不上变化。事物都是处于运动变化中的。自身及外部环境条件的变化等种种不定因素，可能会使原本制订好的设计与实际情况产生偏差，职业生涯设计也要随之变化。航天飞机在航行的过程中，97%的时间都是偏离航道的，不断地从回馈中修正航道，是不可避免的工作。职业生涯规划也是如此，即使能从事自己喜欢的工作，仍然会不时地被杂事缠身，迷失方向。因此，需要对原来的设计做出及时且准确的调整。

做好职业规划，科学地选择适合自己的发展道路，才能使自己的事业取得成功，才能使自己的人生不虚此行。

思考与实践

"跳槽"引发的思考

李伟是一名双学位学士，其双学位分别是广告学学士和市场营销学学士。在学业上他是成功的典范。从小学到大学，李伟一直是老师的宠儿，毕业后拿到双学位的学位证书更是让身边的同学美慕。

李伟很顺利地进入一家规模比较大的广告公司从事媒体广告和策划工作。初涉职场的李伟非常卖力，工作第一个月就成功签单并转正。可一年之后，他的岗位和薪水却没有得到相应的提升。他发现，原来这家公司的上层人物基本都和老板沾亲带故，自己根本没有什么发展空间。李伟果断地选择了辞职。

没有费多大劲，李伟就找到了第二份工作。在新的岗位上，他的职位是销售工程师，出色的业绩让李伟的薪水比以前有所提升，可是并不能让他满意，原因是他发现这家公司各方面的管理体制甚至还没有上一家公司正规。他认为，在这里，自己根本学不到自己希望学到的东西，思前想后他又选择了离开。

频繁的辞职让自信的李伟也开始灰心了，找工作的积极性也没有了。

在辞职半个月后，他前来咨询职业顾问，希望专家能解决他的困惑，告诉他下一步该怎么走。

看了这个未完的案例，请探讨以下问题。

① 李伟现在面临的问题是什么？他需要做哪些努力才能步入正常的生活轨道？

② 假如你是李伟的朋友，当初会给他怎样的职业发展建议？

③ 这是一个多元化的社会，职业成功的标准也是多样化的，可以是财富，可以是奉献，也可以是才华展示……那么，你对职业成功的衡量标准是什么？

探索活动

1. 你想成为什么样的人？

假如有一天，你突然接到一位朋友的电话，说你们共同的好朋友因病去世了。你是否会为不测的人生感伤呢？

你是否会思考：当自己有那么一天时，你希望别人怀念自己什么呢？你希望留给后人什么值得纪念的东西呢？或者你会给自己写一篇什么样的祭文或墓志铭呢？

当我们平静安详地躺下，外面世界的一切已经离我们渐行渐远，不管是什么评价对我们已经不再重要。

但是，在离开这个世界的最后时刻，为了告别人生的自信与无愧，为了生命最后的尊严与责任，我们是否应该从现在开始做点什么呢？

请拿出笔，在表 1-3 的左侧写下你的人生角色（以下仅供参考）。

表1-3 人生角色的扮演

序号	人生角色	希望他人 如何评价和怀念我	从现在开始 我应该做什么、怎样做
1	一个好丈夫（妻子）		
2	一个好父亲（母亲）		
3	一个好儿子（女儿）		
4	一个好朋友		

续表

序号	人生角色	希望他人 如何评价和怀念我	从现在开始 我应该做什么、怎样做
5	一个好邻居		
6	一个好同事		
7	一个好下属（员工）		
8	一个好上司（经理、主管、老板）		
9	一个遵纪守法的好公民		
10	一个道德情操高尚的人		
11	一个对社会有卓越贡献的人		
12	一个热心帮助他人的人		
13	一个正直公平、光明磊落的人		
14	一个才华横溢、热情奔放的人		
15	……		

写好以后，对应你所扮演的人生角色，请制订出你的行动计划来。

2. 角色平衡轮

请根据舒伯生活/生涯彩虹图，给自己确定 1～3 个当下最关紧、最重要的角色，并按优先级排序。然后，进一步细分每一角色的责任、资源及相应行动，比照图 1-11，制作一个大学期间的角色平衡轮。

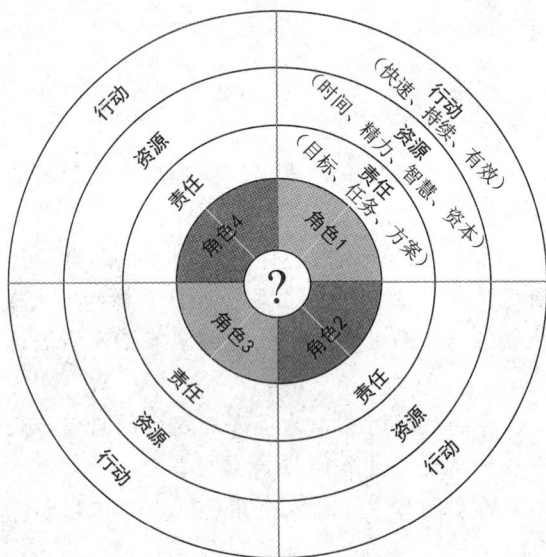

图 1-11　角色平衡轮

第二章 自我认知

　　小叶，动物医学专业，本科毕业，性格开朗，善于交流，大学期间积极参加社团活动。先后在检疫所、饲料加工企业实习过，毕业后从事了3年的药物销售，自我感觉非常疲惫和辛苦。在不断就业"试错"后，小叶突然觉得这些工作都不太适合自己，白白浪费了许多时间。看着和自己一起毕业的同学都已经是公司的管理人员，自己甚至连工作都还没有稳定下来，非常焦虑。但是对于什么样工作最适合自己，他也没有想法。最近又想自己创业做动物驯养，但是觉得自己不太善于经商，转念又想做一份稳定的工作。小叶既茫然又无奈，怎么办？未来的路究竟该怎么走？

　　小叶的经历是很多年轻人都会经历的。大学毕业之初，很多年轻人都会满怀斗志，雄心勃勃。但很少有人会在自己定下目标之前理智认真地进行自我分析，自我"解剖"。由于对自我认知的缺乏，不少人会走一步看一步，没有明确的方向，也不会合理适度地做一些调整。从小叶毕业前夕去检疫所、饲料加工企业实习的选择来看，其实从开始就有了职业稳定性的择业倾向，只是当时他并没有意识到这一点。毕业后，小叶选择了从事动物药物的销售，销售岗位不但需要较高的抗压性，还要较强的人际交往能力和广泛的人脉关系。这对于刚毕业的学生来说，是一个很具挑战性的岗位。遗憾的是，尽管小叶在销售岗位上一做就是三年，但他并没有在这一岗位上获得成就感，最后小叶选择了改行。小叶的经历给我们的启示：一方面，在没有分析自己是否适合做销售的情况下贸然选择了销售类的岗位；另一方面，"试错"时间过长，如果小叶能较早发现自己不适合销售岗位，及时做出有效调整，就不至于浪费了最为宝贵的职业选择期。究其根源还在于他没有进行自我分析和评估，不知道自己想要什么，能做什么。面对各种各样的岗位，没有做好职业定位。

本章要解决的问题

1. 什么是自我认知？
2. 如何全方位深入地认知自己？

课堂小游戏

自画像：我是谁

请在白纸上画出你的"自画像"，并在图片右边写出 5 个你的鲜明特点，尽量选择一些能反映个人风格的语句。

自我认知不仅包括对自身的了解，也包含对周围的环境、你所处的家庭以及社会氛围、文化传统、价值观念等内容。自我认知是认清自己——我能做什么、想做什么、怎样去做以及成为一个什么样的人。对自己有准确的定位，人生才不会稀里糊涂、浑浑噩噩。要懂得定位，学会采用理性的态度追求更好的生存状态。了解自己的实力和需求，明确理想和愿望所在，不断激发自己的潜能，做最好的自己。

职业层面上的自我认知是对职业兴趣、职业性格、职业能力和价值观的认知，最终目的是找到一份适合自己的工作。我们必须长期地、努力地工作，工作中的状态甚至会影响一个人的生活方式。然而，大多数人并不真正清楚他们到底需要什么。他们只知道自己不喜欢什么（从经验中得知的），但他们并不知道如何想出，或者说如何找到一份满意的职业。认知自我特点，有助于我们更好地悦纳自我、改变自我、提升自我。

主题1 职业性格

困惑和思考

一位老板想从值得信任的甲、乙、丙三位助手中选派他们分别负责管理财务、推广业务、策划的工作。这位老板想了解三位助手的性格特点，根据性格分配合适的工作。于是他安排三位助手下班后留在公司与他一起研究问题。在这期间，老板故意制造了一起火灾，以便观察他们三人各自的性格特点。结果老板发现，他们在火灾中的表现完全不同。甲说："我们赶快离开这里再想办法。"乙一言不发，马上跑到屋角拿出灭火器去寻找火源。丙则坐着不动，说："这里很安全，不可能有火灾。"老板通过三位各自的行为表现，找到了满意的答案。他认为，甲首先选择离开危险区，表现了性格的客观、谨慎、稳重、老练；乙积极向危机挑战，抢先救火，忠于公司，表现了性格的勇敢、大胆、敏捷、果断、敢于冒险；丙对公司的安全早有了解和信心，甚至可能是才智过人，早已看出这是一出"戏"，表现了性格方面的沉着冷静、深谋远虑。老板通过自己的观察，根据他们的性格特征，分别将甲、乙、丙安排在不同的岗位上，发挥他们的性格优势，以做到人尽其才。他认为甲的性格适合管理财务工作，乙的性格适合业务推广工作，丙的性格适合筹划和后勤工作。你的性格是什么类型？适合什么岗位呢？

一、什么是性格

现代心理学家对性格的定义各不相同，其中比较一致的看法是，性格是指表现在人们对现实的态度和相应的行为方式中的比较稳定的、具有核心意义的个性心理特征，是一种与社会相关最密切的人格特征，在性格中包含有许多社会道德含义。性格是在社会生活实践过程中逐步形成的，由于各人所处的客观环境不同、先天的素质不同，故形成了各种各样类型的性格。性格表现了人们对现实和周围世界的态度，并反映在人们的行为举止中。

二、性格与职业的关系

人的性格类型与职业之间具有关联性。一方面表现在不同性格类型对不同职业有着不同的适应性，如科技人员的创新、百折不挠和刻苦实干，医务人员的一丝不苟和精益求精，管理干部的长于沟通和善解人意等；另一方面也表现在长期从事某种特定的职业活动会使从业人员按照职业要求不断巩固或者调整原有的性格特征，进而形成一些新的特点。不过，除少数职业对性格类型有较为苛刻的要求，如营销人员的爽朗积极、能言善辩等之外，大多数职业并不一定过分强调与性格之间的严格对应。原因在于，不同类型的性格在同一职业领域能有各具特色的表现，同一性格的人在不同职业领域也会有展示各自魅力的机会。例如，情绪型的人，如果从事文学创作，会因感情丰富细腻而将人物的心理活动刻画得惟妙惟肖；如果从事科学研究，则会因善于想象而在非逻辑思维上比理智型的人更胜一筹。而且，人的性格是极其复杂的，任何对性格与职业的关系的固定、静止、片面的看法是失之偏颇的。

人所属的性格类型并不是绝对单一的，大多数的人可能主要划分为某一种性格类型，但还有相近的和具有中性关系的其他性格类型，真正相排斥的并不多。因此，大学生在进行职业生涯规划时不必为此顾虑过多。

三、职业性格的探索

对性格的测量比能力或其他心理现象的测定更困难一些。由于环境因素和人的行为表现相当复杂，要鉴定一个人的性格就需要进行系统的观察研究，并善于从极其多样的行为方式中选择其典型的行为方式，区分一时性的偶然行为和体现性格动力特征的行为方式。

MBTI 理论是美国心理学家凯瑟琳·布里格斯（Katherine Cook Briggs）与伊莎贝尔·迈尔斯（Isabel Briggs Myers）在卡尔·荣格（Carl Gustav Jung）（见图 2-1）人格类型划分基础上，增加第四个维度，发展成为十六种人格类型。她们进行大量量表测量，不断更新迭代，修订 MBTI 量表，形成现在较为通用的版本。

MBTI 理论可以帮助解释为什么不同的人对不同的事物感兴趣，擅长不同的工作，并且有时

Carl Jung

Katherine Briggs

Isabel Briggs Myers

图 2-1　MBTI 理论贡献者

不能互相理解。它主要应用于职业咨询、团队建议、婚姻教育等方面，是目前国际上应用较广的人才甄别工具。世界五百强中近 80%的企业有其应用。

通过 MBTI 的测量结果，我们可以了解自己的独特性，知道自己现在这样原来是"正常的"，避免经常虽出于好意却总是造成误解的沟通局面。并且我们可以在了解各种倾向的基础上，有意识地修正和培养自己的"辅助心理功能"，从而促进人格的全面发展。

MBTI 倾向显示了人与人之间的差异，而这些差异产生于：把注意力集中在何处，从哪里获得动力（外向、内向）；获取信息的方式（感觉、直觉）；做决定的方法（思维、情感）；对外在世界如何取向，通过认知的过程或判断的过程（判断、知觉），如图 2-2 所示。

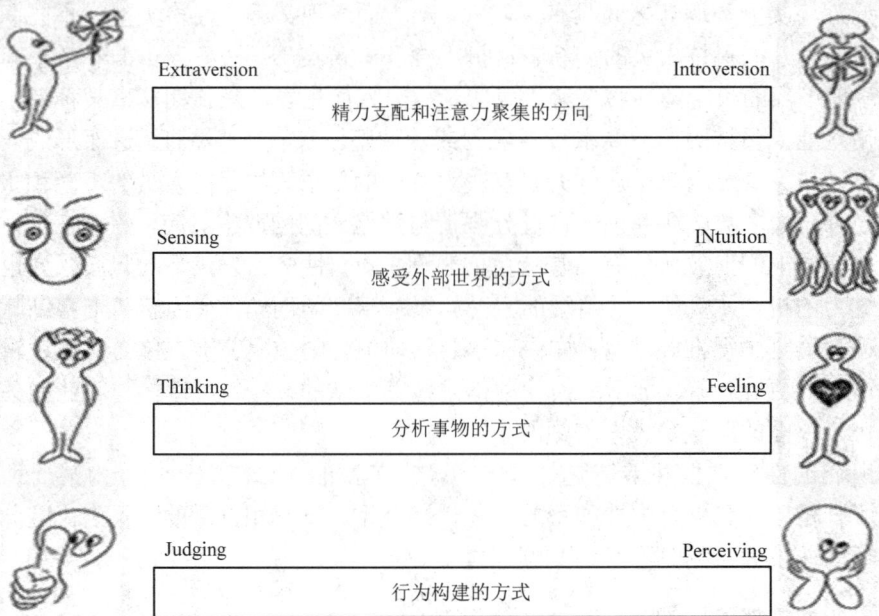

Extraversion		Introversion
	精力支配和注意力聚集的方向	

Sensing		INtuition
	感受外部世界的方式	

Thinking		Feeling
	分析事物的方式	

Judging		Perceiving
	行为构建的方式	

图 2-2　MBTI 理论四个维度

探索活动

一周的课程结束后，周末你最喜欢做什么？

当遇到困难的时候，你想到的是去外界寻求帮助，还是先自己思考？

你思考问题时，是"先利后弊"还是"先弊后利"？

性格类型的第一个维度关注于我们喜欢怎样与世界相互作用，以及我们向何处释放能量。倾向于"外向"的人喜欢专注于外在世界的人和活动。他们把精力和注意力集中对外，从跟别人的互动和从行动之中取得动力。倾向于"内向"的人专注于内在世界的意念和经验。他们把精力和注意力集中对内，从反思自己的想法、记忆和感受之中取得动力（见表 2-1）。

表 2-1　MBTI 测评 E/I 倾向对照表

E（外倾）	I（内倾）
注意力集中于外部世界	沉浸于自我内心世界
行动-思考-行动	思考-行动-思考
关键行为决策取决于客观条件	关键行为决策取决于内心价值观
社交活跃，渴望别人认可	专注性强，自我赋能
广度	深度

如果你不知道一个外向型的人在想什么，那是因为你没有认真地听。如果你不知道一个内向型的人在想什么，那是因为你没有认真地问。外倾的人要学习内倾的人对于事物本质的洞察力以及对抽象事物的理解力。内倾的人要学习外倾的人卓越的执行力以及对人"生态圈"运行规律的理解力。外倾的人要将"弊"充分考虑到，不至于让自己陷入困境。而内倾的人要多看事物的"利"，增强自信心，不退却，大胆争取。

探索活动

请两位同学分别给大家讲述"龟兔赛跑"的故事。

请一位同学讲下你印象最深的旅游景点，你都看到了什么？

你是喜欢在升职路径清晰、秩序井然的环境中工作？还是喜欢在自由开放、相对轻松的环境中工作？

感觉（S）和直觉（N）是观察获取信息的维度。

感觉型的人通过五种感官来获取信息和感知世界。直觉型的人感知事物是基于事实的关系、联系以及弦外之音。感觉型的人关注事实与细节，看待事情是"从点到面"，擅长记忆大量的事实与材料，他们有时候像本词典，能够记忆大量的数据、人名、概念、定义。直觉型的人"由面向点"，擅长纵观全局，解析事实，分析事情发展的趋势（见表 2-2）。所以，思想或行动的开创者和先锋往往都是直觉型的人。

表 2-2　MBTI 测评 S/N 倾向对照表

S（感觉）	N（直觉）
讲求实际，实事求是	着眼于未来的可能性
关注事实与细节	事实背后的隐喻、可能性
经过周详的推理一步步得出结论	靠直觉很快得出结论
厌恶需要长时间抽象思维的事务	喜欢构思新思想，面对细节力不从心
偏好活在当下的生活艺术	热衷于为事业成就奋斗而忽略当下生活

如果一件事情当前做得还不够好时，感觉型的人可能是因为经验不足，而直觉型的人可能是因为还没弄清背后的原理。在日常生活中，直觉型的个体可以让自己"S"一些，关注细节，更有耐心，实事求是面对问题，悦纳生活。而感觉型的人可以让自己"N"一些，认识到未来的无限可能性。

探索活动

现在你是一家初创公司的老板，手下仅有一名员工。目前一家企业有个大单子，如能接到这个单子，你们公司最少能无忧无虑的存活半年。于是，你们"5+2，白+黑"，夜以继日，于是这名员工自己生病、小孩也生病，但他就就业业完成了所需材料。然而，对方公司谈判，却发现有一个小数据出现了问题，导致业务停滞。你的第一反应是什么？

思维（T）和情感（F）是两种截然不同的决策工具。T和F都属于理性判断方式。

约兰德·雅各比认为思维是从"真—假"角度进行评估判断的，而情感则是以"可接受—不可接受"为标准来进行判断的。

思维型的人，往往是基于大量客观事实、抛开人情世故客观地处理事情，他们讲求逻辑自洽。情感型的人，往往看重"感情支持"，尽量保持自己周围有一个和谐的人际交往圈（见表2-3）。

表2-3　MBTI测评T/F倾向对照表

T（思维）	F（情感）
重视逻辑而非感情	重视情感而非逻辑
以逻辑的方式解决问题	衡量决定对他人产生的后果和影响
简明扼要，公事公办	天性随和，同理心强
倾向于质疑对方	倾向于认同他人意见
发现问题同时提出解决问题	发现他人长处并给予积极反馈

我们有时候会遇到这种情况，你和一个人说一个新观点，他立马质疑你，认为你说的是不可信的，还旁征博引了许多事例佐证，告诉你"对不对"。然而，情感型的人这时候很受伤，因为他只是想要跟他分享一下，这种批判让他很受伤、很有压力。所以，一场争执结束，思考型的人认为已经把道理讲清楚了，或者是情感型的人决定不再彼此伤害了。

因此，思维型的人在发表异议之前，先真诚地告诉对方自己在某些方面是非常赞同的，或许就会惊喜地发现，情感型的人也没有那么"不可理喻"。情感型的人在与思维型的人接触的时候，可以理性客观地看到他们的批评，他们只是"就事论事"而已。

探索活动

下午六点，你们突然接到一个通知，说是明天上午九点单位要业务评估，要求每位员工交一份3000字的总结材料。试问，你的心情是怎样的，你会什么时候去完成？今天晚上？明天清早？你之前的工作计划如何完成？

判断（J）和知觉（P）这一维度代表的是个体表现在外的生活风格，是个体应对外部世界的方式。判断和知觉两者没有冲突，可以同时发展。工作的环境和生活的环境是不一样的，有的人生活上大大咧咧，但是一到工作中就会一丝不苟。所以，J（判断）

和 P（知觉）的人划分要注重是在自己最轻松自如状态下的倾向（见表 2-4）。

表 2-4 MBTI 测评 J/P 倾向对照表

J（判断）	P（知觉）
自我约束，目标明确，精准无误	灵活多变，适应性强，博爱包容
喜欢完成并跟进具体的工作项目	喜欢挑战，从事新工作
喜欢把事情决定下来	喜欢事情无约束和可以改变
试图避免"燃眉之急"的压力	从最后关头的压力得到动力
追求"正确"	追求"不留遗憾"

判断型的人认为应该按照自己既定的意愿去选择和改变生活，知觉型的人认为人们应尽可能地去体验和理解生活。判断型的人是理性的，他们信赖逻辑推理，做认为"正确"的事情，而知觉型的人，时刻准备迎接新的挑战和体验，乐此不疲。人格类型发展的关键在于感知与判断的发展，以及个体对这两种心理功能的使用方式。感知功能发达的个体在任何情况下都能够准确地看到事物的各个方面，而如果个体的判断功能也同样发达，他就能做出正确的决策并加以执行。

随着对性格类型的不断了解，你会发现所有的性格类型都是同样有价值的，它们都存在优势和盲点。性格类型没有所谓的更好或更坏，更聪明或更愚蠢，更健康或更病态之分。性格类型不能决定一个人的智慧或者预测他的成功，也不能指出它将把你调节得多好。但是，它可以帮助我们发现什么因素最能激励我们，最能使我们兴奋，而且反过来它会使我们渴望在我们所选择的工作中去寻找这些因素。我们应该有意识地训练自己灵活使用主副轴，面对不同事情用更适合的维度处理，以使自己的职业倾向得到最佳发挥。表 2-5 显示了 MBTI 的 16 种性格类型的职业倾向。

表 2-5 MBTI 16 种性格类型的职业倾向

ISTJ	ISFJ	INFJ	INTJ
◆ 管理者 ◆ 行政管理 ◆ 执法者 ◆ 会计	◆ 教育 ◆ 健康护理（包括生理、心理） ◆ 宗教服务	◆ 宗教 ◆ 咨询服务（包括个人、社会、心理等） ◆ 教学/教导 ◆ 艺术	◆ 科学或技术领域 ◆ 计算机 ◆ 法律
或其他能可利用自己的经验和对细节的注意完成任务的职业	或其他能运用自己的经验亲力亲为帮助别人的职业，帮助、协助或辅助性的职业	或其他能促进他们情感智力或精神发展的职业	或其他能运用智力创造和技术知识去构思、分析和完成任务的职业
ISTP	ISFP	INFP	INTP
◆ 熟练工种 ◆ 技术领域 ◆ 农业 ◆ 执法者 ◆ 军人	◆ 健康护理（包括生理、心理） ◆ 商业 ◆ 执法者	◆ 咨询服务（包括个人、社会、心理等） ◆ 写作 ◆ 艺术	◆ 科学或技术领域
或其他能动手操作、分析数据或事情的职业	或其他能运用友善、专注于细节的相关服务的职业	或其他能运用创造和集中于他们的价值观的职业	或其他能基于自己专业知识独立、客观分析问题的职业

ESTP	ESFP	ENFP	ENTP
◆ 市场 ◆ 熟练工种 ◆ 商业 ◆ 执法者 ◆ 应用技术	◆ 健康护理（包括生理、心理） ◆ 教学/教导 ◆ 教练 ◆ 儿童保育 ◆ 熟练工种	◆ 咨询服务（包括个人、社会、心理等） ◆ 教学/教导 ◆ 宗教 ◆ 艺术	◆ 科学 ◆ 管理者 ◆ 技术 ◆ 艺术
或其他能让他们利用行动关注必要细节的职业	或其他能利用外向的天性和热情去帮助那些有实际需要的人们的职业	或其他能利用创造和交流去帮助他们成长的职业	或其他能有机会不断承担新挑战的工作
ESTJ	**ESFJ**	**ENFJ**	**ENTJ**
◆ 管理者 ◆ 行政管理 ◆ 执法者	◆ 教育 ◆ 健康护理（包括生理、心理） ◆ 宗教	◆ 宗教 ◆ 艺术 ◆ 教学/教导	◆ 管理者 ◆ 领导者
或其他能运用对事实逻辑和组织完成任务的职业	或其他能运用个人关怀为他人提供服务的职业	或其他能帮别人在情感、智力和精神上成长的职业	或其他能运用实际分析、战略计划和组织完成任务的职业

主题 2　职业兴趣

困惑和思考

　　刘俊森，植物保护专业毕业生，在校期间拥有 30 多项发明，获国家专利 5 项；在校期间还成立了以教学仪器、试剂研发与维护为主的"新乡市昂尼斯特仪器设备有限公司"，曾获 2014 年度"全国大学生创业基金"二等奖（15 万元项目基金支持）。现致力于智慧城市规划与建设，创业愿景宏大。

　　2009 年，刘俊森以优异成绩考入河南科技学院资源与环境学院植物保护专业。从小酷爱发明的他，一入学就开始选修机电专业的课程。如痴如狂地学习一年后，他开始潜心钻研，相继发明了"冷热两用水杯""床上折叠防盗笔记本电脑桌""自动切菜机"等，并获多项发明奖。他为所在学院设计、建造了首个自动化昆虫吊飞实验室，为河南省农科院解决了农用大棚夏日降温问题。在校四年间，为了发明他没有睡过午觉，凌晨两点才休息，基本上都是在实验室的连椅上睡觉，经常顾不上吃饭。为了发明，他的手被电击伤过两次，有一次手指险些残废。然而，他却乐观面对，玩笑道："发明是我的乐趣，发明也改变了我的命运，为此付出一些努力也是应该的。手断了我就发明假肢去。"

　　当人们专心致志地从事某种活动，甚至忘我地完全沉浸在这种活动中的时候，他们感到愉悦和满足，这种状态称之为"flow（沉浸或心流）"。在这种状态下，人们没有考虑到做这样事情可能带来什么样的回报或担心自己的表现如何，而只是整个人都忘情投入其中，享受从事这个活动过程本身带来的快乐。人们从事自己喜爱的事情，才能获得快乐。

一、什么是兴趣

兴趣是个体积极探索某种事物，并带有积极情绪色彩的心理倾向，是对客观事物所表现的选择性态度。积极的情绪色彩是指个体乐意关注该事物，愿意了解与之有关的知识，愿意探索与之有关的未知领域，在了解和探索的过程中愿意为之付出极大的代价。大量的研究表明，兴趣和工作满意度、职业稳定性和职业成就感之间存在着明显的关联。选择一份符合自己天赋和兴趣的职业，不仅能使占据自己人生最好时光的职业生活变得更加愉悦，而且能让自己在工作中取得成功。

兴趣的发生和发展一般要经历这样一个历程：有趣—乐趣—志趣。有趣是兴趣发展过程的第一个阶段，也是兴趣发展的低级阶段，它往往短暂易逝，非常不稳定。处于这一阶段的兴趣常常与对某一事物的新奇感相联系，随着这种新奇感的消失，兴趣也会自然地逝去。乐趣是兴趣发展过程的第二个阶段，它是在有趣定向发展的基础上形成的，是兴趣发展的中级阶段。在这一阶段中，兴趣变得专一而深入，如喜爱文学的人很可能会整天沉溺于文学作品中。志趣是兴趣发展过程中的第三个阶段，当乐趣同理想、信念、社会责任感、奋斗目标结合起来时，乐趣就变成了志趣。志趣是取得成就的根本动力，是成功的重要保证。

兴趣是在一定需要的基础上，在社会实践中形成的，兴趣实际上是需要的延伸。由于需要是复杂多样的，从而决定了兴趣也是多种多样的。有的人好动手，有的人好动脑；有的人喜欢与人打交道，有的人喜欢与物打交道；有的人喜欢独自钻研，有的人喜欢集体协作……这些兴趣、爱好会直接影响到个体的职业生涯。

二、职业兴趣测评

兴趣测评是指通过个人对客观事物做出反应时具有的选择性，对陈述性的项目指出自己爱好的部分，以检测出个性行为的倾向性。约翰·霍兰德（John Holland）从 20 世纪 50 年代开始研究职业兴趣，认为职业选择是人格的一种表现，某一类型的职业通常会吸引相同人格特质的人，这种人格特质反映在职业上就是职业兴趣。他以职业人格理论为依据，先后编制了职业偏好量表（VPI）和自我职业选择量表（SDS），并多次修订，目前最为常用的是 SDS 量表。

大多数人的职业兴趣可以归纳为六种基本类型（见图 2-3），即：现实型（realistic type，简称 R）、研究型/探索型（investigative type，简称 I）、艺术型（artistic type，简称 A）、社会型（social type，简称 S）、企业型（enterprising type，简称 E）、常规型（conventional type，简称 C）。个人的职业兴趣往往是多方面的，很少只是集中在某一种特定类型上。人们可能或多或少地具备所有六种兴趣，只是偏好程度不同。因此，为全面地描绘个人的职业兴趣，通常用最强的三种兴趣的字母代码来表示一个人的兴趣，这个代码就是"霍兰德代码"（Holland code）。

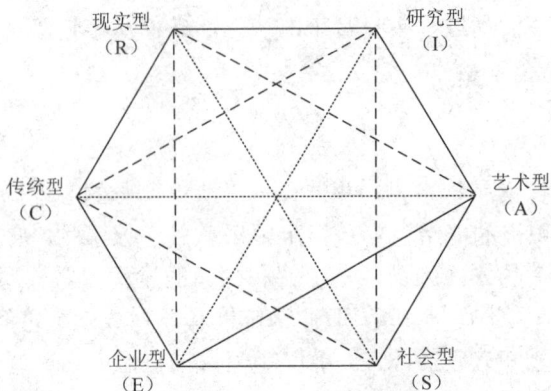

图 2-3 霍兰德职业兴趣类型图

每一种兴趣类型与其他类型之间存在不同程度的关系，大体可描述为以下三类。

① 相邻关系（直线表示），各角间相邻类型彼此间具有较高的一致性，如 RI、IA 等。相邻关系的职业兴趣类型有很多类似之处。例如，现实型 R 与探索型 I 的人就都不太偏好人际交往，这两种职业环境中也都较少有机会与他人接触。

② 相隔关系（间隔线表示），相隔一角的类型之间具有一定的一致性，如 RA、RE 等，相隔关系的职业兴趣类型共同点较相邻关系的少。

③ 相对关系（虚线表示），相对角之间的类型一致性最弱，如 RS、IE、CA 等。相对关系的兴趣类型共同点很少，因此，一个人同时对处于相对关系的两种职业环境都很感兴趣的情况较为少见。

图 2-3 中，六边形的六个角分别代表霍兰德所提出的六种类型。六种类型之间具有内在的联系，它们按照彼此的相似性程度定位，人们可以依据这个六边形模型来理解人与职业的不同匹配方式。

最为理想的职业选择就是个体选择与其个性类型相一致的职业环境。例如，研究型的人在研究型环境中学习和工作，这称为"人职协调"，因为在这种环境中工作，该类型的人才最可能充分发挥自己的才能并具有较高的工作满意度。

如果个体的选择是与其个性类型相近的职业环境，如实用型的人在研究型或常规型环境中工作，由于两种类型之间有较高的相关度，则经过个人的努力和调整也能适应职业环境，这属于"人职次协调"。

不佳的职业选择是个人在与其个性类型相斥的职业环境里工作，在此情况下，个人很难适应职业，也不太可能从工作中得到乐趣，这称为"人职不协调"。总之，兴趣类型与职业类型的相关程度越高，个体的职业适应性就越好；相关程度越低，个体的职业适应性就越差。因而，六边形模型的提出有助于人们更好地理解和进行职业选择。

人们选择职业时应尽量选择与自己人格、兴趣类型匹配或相邻关系的职业类型，表 2-6 中详细阐明每种职业兴趣类型的共同特征与典型职业。

表2-6　人格类型与职业类型对应

类型	人格	职业
现实型	① 愿意使用工具从事操作性工作； ② 动手能力强，做事手脚灵活，动作协调； ③ 不善言辞，不善交际	主要是指各类工程技术工作、农业工作，通常需要一定体力，需要运用工具或操作机器。 主要职业：工程师、技术员；机械操作员、维修工人、安装工人，矿工、木工、电工、鞋匠等；司机、测绘员、描图员；农民、牧民、渔民等
探索型	① 抽象思维能力强，求知欲强，肯动脑，善思考，不愿动手； ② 喜欢独立的和富有创造性的工作； ③ 知识渊博，有学识才能，不善于领导他人	主要是指科学研究和科学实验工作。 主要职业：自然科学和社会科学方面的研究人员、专家；化学、冶金、电子、无线电、电视、飞机等方面的工程师、技术人员；飞机驾驶员、计算机操作员等
艺术型	① 喜欢以各种艺术形式的创作来表现自己的才能，实现自身的价值； ② 具有特殊艺术才能和个性； ③ 乐于创造新颖的、与众不同的艺术成果，渴望表现自己的个性	主要是指各类艺术创作工作。 主要职业：音乐、舞蹈、戏剧等领域的演员、艺术家、编导、教师；文学、艺术方面的评论员；广播节目的主持人、编辑、作者；绘画、书法、摄影家；艺术、家具、珠宝、房屋装饰等行业的设计师等
社会型	① 喜欢从事为他人服务和教育他人的工作； ② 喜欢参与解决人们共同关心的社会问题，渴望发挥自己的社会作用； ③ 比较看重社会义务和社会道德	主要是指各种直接为他人服务的工作，如医疗服务、教育服务、生活服务等。 主要职业：教师、保育员、行政人员；医护人员；衣食住行服务行业的经理、管理人员和服务人员；福利人员等
企业型	① 精力充沛、自信、善交际，具有领导才能； ② 喜欢竞争，敢冒风险； ③ 喜爱权力、地位和物质财富	主要是指组织与影响他人共同完成组织目标的工作。 主要职业：经理、企业家、政府官员、商人、行业部门和单位的领导者、管理者等
传统型	① 喜欢按计划办事，习惯接受他人指挥和领导，自己不谋求领导职务； ② 不喜欢冒险和竞争； ③ 工作踏实，忠诚可靠，遵守纪律	主要是指各类与文件档案、图书资料、统计报表之类相关的各类科室工作。 主要职业：会计、出纳、统计人员；打字员；办公室人员；秘书和文书；图书管理员；旅游、外贸职员、保管员、邮递员、审计人员、人事职员等

　　职业咨询中，有些同学表示现在所学的专业，是根据高考分数、家人意见、网上职业描述、学校调剂等途径选择的，然而实际学习的时候却发现自己对本专业没有兴趣。他们感到痛苦，希望通过转专业、辅修第二专业、考研等手段换专业。那么，面对这种问题，"适配"是否还是一个恰当的、可行的目标？

　　首先，专业与职业并不是简单的一对一关系，同一专业其实对应相当多的职业，专业类型的不适配并不一定是职业类型的不适配。其次，专业类型可以与兴趣类型相结合。再次，"完全的"适配只是我们不断接近的理想目标，我们的职业至少应当一定程度上体现我们的兴趣，而其余的部分可以在生活中的其他方面、通过其他活动（如业余爱好、志愿活动、辅修专业等）来实现。

——钟谷兰、杨开，《大学生职业生涯发展与规划》，2008 年

📖 探索活动

职业兴趣测评

在苍茫的大海上，我们是一群游客。由于轮船搁浅，我们必须上岛。对于未来是否有求救的船只过来，我们知道这种可能性是零，而这些岛屿很有可能就是我们今后一辈子生活的地方，只能生活在这个岛上，那么你会如何选择？

A 岛——美丽浪漫岛

美丽浪漫的岛屿。岛上充满了美术馆、音乐厅，弥漫着浓厚的艺术文化气息。同时，当地的原住民还保留了传统的舞蹈、音乐与绘画，许多文艺界的朋友都喜欢来这里找寻灵感。

I 岛——深思冥想岛

深思冥想的岛屿。岛上人迹较少，建筑物多僻处一隅，平畴绿野，适合夜观星象。岛上有多处天文馆、科博馆以及科学图书馆等。岛上居民喜好沉思、追求真知，喜欢来自各地的哲学家、科学家、心理学家等交换心得。

C 岛——现代井然岛

现代井然的岛屿。岛上建筑十分现代化，是进步的都市形态，以完善的户政管理、地政管理、金融管理见长。岛民个性冷静保守，处事有条不紊，善于组织规划。

R 岛——自然原始岛

自然原始的岛屿。岛上保留有热带的原始植物，自然生态保持得很好，也有相当规模的动物园、植物园、水族馆。岛上居民以手工见长，自己种植花果蔬菜、修缮房屋、打造器物、制作工具。

S 岛——温暖友善岛

温暖友善的岛屿。岛上居民个性温和、十分友善、乐于助人，社区均自成一个密切互动的服务网络，人们多互助合作，重视教育，弦歌不辍，充满人文气息。

E 岛——显赫富庶岛

显赫富庶的岛屿。岛上的居民热情豪爽，善于企业经营和贸易。岛上的经济高度发达，处处是高级饭店、俱乐部、高尔夫球场。来往者多是企业家、经理人、政治家、律师等，衣香鬓影，夜夜笙歌。

你总共有 15 秒钟回答以下问题。

① 如果你必须在 6 个岛之中的一个岛上生活一辈子，成为这里岛民的一员。你第一会选择哪一个岛？

② 你第二会选择哪一个岛？

③ 你第三会选择哪一个岛？

④ 你最不愿意选择哪一个岛？

选好之后，依次记下 4 个问题的答案，并与以下结果进行比对。

6 个岛屿代表着 6 种典型的职业生涯兴趣类型（其中，第一个是主要兴趣，第二、三个是辅助兴趣）。

参考答案：

选择 R 岛

类型：实用型（realistic）

喜欢的活动：愿意从事事务性的工作，喜欢户外活动或操作机器，不喜欢在办公室工作。

适合的职业：制造业、渔业、野外生活管理业、技术贸易业、机械业、农业、技术、林业、特种工程师和军事工作。

选择 I 岛

类型：研究型（investigative）

喜欢的活动：处理信息（观点、理论），喜欢探索和理解、研究那些需要分析、思考的抽象问题，喜欢独立工作。

适合的职业：实验室工作人员、生物学家、化学家、社会学家、工程设计师、物理学家和程序设计员。

选择 A 岛

类型：艺术型（artistic）

喜欢的活动：创造，自我表达，写作、音乐、艺术和戏剧。

适合的职业：作家、艺术家、音乐家、诗人、漫画家、演员、戏剧导演、作曲家、乐队指挥和室内装潢人员。

选择 S 岛

类型：社会型（social）

喜欢的活动：帮助别人，与人合作，热情关心他人的幸福，愿意帮助别人解决困难。

适合的职业：教师、社会工作者、牧师、心理咨询员、服务性行业人员。

选择 E 岛

类型：企业型（enterprising）

喜欢的活动：领导和影响别人，或为了达到个人或组织的目的而善于说服别人，希望成就一番事业。

适合的职业：商业管理、律师、政治运动领袖、营销人员、市场或销售经理、公关人员、采购员、投资商、电视制片人和保险代理。

选择 C 岛

类型：常规型（conventional）

喜欢的活动：组织和处理数据，喜欢固定的、有秩序的工作或活动，希望确切地知道工作的要求和标准，愿意在一个大机构中处于从属地位。

适合的职业：会计师、银行出纳、簿记员、行政助理、秘书、档案文书、税务专家和计算机操作员。

主题3 职 业 能 力

困惑和思考

上大三的小李面对未来很迷茫，对所学的管理科学专业没太多感觉。别人都说这个专业是万金油，没什么竞争优势，所以他想利用业余时间再学习一些其他专业的知识或技能，5年后想成为一家大公司的人力资源主管。那么，小李现在需要学习什么知识？培养什么样的能力呢？

一、何谓职业能力

理论界对于职业能力尚无统一的定义。从总体上看，国际职业教育界对职业能力倾向于综合角度界定。我国教育部在《关于全面推进素质教育深化职业教育教学改革的意见》中强调，职业能力是"综合职业能力"，是一个人在现代社会中生存生活，从事职业活动和实现全面发展的主观条件，包括职业知识和技能、分析和解决问题的能力、信息接收和处理能力、经营管理能力、社会交往能力、不断学习的能力。

二、职业能力的结构

所谓职业能力是指从事职业活动所需要的综合能力，是成功进行职业活动所必须具备的知识、技能、态度和个性心理特征的总和，一般包括职业特定能力、行业通用能力和核心能力3个层次。

我国"国家技能振兴战略"的课题研究，把人的能力按职业分类规律分成了三个层次，即职业特定能力、行业通用能力和核心能力（见图2-4）。这一分类是目前最贴近我国职业活动现状的一种观点陈述，也是最具实际意义的一个政策指向，在国家政策层面构建了对职业能力分析的一个基本框架和思路，为职业教育和培训教学奠定了基础。

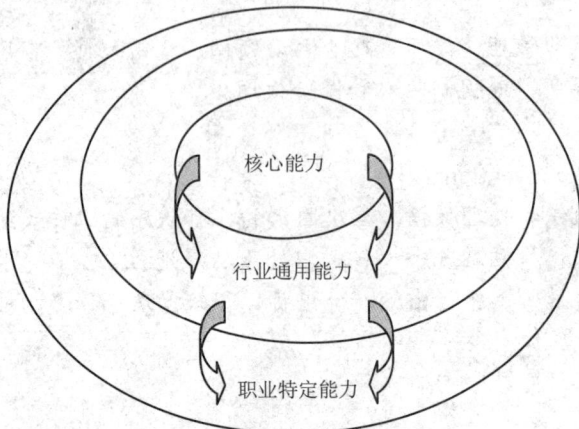

核心能力

行业通用能力

职业特定能力

图2-4 职业能力结构图

职业特定能力是每一种职业自身特定的，只适用于这个职业的工作岗位，适应面很窄，但有一个职业就有一个特定的能力，所以职业特定能力的总量是最多的。行业通用能力是以社会各大类行业为基础，从一般职业活动中抽象出来可通用的基本能力，适应面相对较宽，可适用于这个行业内的各个职业或工种，而按行业或专业性质不同分类，行业通用能力的总量显然比特定能力少。核心能力是从所有职业活动中抽象出来的一种最基本的能力，普适性是其最主要的特点，可适用于所有行业的所有职业，虽然世界各国对核心能力有不同的表述，但是，相比而言它的总量还是最少的。

从职业能力模块的角度分析，在职业能力结构中，三个层次的职业能力模块不是自成体系的，而是内含在第一个职业活动之中。也就是说，每一个职业的能力模块的组成，其主要成分首先是自身特定的能力模块，其次是可与其他职业通用的行业通用能力模块，最后就是与所有职业基本要求相一致的核心能力模块（见图2-5）。

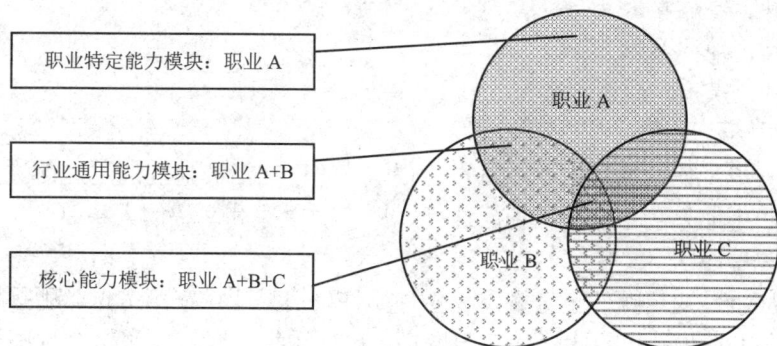

图2-5 职业能力结构图

在图2-5的职业能力的集合中，与其他职业无交集的部分是职业特定能力模块，同类职业之间的交集是行业通用能力模块，所有职业之间的交集是核心能力模块。核心能力是处在这个结构核心层次上的一个交集，它的种类最少，适应面最广，这充分反映了核心能力跨职业的属性。

三、自我管理能力培养

1. 时间管理能力的培养

有效利用时间

马云、李嘉诚、扎克伯格、贝索斯……与同辈人相比：论智力，他们都是普通人；论资源，他们起步时都是一穷二白；同样的时间，为什么其他人默默无闻，他们却功成名就？

美国作家托马斯·科里（Thomas C. Corley）利用5年时间，采访177名白手起家的富翁和128位穷人，对比他们的生活方式：一天24小时，1440分钟，大部分人因工作、睡觉、饮食、交通等日常事务占用1200分钟，余下的240分钟如何有效使用，正是富人和穷人拉开差距的原因之一。他发现：

80%的富人：每天用60分钟，思考梦想、确定目标，并计划着如何去实现它。

80%的富人：每天用60分钟，真正去实践或学习。

76%的富人：每天用30分钟，进行有氧运动。

90%的富人：每天用30分钟，建立更丰富的社会关系。

78%的富人：每天用60分钟，放松。

白手起家的富人们高效利用时间，持之以恒，平均12年积累起自己的财富。

以上数据，未必准确，但通常，大家都不太会"自我控制"，比如低头族无时不在刷手机、看视频，不少人爱在朋友圈疯传生活琐碎的信息或图片，不少人玩抖音……这一玩就是三四个小时。玩游戏、追综艺、追剧，玩着玩着一天就过去了。你利用时间的方式，决定你未来人生的高度。那么，课后4小时，你怎么度过？

60分钟，制订计划，或者想办法把计划落地。

60分钟，学习，包括看书、看报表、学习课程、看英语节目。

30分钟，锻炼身体。

30分钟，维持人脉。

60分钟，娱乐，放松自己。

如果你养成了他们拥有的那些日常习惯，就等于在沿着他们的足迹前进，而且那条路只会通往一个地方——充满机遇、成就、财富、健康和幸福的人生。

（1）优先顺序法

优先顺序就是决定哪件事情必须先做，哪件事情只能摆在第二位，哪些事情可以延缓处理，即要有意识地设定明确的有限顺序，以便系统地坚持依照这个顺序处理计划里的任务。任务可被分成A、B、C、D四类。通过"艾森豪威尔矩阵"可以了解关于任务轻重缓急的概况（见图2-6）。

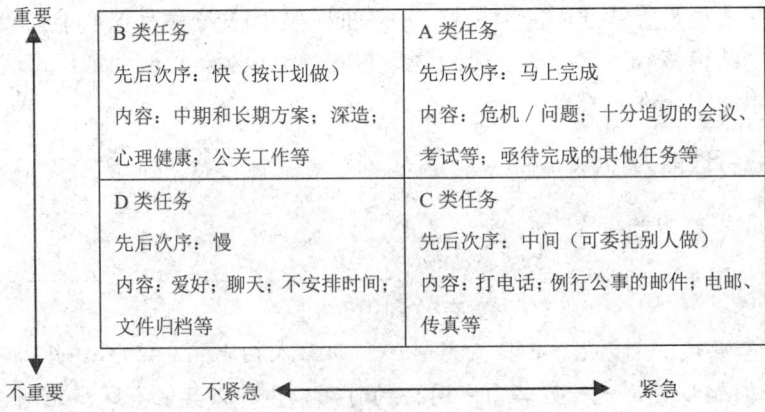

重要		
	B 类任务 先后次序：快（按计划做） 内容：中期和长期方案；深造； 心理健康；公关工作等	**A 类任务** 先后次序：马上完成 内容：危机/问题；十分迫切的会议、 考试等；亟待完成的其他任务等
	D 类任务 先后次序：慢 内容：爱好；聊天；不安排时间； 文件归档等	**C 类任务** 先后次序：中间（可委托别人做） 内容：打电话；例行公事的邮件；电邮、 传真等
不重要	不紧急 ←——————————→ 紧急	

图 2-6　事情轻重缓急的概况

① 紧迫的 A 类任务，包括紧急和重要的任务。如果在家里或学习上有很多这样的任务，而且往往牵扯到危机形势，那就是重要的任务；如果问题需要很快解决，那就是紧急的任务。

② 重要的 B 类任务，即眼前还不算紧迫，但是对以后而言却十分重要的任务。如

果忽视了 B 类任务，有可能会很快陷入一种危机状态，即如果延误了该做的事情（关系、健康），B 类任务则会立刻变成 A 类任务。在工作和私人生活中，B 类任务往往包括那些具有战略意义的行动，如一次重要的深造机会。

③ 日常性的 C 类任务，往往包含典型的日常事务，那些必须很快解决的任务，但从长远看，并不十分重要。在工作中，许多这样的任务是可委托别人去做的，或可通过较好的组织安排而优化处理。但是要注意，如果 C 类任务不及时处理，也会变成 A 类任务。

④ 喜好类的 D 类任务不紧迫，也不重要，它们也属于"废纸篓"工作。至于哪些事情属于 D 类任务，应由每个人自己决定。不管是待在宿舍、上网，还是和周围同学快乐地闲聊、大清早津津有味地议论报纸上登载的体育新闻，D 类任务通常会给我们带来乐趣。不管怎么说，这类喜好性的事情是没有重要意义的。如果真的有重要事情或紧迫事情要做，那么这些"喜欢做的事情"很快就成了"时间小偷"。虽然在这种情况下可以通过放弃次要的工作立刻又把时间"抢"回来，但是被放弃的任务也是很有意义的。

聪明的时间管理者有一个大致的原则，即应该先解决其他任务，然后再去从事 D 类任务。出于这样的考虑，可用 A、B、C、D 的分析方式进行工作，然后按照分类去完成需要完成的任务。

对于 A 类任务即当前非常重要的任务：当前你必须集中精力，并将大部分时间花在这些任务上。

对于 B 类任务即重要的任务：要确定规划、计划，当前你不能花很多时间。

对于 C 类任务即不太重要的任务：应该花较少时间。

对于 D 类任务即不重要的任务：应该花极少时间。

请合理分配时间：将每天 70%左右的时间用在 A 类任务上，20%左右的时间用在 B 类任务上，把 5%～15%的时间用在 C 类任务上，是否将剩下的 5%时间用来完成 D 类任务或其他事情，由个人自己决定。

（2）日计划法

日计划法，即每天要花时间规划自己的活动。如果制订了计划，就要付诸行动。大学生可以按照日计划的 5 个步骤写下当天的工作：①写下任务；②估计做事的时间长短；③留些缓冲时间给无法预见的事情；④确定优先顺序，简化及授权；⑤追踪与检讨。

在日计划中，复习个人的人生计划、年度目标，同时复习月重点目标、周目标。人们每天都在做一件事情，即在人的脑海里，每天都会想到的就是自己多年的计划、自己的人生目标，因此，我们应该把它写下来。有了年计划，就有月计划重点、周计划重点，有了计划重点就会指导日计划的制订。

人们每天所做的事情，是否与周目标相吻合；或每周所做的事情要跟月目标相吻合；每个月做的事情要跟年度目标相吻合；今年所做的事情要跟人生目标相吻合。长期的目标要制定得非常具体、非常合理，而且有时间可以完成，甚至可以设定一个期限。有了这些以后，个体才能够逐步地安排月计划、周计划，这样便可以了解到日计划的重要性。

（3）记、问、思、查

每天所做的每一样事情，在学习和工作上，在家庭上，在人际关系上，在身体健康上等，有没有离自己的目标更近一些呢？大学生可以通过"记、问、思、查"的方法，养成一个良好的时间管理习惯。

① 记：随手记。随时随地记笔记，培养自己的敏锐度。养成随时记录的习惯，随时记录事件、心得和灵感，这样可以训练敏锐的观察力以及思维能力。相信自己的记忆，更要相信自己的记录，这是一个好习惯。

② 问：清晨六问。清晨是一天的开始，清晨的规划关系到一天工作的成败，因此，利用清晨的一点时间对一天的工作进行思考是十分必要的。每一天的工作安排都应该围绕着 6 个问题来思考：今天的目标是什么？今天的核心目标是什么？今天重要的 3 件事是什么？今天准备学到哪些新的东西？今天准备在哪些方面进步一点点？今天如何更快乐些？

③ 思：静夜六思。相对于清晨，晚上具有承前启后的过渡作用，应该及时梳理、总结这一天的学习、工作或活动情况，有所感悟和提升。同时可规划第二天的安排，对之前的规划做出更优化的调整和完善。借助夜深人静，宜于思考之际，想一想：今天是否完成了小目标？今天是否更接近了核心目标？今天又学到了些什么？今天在哪些方面做得还不够好？如何才能做得更好？明天的目标是什么？

④ 查：自查改进。表 2-7 列出的 15 项检查要点是多数高效人士的习惯检查项，你也可以选择数项，每天对照检查一次，看看是否坚持做到了。

表 2-7　习惯养成检查表

检查要点	是否做到		改进计划
	是	否	
确定明确的目标			
设定目标达成的期限			
分割、量化目标			
目标与价值观符合吗			
详细的计划			
每日的目标达成了吗			
是否制定了辅助方案			
专注于每一件事情			
是否天天检查、反思			
是否按照优先顺序法安排待办事项			
把东西放在固定位置			
控制电话、拜访和干扰			
马上改善最薄弱的环节			

注：你可以根据自己的情况，选择或增加要检查的要点，坚持 30 天更新项目，以养成好习惯。

2. 人际关系能力的培养

一个善于管理人际关系的人通常是一个能掌握自己和他人的情感、对情感收放自如、并能感染他人、让人乐于与之为伍的人，因此，人际关系处理能力是每个人在职业生涯发展过程中需要不断提高的一种能力。

（1）积极主动交往

如果清高自傲、孤芳自赏、不能与人合作、缺乏团队精神，就容易让领导、同事和同学对你敬而远之，在工作、学习中就很难得到别人积极主动的帮助与配合。因此，应该经常主动与同事和同学进行沟通，与大家打成一片，主动关心和帮助别人。换句话说就是，帮助别人就是帮助自己。

（2）学会幽默健谈

幽默是人类智慧的最高境界。一个说话幽默风趣的人，当然比木讷呆板的人受大家欢迎。这种能力除了个别天赋之外，更多地可以通过平时多积累充电、广泛培养兴趣爱好来培养。具备了这种能力，在和各种类型的人进行交往时，就很容易寻找到共同感兴趣的话题，有利于拉近人与人之间的关系。

（3）适当赞美别人

人人都愿意听好话，对于同事和同学，情况也一样。一句发自内心的赞美之语，常常会产生很好的效果。当然，这里要注意一个问题，就是赞美要注意做到适度和自然，否则物极必反。

（4）善于控制情绪

在工作、学习中难免碰到各种挫折和委屈、误解，这时要注意努力学会控制自己的情绪，不能因为一些细小的人际摩擦和矛盾而动辄闹情绪、惹麻烦、影响团结，更不能因为情绪不好而影响了工作和学习，否则就不能很好地与人交往，难以在工作和学习中进行人与人之间有效的沟通和协调。

（5）学会换位思考

换位也叫移情。所谓移情，就是指站在别人的立场上，设身处地地为别人着想，用别人的眼光来看这个世界，用别人的心来理解这个世界。积极地参与他人的思想感情，意识到我也会有这样的时候，我遇到这样的事情会怎么样？这样才能实现与别人的情感交流。"己所不欲，勿施于人。"这是移情的最根本要求。伊斯兰教的先知们教他们的子弟说话时必须要把好三道关卡，即每说一句话都要合乎这样 3 个标准，否则就不该说。第一道关卡是："我这句话是实话吗？"第二道关卡是："我这句话难道非说不可吗？"第三道关卡是："我这句话够厚道吗？"第三道关卡即是针对移情而言的。当一个人做错了一件事，或是遇到挫折时，每个人都期望自己的朋友说一些安慰、鼓励的话，而不希望他们泼冷水。可是，当自己对别人泼冷水时，可曾注意了他人同样的想法呢？

（6）树立开放心态

人之相知贵在知心。如果"逢人只说三分话，未可全抛一片心"，与人说话，躲躲闪闪、讳莫如深，就容易使人产生距离感。所谓莫逆之交、相逢恨晚，大都是能开诚布公、彼此知心的结果。西方社会心理学家创造的"约哈里之窗"理论认为，人们之间交往的成败与否，人际关系能否健康发展，很大程度上取决于各人自我暴露区域的大小。

一般而言，为了交往能顺利进行和发展，总要尽量扩大"开放区域"，缩小"秘密区域"，做到多向对方袒露心扉，让别人了解自己。心理学研究表明，人与人的交往是一个互动过程，自己对别人开放的区域越大，往往可以获得相接近水平的开放区域。因此，要了解别人，先要让别人了解自己。缩小秘密区，扩大开放区，自然会得到别人良性地反馈并获得好感。一般情况下，自我开放的区域与人际关系的和谐度成正比。

（7）容忍不同的观点

不要强加自己的意愿于别人，坚持自己的观点不一定要以压倒对方的观点为前提。能够容忍对立的观点是建立合作关系的一个基础。同一件事情，从不同的角度出发可能会有完全相反的意见。例如，一个大学生设计的活动方案，自己感觉非常完满，然而在批评者的眼中就会有许多不足。有不同观点时不要急于反驳，设身处地想一下：为什么别人会与自己的观点不同？坚持，但不死守原则，有观点，但不固执。适当地做出让步，给对方、也是给自己一个台阶下，这样更容易达成共识，赢得尊重。

（8）倾听与反馈

与别人谈话的时候，要集中注意力，听取对方的观点。倾听对方的观点是传递自己的尊重的一个重要信号。不要急于证明自己是正确的，人际交往之中最容易犯的一个错误就是急于表白自己的观点。其实有理不在声高，事实早晚会澄清，倾听一下对方的理由，更容易达到有效沟通的目的。对别人的微笑，也要还以同样的微笑；在别人做得很努力、有成效的时候，要给予真心地称赞；对于下属工作中的不足，要先肯定其工作中的长处，再批评其不足，这样不容易引起逆反心理。适当的反馈，可以进一步加深沟通。

与人建立良好关系的六条途径：真诚地对别人感兴趣；微笑；多提别人的名字；做一个耐心的听者，鼓励别人谈他自己；谈符合别人兴趣的话题；以真诚的方式让别人感到他很重要。

思考与实践

阿利职业发展的瓶颈

阿利大学毕业后，只身来到上海，在一家民营通讯公司做研发工作。但工作了大半年后，就失去了当初的豪情壮志。阿利感觉到在现在的企业做研发工作虽有一定压力，但还能比较好地发挥自己的进取精神。不过从职业性格来看，他觉得自己更适合做挑战性强的工作，因此，内心里对现在工作内容感到不满足，总感到工作太过单一，没有前途。公司基本没有任何培训，完全靠传统的师徒面授方式，而由于阿利在团队协作方面做得不够好，与师傅不和，似乎已经到了瓶颈阶段。有时候情绪一低落就会萌生去意，想转型去做别的又怕一时冲动做了决定将来会后悔。是去是留的问题一直困扰着他，甚至导致了失眠。

看了这个未完的案例，请探讨以下问题。

（1）阿利在工作中出现的问题是什么？

（2）他应该如何做，才能走出职业发展的瓶颈？

探索活动

10 天目标实现大挑战

清晨 6 问

√ 我今天的目标是什么？

√ 我核心大目标是什么？

√ 我今天最重要的 3 件事是什么？

√ 我今天准备学到哪些东西？

√ 我今天准备在哪些方面进步一点点？

√ 我今天如何更快乐些？

静夜 6 思

√ 我今天是否完成了小目标？

√ 我今天是否更接近于大目标？

√ 我今天学到些什么？

√ 我今天在哪里做得不够好？

√ 我如何才能做得更好？

√ 我明天的目标是什么？

操作说明：

① 一连 10 天不可有消极念头、情绪，不可使用如不可能、失败、挫折、遗憾、难过、可怜、太难了、不行、做不到等消极字眼。

② 一有出现（肯定会有）请你立即意识到，把注意力转为向自己提积极的问题。

③ 每天清晨起床之前和晚上睡觉之前，各向自己提 6 个积极问题，并作出明确回答。

④ 一连 10 天把注意力调到寻求解决问题的方法上，而非在问题本身兜圈子。

⑤ 若你不小心掉进了消极的念头、情绪等里面，你千万别急，立即改变它。

扩展阅读

成功的职业经理人需具备的 12 项自我管理能力

1. 自我心态管理能力

在我们不断塑造自我的过程中，影响最大的莫过于选择积极的态度还是消极的态度。自我心态管理是个人为要达到人生目标进行心态调整以达到实现自我人生目标、实现最大化优化自我的目的一种行为。成功经理人善于进行自我心态管理，随时调整自我心态，持续地保持积极的心态！

2. 自我心智管理能力

主观偏见是禁锢心灵的罪魁祸首，经理人的见识、行为总是受制于它。心智模式是人们在成长的过程中受环境、教育、经历的影响，而逐渐形成的一套思维、行为的模式。每个经理人都有自己的心智模式，但每个经理人的心智都会存在一定的障碍。经理人要善于突破自我，要善于审视自我心智，要善于塑造正确的心智模式。

3. 自我形象管理能力

作为经理人，你的身上吸引了许多人的目光，所以，形象很重要。经理人懂得如何更加得体地着装，如何适应社会对商务礼仪的要求，这可以让经理人更有魅力！

加强对自身形象、自身修养、举动、谈吐等方面的形象管理，是每一个经理人都应该重视的。

4. 自我激励管理能力

在我们每个人的生命里，潜藏着一种神秘而有趣的力量，那就是自我激励。人的很多行为都是受到激励而产生的，善于自我激励的经理人，通过不断地自我激励使自己永远具有前进的动力。自我激励是一个人事业成功的推动力，其实质则是一个人把握自己命运的能力，经理人要有健康的心理，善于运用一定的方法自我激励。

5. 自我角色认知能力

经理人的角色夹插于公司、上级、同级及部属、客户之间，若在定位上没有一套正确的认知能力，往往会落到"上下难做人""里外不是人"的地步。如何正确认知自己的角色，是经理人走向成功的重要环节！

6. 自我时间管理能力

每个经理人都同样地享有每年 365 天、每天 24 小时。可是，为什么有的经理人在有限的时间里既完成了辉煌事业又能充分享受到亲情和友情，还能使自己的业余生活多姿多彩呢？他们有三头六臂吗？他们会分身术吗？时间老人过多地偏爱他们吗？其实，关键的秘诀就在于成功经理人善于进行自我时间管理。

7. 自我人际管理能力

有人说"成功＝30%的知识＋70%的人脉"；更有人说"人际关系与人力技能才是真正的第一生产力"。人的生命永远不是孤立的，我们和所有的东西都会发生关系，而生命中最主要的，也就是这种人际关系。由此看来，经理人要想成功，就应该加强自我人际管理能力。

8. 自我目标管理能力

生命的悲剧不在于目标没有达成，而在于没有目标！目标有多远，我们就能走多远。目标指引经理人工作的总方向。经理人每天的生活与工作，其实都可以理解为一个不断地提出目标，不断追求目标并实现目标的过程。

9. 自我情绪管理能力

情绪能改变人的生活，有助于改善人际关系和说服他人。情商高的人可以控制、化解不良情绪。在成功的路上，最大的敌人其实并不是缺少机会或资历浅薄；成功的最大敌人是缺乏对自己情绪的控制。愤怒时，不能遏制怒火，使周围的合作者望而却步；消沉时，放纵自己的萎靡，把许多稍纵即逝的机会白白浪费。因此，成功经理人必须善于管理自我情绪。

10. 自我行为管理能力

根据社会伦理和组织所要求的行为规范，每个人的行为都可以分为正确的行为和错误的行为。经理人职业行为就是成为经理人要坚守的正确行事规范。经理人如何具有职业化的行为，如何对自我行为进行管理以达到职业化行为规范的要求？这是每个经理人都应该重视的事情。因为只有进行自我行为管理，坚守职业行为，才是经理人具备职业化素质的成熟表现。

11. 自我学习管理能力

学习是人类生存与发展的推动力。人不是生而知之，而是学而知之，知识和能力不是从天上掉下来的，而是从学习和实践中来的。经理人最重要的能力是什么？是学习能力，经理人的竞争力就表现在学习能力上。我们处在一个激励竞争的时代，具备"比他人学得快"的能力是经理人唯一能保持的竞争优势。

12. 自我反省管理能力

反省是成功的加速器。经理人经常反省自己，可以去除心中杂念，可以理性地认识自己，对事物有清晰的判断；也可以提醒自己改正过失。经理人只有全面地反省，才能真正认识自己，只有真正认识了自己并付出了相应的行动，才能不断完善自己。因此，每日反省自己是不可或缺的。"反省自己"应该成为经理人工作的一个重要组成部分。不断地检查自己行为中的不足，及时地反思自己失误之原因，就一定能够不断地完善自我。

（资料来源：宋振杰，2006. 自我管理：经理人九大能力训练[M]. 北京：北京大学出版社.）

主题4 职业价值观

案例导入

选择一种有远见的生活方式

"有时候在山上遇上盗猎者，他们会拿枪指着你，其实老百姓的盗猎盗伐也是迫于生计，最好的方法是帮他们富起来。"

"今天我的胃剧痛，但是换来村民支持，值了。"

"来到这片大山里，做自己喜欢的事儿，才是最快乐的。"

"摔跤，是经常的事儿，我们大家都已经习惯了。山上根本就没有路，为了进山护林，很多时候我们都是手脚并用。"

"都说我们是大山的守护神，大山才是我们的守护神。"

2013 年 9 月 11 日，这则名为"青春守护，魅力中国"的公益广告在中央 1 台播放，讲述了 27 名大学生响应党和国家的号召，陆续奔赴海南中部偏远地区，参加筹建鹦哥岭自然保护区工作站的工作，短短 1 分多钟的广告却让人热泪盈眶。

鹦哥岭是目前海南省陆地面积最大的自然保护区，陆地面积 50464 公顷。它是琼岛水塔、海南岛的生态核心，生物物种是其重要的种质资源，其森林与地形地貌影响着海南岛的气候。2007 年，27 名大学生来到了鹦哥岭，其中有 2 名博士、4 名硕士、21 名本科毕业生——他们由海南省林业局面向全国农林高校招募而来，目的是重建鹦哥岭自然保护区工作站。

这 27 名农林院校毕业的大学生睡着"女的一屋，男的一屋"的木板草席床，建立了鹦哥岭动植物"档案馆"，猛灌自己米酒与当地少数民族成了朋友成立了"护林队"，用自己的工资帮助村民建立起了"农业示范田"，出台了舒适"旱厕"，"松软猪圈"改善村民卫生条件。黎苗族同胞说："原来，这些肚子里有墨水的人不仅有本事，心眼也很好。"

"梦想不因时间褪色，不因现实枯萎。鹦哥岭青年团队用 5 年的时间，克服了艰难的生活、工作条件，为鹦哥岭地区的自然生态环境保护、黎苗群众的脱贫致富做出了贡献。"作为当代大学生，应该用鹦哥岭青年团队精神时刻鼓舞自己，坚定理想、奉献自我、不断超越，为实现梦想而不懈努力。

什么东西对于你最重要？在平时做决定的时候，你最看重哪些东西呢？如果要有所取舍的话，哪些东西是无论如何也不能放弃的呢？通过这些问题，可以明确自己的价值观，从而做到在今后的职业选择中，根据自己的价值观行事。这样你才会觉得你的人生是有意义的，才会活得真实而自信。

一、什么是价值观

价值观是指一个人对周围的客观事物（包括人、事、物）的意义、重要性的总评价和总看法。价值观是人们对社会存在的反映，是社会成员用来评价行为、事物以及从各种可能的目标中选择自己合意目标的准则。

一个人的价值观是从出生开始，在家庭和社会的影响下，逐渐形成和稳定下来的。每个人的价值观都有所不同。并且，所处的社会环境、家庭的经济状况和社会地位、父母的职业和价值观、早期的学校教育、媒体宣传内容、个人社会实践等都对一个人的价值观具有重要的影响作用。一个人的价值观一旦形成，就会具有相对的稳定性和持久性。但是，随着人们社会环境等因素的改变，以及世界观和人生观的改变，这种价值观也会随之改变。

二、职业价值观

职业价值观是价值观在职业选择上的体现，是人们对待职业的一种信念和态度。人们在选择职业时，个人的择业标准和对具体职业的评价集中反映了他们的职业价值观。例如，在择业选择中，有的人追求丰厚的收入，有的人希望奋斗到较高的社会地位，有的人喜欢工作环境轻松愉快，有的人把能充分发挥自己的才能作为择业的第一标准。对职业价值观的研究是职业生涯规划的基础，认识到自身思想中根深蒂固的价值，是理解工作中什么样的特征才能给你满足的第一步。

永远不知道自己要什么，怎么办？

如果你总是不知道自己想要什么，或许你的价值观列表里面有两项"隐藏价值观"：求完美或追求认同。

一个选择了"完美"的人，就是选择了"不损失"的人，背后真正的价值其实是"安全感"。因为值得去的地方永无捷径，困难重重，所以这种人也是间接选择了"不可能"的人。一旦你有了"完美"的心智模式，就会看哪个目标都觉得不是自己想要的。你会一直等待一个"好的机会"，却在最后发现，因为常年纠结而无力，最后哪怕最差的都选不到了。不做选择往往是最坏的选择。不用取舍的完美不是一种目标，而是一种幻觉。即使你的能力超群，是 120 分，别人的能力只是 70 分，但因为你要完美的同时达成两个目标，你的实力其实只有 60 分，最后你会被两个 70 分的选手同时在两个战场打败。

　　一个选择了"他人认同"的人，永远也无法找到自己的价值观排序。你明明决定了说些什么，但是一看到大家略带疑问的眼神，你又决定把自己的想法藏起来。当看到自己的价值观与别人不一样的时候，开始焦虑，偷偷地调整自己的价值排序。这种人其实有一个最深藏的核心价值——你把"认同"排在第一位。你可以在一段时间获得所有人的认同，也能在所有时间获得一些人的认同，但是你永远无法在所有时间获得所有人的认同。因为每个人认同的东西，都不太一样。一旦把"获得大家认同"的价值观放在首位，就等于你把"永远随着别人的要求来委屈自己"作为生命的必然脚本。

　　价值观的修炼在于：发现自己的需求，理解这些需求，选择自己的生活方向，并在实际生活中体验、检验和践行这种选择，形成对人生的定见，并且修炼出在任何情况下都能获取人生价值的能力。

——古典，你的生命有什么可能，2015 年

三、职业价值观的类型

　　职业价值观是人生目的、人生意义和人生态度在职业规划、职业选择、职业发展方面的具体表现，职业价值观的测评将有助于职业决策和工作满意度的获得。

　　有关职业价值观的类型是多种多样的，美国心理学家米尔顿·洛克奇（Milton Rokeach）在他的著作《人类价值观的本质》中，提出了 13 种。

　　① 成就感：提升社会地位，得到社会认同；希望工作能受到他人认可，对工作的完成和挑战成功感到满足。

　　② 美感追求：能有机会多方面地欣赏周围的人、事、物或任何自己觉得重要且有意义的事物。

　　③ 挑战：能有机会运用聪明才智解决困难；舍弃传统的方法，选择新的方法处理事务。

　　④ 健康：健康包括身体健康和心理健康，工作能免除焦虑、紧张和恐惧；希望能够心平气和地处理事务。

　　⑤ 收入与财富：工作能够明显、有效地改变自己的财务状况；希望能够用金钱购买想要的东西。

　　⑥ 独立性：在工作中能富有弹性，可以充分掌握自己的时间和行动，自由度高。

　　⑦ 爱、家庭、人际关系：关心他人，与别人分享，协助别人解决问题；对周围的人体贴、关爱、慷慨大方。

　　⑧ 道德观：能与组织的目标、价值观、宗教观和工作使命不相冲突。

⑨ 欢乐：享受生命；结交新朋友，与别人共处，一同享受美好时光。

⑩ 权力：能够影响或控制他人，使他人按照自己的意愿行动。

⑪ 安全感：能够满足基本的需求，有安全感，远离突如其来的变动。

⑫ 自我成长：能够追求求知方面的刺激，寻求更成功的人生，在智慧、知识、人生的体会上有所提升。

⑬ 协助别人：体会和认识到自己的付出对团队是有帮助的，别人因为你的行动而受益颇多。

四、职业价值观的澄清

职业锚理论是由美国职业指导专家埃德加·H. 施恩教授提出，1961 年，施恩教授针对斯隆管理学院的 44 名硕士研究生进行了长达 12 年的跟踪访谈，最终研究结果显示，尽管每个参与者的职业经历大不相同，但从职业决策的原因和对事件的各种感受中，他们却有着惊人一致性。个人潜在的自我意识来自早期学习过程所获得的成长经验，当他们从事与自己不适合的工作时，一种意识会将他们拉回到使感觉更好的方向（职业）上——这就是"职业锚"。

职业锚，是指新员工在早期工作中逐渐对自我加以认识而发展出的更加清晰全面的职业自我观。施恩提出了八种职业锚，这些职业锚的特点如下：

① 技术/职能型：技术/职能型的人，追求在技术/职能领域的成长和技能的不断提高，以及应用这种技术/职能的机会。他们对自己的认可来自他们的专业水平，他们喜欢面对来自专业领域的挑战。他们大多不喜欢从事一般的管理工作，因为这将意味着他们放弃在技术/职能领域的成就。

② 管理型：管理型的人追求并致力于工作晋升，倾心于全面管理，独自负责一个部分，可以跨部门整合其他人的努力成果，他们想去承担整个部分的责任，并将公司的成功与否看成自己的使命。具体的技术/功能工作仅仅被他们看作是通向更高、更全面管理层的必经之路。

③ 自主/独立型：自主/独立型的人希望随心所欲地安排自己的工作方式、工作习惯和生活方式。追求能施展个人能力的工作环境，最大限度地摆脱组织的限制和制约。他们宁愿放弃提升或工作扩展的机会，也不愿意放弃自由与独立。

④ 安全/稳定型：安全/稳定型的人追求工作中的安全与稳定感。他们可以预测未来的成功从而感到放松。他们关心财务安全，例如，退休金和退休计划。稳定感包括诚信、忠诚，以及完成老板交代的工作。尽管有时他们可以得到高职位，但他们并不关心具体的职位和具体的工作内容。

⑤ 创业型：创业型的人希望运用自己去创建公司或创造完全属于自己的产品（或服务），而且愿意冒风险，并克服障碍。向世界证明公司是他们自己努力创建的。他们可能目前正在别人的公司工作，但同时他们在评估将来的机会。一旦感觉时机到了，他们便会自己走出去创建自己的事业。

⑥ 服务型：服务型的人一直追求他们认可的核心价值，例如，帮助他人，改善人们的安全，通过新的产品消除疾病。他们一直找寻这种机会，即使这意味着要变换公司，

他们也在所不惜。

⑦ 挑战型：挑战型的人喜欢解决看上去无法解决的问题，战胜强硬的对手、克服无法克服的困难障碍等。对他们而言，参加工作或职业的原因是工作允许他们去战胜各种不可能。新奇、变化和困难是他们的终极目标。

⑧ 生活型：生活型的人是喜欢允许他们平衡并结合个人需要、家庭需要和职业需要的工作环境。他们希望将生活的各个主要方面整合为一个整体。正因为如此，他们需要一个能够提供足够的弹性让他们实现这一目标的职业环境。为了得到这样的职业环境，他们甚至可以牺牲职业的一些方面，如：提升带来的职业转换，他们将成功定义得比职业成功更广泛。他们认为自己在如何去生活，在哪里居住，以及如何处理家庭事业及在组织中的发展道路方面的想法是与众不同的。

五、社会主义核心价值观

因历史时代不同，主体需求和利益诉求不同，人们的价值观也会各不相同。

我们国家历来重视价值观的教育和培养，尤其党的十八大确立了"富强、民主、文明、和谐，自由、平等、公正、法治，爱国、敬业、诚信、友善"的24字社会主义核心价值观，随后又写入宪法，这成为新时代大学生价值观教育和养成的主旋律。

习近平总书记两次北京大学师生座谈会（2014，2018）讲话中进一步强调、阐述了核心价值观问题。他指出，对一个民族、一个国家来说，最持久、最深层的力量是全社会共同认可的核心价值观。核心价值观承载着一个民族、一个国家的精神追求，体现着一个社会评判是非曲直的价值标准。在当代中国，我们应坚守、培育和践行以"三个倡导"为主要内容的24字社会主义核心价值观。青年正处于价值观形成和确立的关键时期，要像穿衣服扣扣子一样，扣好人生第一粒扣子，着重在"勤学、修德、明辨、笃实"和"爱国、励志、求真、力行"上下功夫，尤其强调要树立正确的世界观、人生观和价值观，掌握了这把总钥匙，再来看看社会万象、人生历程，一切是非、正误、主次，一切真假、善恶、美丑，自然就洞若观火、清澈明了，自然就能做出正确判断、做出正确选择。

探索活动

人生设计画布

请结合自我认知，给自己制作一幅精美的人生设计画布。如果把人生比作一座神秘的宝藏，那么，这块画布就好比一张寻宝图。下表内容，只是参考，您可作调整和变更。快来试试吧。

7.谁能帮我	5.已有资源	1.我是谁	2.我最关心	4.我的目标
（环境、外力） 他们会建议我什么： 父母？ 好友？ 同学？ 辅导员？ 专业导师？ 职业咨询师？ 创业指导师？ …… 专业测评量表的结果？ 职业规划大赛的启示？ ……	我拥有什么？ 我"能够"做什么？ 我有什么样的世界观、人生观、价值观？又有什么样的学习观、成长观、事业观？其科学性、合理性？ 我的兴趣爱好、性格气质和素养能力，有利于自身发展和目标实现的优势丛及其互补性？如何发扬？ 你是你最大的资源： 青春、活力、梦想…… 整合资源，风好正扬帆 一粒种子，蕴含无限可能	认识自己： 现在，我是谁？ （已知，或不清晰） 将来，我是谁？ （未知，或不确定） 走进大学，开启新模式： 我学习，我成长， 我追梦，我快乐 步入社会，可能特需要： 我选择，我打拼， 我担当，我品味 请发自内心问一问， 我最想：	我追求的人生意义是什么？ 我的迫切需求和未来愿景？ 我的人生函数 $Y=F(x)$，其中： Y 代表不同时段的不同目标 F 代表 Y 实现的过程、可能性和运行机理 x 代表各种选择、努力和有利因素（包括客观的、主观的） 人生不仅要学会做"加法"，还要学会做"减法"某一因素的聚变，可能会产生乘法效应或倍增效应	我想实现什么？ （可能性+可行性） 请认真思考 4 年后，我最想要的是什么？（用具体、清晰的关键词描述那个未来的"生活、学习、工作图景"） 5~10 年上述的想法会改变吗？会发生多大改变？（预测可能的呈现态势、机会成本和潜在风险）
为什么会这样建议我？ 我如何对待这些建议？ 哪些更切合我的内心？ 哪些更触动我的痛点？	**6.制约因素** 我缺少什么？ 我"需要"做什么？ 我的兴趣爱好、性格气质和素养能力，不利于自身发展和目标实现的弱势丛及其排斥性？如何规避？是否意识到自己的潜在能力处于"休眠"状态而未被感知、发掘？ 你是你最大的障碍： 观望、迷茫、彷徨…… 要么无所节制，要么无所事事。不是没有动力、耐力和能力，而是缺乏心力、定力和恒力	① 长成什么样子 ② 长成自己的样子 ③ 长成自己喜爱的样子 ④ 长成自己喜爱且曾设计的样子 ⑤ 长成自己喜爱、曾设计而又不断迭代、优雅的样子 我的地盘，我做主 我的人生，我设计	**3.我最担心** （有限）选择，意味着舍弃（无限） 选择，应慎重 没有最好，只有更好 一旦选择，就应该：尽心倾力， 永不言弃 我的人生函数 $Y=F(x-x_1)$，其中： Y、F、x 同上， x_1 代表各种舍弃、损耗和不利因素（包括客观的、主观的），以及一些低级判断、低级错误和不经意的过失	请做出如下选择： 考研/出国？ 公务员/教师？ 企业任职？ 创业…… 学生会？社团？ 社会兼职？ 学霸？竞赛？ 恋爱…… 还能更具体些吗？ 前面能否加上一些限定词，如幼儿教师、中学教师、大学教师

8.策略	9.行动
① 我如何设计、编制一份宏大的人生规划方案？ ② 我如何设计、编制一份理想的职业规划方案？ ③ 我如何设计、编制一份可行的学业规划方案？	① 我如何快速行动、有效执行？ ② 我是否说到做到、立决立行？ ③ 我能否一以贯之、持之以恒？

第三章　探寻职业环境

小杨，旅游管理系毕业生，在一家酒店做大堂接待，薪金微薄。这和她原来所期望的大厅经理职位差了 3 个级别。由于该地区酒店管理专业的本科生供大于求，本科毕业生几乎只能走这条路。看着身边不少中专毕业生都跟自己干一样的活，还干得比自己熟练，小杨实在是心有不甘。难道传说中的热门专业如今前景就这么惨淡？小杨在这期间也投了不少简历，可就酒店管理类工作而言，没有一家酒店能看上她这么一名刚毕业没有工作经验的女孩子。小杨英文不错，考过 GRE，英语听说能力不错，在大学里还担任过文艺节目主持人，如今却在职业发展上遭搁浅。

不得已，小杨找了一家职业顾问公司。职业顾问详细了解情况后，认为小杨的问题在于求职范围过窄。

通过心理测试，发现小杨个性活跃，表达能力强，适合从事外向型工作；感性成分居多，不适合做文秘类枯燥工作。与人交往、随机应变的工作较适合她，而偏重理性、需要大量缜密思考的工作却应该回避。

根据 SWOT 分析，职业顾问建议小杨可先从涉外导游兼职做起。既有实力来做，又可进一步提高口语水平，熟悉西方文化。酒店管理行业近年人才饱和，而旅游业方兴未艾，正好可借机进入一个新领域。

职业顾问建议小杨将职业目标定为市场拓展主管或者销售经理。最佳行业定在旅游业及其相关行业，这些行业在中国正处于高速发展阶段，又有望取得高薪。

据此，小杨考取了导游证。很快，她在一家大型旅游公司找到了一份双休日兼职导游工作，且在半年后跳槽去了一家国际商业旅行公司，待遇优厚。

一份有效的职业规划既要求全面认识、了解自己，也要求自己能清楚地认识外部环境，只有这样才能做到在复杂环境中避害趋利，使自己的职业规划具有现实意义。

本章要解决的问题

1. 什么是职业？
2. 职业环境认知中的环境因素有哪些？
3. 如何进行职业环境探索？

主题 1 职 业 认 知

困惑和思考

上大三的小强面对未来很迷茫，他对所学的管理科学专业没太多感觉。别人都说这个专业一方面是万金油，另一方面没什么竞争优势，因此他想利用业余时间再学习一些其他专业的知识或技能。但社会上究竟对哪些职业人才的需求量大？工作岗位的用人要求又是什么？对这些问题，小强一点也不了解，不知道如何提高自己。况且他自己也不清楚喜欢哪种工作。他该怎么准备呢？

一、职业的含义

何谓职业？从词义学的角度看，"职业"一词，由"职"和"业"构成。"职"即职责、天职、权利与义务；"业"即事业、行业。职业是社会发展到一定阶段的产物，使人们开始参与社会分工，利用自身的知识和技能为社会创造物质和精神财富，并获取一定报酬，实现自我价值的工作过程。

职业是满足个人需求的媒介，只有真正意义上的自我实现，职业的效力才能得到最大限度发挥和满足。可见，个人的潜能发挥、自我实现与职业发展有密切联系。职业在满足个体生存需要的同时，对个体潜在能力发挥、人生价值实现以及社会进步等方面都有重大意义。作为自我实现的重要途径，我们可借助马斯洛需求层次理论（见图 3-1）对职业的重要性进行分析。

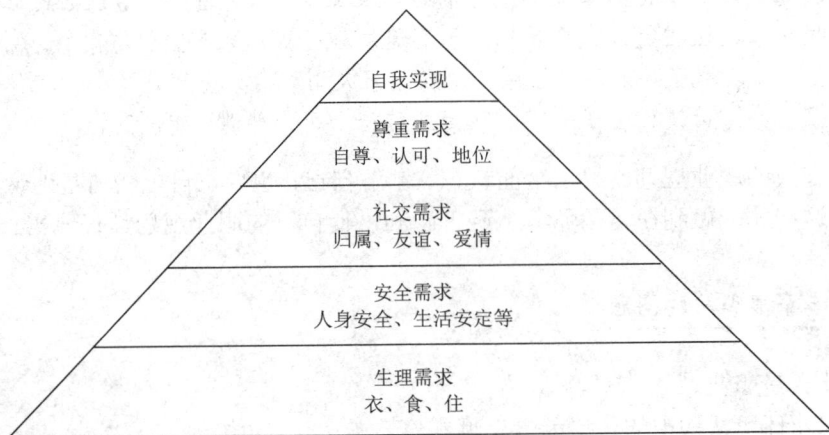

图 3-1 马斯洛需求层次理论图

1. 提供生活保障

通过工作获得报酬，以此换取我们生活所需的各种物品，如衣服、食物、住房等，从而满足人们维持生活的需要。

2. 建立安全感

稳定的工作在满足基本需要的同时，还能为我们提供医疗保险、失业保障和退休金等福利，减少人身安全、疾病等生活方面的困扰和担忧。

3. 提供人际交往和社会交往

在职业发展或追求共同目标的过程中，往往需要扩大个人的生活圈子，从而建立广泛的人际交往关系。人际关系和社会交往的扩展与职业的发展是相互促进的，而工作的场所便是家庭以外最重要的人际交往圈子。

4. 赢得他人尊重

每个人在工作或者生活中都有获得尊重的需要，不管是受人尊重还是自尊，都可以通过做出让社会认可和自己满意的成绩来实现，而工作便是实现这一目标的最好途径。

5. 实现自我价值

在全身心投入工作的同时，可以感受到最大限度的快乐。在实现个人理想、抱负和发挥个人能力的过程中，能履行或达到自己的意愿，便是自我实现。自我实现的动力源自内心，通过努力开发自身潜力，使自己成为自己所期望的样子。个人需求特别是高层次需求的满足，与个人所从事的职业对社会的贡献度紧密相关。但是，由于每个人都有各自的特性，在具体的需求上有不同程度的差异，加之每个人在职业需求上的独特倾向，便导致了每个职位存在不同的潜在价值。在此基础上，还会有所创新和超越，以延伸个人的生命价值和意义。

二、职业的特征

1. 社会性

职业是社会发展到一定阶段的产物，当出现社会分工后，各种职业应运而生，可以说，没有社会分工就没有职业的产生。并且，每个职业之间都是相互联系的，没有任何一个职业能独立存在于社会之中，每个职业都处在为社会服务的一个体系中。因此，职业具有明显的社会性。

2. 行业性

行业是根据生产工作单位所生产的物品或提供服务的人的不同而划分的，是按企业、事业单位、机关团体和个体从业人员所从事的生产或其他社会经济活动性质的同一性来分类的。某行业的职业内部，其劳动条件、工作对象、生产工具、操作内容相同或相近。由于环境的同一，人们就会形成同一的行为模式，有共同的语言习惯和道德规范。不同行业存在着很大的差异，劳动条件、工作对象、工作性质等都不相同。

常言道"隔行如隔山"，指的就是这个现象。随着社会的进步和发展，新的职业将会不断涌现，各种职业间的差异也会不断变化。

3. 组群性

无论以何种依据来划分，职业都带有组群特点。例如，科学研究领域中包含哲学家、社会学家、经济学家、理学家、工学家、医学家等；再如，咨询服务事业包括科技咨询工作者、心理咨询工作者、职业咨询工作者等。

4. 时代性

不同的时代，职业有着不同的表现，在活动内容和方式以及社会地位等方面会发生很大的变化。例如，在不同时代，会出现不同的热门职业。建国初期，我国就出现过"当兵热""从政热"；改革开放后，又出现"下海热""外企热"等。这些当时的热门职业不仅反映出特定时期人们对某种职业的热衷程度，同时也体现出职业的时代性。

5. 经济性

在承担职业岗位职责并完成工作任务之后，劳动者应从中获取报酬和收入，以及其他方面的回报。一方面，这是社会、企业及用人单位对劳动者付出劳动的回报；另一方面，这也是劳动者维持家庭生活的经济来源。劳动者通过劳动获取报酬是保持整个社会稳定发展的基础。

三、职业认知的作用

法国启蒙思想家卢梭（Rousseau）认为，选择职业是人生大事，因为职业决定了一个人的未来。

1. 帮助人们科学制订生涯规划

职业是关系着每一个社会成员一生的重大问题，是人的一种重要生活方式。人们如果能够清晰、全面地了解工作环境，掌握用人单位及工作发展的普通路径和规律等，就能够结合自己的特点在社会中找到属于自己的工作，从而做出合理的生涯决策，而不是盲目跟风追逐所谓的"好工作"，最后迷失在求职大军中。

2. 进一步认识和了解自己

在探索职业环境中，生涯探索者将视角从内部转向外部。职业是一个人实现其生涯理想的外部平台。如何能够更好地利用这个外部平台，帮助个人实现其理想，是职业生涯中很关键的一部分内容。外部条件的限制，看上去很难，也会有沮丧，但是随着对自我和外部环境的思考，就会越来越明确自我的内心追求，了解自我的价值诉求，从而调整自己的行动，走出自己的人生道路。

3. 培养和提升自我能力

职业是个人获得名誉、地位、权利、成就、尊重以及自我实现等精神需要的重要来源。由于职业劳动是按照一定社会规范和内在规律运行的，每种职业都有其独特的活动内容和要求，对从业者的生理和心理必然产生重大的影响。当这种工作能够使个人的才干得到发挥、个性得到不断发展和完善时，它就成为促进个性健康发展的途径。

四、职业分类

职业分类，即采用一定的标准、方法和原则，对从业人员所从事的各种专门化的社会职业所进行的全面、系统的划分与归类。

通过职业分类，可以了解社会职业领域的总体状况，增强职业意识，并有意识地提高劳动者的职业素质。

1. 国外职业分类

美国大学考试中心（ACT）结合各种职业兴趣的最新研究成果，在兴趣的两维基础上，将职业群体的具体位置标记在坐标图上，从而得到工作世界图，如图 3-2 所示。

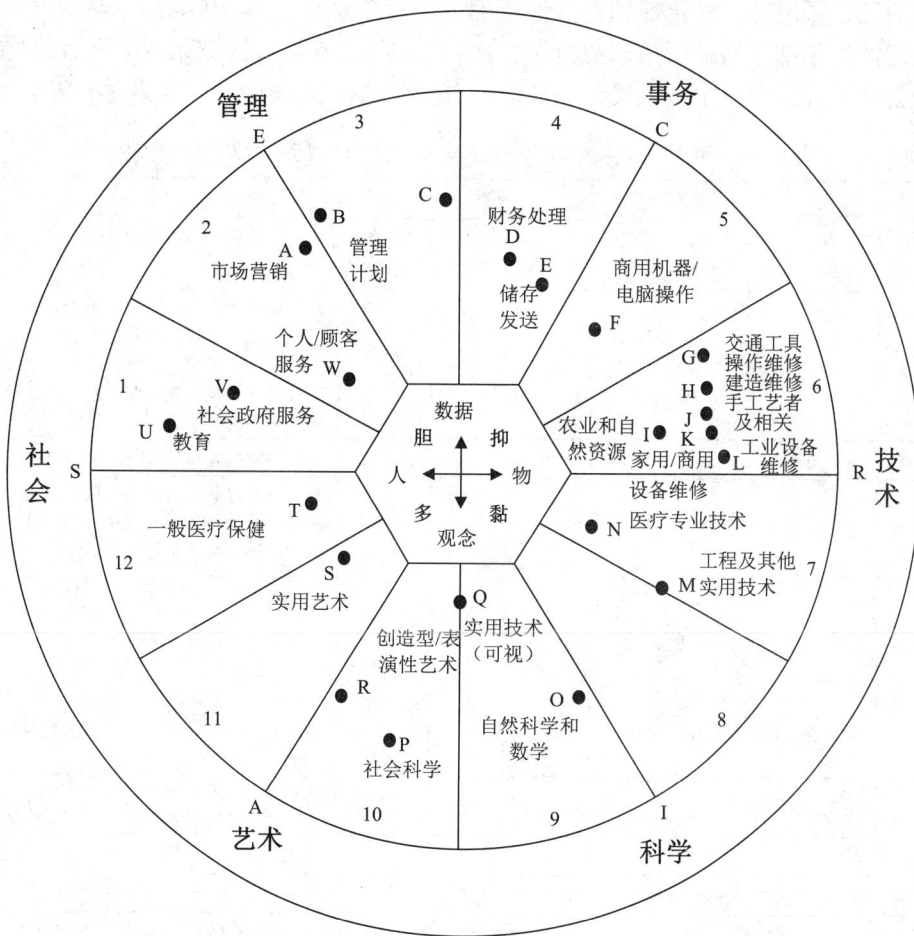

图 3-2　工作世界地图（美国 ACT）

该图把霍兰德的六边形与两个维度，即人与物维度，数据与观念维度，组合在一起，将职业的类型和职业的性质得以有机地结合起来。通过进一步分析，我们看出，这基本是将霍兰德的职业兴趣理论和气质与职业选择关系组合在一起，这使得我们可以通过气质测评和霍兰德职业兴趣测评，直观地判断我们适合的职业类型。

在霍兰德六边形的外部分为 12 个区域，共有 23 个职业群被标定在图中。如果受试者知道了自己的兴趣类型和气质类型，就可以通过该图较准确地确定自己的职业兴趣在该图中的位置，通过与不同职业群的远近位置比较可进一步扩展职业兴趣的搜寻范围。

2. 我国职业分类

1999 年 5 月颁布并出版的《中华人民共和国职业分类大典》是我国第一部对职业进行科学分类的权威性文献。在深入分析我国社会职业构成的基础上，突破了过去以行业管理机构为主体，以归口部门、单位甚至用工形式来划分职业的传统模式，采用了以从业人员工作性质的同一性作为职业划分标准的新原则，并对各个职业的定义、工作活动的内容和形式以及工作活动的范围等作了具体描述，体现了职业活动本身固有的社会性、目的性、规范性、稳定性和群体性特征。

之后，每年都要增补新增职业类型。2015 年 7 月 29 日，国家职业分类大典修订工作委员会通过并颁布《中华人民共和国职业分类大典（2015 版）》，如表 3-1 所示。

表 3-1 《中华人民共和国职业分类大典（2015 版）》职业分类表

类别	名称	分类（个）			职业描述
		中类	小类	细类（职业）	
第一大类	党的机关、国家机关、群众团体和社会组织、企事业单位负责人	6	15	23	在中国共产党机关、国家机关、民主党派和工商联、人民团体和群众团体、社会组织及其工作机构，基层群众自治组织、企事业单位中担任领导职务并具有决策、管理权的人员
第二大类	专业技术人员	11	120	451	从事科学研究和专业技术工作的人员
第三大类	办事人员和有关人员	3	9	25	在公共管理和社会组织机构中，从事行政业务、行政事务、行政执法和仲裁、安全保卫、消防和应急救援等工作的人员
第四大类	社会生产服务和生活服务人员	15	93	278	从事商品批发零售、交通运输、仓储、邮政和快递、住宿和餐饮、信息传输、软件和信息技术以及金融、房地产、租赁和商务、技术辅助、生态保护、文化、体育和娱乐等社会生产服务于生活服务工作的人员
第五大类	农、林、牧、渔业生产及辅助人员	6	24	52	从事农、林、牧、渔业生产活动及辅助生产的人员
第六大类	生产制造及有关人员	32	171	650	从事产品生产及设备制造、矿产开采、工程施工和运输设备操作的人员及有关人员
第七大类	军人	1	1	1	军人
第八大类	不便分类的其他从业人员	1	1	1	不便分类的其他从业人员
合计		75	434	1481	

需要说明以下几点。

① 与 1999 版相比，2015 版职业分类结构维持 8 个大类，增加 9 个中类、21 个小类，减少 547 个职业（新增 347 个职业，取消 894 个职业）。

② 第一大类修订参照我国政治制度与管理体制现状，对具有决策和管理权的社会职业依组织类型、职责范围的层次和业务相似性、工作的复杂程度和所承担的职责大小等划分与归类。

③ 第二大类修订除遵循职业分类一般原则和技术规范外，还着重考量职业的专业化、社会化和国际化水平。

④ 第三大类修订主要依据我国公共管理与社会组织中从业者的实际业态进行。强化其公共管理、企事业管理等领域行政业务、行政事务属性。

⑤ 第四大类修订主要参照国民经济行业分类以及我国服务业发展现状，特别关注新兴服务业的社会职业发展，主要按照服务属性归并职业。

⑥ 第五大类修订以农、林、牧、渔业生产环境、生产技术和产业结构的变化，现代农业生产领域中生产技术应用、生产分工与合作的现状为依据，参照国民经济行业分类进行。

⑦ 第六大类修订按照国民经济行业分类以及生产制造业发展业态，以工艺技术、工具设备、主要原材料、产品用途和服务与技能等级水平相似性进行。

探索活动

招聘职业分类

请根据以下的招聘信息，将招聘职业进行分类。

×××集团股份有限公司

公司行业：快速消费品（食品/饮料/烟酒/化妆品）　其他

公司类型：股份制企业

公司规模：10 000 人以上

职位类别：公关/媒介	发布日期：2017-09-27
工作地点：北京	工作经验：3～5 年
最低学历：本科	管理经验：否
工作性质：全职	招聘人数：2 人

岗位职责：

1）参与事业部月度服务公关公司的招标选择。

2）负责协助编制及审核事业部年度（分产品）营销传播策略。

3）负责协助指导事业部确定年度（分产品）公关传播策略及传播计划、年度公关预算建议书。

4）审核事业部公关项目实施文案。

5）审核事业部公关项目的实施，进行管控和最终效果评估、考核。

6）与事业部召开各种工作会议，保证有效及时地沟通指导以及集团资源利用的最大化。

任职要求：

1）大学以上学历，名校毕业或研究生优先，市场营销、公共关系、中文等相关专业，具有较强的写作和策划能力。

2）有 2 年以上大型快消品公司的产品公关从业经验者优先。

3）品行端正、热爱公关工作、团队意识强。

4）善于与人沟通交流，语言流畅，情绪自控能力强。

5）思维活跃，创新能力强。

6）形象气质好、外语好者优先。

（请您将应聘简历发送至 zhaopin@gongsi.com，并附一寸彩色照片，谢谢合作！）

联系方式

公司名称：××集团股份有限公司　　公司地址：××市××街××号

传　真：12345678　　公司主页：http://www.gongsi.com

五、职业发展趋势

职业是人类社会发展到一定历史阶段的产物，是社会进步的标志。随着社会的不断进步，职业的发展变迁呈加快趋势。不能适应社会发展的职业逐渐消失，新的职业不断出现，且不同社会发展阶段会出现相应的热、冷门职业，会对大学生择业产生影响。

1. 单一化向综合化、多元化转化

由于职业自身具有社会性和发展性，职业与职业之间有越来越多的相互交叉重叠，区分界限越来越模糊。以往每种职业都有相对固定范围的单一专业基础，现在这种基础已开始向多元化、综合化发展。从最近几年的毕业生就业情况来看，职业岗位的要求和劳动方式逐步由简单向复杂转化，过去单一技能就能胜任的工作，由于如今职业内涵发展扩大了，往往需要相关专业的许多知识和技能，甚至更多的职业需要既跨专业又精通某个领域知识技能的复合型人才。

2. 封闭型向开放型转化

随着改革开放的深入，职业岗位工作的范围和所面向的服务对象越来越广泛，人们所接受信息的渠道也必须加大，相互之间的交往和协作也大大加强，这就要求人们具有开放的观念和心态，彻底摆脱封闭的状态。另外，开放型体现在职业岗位工作的性质上，也增加了一些以人与人之间的联络、沟通、信息咨询和交易为表现形式的内容。

3. 制造型向信息化、知识型转化

传统制造业科技含量相对落后，在技术更新方面比较缓慢，跟不上时代前进的步伐。生产力发展的关键之一是增加职业岗位科技含量，改善劳动组织和生产手段，提高劳动生产率。能大量应用信息管理方法的智能型操作人员，是今后职业岗位更新、工作内容更新需要的新型人才。

4. 体力劳动型向脑力创新型转化

知识经济的到来，要求社会成员必须树立创新意识，在自己的职业岗位上进行创造性劳动。职业体力消耗逐渐减少，脑力消耗逐渐增加，完全靠继承前人技能进行重复操作的工作方式大大落后。国家的知识创新工程，将科技成果迅速转化为生产力，劳动效率的迅速提高改变着现有职业岗位的职业特征。

5. 第三产业职业数量增加

随着科学技术水平的提高、经济的发展以及产业结构的调整，人们的生活水平不断提高，人们对生活质量的要求越来越高，越来越需要社会服务行业为自己排忧解难、提供便利。信息沟通、金融、休闲、娱乐、卫生保健、咨询业以及文化教育等事业，还有提供各种各样服务项目的社区服务业等，将迅速发展壮大，大量新职业不断涌现成为吸纳人才的主要渠道。据亚洲开发银行报告，我国目前第三产业从业者的比例仅为17%，而发达国家大多超过50%。预计未来我国沿海发达地区第三产业的就业人数可达到或超过就业总人数的50%，因而潜力是非常大的。

主题 2　职业环境认知

探索活动

请同学们用头脑风暴法列举出与手机相关的尽可能多的职业，并用思维导图将联想到的职业都记录下来。

大学生在制订个人的职业生涯规划时，不仅要分析自我，还要分析环境条件的特点、环境的发展变化、自己与环境的关系、自己在环境中的地位、环境对自己提出的要求，以及环境对自己的有利条件和不利条件等，只有这样才能做到"知己知彼"，应对自如。

职业环境探索是进行职业规划的必然命题，起着承上启下的作用，主要包括社会环境分析、行业环境分析、企业环境分析以及岗位环境分析。

一、社会环境认知

所谓社会环境认知，包括对社会政治环境、经济环境、法律环境、科技环境、文化环境等宏观因素的认知。社会环境对个人的职业生涯乃至人生发展都有重大影响。通过对社会大环境的分析，了解国家或地区的政治、经济、科技、文化、法制建设、政策要求与发展方向，有助于抓住各种职业发展的机会。

1. 政治法律环境

政治法律环境是指一个国家或地区的政治制度、体制、方针政策、法律法规等方面。这些因素常常制约、影响企业的经营行为，尤其会影响企业较长期的投资行为。

（1）政治环境认知

政治环境认知应主要分析国内的政治环境和国际的政治环境。国内的政治环境包括政治制度、政党制度、政治性团体、党和国家的方针政策、政治气氛。国际政治环境主要包括国际政治局势、国际关系等。

（2）法律环境认知

法律规范，特别是和企业经营密切相关的经济法律法规，如我国的公司法、中外合资经营企业法、合同法、专利法、商标法、税法、企业破产法等。

（3）就业政策认知

就业政策在就业过程中起到宏观调控和规范的作用，相关政策信息是高校毕业生求职所必须掌握的知识。国家就业政策主要体现在《全国普通高等学校毕业生就业管理规定》《中华人民共和国劳动合同法》《中华人民共和国教育法》等相关法规和文件中，各省（市、区）在遵循国家总的就业工作指导原则的基础上，还会根据实际情况制定出相应的规范性文件。毕业生对就业政策信息的收集和分析是十分必要的。

典型案例

王胜杰，河南科技学院服装学院服装设计与工艺教育专业 2012 级学生。在校期间，经常有社团询问她是否可以帮忙设计团队服装，从最初的单纯帮忙设计到后来联系服装厂、设计到销售，她逐渐打开了业务，开始了创业。

2014 年，她报名参加了校级创业大赛，申报了国家级大学生创新创业训练计划，打开了知名度并获得了 10 000 元资金扶持。2015 年，她申请参评河南省创业扶持引导资金，又获得 40 000 元的资金扶持。同时，因业务不断扩大，她还申请了大学生小额担保贷款 30 000 元。她充分利用了国家大学生创业的各项优惠政策，促进了创业活动的顺利开展。

2. 经济环境

企业的经济环境主要由社会经济结构、经济发展水平、经济体制和经济政策等 4 个要素构成。

① 社会经济结构指国民经济中不同的经济成分、不同的产业部门以及社会再生产各个方面在组成国民经济整体时相互的适应性、量的比例及排列关联的状况。社会经济结构主要包括 5 方面的内容，即产业结构、分配结构、交换结构、消费结构、技术结构，其中最重要的是产业结构。

② 经济发展水平指一个国家经济发展的规模、速度和所达到的水准。反映一个国家经济发展水平的常用指标有国民生产总值、国民收入、人均国民收入、经济发展速度、经济增长速度。

③ 经济体制指国民经济的管理制度和运行方式。经济体制决定了国家与企业、企业与企业、企业与各经济部门的关系，并通过一定的管理手段和方法，调控和影响社会经济流动的范围、内容和方式等。

④ 经济政策指国家制定的一定时期内国家经济发展目标实现的战略与策略，包括综合性的全国经济发展战略和产业政策、国民收入分配政策、价格政策、物资流通政策、金融货币政策、劳动工资政策、对外贸易政策等。

典型案例

"互联网+"大潮下的创业机会

一张网、一个移动终端，几百万学生，学校任你挑、老师由你选，这就是"互联网+教育"。在教育领域，面向中小学、大学、职业教育、IT 培训等多层次人群开放课程，可以足不出户在家上课。"互联网+教育"的结果，将使未来教与学的一切活动都围绕互联网进行，老师在互联网上教，学生在互联网上学，信息在互联网上流动，知识在互联网上成型，线下的活动成为线上活动的补充与拓展。"互联网+教育"的影响不只是创业者们，还有一些平台能够提供就业机会，在线教育平台提供的职业培训就能够让一批人实现就业，而自身创业也能够解决就业问题。

农业看起来离互联网最远，但"互联网+农业"的潜力却是巨大的。农业是中国最传统的基础产业，亟须用数字技术提升农业生产效率，通过信息技术对地块的土壤、肥力、气候等进行大数据分析，然后据此提供种植、施肥相关的解决方案，大大提升农业生产效率。农业信息的互联网化将有助于需求市场的对接，互联网时代的新农民不仅可以利用互联网获取先进的技术信息，也可以通过大数据掌握最新的农产品价格走势，从而决定农业生产重点。与此同时，农业电商将推动农业现代化进程，通过互联网交易平台减少农产品买卖中间环节，增加农民收益。面对万亿元以上的农资市场以及近七亿的农村用户人口，农业电商面临巨大的市场空间。

3. 社会文化环境

社会文化环境包括一个国家或地区的社会性质、人们共享的价值观、人口状况、教育程度、风俗习惯、宗教信仰等各个方面。社会文化环境大体上可分为文化环境、人口环境两个方面。

（1）文化环境

文化环境对职业发展的影响是巨大的，文化的基本要素包括哲学、宗教、语言与文字、文学艺术等，它们共同构筑成文化系统，对企业文化有重大的影响。

① 哲学是文化的核心部分，在整个文化中起着主导作用。我国的传统哲学基本上由宇宙论、本体论、知识论、历史哲学及人生论（道德哲学）5 个方面构成，它们以各种微妙的方式渗透到文化的各个方面，发挥着强大的作用。

② 宗教作为文化的一个侧面，在长期发展的过程中与传统文化有密切的联系。在我国文化中，虽然宗教所占的地位并不像西方那样显著，宗教情绪也不像西方那样强烈，但其作用仍不可忽视，且须正确、科学对待。

③ 语言文字和文化艺术是文化的具体表现，是社会现实生活的反映。它对企业职

工的心理、人生观、价值观、性格、道德及审美观的影响及导向是不容忽视的。

（2）人口环境

人口环境主要指目标企业所在地区的人口因素对其职业选择与职业发展有重要影响。其影响主要包括以下 3 个方面。

① 人口规模。社会总人口的多少影响社会人力资源的供给，从而影响着职业选择发展的机会。总人口越多，个人职业选择与职业发展机会就越少；相反，总人口越少，个人职业选择与职业发展机会就越多。当然，这也不是绝对的，还有在实践工作中的科技份额的增加因素。

② 年龄结构。不同的年龄段有不同的追求，在收入、生理需要、价值观念、生活方式、社会活动等方面存在差异性，这决定了他们的职业价值观的不同。不同年龄段人口的多少影响着职业选择和职业发展。

③ 区域劳动力质量和专业结构。社会劳动力的质量和专业结构影响职业选择和职业发展的机会。例如，在某些地区，未经培训的普通劳动力可能很充裕，然而受过高级培训的劳动力可能不足；而某些地区可能某方面人才比较充裕，但其他方面人才相当欠缺。这些因素都会影响当地人们的职业选择和职业发展。我国东南沿海和西部人口密度及劳动力质量和专业结构之间的差异，就必然影响大学毕业生的职业选择和职业发展。

二、行业环境认知

所谓行业环境认知，包括对目前所从事行业和将来想从事的目标行业的分析。在对职业所处的社会环境进行分析后，还应对职业所处的行业环境进行分析。原因在于行业环境将直接影响到企业的发展状况，进而影响到个人的职业生涯发展。

1. 行业现状及发展趋势

了解自己现在所从事的行业，是传统制造业还是高科技产业，是能源产业还是新兴服务业；这个行业的发展趋势如何，是逐渐萎缩的行业还是朝阳产业；该行业目前存在什么问题，是可以改进或避免还是无法消除；该行业是否具有竞争优势，这种优势会持续多长时间。

国家各级行业主管部门或者社会研究机构，每年都会推出各种行业分析报告，这是了解行业现状和发展趋势的最好资料。通过网络、图书或者听讲座等途径，了解该行业在国民经济发展中的地位，了解该行业当前的发展现状，探索其未来的发展趋势。

2. 行业人才需求状况

各行各业都有其准入门槛，以及对人才素质能力的基本需求，了解行业人才需求状况，是进入行业的前提。所谓行业的人才需求状况，是指这个行业人才胜任能力标准，人才发展前景，人才培养目标及人才晋升路径。了解越详细，个人的职业定位也更加清晰，职业规划也更具有针对性。

3. 行业代表人物

了解行业的代表人物是了解行业的一个较好手段。各行各业都有自己的代表人物，通过调研行业代表人物的先进事迹、成长历程，可以加深对该行业的认识与了解。相反，了解行业反面典型的失败经历，也能够从侧面知道行业存在的风险与弊端，树立对行业全面、客观的认识。

4. 行业规范及标准

每个行业都有自己的行业标准及规范，这些规范可能是明示的，也有可能是潜在的；这些标准有可能是国家制定的标准，也有可能是行业内部的标准，这些都是了解行业的大好机会。行业的规范及标准代表了行业的人才准入门槛以及从业人员基本守则，掌握了行业的标准与规范，也为进入该行业铺平了道路。

5. 行业知名企业

行业是由一系列细分领域内的企业共同组成的，这些企业既相互竞争，又互相依存，共同推动行业的发展与进步。行业知名企业一般是该行业发展的缩影，代表了该行业的最高发展水平，因此了解行业的标杆企业是了解该行业的最好办法。

总之，分析和了解影响职业的行业环境，有利于个人选择有发展前途的行业和职业，有助于更好地实现个人目标。

三、企业环境认知

企业是实现职业规划目标的载体。通过对企业内部环境的分析，同学们可以了解目标企业的发展概况及运行情况，全面认识目标企业的企业文化与发展前景，从而制订合理的职业规划。

1. 企业的基本状况

企业的基本状况包含过去的创业历史，现阶段的运行状况和规模，以及未来的竞争优势与发展前景，包括企业的产品服务、组织机构、经营战略、核心竞争力、资金和技术实力，也包括企业内部员工关系、领导者的管理水平等。

2. 企业的发展目标

企业的存在，在于能够将许多不同意志的人聚合在一起，为了一个共同的目标而奋斗。企业的发展目标，是企业的存在价值和发展的"生命线"。因此，在分析企业发展目标时，不仅需要了解企业未来追求的目标是什么，还要了解企业有什么阶段性的发展目标，以及企业目前所处的发展阶段。同时，还应尽可能地搜集相关资料，了解和分析企业目标在执行方面的措施和实现目标的可能性。

3. 企业文化及领导者的素质和价值观

企业文化决定了一个企业如何看待其员工，因此，员工的职业生涯是被企业文化所左右的。一个主张员工参与管理的企业显然要比一个独裁的企业更能为员工提供发展的机会；一个渴求发展、追求挑战的员工也很难在一个任人唯亲或论资排辈的家族式企业中受到重用。同样，如果一个人的价值观与企业文化格格不入，他在其中也难以得到发展。因此，企业文化是个人在制订职业生涯规划时应考虑的一个重要因素。

企业文化和管理风格与企业领导人的素质和价值观有直接的关系，企业经营哲学往往就是企业家的价值观。企业主要领导人的抱负及能力是企业发展的关键因素。

4. 企业制度

企业员工的职业生涯规划和发展，归根到底要靠企业管理制度来保障，包括合理的培训制度、晋升制度、绩效考评制度、奖惩激励制度、薪酬福利制度等。企业的价值观、企业的文化等也只有渗透在制度中，才能使制度得到切实的贯彻执行，没有制度或者制度制定得不合理、不到位的企业，员工的职业发展就难以实现。

四、职业岗位认知

岗位是根据多数任职者在一定劳动时间内完成的任务多少为标准而设置的，在某个职业的具体单位内部，按照任务、责任、权力以及所需资格的不同存在着职位分类。我们常说的找工作，最后是要落实到谋取某个具体用人单位的具体岗位。

1. 工作内容

每个职业都有核心的工作职责，职责背后对应的就是工作内容。了解职业的核心工作内容，有利于了解完成工作内容背后所必须要具备的工作能力，这样就很容易找到自己与职业之间的差距。成熟的职业都有权威人事部门给其总结确定的核心工作内容，一些企业的招聘广告中也有对工作内容的描述。求职者也可以请教一些行业协会，或是从事这个职业的资深人士。一般企业的人事部门和直接部门经理也有对职业的具体感悟。

2. 工作环境

工作环境包含物理环境和社会环境两部分。物理环境即工作设施和工作空间，社会环境包含人际关系、工作气氛、学习氛围、上级的管理方式与风格等。

3. 物质报酬

职业是社会分工的产物，职业根据参与社会分工的量来确定相应的报酬，在某些行业、企业、岗位上还有一些潜在的收入空间。能赚多少钱也是大家关心的话题，很多人也会把赚钱多少作为择业的关键因素，所以在考量职业时，也要调研职业的薪资状况。

物质报酬包含货币报酬和非货币报酬。货币报酬的表现形式有工资、奖金、津贴等，非货币报酬的表现形式有生活福利、个人福利、社会福利、有偿假期等。

4. 职位发展

岗位的通用要求加上不同背景下的职位理解构成了一个岗位的最终描述。在求职时要特别考虑以下因素，这些因素是制约个人在公司发展的关键，包括3个方面：不同行业对这个职位的理解是什么（行业背景下的职位要求）；不同类型企业及企业所处发展阶段对这个职位的理解是什么（企业背景下的职位要求）；不同领导和上司对这个职位的理解和要求是什么（人为背景下的职位要求）。

职位是在职能的基础上根据具体需要分化产生的，同一部门、同一职能一般会有多个类似的职位，了解这些职位能为自己的岗位轮换、工作转换、升职等带来很大方便。因此，求职者需了解的内容包括两方面：与该岗位相关的岗位是什么（拓展发展方向及为轮岗、转换工作做准备）、该岗位的职业发展通路是什么（岗位的晋升方向）。

探索活动

搜一下你的理想职业

了解岗位工作内容和职责，可以从岗位的招聘信息搜寻相关信息。各类招聘网站、大型企业设立的校园招聘和社会招聘通道，详细地描述了岗位职责、岗位要求、薪酬待遇、晋升体系等。例如，华为在2018年校园招聘中针对"研发类"岗位的描述如下：

职位类别	研发类-技术族
招聘部门	网络产品线、软件产品线、云核心网产品线、IT产品线、公共开发部、中央软件院……
工作地点	杭州、上海、深圳、成都、西安
岗位职责	在这里，你将从事IT应用层软件、分布式云化软件、互联网软件等的设计开发，可以采用敏捷、Devops、开源等先进的软件设计开发模式，接触最前沿的产品和软件技术，成为一个软件大牛；你将参与华为产品的软件研发工作，包括但不限于： （1）完成从客户需求到软件产品定义、架构设计、开发实现、再到上线运营维护等产品生命周期中的各个环节； （2）创造性解决产品在实现过程中的技术难题，应用前沿技术提升产品的核心竞争力，如分布式系统、性能调优、可靠性、数据库等； （3）有机会参与业界前沿技术研究和规划，参与开源社区运作，与全球专家一起工作、交流，构建华为在业界影响力
岗位要求	专业知识要求： （1）计算机、软件、通信等相关专业本科及以上学历； （2）热爱编程，基础扎实，熟悉掌握但不限于JAVA/C++/Python/JS/HTML/GO等编程语言中的一种或数种，有良好的编程习惯； （3）具备独立工作能力和解决问题的能力、善于沟通，乐于合作，热衷新技术，善于总结分享，喜欢动手实践； （4）对数据结构、算法有一定了解； （5）优选条件： ① 熟悉TCP/IP协议及互联网常见应用和协议的原理； ② 有IT应用软件、互联网软件、IOS/安卓等相关产品开发经验，不满足于课堂所学，在校期间积极参加校内外软件变成大赛或积极参与编程开源社区组织； ③ 熟悉JS/AS/AJAX/HTML5/CSS等前端开发技术

五、家庭环境认知

任何人的性格和品质的形成及个人的成长都离不开家庭环境的影响，人们在进行职业生涯规划时，考虑更多的是家庭的经济状况、家人的期望、家族文化等因素对自己的影响。个人职业发展规划的确立总是同自身的成长经历和家庭环境相关联。个人在成长过程中的不同时期，也会根据自己的成长经历和所受教育的情况，不断修正、调整并最终确立职业理想和职业计划。正确且全面地评估家庭情况才能有针对性地设计适合自己的职业生涯规划。如果一个人的父母身体不是很好，那么在选择职业时就要离家近一些，方便照顾家人。伟大的管理者杰克·韦尔齐（Jack Welch）曾想提升自己的一名经理，但是这名经理考虑到自己的女儿在原先的学校已经适应了环境，学习环境也很好，于是写信回绝了韦尔齐的提升。韦尔齐给这位经理回信，赞赏他的职业生涯规划，尊重他的选择，并祝他工作顺利，阖家欢乐。这名经理就是在分析了家庭环境之后做出了职业的选择。

思考与实践

家族职业树

家族成员对个人的职业选择乃至生涯发展都有深远的影响，以图画方式，了解家庭对个人职业的影响，促进对自我生涯的认知，其操作的方式如下。

① 在"树梢"处填上个人爱好的职业。

② 将家族中各人的职业分别填入树的枝干上（各枝干代表家庭成员，标出称谓）。由于各人职业可能有所变动，因此可同时填入目前的职业与先前从事过的主要职业，并将与咨询对象有密切关系的重要人物圈起来。

③ 将家族人员职业的共同特点填在"树根"处。

④ 老师与同学（或者同学分组）共同讨论"职业家族树"，可以从下列问题入手，并逐渐深入探讨：

- 我家族中最多人从事的职业是？
- 爸爸如何形容他的职业？爸爸平时会提到哪些职业？他怎么说？爸爸想法对我的影响是？
- 妈妈如何形容他的职业？妈妈平时会提到哪些职业？她怎么说？妈妈想法对我的影响是？
- 家族中还有谁对职业的想法对我影响深刻？他们怎么说？
- 家族中对彼此职业感到满意或羡慕的是什么？家族彼此羡慕的职业是？对他们的想法我觉得？
- 我觉得家人对我未来选择职业的影响是？
- 家人对各职业的评价往往表现了他们的好恶，例如？我的家人最常提到有关职业的事是？对我的影响是？
- 有哪些职业是我绝不考虑的？
- 哪些职业是我有所考虑的？
- 选择职业时，我还看重哪些条件？

⑤ 经过上述讨论，老师或者组长可以进一步引导学生探讨各种职业的优点与缺陷（如普通的职业对个人与社会的正面价值，或高层次职业的负面影响等）。

六、学校环境认知

学校环境是指所在学校的教学特色与优势、专业的选择、社会实践经验、就业情况等。但随着近些年来各大高校的扩招和扩建，面对严峻的就业形势，很多大学毕业生抱怨找不到专业对口的工作。一方面是因为职业发展受到市场供需关系的影响，学校所设的专业与市场脱节；另一方面是专业太宽泛，职业太精细，导致较难找到绝对"专业对口"的工作。所以，同学们在做职业生涯规划时，不必太苛求自己，可以尝试向边缘方向发展。以机电专业为例，毕业生可选择的就业面还是非常广的，如果性格外向、乐于与人沟通，可以尝试从事有关机电产品方面的销售工作；如果思维敏捷，乐于挑战，可以尝试应聘机电维修服务或设计方向的工作。会计专业的学生，可以尝试与专业相关的统计、库管、收银、银行柜员等工作，也可以尝试专业相关的销售、文员等工作。一个专业最少可以对应3种职业：技术、销售、服务支持。

七、科技环境认知

科技环境指企业所处的社会环境中的科技要素及与该要素直接相关的各种社会现象的集合。企业科技环境大体包括4个基本要素：社会科技水平、社会科技力量、国家科技体制、国家科技政策与科技立法。

社会科技水平是构成科技环境的首要因素，包括科技研究的领域、科技研究成果门类分布及先进程度、科技成果的推广和应用3个方面。社会科技力量指一个国家或地区的科技研究与开发的实力。国家科技体制指一个国家社会科技体系的结构、运行方式及其与国民经济其他部门的关系状态的总称，主要包括科技事业与科技人员的社会地位、科技机构的设置原则与运行方式、科技管理制度、科技推广渠道等。国家科技政策与科技立法指国家凭借行政权力与立法权力，对科技事业履行管理、指导职能的工具。

主题3 职业探索方法

困惑和思考

学人力资源的小刘在校园招聘会上拿到了知名金融公司的人力资源助理一职。入职后她才知道，自己虽身处助理岗位，但干的工作却与助理没有太大关系。老板安排她管理公司档案和印章，收发报纸和文件，有时还要兼顾会务协调，概括起来就是在打杂。半年多过去了，她对自己的职业发展感到十分迷茫。

小刘之所以感到迷茫，是因为她对所要从事的工作岗位缺少具体分析，造成理想与现实的反差。大学生在分析职业发展的影响因素，选择理想的职业种类，找准进入职业的行业入口之后，个人的职业理想最终必须落实到具体的职业岗位上。在确定具体职业岗位时，还有必要进行理论和实际的调查分析：工作的核心内容是什么？岗位要求是什么？个人能否适应工作要求？了解工作和岗位应该通过什么样的途径和方法？

职业探索，是对自己喜欢或要从事的职业进行理论分析和实际调研的过程，目的是对目标职业有充分的了解，并在明确自身条件和职业要求的差距后制定求职策略。

在进行职业分析的过程中，一个最基本的工作就是要想方设法占有大量的有关职业的信息。你所掌握的有用信息越多、质量越高、内容越详尽，就越能帮助你进行全面深入的职业环境分析，就越有助于你做出最适合自己的职业选择和职业规划。虽然搜集职业信息是一个需要花费时间和精力的过程，但是它在整个职业选择的过程中起着至关重要的作用。可以通过以下途径和方法来获取相关的信息，进而进行职业分析。

一、网络资源

在计算机网络技术高度发达的今天，现代大学生可以通过网络资源全面了解职业环境情况。

显而易见，现在许多人是通过浏览网页来了解和获得各种信息的，有关的社会政治、经济、法制、科技、军事、文化等新闻、报道，在网络世界俯拾即是。人们从网络中了解这些社会环境方面的情况极为方便快捷。

随着信息技术的发展，各个行业都建立起了计算机中心互联网信息交流平台。各行业或企业网站成了了解行业的重要渠道。特别是一些大型的网络贸易平台，内容几乎覆盖了所有行业，每个行业都有自己的论坛，到相关行业的论坛上，则所需信息都能了解到。通过网络搜索也可以获得信息，搜索某个行业的企业，从它们的网站里了解相应的行业。不过，通过这种方式了解到的信息往往支离破碎，有的还有失偏颇。

通过网络了解企业等用人单位也很便捷。用人单位作为一种社会组织，必然要同社会其他组织和个人进行信息交流。在这些信息中，有许多信息是公开的，如行政机关的对外宣传资料、学校的招生招聘广告、企业的产品推介与服务信息等，无不包含着丰富的用人单位信息。这些信息的搜集途径广，不受时间、空间的限制，尤其是在那些信息化程度比较高的社区里，随时可以通过网络轻松获得。

二、生涯人物访谈

所谓生涯人物访谈，是指通过选择一个在职的对象，对其进行采访，从而了解该岗位的实际工作情况，判断自己是否真的对该工作感兴趣。这种方式一方面可以更好地了解该职业的确切信息，另一方面也可以借鉴别人的职场历程和经验来设计、规划自己的职业发展途径，提高成功的效率。通过访谈不仅可以让自己以其他的途径搜集到的职业信息得到确认和检验，而且这种面对面的交流和访谈也可以近距离地了解这些工作者内心的感受和体会，使自己更深入地了解该职业。

生涯人物访谈的一般流程和注意事项如下。

（1）搜集生涯人物的信息和资料

可以通过家人、朋友、同学、老师等人的介绍和引荐，也可以通过报刊、媒体、各种组织、协会或网络搜索等方式，先获得自己想拜访的生涯人物的联系方式和相关资料，然后再进行联系。

（2）整理所获取的生涯人物的资料

依据各人的具体情况（包括年龄、生活习惯、个人爱好、居住地等）选择进行访谈的具体时间、地点。

（3）访谈前的准备

① 打电话给自己要访谈的人。进行自我介绍时要说明来意，最好说一下自己获取他联系方式的途径。

② 说明自己访谈的目的、原因及需要的时间（一般以 20～30 分钟为宜）。如果访谈对象因故不能与你面谈，可以提出电话访谈的形式。实在不行，就请他给你推荐一个和他所做工作类似的人。

③ 若是对方接受了自己的访谈，就应表示感谢，然后确定具体的时间和地址；若是没有接受，则应表示遗憾；若他愿意给你推荐其他的人，那么就要准备记录对方的信息。

④ 提前将自己想要问的问题列举出来。例如，可以就以下问题进行提问。

- 你每天具体都做哪些工作？
- 你当初是如何找到这份工作的？
- 你的工作是如何为实现组织的总体目标或使命服务的？
- 本职业需要什么样的人？
- 到本领域工作的前提是什么？
- 对于初入行的人来说，做什么工作最能学到东西？
- 本领域初级职位和略高级职位的职位薪水是多少？
- 本领域的发展机会如何？
- 什么样的人品或能力对本工作的成功最重要？
- 你认为将来本行业的发展存在的最不利的因素是什么？
- 对于一个即将进入本行业的人，你能不能提出一些意见或建议？
- 本工作需要什么特别的知识或技能吗？本工作需要什么特别的教育或者培训背景吗？

（4）访谈应注意的问题

① 一次访谈的问题以 5～10 个为宜，不宜太多。

② 要注意掌握时间，按约定的时间开始访谈，不要拖延，以免浪费他人的时间。

③ 给访谈留出提供其他信息的时间。

④ 不要利用访谈对象找工作，否则会引起访谈对象的反感。

⑤ 及时对访谈对象表示感谢。

三、参观

要想深入地了解职业环境，就必须深入一线企业，获取第一手资料。如果有条件的话，大学生可以到企业所在地进行参观和现场考察。若条件不允许，展览会也是提供一线企业信息的好场所。亲自去参加一个行业的展览会，会有很大的收获。

四、实习和社会实践

要想真正了解一个职业，最好的办法就是亲自体会。对于在校大学生而言，参加社会实践和各种形式的实习和兼职是最好的选择。当然，大学生所做的应该是进行实践，之后选择与自己想从事的职业相符或相关的工作。这种不同于正式就业的体会方式，不仅可以更清楚地认识到该职业是否真的适合自己，也为自己以后真正从事该职业积累了经验和感悟。

许多规模比较大的用人单位，如跨国公司、机关、高校等常常有招聘实习生的机会。能去用人单位实习是一件对双方都有利的事情。从大学生的角度来看，实习不仅是从课堂的理论学习走向实际应用的必要环节，也是对职业环境进行实际了解的重要途径。通过实习，大学生不仅可以深入了解用人单位的管理体制、发展潜力等情况，还可以学习用人单位的管理经验、技术方法，为毕业设计等提供素材，为就业创造条件。如果用人单位需要招聘人员，而实习人员在实习期间的表现又不错，那就可能成为拟招聘的最佳人选。可以说，通过实习，大学生可以更为全面和深刻地了解职业环境、企业环境以及岗位环境的情况。

大学生选择实习单位，要结合自己的职业生涯规划目标，锁定与自己专业对口的单位范围，同时应从是否有利于实现自己的职业生涯规划目标和发挥自己的专业特长着手，而不能一味地追求用人单位的名气、规模。同时，大学生还应重视实习单位的"软环境"，特别是有意向去企业实习的大学生，要把企业是否建立了完善的现代化管理机制作为选择标准之一。

实习的注意事项

① 有一定的专业能力与技巧，能达到职业所要求的工作表现。

② 以正面的态度接受工作的辛苦、压力，甚至枯燥乏味。

③ 透过学习不断自我成长，加强灵活度与弹性。

④ 了解企业独特的文化与价值观，设法融入其中。

⑤ 做个"忠诚"的员工，尊重与关心公司及他人的利益。

⑥ 了解上司的管理风格，与上司相处有诀窍。

⑦ 懂得"听话"的技巧，具备良好的沟通与协调能力。

⑧ 不惹是生非、说人闲话，不扯入是非圈。

⑨ 适度参与"办公室政治"，但也要懂得时时保护自己。

五、职业体验

职业体验，是指大学生结合专业特点和自己的职业兴趣，以职业认知、体验为目标，通过对自己希望从事的职位、岗位的了解、观察、体会，深入客观地认识该职位、岗位。职业体验的内容主要有两大方面：一方面是对该职位、岗位工作具体内容的了解；另一方面是对该职位、岗位对人才专业知识、技能和职业素质要求的认识。

通过职业体验，可以增加大学生对职业的深入了解，并根据职业体验的结果判断自己是否适合从事该职业。

六、角色扮演

如果能找到好的合作伙伴，可以就各自喜欢的职业角色编练话剧和小品。这种带有游戏性质的方法其实也是一个很有效的职业体验和了解过程。原因是，在扮演的过程中，只有深切体会到人物的内心活动，感受到职业要求对其的导向性作用，才能比较传神地表现该角色。

探索活动

职业角色扮演

请找三四名学生，自编自演一个话剧。要求如下。
① 每个人都必须有明确的职业角色，不得重复，一定要邀请观众观看。
② 语言、行为必须职业化，要生动地表现出其职业的特点。
③ 情节要有波澜，要有矛盾和冲突。
④ 排练表演完毕后，要写出各自的心得。
⑤ 向观众征询意见，并且评选出最佳的表演者。

七、行业协会

要了解一个行业，可以先从龙头抓起。每个行业都有行业协会之类的组织，有的还不止一个，这些组织管理和协调整个行业事务。例如，想了解建筑业，就可以从它的协会——中国建筑业协会和国际建筑业协会来了解。这些机构一般都有相应的网站和定期或不定期的出版物，对其所在行业的报道和分析无疑是最权威、最全面的。

八、招聘会和面试

在生活中，我们每天都能从报纸、电视、网络及招聘会上见到各种各样的招聘信息，这些招聘信息一般都会注明所招聘人员的岗位要求、薪资情况。大学生可以把自己感兴趣的职业信息搜集、整理起来，形成该职业当前最基本的资料。这些来自于招聘单位的信息，最能反映当前该职业的行情，对自己在职业的选择上会有很大的帮助和参考价值。因此，不管自己是否面临就业，都可以从现在开始，留意周围各种形式的招聘信息，尝试性地去参加自己喜欢的职业的招聘，学会通过这种途径搜集自己需要的职业信息。只要有机会，就可以和招聘人员面对面地沟通，了解他们期望应聘该职业的人员具备什么素质，然后告诉他们自己当前所具备的素质和优势，从而找到自己存在的差距。另外，专业的招聘人员一般也能比较敏锐地发现求职者的潜力和不足，那样得到的信息就更具有可操作性和针对性。

探索活动

走访人才市场

从学习中，同学们或许已经知道了可以通过各种渠道来搜集职业信息，如参加招聘会、走访人才市场、访谈职业人物等。那么，具体应该如何操作呢？在开展这些活动时应该注意些什么呢？

步骤1：确定预走访的人才市场名单，并设计走访时所需了解的各项信息清单。

步骤2：按预定计划前往人才市场走访，并在走访过程中全面访问、了解自己所需的职业信息。

步骤3：走访结束后，请每人如实填写《走访人才市场考核表》，并由组织者根据情况加以总结。

通过本活动，了解走访人才市场时应做哪些准备、应从哪些方面来了解自己所需的职业信息及走访过程中的各种细节。通过实际的走访，将书本上学到的知识与实践相结合，总结各人在走访过程中碰到的困难、得到的最大收获等情况，从而让每名学生都能了解如何真正地、独立地完成搜集信息的程序。

第四章 职业生涯决策

在刘德华的《我是这样长大的》一书中，有这样一段描述：

第一次要面对人生抉择是中五毕业那年，左手拿着无线艺员训练班的报名表格，右手拿着应届高等程度教育课程的报名表，顿时觉得自己的前途都掌握在自己手中。

要继续学业，还是去读艺员训练班？再念两年，中学毕业后又何去何从？是再念大学，然后学士、硕士、博士这样一路念下去？还是选修艺员训练班有一技之长，将来无论条件符合与否，台前幕后也好，总算有门专业知识傍身？

一连串的问题此起彼落在我心中响起，魔鬼、天使各据一方，展开辩论大会。

反反复复地考虑，我把自己的优点和缺点逐一写在纸上，自己给自己理智地分析利弊；这样念书一直下去适合我的性格吗？我喜欢艺术工作吗？我喜欢什么样的人生呢？平稳安定，还是多姿多彩，充满挑战？

直到那一天才明白，人才是自己生命最大的主宰，向左走还是向右走都是自己决定的路，与天无尤。我的心作了我的指南针，只有它才会明白我要的方向，也是它让我选择了左手那张报名表格。

本章要解决的问题

1. 大学生为什么要设定职业生涯目标？职业生涯目标设定的原则是什么？
2. 什么是职业生涯决策？大学生职业生涯决策中的障碍是什么？
3. 职业生涯决策的方法主要有哪些？

主题 1 职业生涯目标的确立

困惑和思考

一开学，林雅该上大学二年级了。随着对大学的新鲜感逐渐淡去，她成了校园里的老生，天天都很忙，上课、听讲座、参加社团活动、和同学逛街……但她又不知道自己在忙什么。有时觉得很累，可想到要为毕业后的工作打个基础，就觉得这些付出也许是值得的吧。有时又很茫然，甚至有点沮丧，因为忙得无头绪，不知道这样的付出对未来的发展有没有作用。

一、职业生涯目标的意义

生涯目标，实际上就是探讨自己要成为什么样的人，人的一生该如何度过，怎样才能使人生过得有意义、有价值，怎样才能取得成功，怎样才能拥有幸福的生活。具体到职业发展方面的目标，即职业生涯目标，是指个人在选定的职业领域内立志要达到的具体目标，包括短期目标、中期目标和长期目标。

哈佛大学有一个非常著名的关于目标影响人生的跟踪调查。调查对象是一群智力、学历、环境等条件都差不多的年轻人（见图4-1）。

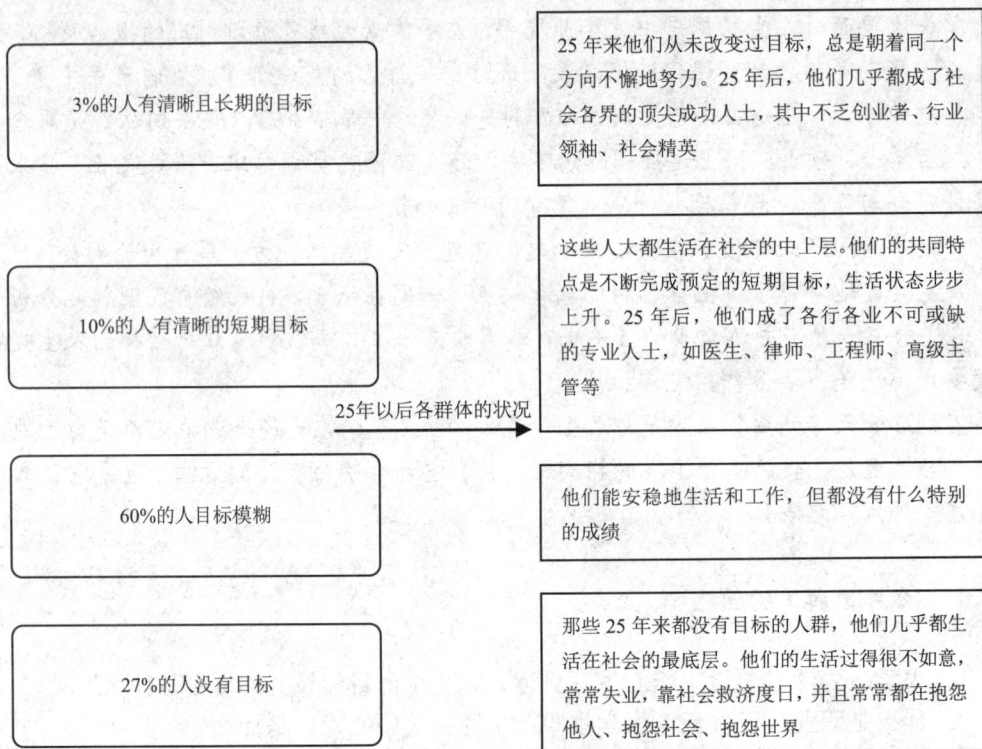

3%的人有清晰且长期的目标	25年来他们从未改变过目标，总是朝着同一个方向不懈地努力。25年后，他们几乎都成了社会各界的顶尖成功人士，其中不乏创业者、行业领袖、社会精英
10%的人有清晰的短期目标	这些人大都生活在社会的中上层。他们的共同特点是不断完成预定的短期目标，生活状态步步上升。25年后，他们成了各行各业不可或缺的专业人士，如医生、律师、工程师、高级主管等
60%的人目标模糊	他们能安稳地生活和工作，但都没有什么特别的成绩
27%的人没有目标	那些25年来都没有目标的人群，他们几乎都生活在社会的最底层。他们的生活过得很不如意，常常失业，靠社会救济度日，并且常常都在抱怨他人、抱怨社会、抱怨世界

25年以后各群体的状况

图4-1 目标对人生的影响

个人事业的成败，很大程度上取决于有无正确适当的目标。目标像分水岭一样，轻而易举地把资质相似的人们分为少数的精英和多数的平庸之辈。前者主宰了自己的命运，后者随波逐流，枉度一生。

从这项调查中，不难看出：目标是多么重要，对于生涯发展具有何等重大的指导意义。很多大学生一方面感到迷茫；另一方面，却又不能停下来，花一点时间看清楚自己的方向，只是盲目地胡乱奔跑。"忙—盲—茫"的现象在当代大学生中屡见不鲜。就像《爱丽丝梦游奇境记》里，猫对爱丽丝说的那样："如果你不知道自己想去哪儿，那么走哪条路都无所谓。而你只要一直往前走，哪怕是胡奔乱跑，也总可以到达某个地方。但你对自己的处境满意与否可就是另一回事了。并且，如果连你都不知道自己要什么的话，那么别人也不可能给你有效的帮助。"从这句话可以看出职业生涯目标对于每个大学生的职业发展都是至关重要的。

只有当个人在头脑中对自己的职业发展方向有清晰的概念时，他的生命才会更有意义，而这才是人生最珍贵的财富之一。

二、目标设定的原则与方法

美国学者戴维·坎贝尔（David Cambell）曾经指出："目标之所以有用，是因为它能帮助我们从现在走向未来。"设立明确而切实可行的目标，既可以成为成功的驱动力，也可以使自己更容易掌握方向，明确应该做的事情。但是如何设定目标呢？

1. 目标设定的原则

目标设定是基于自我觉醒的基础，对自己未来职业生涯的一个初步的概想。在进行职业目标设定时，应该遵循 SMART 原则（见图 4-2）。

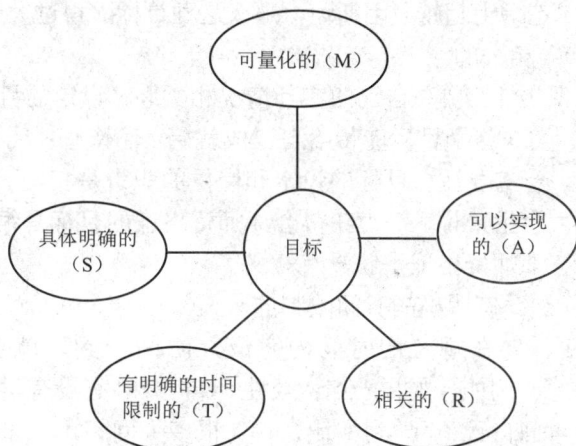

图 4-2　SMART 原则示意图

（1）S（specific）：具体明确的

目标要具体明确。所谓明确就是要用具体的语言清楚地说明要达成的目标。具有明确的目标几乎是所有成功人士的一致特点。很多人不成功的重要原因之一就是其目标定得模棱两可。

不要用含糊笼统的语言，如不要说"我的目标是更好地利用时间"，而应该说"我一天只能花不超过一个小时的时间来看电视"或"我每周要花两个小时的时间来上网查找有关服装设计师这一职业的资料"。

要做到制定具体明确的目标，需要回答以下 7 个"W"：

who——谁参与；what——要完成什么；where——确定地点；when——确定时间期限；which——确立必要条件和限制；why——明确原因，实现此目标的目的或好处；how——明确如何实施，并真正付诸实践。

例如，确定的目标是"好好学习"，就不是一个具体目标。可以将此目标具体化，如"每天去图书馆，至少看书 2 小时"。

（2）M（measurable）：可量化的

目标要量化，要以一组数据作为衡量是否达成目标的依据。确保目标量化，就要在设定目标的时候问自己："我怎么知道自己是否达到了目标？目标完成了多少？"有的目标不好量化，也要尽量找到一个量化的标准。

例如，"加强社会实践"应改为"在这个月内，参加一个学生社团（摄影协会），并访谈两位摄影师。"这样才有一个可以衡量成功或者失败的标准，从而可以准确地评价自己是否达到了自己的目标。

（3）A（attainable）：可以实现的

就一个大学生的能力和特点而言，所制定的目标应是可实现的但又有一定难度。一般来说，当设定的目标对一个大学生有很重大意义时，他一定会尽最大的努力去完成。因此，所设定的目标要通过努力可以实现，不能过低或过高，过低则无意义，过高则无法实现。如果目标定为"能够按时毕业、拿到学位"，那么这种目标就是不具挑战性的。但若将目标设定为在学术造诣上超越爱因斯坦，那么这种目标显得过大过高而不可实现。

（4）R（relevant）：相关的

设定的目标要有现实性，要和自己的实际情况相关联。设定的目标最好是自己愿意做，并且能够做好的。实现这个目标能带给自己成就感、愉快感；反之，则会有所损失。在职业目标的设定上，一定要注意目标的设定和岗位的职责是相关的。例如，对于一个打算从事会计工作的大学生来说，努力获得会计师资格证的目标是很有必要的，而若他花费很多时间考心理咨询师资格证，就没有意义了。

（5）T（time bound）：有明确的时间限制的

目标要有时限性，要在规定的时间内完成，时间一到，就要看结果。没有时间限制，就没有紧迫感。例如，如果一名大学生问自己："有没有学习？"回答往往是肯定的。一年后，他再问自己："学到了什么？"很多人回答不上来。因此不能将目标简单地定为"好好学习"，而是要有计划、分步骤地在限定的时间内完成。以一周、一个月或一个学期为单位设立目标，会比将事情都堆到大四毕业前完成要有效得多。针对这种情况，完全可以设定在某年考取英语四级证书等类似的时限目标。

2. 目标设定的方法

典型案例

山田本一的智慧

1984 年，在东京国际的马拉松邀请赛中，名不见经传的日本选手山田本一出人意料地夺得了世界冠军。当记者问他凭什么取得如此惊人的成绩时，他说了这么一句话：凭智慧战胜对手。

当时许多人都认为这个偶然跑到前面的矮个子选手是在故弄玄虚。马拉松赛是体力和耐力的运动，只要身体素质好又有耐性就有望夺冠，爆发力和速度都还在其次，说用智慧取胜确实有点勉强。

两年后，意大利国际马拉松邀请赛在意大利北部城市米兰举行，山田本一代表日本参加比赛。这一次，他又获得了世界冠军。记者又请他谈经验。

山田本一性情木讷，不善言谈，回答的仍是上次那句话：用智慧战胜对手。这回记者在报纸上没再挖苦他，但对他所谓的智慧迷惑不解。

10年后，这个谜终于被解开了。他在自传中是这么说的：每次比赛之前，我都要乘车把比赛的线路仔细地看一遍，并把沿途比较醒目的标志画下来，如第一个标志是银行；第二个标志是一棵大树；第三个标志是一座红房子……这样一直画到赛程的终点。比赛开始后，我就奋力地向第一个目标冲去，等到达第一个目标后，我又同样努力地向第二个目标冲去。40多千米的赛程，就被我分解成这么几个小目标轻松地跑完了。起初，我并不懂这样的道理，我把我的目标定在40多千米外的终点线的那面旗帜上，结果我跑到十几千米时就疲惫不堪了，我被前面那段遥远的路程给吓倒了。

山田本一说的并非假话，众多心理学实验也证明了山田本一的正确。心理学家得出了这样的结论：当人们的行动有了明确目标，并能把自己的行动与目标不断地加以对照，进而清楚地知道自己的行进速度和与目标之间的距离，人们行动的动机就会得到维持和加强，就会自觉地克服一切困难，努力达到目标。确实，要达到目标，就要像上楼梯一样，一步一个台阶，把大目标分解为多个易于达到的小目标，脚踏实地向前迈进。每前进一步，达到一个小目标，就会体验到"成功的喜悦"，这种"感觉"将推动他充分调动自己的潜能去达到下一个目标。

在设定职业生涯目标时可以采用目标分解法，将目标分为短期目标、中期目标、长期目标和人生目标。设定正确的目标不难，但要实现目标却不容易。如果目标太远大，我们会因为苦苦追求却无法得到而气馁。因此，将一个大目标科学地分解为若干个小目标，落实到具体每天、每周的任务上，正是实现目标的最好方法（见图4-3）。

例如，一名中文专业的大三学生，希望5年以后成为一名大公司的人力资源专业人士。那么，将这个目标倒推：4年后，他一定要跟一家大公司签上合约；两年后，大学毕业时，应当获得一家公司人力资源部门的初级职位；一年后，他应当争取进入一家公司的人力资源部门实习；半年后就应当开始投递简历，寻求实习机会。因此，这一个学期，他就应当写好自己的简历，列出所有可能提供相关信息的人际资源，并阅读一些与人力资源相关的书籍。

再如，假设一名大学生的目标是在这学期末完成初步的职业生涯规划，那么他的小目标可以罗列如下：

① 在9月15日前，完成就业指导中心提供的职业兴趣和性格测评，并就测评结果与就业指导老师面谈一次，以便更好地了解自己适合什么工作。

② 在9月30日前，通过各种途径，了解人力资源部门人员需要的素养和能力，依据这些信息开始进行准备。

③ 在11～12月，联系寒假实习的单位，争取到人力资源部门实习。

④ 了解人力资源部门实际工作对人员的要求，判断自己的条件是否满足这些人员要求。

……

```
┌─────────────────┐
│      人生目标     │
└─────────────────┘
         ↓
┌─────────────────┐
│      长期目标     │
└─────────────────┘
```

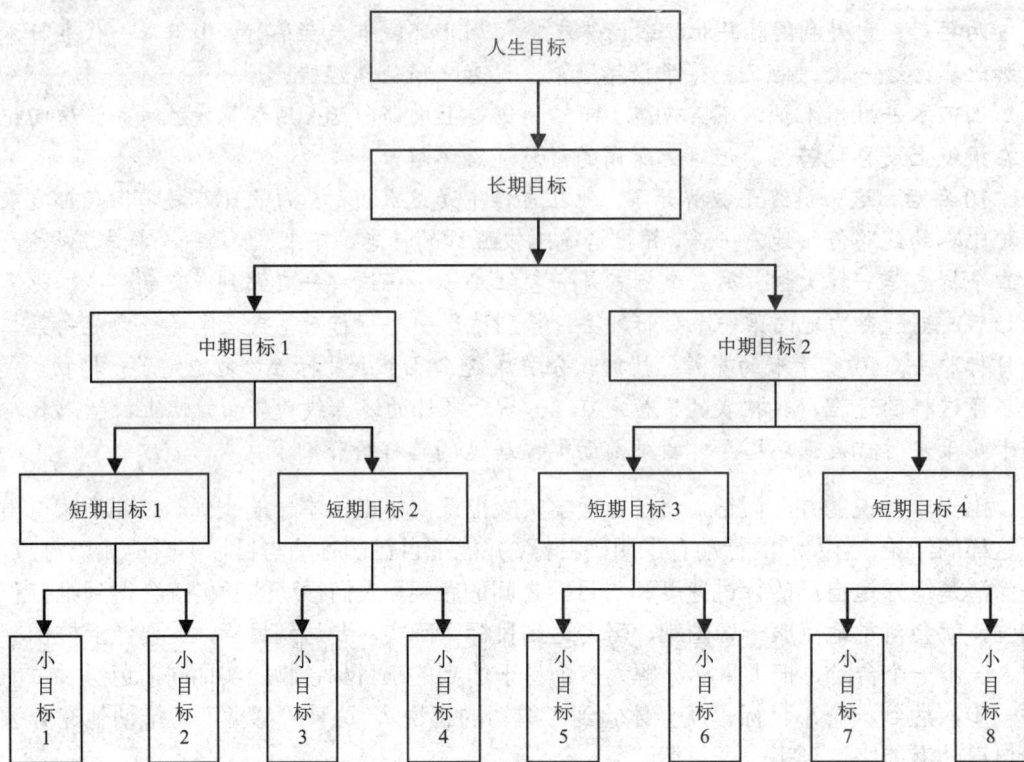

图 4-3   目标分解法

当然，只有目标和计划还不行，最重要的是落实在行动上。很多人常说"等我挣了钱，要去环游世界"；"等我有时间了，就去做想做的事情"……仿佛他有无限的时间与精力。其实人生短暂，有了目标，就必须在每一天都做一些微小的努力，才能一步一步接近自己的理想。就像有人说的："感受此时此刻的生活，真正地享受每一天……如果你能充分体验每一天，那么你最终就将体验到深刻且完整的人生。"

探索活动

设立个人职业目标及行动计划

现在，请运用目标设立的指导原则，制定你在职业生涯发展上的五年目标。

（1）你的五年目标是？

（2）要达到这一目标，你需要经过哪几个步骤？

（3）据此设立你在一个月内的短期目标和行动计划。

① 你在一个月内的短期目标是？

② 你在两周内的短期目标是？

（4）到了你设定的短期目标的实现期限时，回答下列问题：

① 你是否实现了你自己的目标？

② 为什么？（请应用目标设立的指导原则加以解释）
③ 你是否需要对自己的目标做什么调整？

主题2　职业生涯决策概述

困惑和思考

林雅晰上大学以后就感到迷茫。已经上大三了，周围的同学似乎都已经有了目标和方向，她却不知道自己应该考研还是先工作。

彭博已经决定了：先工作。但到底是去公司还是考公务员，他仍拿不定主意。父母说公务员工作稳定，收入也不错，他也同意父母的看法，但又想去企业闯闯。

杨青青本身是学心理学的，她对于幼儿教育这一领域非常感兴趣，也已经对此作了不少的探索；从自己的性格和兴趣、能力等方面的评估来看，应该也没有什么问题。可是，她却迟迟下不了最后的决心，总是问老师："我真的适合干这一行吗？"

一、职业生涯决策的含义

1. 决策

决策是为了达到一定的目标，从两个或两个以上的可行方案中选择一个的分析判断过程；是个人对将要进行的重要问题，或将要从事的重要工作，做出审慎的最后决定。具体而言，决策是指个人将数据加以组织，而后在可能的选择项目中，对其加以评估、选择、确定，并承诺付诸实践的过程。

2. 职业生涯决策

职业生涯决策的概念最早源自英国经济学家约翰·M. 凯恩斯（John M. keynes）的理论，它是指一个人选择目标或职业时，会选择使用使其获得最高的报酬，并将损失减至最低的方法。职业生涯决策其实就是综合了个人对自我的认识，以及对教育与职业等外在因素的判断，面临生涯抉择情境时所做的各种反应。其构成要素包括决策者个人目标、可供选择的方案与结果以及对各个结果的评估。而其过程与结果，则受到机会、结构、文化等社会因素以及个人价值观与其他内在因素的影响。

职业生涯决策不仅包括职业选择，而且涉及对执行完成选择所需的行为做出承诺的过程。职业生涯决策不仅是一个即时的职业选择行为，而且是一个动态的决策过程，伴随人的一生。职业生涯决策包括以下内容：①选择何种专业与行业；②选择行业中的哪一种职业（工作）；③选择所适用的策略，以获得某一特定的工作；④从数个工作机会中选择其一；⑤选择工作地点；⑥选择工作的取向，即个人的工作作风；⑦选择生涯目标或系列的升迁目标。

二、决策风格类型分析

典型案例

磨坊主和他的驴

磨坊主和他的儿子一起赶着驴子到邻近的市场上去卖。他们没走多远，遇见了一些妇女聚集在井边聊天。其中一个说："瞧，你们看见过这种人吗，放着驴子不骑，却要走路。"磨坊主听到此话，立刻叫儿子骑上驴。又走了一会儿，他们遇到了一些正在争吵的老头，其中一个说："看看，那懒惰的孩子骑在驴上，而他年迈的父亲却在下面行走。"磨坊主便叫儿子下来，自己骑了上去。他们没走多远，又遇到一群妇女和孩子。有几个人立刻大喊道："你这无用的老头，你怎么可以骑在驴子上，而让那可怜的孩子跑得一点力气都没啦？"老实的磨坊主立刻又叫他儿子来坐在他后面。快到市场时，一个市民看见了他们，便问："请问，这驴子是你们自己的吗？"磨坊主说："是的。"那人说："你们的恻隐之心到哪里去了，瞧把这头驴子累成什么样啦？"于是，磨坊主和儿子一起跳下驴子，将驴子的腿捆在一起，用一根木棍将驴子抬上肩向前走。经过市场口的桥时，很多人围过来取笑他们父子俩。吵闹声和这种奇怪的摆弄使驴子很不高兴，它用力挣断了绳索和棍子，掉到河里淹死了。磨坊主又气愤又羞愧，赶忙从小路逃回家去。

这个案例的结局是由于磨坊主的性格以及决策风格所造成的，他是一个很容易受别人意见影响的人。在决策之前，大学生要了解自己的决策风格是什么以及如何减小自己决策风格带来的负面影响，使自我职业选择的过程能够更科学和有效。

探索活动

测一测：你的决策风格是什么

如果想了解自己的决策风格，请认真思考后，判断下面每句话是否符合自己的现实情况，选择符合得1分，不符合不得分。然后计算出总分。在4个类型中哪个得分最高，则说明你的决策风格是什么（见表4-1）。

① 我常仓促地做草率的判断。

② 我常凭一时冲动行事。

③ 我经常改变我所做的决定。

④ 做决定之前，我从未做任何准备，也未分析可能的结果。

⑤ 我常不经慎重思考就做决定。

⑥ 我喜欢凭直觉做事。

⑦ 我做事时不喜欢自己做主。

⑧ 做事时我喜欢有人在旁边，以随时商量。

⑨ 发现别人的看法与我不同时，我便不知该怎么办。

⑩ 我很容易受别人意见的影响。

⑪ 在父母、师长或亲友催促我做决定之前，我并不打算做任何决定。

⑫ 我常让父母、师长或亲友来为我做决定。

⑬ 碰到难做决定的事情，我就把它摆在一边。

⑭ 遇到需要做决定时，我就紧张不安。

⑮ 我做事总是东想西想，下不了决心。

⑯ 我觉得做决定是一件很痛苦的事情。

⑰ 为了避免做决定的痛苦，我现在并不想做决定。

⑱ 我处理事情经常会犹豫不决。

⑲ 我会多方搜集做决定所必需的一些个人及环境的数据。

⑳ 我会将搜集到的资料加以比较分析，列出选择的方案。

㉑ 我会衡量各项可行方案的利益得失，判断出此时此地最好的选择。

㉒ 我会参考其他人的意见，再斟酌自己的情况来做出最适合自己的决定。

㉓ 经过深思熟虑之后，我会明确决定一项最佳的方案。

㉔ 当已经决定了所选择的方案，我会展开必要的准备行动并全力以赴执行之。

表4-1 决策风格类型测试结果

题号组	1～6题	7～12题	13～18题	19～24题
得分				
决策类型	冲动／直觉型	顺从／宿命型	麻痹／犹豫／延迟型	计划型

丁克里奇（Dinklage，1966）提出，人们通常采用的几种决策模式，同样也适用于职业生涯决策（见表4-2）。

表4-2 决策者风格类型

决定类型	说明	行为特征	好处
冲动型	决策的过程基于冲动，决策者选择第一个遇上的选择方案，立即反应	先做了再说，以后再来想后果	不必花时间找数据
直觉型	根据感觉而非思考来做决策。只考虑自己想要的，不在乎外在的因素	"嗯，感觉还不错，就这么决定了。""这家公司的招聘会做得很气派，就把简历投给它了"	比较简单省事
顺从型	自己想做决策，但无法坚持己见，常会屈服于权威者的指示和决定。其决定方式主要依据他人的期望，常将责任交付于他人	如果你说OK，我就OK；"我爸妈让我去……""我女朋友希望……"	维持表面和谐
宿命型	决策者知道做决定的需要，但自己不愿决定，把决定的权力交给命运或别人，因此认为做什么选择都是一样的	船到桥头自然直；天塌下来会有大个子顶着；反正时也、运也、命也	不必自己负责，减少冲突
麻痹型	害怕决策的结果，也不愿负责，选择麻痹自己来逃避做决策	我知道该怎么做，可是我办不到	可以暂时不做决定

续表

决定类型	说明	行为特征	好处
犹豫型	选择的项目太多，无法从中做出取舍，经常处于挣扎的状态，下不了决心	我绝不能轻易决定，万一选错了，那就惨了	搜集充分完整的资料
延迟型	知道问题所在，但经常迟迟不做决定，或者到最后一刻才做决策	急什么？明天再说吧！	延长做决定的时间
计划型	做决策时会倾听自己内心的声音，也考虑外在环境的要求，以做出适当明智的抉择	一切操之在我；我是命运的主宰，是自己的主人	积极面对问题，解决问题；积极搜集资料，比较分析后做出选择

三、职业生涯决策的困难

职业生涯决策源于经济学中的决策理论在职业行为方面的研究。乔普森（Jopson）认为，职业决策是一个复杂的认知过程，通过这个过程，决策者组织有关自我和职业环境的信息，仔细考虑各种可供选择职业的前景，做出职业行为的公开承诺。专家学者认为，职业决策是个体一生中必定会面临的重要决策，是个体对自己将要从事的职业做出的选择。决策何以难为？这是因为职业生涯决策总是具有风险性的，要求每个人为其后果承担责任；同时，影响职业生涯决策的因素相当复杂，而且其中有相当多的阻碍。

1. 职业生涯决策的风险性

每个人在日常生活中，都无时无刻地不在做决定，而且每种决策都具有风险性。

（1）确定无疑的决定

所有的选择及其结果都是清楚明白的决定。例如，一幢教学楼有左右两个楼梯，而上课的教室位于大楼的右侧，从右边的楼梯上楼到教室要近一点，那么去该教室上课的同学可能就会选择走右边楼梯。

（2）有一定风险的决定

这时有多种选择、每种选择的后果虽然不完全确定，但个人在一定程度上知道可能会有什么样的选择和结果。例如，一名大学生决定中午在食堂吃什么，因为他天天都在这个食堂吃饭，大体上他知道食堂提供的各种饭菜的滋味如何，是否适合自己的喜好。但有一些饭菜，他从来没有品尝过，另外食堂师傅的炒菜水平也可能有波动，因此对于各种选择的结果并不能完全确定。

（3）不确定的决定

对于有哪些选择，各种选择相应会产生什么样的结果，几乎完全不清楚，却又不得不做出的决定。例如，一名完全不懂证券知识的大学生，想投资炒股，他对股市行情的判定则是不确定的决定。

生活中的决定大多不会是第1种，而多属于第2种，也就是说，有可能获得一定的信息，做出某种预测。当面临第3种决定时，最好先尽可能地搜集一些信息，以便把它变成第2种决定。职业生涯规划的目的，也正是尽可能地搜集信息，并以一种理性的方式做出决策，将第3种决定转换为第2种决定，减少风险。

从决定的分类中，可以看到：做决定时，通常都不可能拥有全部的信息。大多数决定都有预测的成分，都具有不确定性和风险性。决策的风险使得很多人采取了听天由命、随大流或让父母等他人做主的方式来逃避对决策结果所要承担的责任。但这样的人在逃避决策和责任的同时，也逃离了自由。世上万事，几乎总是有这样那样的风险。曾有人写道："笑，有被人视为傻瓜的风险。哭，也有被人视为伤感的风险。"不冒风险的人可以逃避挫折和悔恨，但同时也丧失了学习、感受、变化成长、生活和爱的机会。其实，生活中最危险的事就是不去冒险。被"稳定"和"安全"锁住，这个人就变成了奴隶。只有敢于冒险的人，才是自由的。无怪乎有人说："不得不在各种不同的行动方案之间选择，是为自由而付出的代价。"

2. 职业生涯决策的复杂性

典型案例

得到了高薪，失去了快乐

名校微电子专业毕业后，小何加入了上海一家知名的微电子大型制造业公司。大公司的薪资福利水平受工作年限、资历限制较多，刚入行的小何薪水并不是很高。由于微电子行业是个高速发展的行业，人才的缺口非常大，刚工作两年的小何就常接到猎头公司的电话。市场人才紧缺加上对方公司急需人才，一般对方公司开出的薪水都比他现在的薪水高 30%以上。

半年前，在猎头的精心包装下，小何顺利跳槽去了新公司，职位和原来相比差不多，但薪水如他所愿高了不少。本来小何的成功让大家都很羡慕，可刚工作两个月之后小何就有点泄气，并开始回想在原来公司的种种好处。

原来，小何的原东家是家新成立不久的高科技公司，无论对于新入行的还是有一定工作经验的职场人也好，都有比较完整的培训体制，新兴公司也有很多机会和岗位去学习和实践。公司技术平台是开放给各个工程师的，工程师本身也有很多学习提高的空间，对于自身的技术提高和能力发挥很有帮助。而现在的这家公司是家老牌的高科技公司，按部就班地工作是维护公司正常运作的保证，对于工程师来说，只要天天做好自己手上的事情就好，每天就和机器一样地机械劳动，没有过多的机会提高自己的技术。长此以往，工程师就变成了高级操作工。

对于有上进心的小何来说，这样的工作不是他所希望的，薪水是比较满意了，但工作环境和工作状况让他不甚满意。还很年轻的他不想就这样为了高薪而放弃学习提高的机会。在小何的职业生涯决策当中，影响他个人决策的众多因素中，工作报酬起到了过大的作用。小何没有综合考虑其他因素，才使得决策偏离了正确的轨道。

生涯决策难做的另一个原因是它的复杂性——有诸多因素可能会影响到每个人的生涯决策。著名的职业辅导理论家克朗伯兹（Krumblotz，1979）将影响个人职业生涯决策的因素划分为以下 4 类。

（1）遗传和特殊能力

遗传和特殊能力即个人来自于遗传的一些特质，如种族、性别、外表特征、智力、个人天赋等，在某种程度上决定了个人的职业表现或影响到个人的生涯。例如，在现阶段的大学生就业中，不可否认，性别因素仍然影响到求职者是否有机会参与面试和被录用。而身高、体形、健康状况等先天条件在诸如模特、文艺工作者、军人等职业的招募当中也占据了重要的地位。

（2）环境和重要事件

环境和重要事件包括人类活动（如社会、文化、政治、经济活动，家庭、教育活动）的影响和自然力量（如自然资源的分布或自然灾害，如地震、洪水以及干旱）的影响。很显然，家庭的社会经济地位（偏远农村还是沿海城市，是否贫困家庭）、家庭对于个人的期望（如是否重视教育）、所在地区的教育水平等，都会很大程度地影响到个人的求学背景和发展机会。

（3）学习经验

这里所说的"学习"是广义的学习，即每个人在日常生活中不断积累经验和认识。例如，一个孩子在与小伙伴玩耍的过程中发现，如果自己愿意与伙伴们分享玩具，别人就会更乐意跟自己玩。那么，这个孩子可能由此学到了"分享""合作"。而如果父母总是为自己的孩子包办一切，不允许他有自己独立的想法或喜好，那这个孩子就学到了"不负责任"。这样的孩子长大到该独立进行职业决策的时候，就很难承担决策的责任，也没有自己的主见。再如，某小学生恰好遇上了一位特别和蔼可亲、循循善诱的数学老师，于是对数学产生了浓厚的兴趣，对教师这一职业也怀有美好的向往。在成年后，他最终选择数学教师作为自己的终身职业。由此可见，每个人在其成长过程中都积累了无数的学习经验，个体的学习经验是独特的，而这对于个体的职业生涯选择又具有重要的影响。一个人是自信还是自卑、敢于冒险还是畏惧变化，他怎样看待他人，他对于教师、医生、警察等各种职业有些什么样的印象，他更看重工作带来的成就感还是与家人相处的时间……这一切，无不与个人的学习经验有关。

（4）任务取向的技能

受到上述种种因素的作用，个人在面临一项任务时，会表现出特定的工作习惯、解决问题的能力、心理状态、情绪反应和认知的历程，这被称为"任务取向的技能"。例如，面对找工作这件事情，同一个班里所有的同学都没有经验，都感到无从下手。但其中有的人可能会积极地面对困难，会想到利用学校就业指导中心所提供的各种信息和资源（如选修职业生涯规划课程、听讲座、参加学校组织的各种考察实践活动等），向自己的亲友、老师和高年级的同学请教，之后会开始探索和思考自己的兴趣、能力，并着手联系实习的机会。这样，当他们到了大四的时候，已经对自己和劳动力市场都有了相当多的认识，也积累了不少的信息和资源，可以说是胸有成竹了。而另外一些人则一味地拖延，不愿面对困难，直到大三或大四时才开始着急，或寄希望于自己的某个亲戚能够帮助找一份工作，或埋怨学校不帮助毕业生联系就业单位，最后草草找到一个职位了事。在这个过程中，不同的人所表现出的心态、习惯和能力，其实反映了他们不同的任务取向的技能。

在克朗伯兹所说的这四类影响职业决策的因素中，前两类因素通常在个人的控制之外，而后两类因素则是个人在成长过程中可以不断积累和更新的。克朗伯兹认为：上述四种因素交互作用的结果，形成了个人对自我和世界的推论或信念（self-observation generalization/world-view generalization）。这些推论不一定完全正确，要视个人的学习经验是否丰富而定。但是，人们往往以偏概全，在一两次深刻经历的基础上得出一些刻板的印象和先入为主的偏见，这就是所谓的"非理性观念"。例如，因为家庭经济上的困窘，就牢牢记住了"没钱就会让人瞧不起"，从而在职业选择上将收入作为考虑的首要标准。例如，有的同学会提出"第一份职业非常重要，会对人的一生产生深远的影响。第一份工作我一定要找好""如果我做出某种决定，那我就永远甩不掉它了。我就会走弯路，浪费时间和精力，甚至再也无法回头。万一这个决定是错误的怎么办呢？""我一定要找到这样的职业，它能帮我得到对我来说非常重要的人的喜爱和赞许，必须父母以我为荣，老师夸奖我""你说的这些方法都挺好，但不适用于我。我跟别的人不一样，我各方面的条件比他们差，我做不到你说的那些"。

这些"非理性观念"的不合理之处，在于其绝对化。"应该""必须"这样的表述方式都体现了思想观念上的束缚，将个人的选择限制在狭小的范围内，缺乏弹性，最终阻碍了个人长久健康的发展。在真实情景中，人们或许不会作如此绝对化的表述，或者即使持有这种观念，可能在理性上也同意它们是不合理的，只是在潜意识上却仍然相信这些想法并且据此作出判断和行动。例如，有的人会希望所有人都喜欢自己，所以如果别人做什么或搞什么活动没有叫上自己，他就会觉得很郁闷。在他的内心深处，可能存在"只有当所有人都喜欢我，我才是有价值的"这样的观念。对于非理性观念，如果你能对其作适当的调整，改为"我希望如此，但如果不能实现，我也能接受"，则你的认识可以更加切合实际，更有利于健康发展。

3. 职业生涯决策的阻碍

典型案例

职业的抉择

"流水它带走光阴的故事改变了我们，就在那多愁善感而初次回忆的青春。"这首完成于 1980 年的《光阴的故事》总能在不经意间拨动无数人的心弦，也是罗大佑这位华语乐坛的"台湾音乐教父"人生的写照。"池塘边的榕树上，知了在声声叫着夏天"，一曲《童年》让无数人沉醉，当谈到这首传唱率极高的歌曲的创作故事时，罗大佑略带夸张地表示"往事不堪回首"。原来，出身医学世家的罗大佑被"当医生还是当歌手"的问题困扰了 10 年。

"如果不做音乐，我会选择去做木匠，但决不会再做医生。"罗大佑的父亲是医生，母亲是护士，姐姐是药剂师，哥哥是牛津大学的心脏医学博士，一家人都以医学为中心，但罗大佑厌烦当医生的态度很坚决。

罗大佑 1977 年在医学院读书时，就组建了"洛克斯"乐团，但他同时也拿到了医师牌照。1982 年，罗大佑还是一个医院放射科的医生，正是这一年，他出版了自己的第一张专辑《之乎者也》。在专辑文案中他写道："这一趟音乐的路，走得好辛苦"。对于当时在医生和歌手两种角色间游移不定的罗大佑来说，这简直是痛苦的煎熬。"两边走的时候，一度觉得自己对两方面都失去信心。"1987年，他终于下定决心，给父母写了一封信，"感谢你们对我作为一个医生的栽培"。但是，他选择不做医生，专心做音乐。"那么多医生里，不需要多一个罗大佑；但在音乐上，还有很多发展空间"。这个决定，让罗大佑开创了新格局。不久，他在香港组建了自己的录音制作公司"音乐工厂"，从事音乐的开发及电影配乐工作。他将对东方曲调的探索，对一个民族的宿命所进行的精确剖析，对黄色人种的浓烈情感和故乡情怀，以音乐的手法铺陈开来。

罗大佑面对职业选择遇到了障碍，选择困扰他10年之久，让他非常痛苦。如果及时认清了音乐更适合他的话，也许更早，台湾乐坛就出现了《童年》这首经典的歌曲。

职业阻碍就是任何使人难以实现某一职业目标的障碍或挑战，分为内部阻碍和外部阻碍两种。内部阻碍就是存在于人们自身的障碍，通常人们对之有较大的控制力，如焦虑、办事效率低等。外部阻碍则来自外界，是人们难以控制的，如就业中存在的重男轻女现象。在职业生涯决策中，大学生需要明辨内部阻碍和外部阻碍，才能采取相应的对策。正如中世纪一位哲人所祈祷的那样："请赐给我宁静的心，去接受我不能改变的一切；赐我勇气，去改变我所能改变的一切；并赐我智慧，去认清这二者之间的分别。"

由于影响因素复杂，职业生涯决策有风险，使得职业生涯决策存在了障碍。导致决策困难的原因通常又分为以下两种。

（1）生涯不确定（career indecision）

这是正常的发展性的问题。大学生还处在生涯探索阶段，在以前的学校教育中又缺乏与职业生涯规划相关的内容，造成了大学生普遍不了解自己的兴趣或能力、价值观不清晰、缺乏关于工作世界的信息等状况，因此难以进行生涯决策。这种问题通常只要得到关于自我认识、工作世界介绍等相关的信息即可解决，而这可以通过选修生涯规划课程、阅读相关书籍、参加社会实践活动等实现。

（2）生涯犹豫（career indecisiveness）

这是由个人特质引起的，如个人兴趣与能力有差异，个人偏好与社会期待有冲突，价值观受到环境条件限制，非理性生涯观念桎梏等。例如，有的人自信心不足，极大地阻碍了其对于职业的憧憬与选择；有的人虽然做出了初步选择，却感到非常的焦虑；还有的人，虽然经过多方的探索，在职业兴趣方面却仍然相当混乱等。这一类的学生需要较长时间的个别生涯辅导，甚至是心理咨询和治疗，来帮助他们提升自我价值感，增进对自我的肯定与信任，并在此基础上改善他们的决策能力。

主题3 职业生涯决策的方法

困惑和思考

小李是河南某重点大学财务管理专业的本科生，大学期间，学习成绩优异，通过了国家注册会计师考试，大三暑假在一家财务咨询公司实习，表现了良好的专业素质。小李的职业梦想是成为一名财务、金融行业的高级经理人。临近毕业，摆在她面前的路有三条：第一，她给美国某大学的留学申请获得批准，这个机会是小李用半年多的辛苦换来的。不过不是财务或金融专业，而是社会学专业。第二，她通过了家乡所在县财政局工作人员的面试。第三，郑州市某会计师事务所决定聘用她，职位是审计，薪水和待遇均有一定诱惑力。如果你是小李，会如何进行职业选择？

　　决策是一件不容易的事情，同时又是一件无法回避的事情。从早晨醒来到夜晚入睡，人们都在不断地作决定：如何安排这一天的时间，穿什么衣服，吃什么食品，读什么书，与什么人交往等。当人们清晨听到闹钟响起，考虑是继续睡下去还是立即起床的时候，就已经在做选择了。每个人的生活充满了成百上千对日常琐事的决定。通常，一个决定对个人越重要，决策也就越困难。挑选一双鞋要比挑选一个职业容易。可见，决策是不可避免、不断发生而又有难度的活动。那么，通常应该采用什么方式来进行决策呢？

一、计划型决策：CASVE 循环

　　在进行重大决策时，为了减少风险，应尽可能充分地考虑到决策所涉及的多方面因素。很多人都使用计划型（planful）决策，它由沟通（communication）—分析（analysis）—综合（synthesis）—评估（evaluation）—执行（execution）5 个步骤组成，其英文缩写为"CASVE 循环"（见图 4-4）。

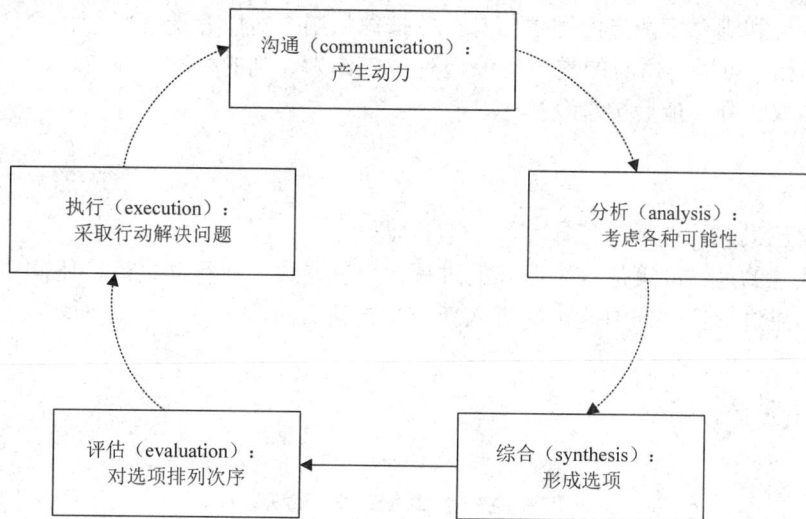

沟通（communication）：
产生动力

分析（analysis）：
考虑各种可能性

执行（execution）：
采取行动解决问题

综合（synthesis）：
形成选项

评估（evaluation）：
对选项排列次序

图 4-4　CASVE 循环示意图

1. 沟通

　　个人发现理想与现状有差距，意识到问题的存在。这一步是决策的开始。个人如果没有意识到自己的需要，则后面的步骤都无从谈起。例如，许多大学一年级的学生，常常觉得"职业生涯规划"离自己还很遥远，认为找工作"是大三大四的事"，自己才大一，只要好好学习就够了。只有当他们具备了职业生涯规划的意识，了解到找工作不是一蹴而就的事情，才会开始产生这方面的需求，从而进入职业决策的下一阶段。

2. 分析

将问题的各个组成部分相互联系起来，对现状进行评估，了解自己和自己可能的选择，对所有的信息进行分析。这当中还包括确认要做出的决定——决定的性质、具体的目标、决策的标准等。不少人将目标与达到目标的手段混淆，如为了学历而读书，但实际上学历只是手段，就业只是途径，实现价值才是最终目的。如果并没有弄清楚自己的目标，如出国或者考研是为了什么，就开始盲目行动，必然不会有理想的结果。可以说，分析是决策过程中最容易出现问题的阶段。许多人倾向于用简单化的方式得出结论，直接跳到行动步骤，而未能真正弄清问题的关键，也未能收集充足的信息。

3. 综合

在分析的基础上，个人形成可能的解决方法并进一步收集相关信息，确认自己的选择。这里需要注意的是，不要在没做探索之前就匆忙决定，这样会将自己的选择面限制得很窄。在职业生涯规划中，提倡先列出个人的职业前景清单（通常要列出至少 10 个以上可从事的职业），打开视野，充分地看到自己所拥有的可能性，再在收集信息的基础上适当压缩（留下 3～5 个最后选项）。

4. 评估

从可行性和满意度两方面评估信息，并按评估结果对所有选择进行排列，得出最终的选择。例如，可以将所有的重要价值观列成表作为评判的标准，并按每一项对所有的选择进行加权计分，最后按总分排序。

5. 执行

根据自己最终的选择制订计划，采取行动。

需要注意的是，决策是一个循环的过程，也就是说，在行动之后，还需要对自己的决定及其结果进行评估，由此可能进入新一轮的决策过程。

探索活动

你的决策 CASVE 循环

请回想填报高考志愿是怎样的过程，可以参考以下的问题进行。

① 你是怎么意识到自己的需求的？

② 你是如何分析这个问题、收集相关信息的？

③ 你是如何形成解决方案的？以你今天的眼光，你是否能看到自己当时所没有看到的其他可能性？

④ 你如何在不同的解决方案之间做选择？你的选择标准是什么？

⑤ 你是如何落实行动的？过程是否如你所预期的那样？

⑥ 你怎样评价自己当时的决策过程？你对结果感到满意吗？如果不满意，是哪个步骤出现了问题？

分析了 5 个重大决策过程之后，你对于自己的决策模式有什么新的了解？这对于你处理现阶段所面临的职业决策问题有什么指导意义？

二、SWOT 分析

找到适合自己的工作类型之后，还需要进一步分析自己的优势和劣势以及所面临的机遇和威胁，以提高自己在激烈的竞争环境中求职的成功率。下面将介绍一种常用的竞争分析方法——SWOT 分析法。

运用 SWOT 分析法进行选择分析，就是将与自己密切相关的各种主要内部优势因素（strengths）、劣势因素（weaknesses）、机会因素（opportunities）和威胁因素（threats），通过调查和挖掘罗列出来，并对这些因素进行综合分析，找到利用或弥补的方法。

使用 SWOT 模型对自己做进一步分析后，就会得到一个关于自我的系统认识，从而为准确地定位和进行正确的选择奠定坚实的基础。

1. 构造 SWOT 矩阵

构造 SWOT 矩阵就是要分析目前的各种环境因素，包括外部环境因素和内部能力因素。将调查得出的各种因素根据轻重缓急或影响程度等排序方式，构造 SWOT 分析矩阵（见表 4-3）。

表 4-3　SWOT 矩阵

内部	优势（S）	劣势（W）
外部	机会（O）	威胁（T）

通过与他人相比较，考察自己周围的职业环境，认清自身的优势和劣势以及周围职业环境的机会和威胁，就可以构建出自身的 SWOT 矩阵（见表 4-4）。

表 4-4　大学生 SWOT 矩阵

	优势（S） 个体可控并可利用的内在积极因素：	劣势（W） 个体可控并努力改善的内在消极因素：
内部	➢ 工作经验 ➢ 教育背景 ➢ 丰富的专业知识和技能 ➢ 特定的可转移技巧（如沟通、团队合作、领导能力等） ➢ 人格特质（如职业道德、自我约束、承受工作压力的能力、创造性、乐观等） ➢ 广泛的人际关系网络 ➢ 在专业组织中的影响力	➢ 缺乏工作经验 ➢ 学习成绩差，专业不对口 ➢ 缺乏目标，且对自我的认识和对工作的认识都十分不足 ➢ 缺乏专业知识 ➢ 较差的领导能力、人际交往能力、沟通能力和团队合作能力 ➢ 较差的寻找工作的能力 ➢ 负面的人格特征（如职业道德败坏、缺乏自律、缺少工作动机、害羞、情绪化）

续表

	机会（O）	威胁（T）
外部	个体不可控但可以利用的外部积极因素： ➤ 就业机会增加 ➤ 再教育的机会 ➤ 专业领域急需人才 ➤ 由于提高自我认识、设置更多具体的工作目标带来的机遇 ➤ 专业晋升的机会 ➤ 专业发展带来的机会 ➤ 职业道路选择带来的独特机会 ➤ 地理位置的优势 ➤ 强大的关系网络	个体不可控但可以使其弱化的外部消极因素： ➤ 就业机会减少 ➤ 由同专业的大学毕业生带来的竞争 ➤ 具有丰富技能、经验、知识的竞争者 ➤ 拥有较好的寻找工作技巧的竞争者 ➤ 名校毕业的竞争者 ➤ 缺少培训造成的职业发展障碍 ➤ 工作晋升机会十分有限 ➤ 专业领域发展有限 ➤ 公司不再招聘高职层次毕业生

2. 定量的 SWOT 分析

单纯确定个体的优势、劣势、外在机会、外在威胁中的各个具体因素，只是 SWOT 的初步分析阶段。如果想要更科学地做出职业决策，则需要进行更进一步的 SWOT 分析，即给 SWOT 矩阵中每个纬度的每一项因素配以权重，并根据权重进行定量分析。

对于不同的职业，个体的每一项优势、劣势、机会、威胁对其的影响程度都是不同的。而且，在进行 SWOT 分析时，如果只考虑到每项因素的大致影响，那么随着分析项目的增加，这种分析就可能无法得出客观真实的结果，个体也很难了解自己相对于其他竞争对手在进行新的职业选择时是否具有优势。因此只有根据当时当地的人才市场的具体情况，用数量化的方式把个人优势、机会结合起来与劣势、威胁相比较，才能够清晰地分辨出自己选择这项职业是否比他人更具有优势，从而做出最优化的职业决策。需要注意的是，这里 SWOT 分析的权重分值并不是由个体凭空想象的，而是基于每项评判内容对于具体行业的重要性而设定的。当然，每项分析内容的权重分数是可以不同的，你可以把最重要项目的权重分配 10 分，甚至 100 分或 1000 分，但其他比较项的权重也要随之改变。基于此，就可以知道"困惑和思考"中的小李是否适合会计师事务所的工作了（见表 4-5）。

表 4-5　小李的 SWOT 矩阵

	优势（S）		劣势（W）	
内部	➤ 重点大学财务管理专业，成绩优秀	9分	➤ 没有丰富的工作阅历	9分
	➤ 通过了国家注册会计师的考试，具有良好的专业素质	10分	➤ 专业不对口	10分
	➤ 丰富的学生干部管理经历	8分	➤ 性格急躁，容易冲动	8分
	➤ 财务咨询公司半年实习经历	9分		
	机会（O）		威胁（T）	
外部	➤ 审计逐渐受到企业的重视	8分	➤ 审计专业方向的毕业生	8分
	➤ 加入世界贸易组织后，外资企业的进入导致审计人才需求量的增大	10分	➤ 国外海归财务管理人才	8分
	➤ 审计在企业经营管理中的重要性逐渐凸显	8分	➤ 审计在我国很多企业中的运作很不规范	7分
			➤ 比起学历，我国许多企业更看重工作阅历	7分

在列出 SWOT 矩阵后，小李将其中的所有因素按照 1～10 分的限额进行加权赋值，得到的结果是 S、O 为 62 分，而 W、T 为 57 分。最后，得出结论：小李适合会计师事务所的工作。按照相同的方法，也可以判断小李是否适合其他的选择。

三、职业生涯决策平衡单

生涯决策平衡单技术是由詹尼斯和曼（Janis 和 Mann）设计，将重大事件的思考方向集中到四个主题上：自我物质方面的得失、他人物质方面的得失、自我赞许与否、社会赞许与否。台湾生涯辅导专家金树人将最后的两项改为"自我精神方面的得失"与"他人精神方面的得失"，就是从以"自我—他人"，以及"物质—精神"所构成的四个范围内来考虑（见图 4-5）。

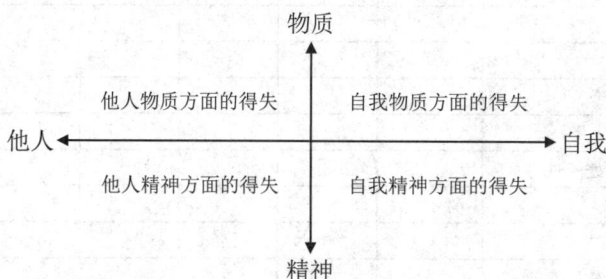

物质

他人物质方面的得失　　　　自我物质方面的得失

他人 ←——————————————→ 自我

他人精神方面的得失　　　　自我精神方面的得失

精神

图 4-5　生涯决策平衡的主题

1. 具体方法

首先在一张空白纸上以直线隔开左右两栏，两栏上方分别写下两项难以取舍的事项。在平衡单的左侧，垂直列出你在"自我物质方面的得失""他人物质方面的得失""自我精神方面的得失""他人精神方面的得失"四个方面的重要价值观和考虑因素。

给这些因素加以评分，若是得到正面效益就加分，负面效益就减分。要注意的是，究竟加减几分要视它对个人的重要性有多大。最后，再予以加权计分。如此做下来，就可以计算该选项的总分。总而言之，得分较高的选项通常比较适合自己的选择。假如职业生涯决策平衡单的计分，仍不能使你安心地做出抉择，这表示可能你内心有比较复杂的矛盾或冲突。

2. 填写平衡单的步骤

① 建构对这两个事件的影响要素，如"地点远近""薪资高低""成就感"等。
② 决定各个要素的重要性，设定加权指数，加权指数可以设置为 −5～5。
③ 各要素有正面效应就加分，负面效应就减分，并把要素得分乘以加权指数得到每项分数。
④ 在表 4-6 中计算总分，得分较高的选项通常是比较适合自己的选择。

表 4-6 职业生涯决策平衡单示例

选择项目		权重	选择一		选择二		选择三	
考虑因素	加权分数	−5～+5	（＋）	（−）	（＋）	（−）	（＋）	（−）
个人物质方面的得失	收入							
	工作的难易程度							
	升迁的机会							
	工作环境的安全							
	休闲的时间							
	生活变化							
	对健康的影响							
	就业机会							
	其他							
他人物质方面的得失	家庭经济							
	家庭地位							
	与家人相处的时间							
	其他							
个人精神方面的得失	创造性							
	多样性和变化性							
	影响和帮助别人							
	自由独立							
	社会声望的提高							
	挑战性							
	自我实现的程度							
	兴趣的满足							
他人精神方面的得失	父母							
	师长							
	配偶							
	其他							
总分								

通过计算可以知道，小李面对国外留学、公务员、会计事务所职员 3 个职业选择时，将会如何决策（见表 4-7）。

表 4-7 小李的职业生涯决策平衡单

选择项目		权重	选择一 国外留学		选择二 公务员		选择三 会计师事务所职员	
考虑因素	加权分数	−5～+5	（＋）	（−）	（＋）	（−）	（＋）	（−）
个人物质方面的得失	收入	3	0		2		4	
	未来发展	5	4		4		2	
	休闲的时间	2		−1	5			−2
	对健康的影响	1			4		2	

续表

选择项目 / 考虑因素		权重	选择一 国外留学		选择二 公务员		选择三 会计师事务所职员	
	加权分数	−5～+5	（+）	（−）	（+）	（−）	（+）	（−）
他人物质方面的得失	家庭经济	3		−2	2		4	
	家庭地位	2	5		3			−2
个人精神方面的得失	创造性	4	4		3		4	
	多样性和变化性	4	4		3		4	
	影响和帮助别人	4	3		3		3	
	自由独立	4		−1	2			
	社会声望的提高	3			4		3	
	挑战性	3	4		3		4	
	自我实现的程度	5	2		4		4	
	兴趣的满足	5	3		2		5	
他人精神方面的得失	父母	3	5		5			
	师长	3	5				2	
	配偶	2		−1	4		3	
总分			41		56		47	

结果很清楚。通过理性的分析，把很多复杂的信息摆放在面前，小李更看重的是职业兴趣、自我实现的程度，未来的发展，并在此基础上做出了自己的选择。她最佳的选择是公务员，其次是会计师事务所。

在使用职业生涯决策平衡单的时候，要注意其目的不仅在于得到最后的排序结果，填写的过程也很重要。列举各项考虑因素、给各项价值观分配加权指数以及给各项选择打分的过程本身，就是要帮助个人理清自己的思绪。通过这样一个仔细思索和反复推敲的过程，可能比单纯得到一个结果更为重要，更能够帮助个人做出适合于自己的决策。

显而易见，这样的决策方式需要比较多的时间和精力的投入。和许多事情一样，决策虽然有各种方法和技巧，但却没有捷径可走。

四、多因素量化分析法

除了以上几种常规办法，还可以运用职业选择的多因素量化分析来进行职业的优选决策。同一类型的职业，往往有多种职业可供选择。例如，常规型职业中，有会计员、出纳员、统计员等，此外，还有文书、秘书、办公室人员等具体职业。即使选择教师职业，也存在着大学、中学、小学或幼儿园教师职业层次上的差别，以及存在着教什么科目的差别。个体该如何选择，美国心理学家 V. H. 弗鲁姆（V. H. Vroom）的择业动机理论给出了答案。

弗鲁姆认为人的行为动机强度主要受两个因素的影响：①效价，即个体对一定目标重要性的主观评价；②期望值，即个体对实现目标可能性大小的估计，亦即目标实现的概率。员工个体行为动机强度取决于效价大小和期望值。上述理论可用以下公式表示：

$$F（行动动机强度）=V（效价）\times E（期望值）$$

如果效价越大，期望值越高，行为动机就越强烈，即为了达到一定的目标，个体就会付出极大的努力。弗鲁姆将这一期望理论用来解释个人的职业选择行为，具体化为择业动机理论。该理论将个人职业选择分为两步走。

第一步，确定择业动机。用以下公式表示

$$择业动机＝职业效价×职业概率$$

第二步，比较择业动机，进行职业选择决策。择业者对其视野内的几种目标职业进行价值评估，并获取该项职业可能性的评价，在对几种职业择业动机量化测定的基础上，横向进行择业动机比较（见表4-8）。择业动机是对职业的全面评估，已经对多种择业影响的因素进行了全面的权衡。一般来说，多以择业动机分值高的职业作为自己的选择结果。

表4-8　小李的职业生涯决策择业动机理论比较表

职业选择要素	职业价值观(1)	A职业要素评估(2)	B职业要素评估(3)	C职业要素评估(4)	A职业评价(5)＝(1)+(2)	B职业评价(6)＝(1)+(3)	C职业评价(7)＝(1)+(4)
兴趣	5	6	5	7	11	10	12
工资	4	4	6	7	8	10	11
职业声望	3	7	8	5	10	11	8
劳动条件	3	6	8	4	9	11	7
效价合计					38	42	38
职业概率					0.6	0.7	0.8
择业动机					22.8	29.4	30.4

假设A是出国留学，B是公务员，C是会计事务所工作，小李首先对A、B、C项职业做出价值判断，并对获取这3项职业的可能性进行了评估。对于小李来说，B职业效价是3项职业中得分最高的42分，高于A职业和C职业效价，应该是最佳选择。但是，获取C职业获得的可能性最大，职业概率为0.8，比A职业概率0.6和B职业概率0.7都大一些，即要谋取B职业需要付出更艰辛的努力。经过计算和权衡，结果C职业的择业动机得分30.4分，均高于A职业择业动机22.8分和B职业择业动机29.4分。于是小李更倾向于选择C职业，即会计师事务所；其次是公务员。

思考与实践

1. 探索职业生涯目标——6步游戏法

以下是国外学者经过反复探讨而得到的一个寻找人生目标的逐步突出法，现在就让我们通过做这个"6步游戏"找到自己的人生目标。

游戏道具：4～5张小纸片。

环境要求：安静舒适。

情绪状态：精神饱满，情绪激昂，思维活跃。

提醒：在考虑目标时，尽量全面，避免仅从一个方面考虑，如不仅要考虑事业，还要考虑家庭、人际、业余生活等方面。

第 1 步: 寻找终生目标

拿出一张纸片, 写下第 1 个问题: 我终生的目标是什么? 然后用 2 分钟写下答案, 要无拘无束, 想到什么就写下什么。再花 2 分钟进行必要的修改。

如果你不能直接确立你的人生目标, 可以回想一下你童年、少年时的梦想, 或者那些最令你开心的事。以此作为启发, 再写下你的答案, 如事业成功, 家庭幸福、快乐……

第 2 步: 思考如何度过今后 3 年

请在第 2 张纸片上, 写下第 3 个问题: "我该怎样度过今后 3 年?" 用 2 分钟尽快写下答案, 再用 2 分钟把忽视的项目补充进去。

在第 2 张纸片上, 所写的东西要较第 1 张纸片要具体。这里的具体即指所做的工作要具体。例如, 第 1 张纸上你若写了过幸福的生活, 那么在这张纸上你就得将之分解为较为具体细致的目标。

例如, 拥有一份满意的工作, 进入管理阶层; 经济收入比刚工作时翻一倍; 向女朋友求婚; 给父母买一套宽敞的住房; 和好朋友经常保持联系……

第 3 步: 半年内最重要的事

请在第 3 张纸上写下第 3 个问题: 我在这半年内都应该做哪些事? 哪些工作对我是最重要的、最迫切的。这张纸片所罗列的内容, 应该比第 2 张纸更具体、细致、全面, 是自己需要也是能够立刻做的。

例如, 把手头的工作做好, 带女友去海南旅游, 经常给母亲打电话, 和朋友保持联系……

第 4 步: 浏览前 3 个答案

浏览一下前 3 个答案, 你应该发现, 第 2 个答案就是第一个答案的延伸, 第 3 个答案则是前两个答案的继续。如果你的 3 个答案不具备这种逻辑关系, 就需要重新来做, 务必使这些答案符合事物的发展逻辑。

第 5 步: 目标分类

请把 3 张纸片都拿起来, 把上面的目标分别归类, 如分为事业目标、爱好特长目标、能力目标、婚恋目标、社会友情目标、身心素质目标、读书目标等。

例如, 事业目标——功成名就、进入管理层、做好手头的工作; 婚姻目标——幸福、向女友求婚、带女友去海南旅游……

第 6 步: 确立不同时期的目标

请按类别关系, 将 3 张纸片上的目标按同类关系以及同性质的关系连成一条线, 就成了你的短期、中期、长期的目标了。

例如 (以事业目标为例), 做好手头的工作 (短期) ——进入管理阶层 (中期) ——功成名就 (长期)。

然后, 结合自己的个人情况, 根据短期目标制定切实可行的月计划、周计划、日计划。每一级计划的制定都应该服务于上一级计划, 即制定周计划是为了完成月计划, 制定日计划是为了完成周计划。当短期目标实现后再向下一个目标前进。

这种 "目标逐步突出法", 最好在新年开始或你的生日时进行。在开始新的一年或新的一岁时, 明确自己人生奋斗的方向, 是非常有意义的庆贺方式。

2. 案例思考

小吴，24 岁，毕业于某重点大学，本科学历，工作年限两年左右，先后跳槽达 5 次之多，行业涉及房地产、化妆品、教育咨询、传媒等，所从事的具体工作也有服务、营销、策划、编辑等 4 项之多。

小吴在大学所学的专业为国际贸易，但她的长项却比较倾向于中文，其写作能力和口头表达能力均非常优秀。在校期间，一直担任教授助理，并且独自寻找了一个加盟项目，在家乡担任整个城市的代理商，先期运作比较成功。由于有了这些经历，小吴在毕业时对自己的期望较高，不甘心在大公司从低做起，而是想进入一家规模不大但是有发展前途的公司，可以一开始就受到重视，以最快的速度成长，然后再自己创业。以下是小吴的工作履历。

2007 年 9 月～2008 年 1 月，某知名房地产公司，任物业主任，主要工作职责为处理投诉等相关事宜。工作非常清闲稳定，福利待遇也比较让人满意。但是小吴认为该工作没有挑战性，并且发展空间很小。

2008 年 1 月～2008 年 6 月，某合资化妆品公司，任品牌经理。该公司老板在招聘时，对小吴极为器重，小吴认为自己进入该公司后可以大施拳脚。开始时，小吴信心百倍，编写了整套的企业文书、招商方案、对外合同，并与客户谈判。但她渐渐发现，老板的经商风格非常保守、吝啬，谈判往往因为极小的折扣或非常少的利益分配而耽搁下来，甚至不欢而散。而且所有的产品都是在作坊式的小型加工厂里贴牌生产，产品质量得不到保障。本来是想与公司一起成长的小吴觉得前途渺茫，不顾老板的挽留，毅然辞职。

2008 年 6 月～2009 年 9 月，某台资教育机构，主要销售知名英语教材。该公司有点类似于保险公司，非常注重对员工的培训，甚至用独特的企业文化实现对员工思想的控制。有点理想主义的小吴正是被该公司表面上热情奋进的氛围所吸引，接受了这份没有底薪只有提成的工作。可以说，小吴在这间公司工作得非常出色，身为新人的她第一周的业绩就高居榜首，深受上司的器重和同事的欢迎。但工作一段时间以后，这里高负荷的运作让她的身体严重透支，难以继续支撑下去，并从上司对其他业绩较差员工的冷酷态度上对公司的企业文化产生了质疑，最终在上司和同事的一片惋惜声中离开了该公司。

2009 年 9 月～2010 年 3 月，某咨询策划公司，任销售公关经理、编辑。在该公司工作期间，小吴编写了 4 本营销方面的书籍，策划了一些与报社等其他媒体的合作项目，招聘并培训了多名业务员。以往的工作波折、轻率的跳槽经历造成的"后遗症"在此时慢慢表现出来。小吴发觉自己变得越来越害怕与客户进行沟通，在公司内部召开业务会议时，她可以很轻松地指导业务员解决工作中遇到的难题，自己却不愿意或者恐惧与客户交流，有时候她只能逼着自己去面对客户。这种恐惧感，或者说是交流的障碍，让小吴感到非常大的困扰，却又难以克服。她向老板提出不想再从事营销工作，但有重要项目的时候，老板还是要委派小吴。由于无法调整好自己的心态，小吴又一次选择了辞职。

2010 年 3 月至今，小吴在一家杂志社担任记者。和先前的辗转奔波和业绩压力相比，这里的环境轻松了很多，也让小吴从紧张的心理状态中解放了出来。但这份工作真的能让小吴找到归属感吗？

　　回想三年左右的从业经历，小吴觉得有很多的困惑和迷茫，相比刚毕业的时候，她更找不到自己的发展方向。从一开始全心希望去做一份有挑战性的工作，对营销有着满腔的热情和向往，到后来对营销的恐惧、抗拒、厌恶，小吴到现在都解释不了自己的心理变化，也不知道该如何调整。小吴的性格具有两面性：在一个活跃的集体里她会非常活跃，在一个安静的集体里她会比别人更沉闷；在上司及同事的器重、鼓励下，她会工作得非常出色，而如果她觉得自己不受重视，她可能很快会意志消沉，直至选择逃避。她本不喜欢太过安逸的工作，为了挑战自己、提升自己，她换了一份又一份的工作，却感觉自己好像还在原地踏步。目前的状况让她失去了方向，不知道该何去何从。

　　思考：

　　（1）什么原因使得小吴频繁跳槽，失去了方向？

　　（2）如果你是小吴，你将为自己设计一条怎样的职业规划？

第五章　职业生涯规划书撰写

案例导入

某大学工商管理专业的学生小张，毕业一年多已经换了 3 份工作，至今还未找到一份真正让自己满意的工作。这种情况目前在大学生中并不罕见：高考填报志愿时混淆职业与专业，盲目填报；大学期间不知道如何根据专业、特长和就业前景规划大学生活；就业时从众、随机，不久便因为不适合而频频跳槽……据调查，找到第一份工作后，有50%的大学生选择在一年内更换工作；两年内，学生的流动率接近75%；有 16.3%的人表示"没有太多考虑"，就"跟着感觉走"选择了第一份工作。很多大学生招聘会上，学生往往是见着单位就投简历，其实并不清楚自己究竟适合什么职业，又能干哪类工作。

大学毕业生就业后频繁跳槽的现象暴露了大学生职业生涯规划的缺失，即缺乏对自己未来职业发展的长远规划，没有给自己很好的定位。如果在大学期间就能为自己设计职业发展蓝图，做一份切实可行的职业生涯规划书，将帮助大学生拥有一个以职业目标为发展主线的充实且理性的大学生涯。

本章要解决的问题

1. 大学生撰写职业生涯规划书的主要原则是什么？
2. 大学生职业生涯规划书的常用格式有哪些，应该如何撰写？

主题 1　撰写原则和要求

困惑和思考

"说一尺不如行一寸。"任何希望、任何目标必须要有计划，最终必然要落实到行动上。只有行动才能缩短自己与目标之间的距离，只有行动才能把理想变为现实。做好每件事，既要心动、要计划，更要行动。只会感动羡慕，不去计划行动，成功就是一句空话。那么，作为确定要考取中国农业科学院研究生的小丽来说，有人认为只要有目标，采取行动就可以了，不需要撰写职业规划书。这种想法对吗？如果需要撰写详细且具体的职业规划书，应遵循哪些原则？

一、撰写职业生涯规划书的意义

1. 定义

职业生涯规划,是指个人根据对自身的主观因素和客观环境的分析,确立自己的职业生涯发展目标,并选择实现这一目标的职业以及制定相应的计划,采取必要的行动实现职业生涯目标的过程。而职业生涯规划书,就是对自己的职业生涯发展目标的选择、实施计划及行动方案的书面表达。

2. 意义

职业生涯规划书是个人生涯的"蓝图",其意义主要有以下 7 点。

① 它能够帮助个人真正系统地了解和认识自己,准确评价自己的特点和优劣势,重新认识自己的价值并使其增值。

② 它能够帮助个人以既有的条件为基础,确立自己的人生方向。

③ 它能够帮助个人分析环境,评估个人目标和现状的差距。

④ 它能够帮助个人明确自己的职业发展方向,拟定职业发展规划。

⑤ 它能够为个人提供今后奋斗的策略和行动的计划,使得生活更为充实,时间安排更为合理。

⑥ 它能够将个人、事业与家庭联系起来。

⑦ 它能够帮助个人增强职业竞争力,使其在具体的求职环节中脱颖而出。

可以说,写一份翔实的职业生涯规划书,就是完成了一次系统的职业生涯规划。

典型案例

旅行的规划

有这么一家人,一起吃晚饭时,有人提议说:"咱们十一假期去旅游吧。""好啊!去哪儿?""现在想它干吗?到时候再说。"10 月 1 日早晨,这家人出行了,孩子问:"去哪儿?"父亲说:"随便走,走到哪儿算哪儿,没钱就回来。"然后就开着车子,漫无目的地走着。

你认为会有这样的旅游吗?通常在旅游之前人们都会好好地"策划"一番:去哪里?是跟旅行团去还是自己去?是和家人还是和同事结伴而行?坐飞机还是坐火车?准备花多少钱?想去看什么?希望有什么收获?总之,无论是时间较长的旅行,还是三两天的短途旅行,人们都会做一番认真的策划再出发。

一次小小的旅行尚需如此用心策划,何况人生职业。在人一生当中,用时最长、对自己影响最大的旅程莫过于我们的职业生涯之旅,时间跨度长达 20 年、30 年、40 年,甚至 50 年。面对长达一生的职业生涯之旅,你可曾想过如何来完成呢?该如何拟订旅行计划呢?

二、撰写职业生涯规划的原则

职业生涯规划书的撰写须遵循一定的原则来进行。

1. 独特性——应针对自己的实际情况量身定制

犹如世界上没有两片完全相同的叶子，更没有两个完全相同的人。每个人都各有千秋，内在的性格特征、知识结构、兴趣爱好、能力倾向等都有自己的特点，其家庭条件、所处的社会环境也都不同，因而在制定职业生涯规划书时，不可能找到完全相同的路径，必须综合考虑个人各个方面的实际情况而量身定制。

2. 可行性——应以实际可操作性为前提，实现理想和现实的统一

每个人都有自己的职业理想，但是理想是否能够实现，则有赖于用以实现职业生涯理想的规划方案是否可行。规划方案的可行性体现在两个方面：首先是生涯目标的可行性，即目标的设定是否建立在现实条件的基础上；其次是职业行动计划的可行性，指行动计划是否是自己可以做到并根据一定标准进行考核监督的。

3. 阶段性——职业生涯规划应体现个人发展的阶段性

根据舒伯的生涯彩虹图，个人的发展具有阶段性，每个人在自己人生发展的不同阶段所承担的重点角色是不同的，有着不同的发展任务。职业生涯规划也应该根据自己的年龄和所处的阶段设计不同的内容，以适应每个发展阶段的特点，使每个阶段都能充实度过，并逐步达成阶段性目标。

4. 发展性——职业生涯规划书的内容不是一成不变的

职业生涯规划要求具有一定的超前性和预测性。事物是不断发展变化的，规划并不总能适应新情况的出现，因此应根据自我发展、社会变迁以及其他可预测的因素，主动适应各种变化，及时评估，灵活调整，不断修正、优化自己的职业生涯规划。

在调整职业生涯规划的过程中，短期的目标有可能需要调整，但目标的重新选择应和长远的人生标保持一致，使得整个规划始终围绕自己的人生目标而展开，过去、现在和未来应有内在的一致性和延续性。

三、撰写职业生涯规划书的要求

一份好的职业生涯规划书应能满足以下 6 项基本要求。

1. 资料翔实，步骤齐全

收集资料有多种途径，可以通过访谈、报刊图书摘抄、上网下载等方式获取资料，要尽可能注明资料的出处，并多运用图表数据来说明问题，以提高资料来源的可信度和说服力。主要包括 4 个步骤：①分析需求，分析条件及目标设定；②分析阻碍和可行性研究；③设计方案和提升（改变）计划；④制订详细的实施计划和措施。

2. 论证有据，分析到位

要了解有关的测评理论及知识，认真审视并思考自己的测评报告并对照自我认识与测评结果的异同，分析与测评结果形成差距的原因，从而确定自我评估结果，达到"知己"；要了解自己所处的环境（包括居住的地方、喜欢的地方、亲朋的意见等），明确自己最大兴趣是什么、最喜欢与之共事的人的类型、最重视的价值与目标、最喜欢的工作条件是什么，再通过目前环境评估（社会影响、家庭影响、学校因素、就业形势等）和当前社会环境分析（组织环境分析、技术的发展、经济的兴衰、政策法规的影响等）来确定自己的职业方向，做到说理有据，层层深入，达到"知彼"。

3. 言简意赅，逻辑严密

语言朴实简洁，用词精练准确，行文流畅，条理清楚，这是最基本的写作要求。撰写时还应注意整篇文章的结构和重心所在。职业生涯规划书一般包含对职业规划的认识、对自我的剖析、对所学专业的认识、对职业方向的探索及确定目标并制订计划这5个方面的内容。在对这些内容进行分析阐述时，必须紧紧围绕职业目标这条主线展开，从而体现文章论述的逻辑性和连贯性，要将重点放在自我评估、环境评估、目标实施上。职业生涯规划是自己将来的规划，这个规划只有建立在对自我和职业的充分认识的基础上才能体现出它的科学性和可行性。

4. 目标明确，合理适中

撰写职业生涯规划书应围绕论述的中心展开，职业生涯目标不能过于理想化，应"择己所爱""择己所长""择世所需""择己所利"。职业生涯规划书撰写是否成功，在很大程度上取决于有无正确适当、切实可行的目标。

5. 分解合理，措施具体

目标分解、实现路径选择要有理论依据，而且备用路径之间要有内在联系性。目标组合要注意时间上的并进、连续，功能上的因果、互补作用，全方位的组合要涵盖职业生涯、家庭生活、个人事务等方面。

6. 格式清晰，图文并茂

内容完整，格式清晰，版面美观大方，创意新颖，不能有错别字。

主题 2　撰写格式和方法

困惑和思考

动物科学专业大一的小李，在意识到职业生涯规划的重要性后，根据对自身的性格、兴趣、价值观、能力等主观因素和学校、家庭、行业等客观环境的分析，确立自己大学毕业后，回家乡创办养殖场，并且为这个职业目标制定了详细的计划方案，接下来的问题就是如何书写一份科学的职业生涯规划书。

一、职业生涯规划书的基本内容

职业生涯规划书的实质是职业生涯规划的书面化和具体化，因而其基本内容应能体现职业生涯规划的一般过程，涵盖包括知己——认识自我、知彼——认识环境、定位与决策——对可能的职业目标和职业路径做出分析和选择、行动——制订具体且可行的行动计划等4大部分。具体来说，职业生涯规划书主要由以下7个部分组成。

1. 扉页

扉页包括题目、姓名及基本情况介绍、年限、起止日期等。

2. 自我分析评价

一个有效的职业生涯设计必须是在充分且准确认识自身条件与相关环境的基础上进行的。要审阅自己、认识自己、了解自己。做好自我评估，包括自己的爱好、特长、性格、学识、技能、智商、情商、思维方式、潜力等。要弄清"我想干什么？我能干什么？我应该干什么？在众多的职业面前我会选择什么？"等问题。

3. 环境分析

职业生涯规划还要充分认识与了解相关的环境，评估环境因素对自己职业生涯发展的影响，分析环境条件的特点、发展变化情况，掌握环境因素的优势与限制。了解本专业、本行业的地位、形势以及发展趋势。

4. 职业定位

职业定位就是要为职业目标与自己的潜能以及主、客观条件谋求最佳匹配。良好的职业定位是以自己的最佳才能、最优性格、最大兴趣、最有利的环境等信息为依据的。职业定位过程中要考虑性格与职业的匹配、兴趣与职业的匹配、特长与职业的匹配、专业与职业的匹配等。

5. 职业方向及总体目标

这是整个职业生涯规划所围绕并展开的纲领，因而是制定职业生涯规划的关键。通常目标有短期目标、中期目标、长期目标和人生目标之分。长期目标需要个人经过长期艰苦努力、不懈奋斗才有可能实现。确立长期目标时，要立足现实、慎重选择、全面考虑，使之既有现实性又有前瞻性。短期目标更具体，对人的影响也更直接，也是长期目标的组成部分。

6. 行动策略

行动策略指要制定实现职业生涯目标的行动方案，要有具体的行为措施来保证。没有行动，职业目标只能是一种梦想。要制定周详的行动方案，更要重视落实这一行动方案。行动方案的制定可以围绕短期目标、中期目标等阶段性目标的实现而展开。

7. 评估与反馈

整个职业生涯规划要在实施中去检验，看效果如何，及时诊断生涯规划各个环节出现的问题，找出相应对策，对规划进行调整与完善。

二、职业生涯规划书的写作方法

每个人可以结合自己的实际情况来撰写具有个人特色的职业生涯规划书，但总的来说，职业生涯规划书的写作方法是大同小异、有章可循的。撰写职业生涯规划书的过程，实质上就是职业生涯设计的过程。

1. 自我评价

在整个规划流程中，正确的自我评价是最基础的核心环节。这一环节做不好或出现偏差，就会导致整个职业生涯规划的失败。在进行职业生涯规划时，自我分析一般是在依据心理学的测评系统对自己的心理素质、人格特征等进行科学测评的基础上，结合自己的兴趣、爱好、以往的经历及他人评价等对自己加以综合评价，给自己"画像"。自我分析可以从个人的兴趣、特长、性格、智力、知识、技能、职业价值观等方面入手。

在性格测试中，我最适合的职业：_____

对于未来的职业，我最看重：_____

与这些价值观相对应，我未来想从事的职业：_____

根据自己的职业能力特点，我认为适合自己的职业：_____

同时，根据以往的学习和生活经历，我认为自己大致属于的职业兴趣类型（依照符合的程度排序）：

① _____

② _____

③ _____

④ _____

2. 环境分析评估

在进行职业规划时，必须全面、客观、正确地分析和了解自己所处的环境和将要面临的环境，即在"知己"的基础上还要"知彼"。

在制订个人的职业生涯规划时，要分析环境条件的特点、环境的发展变化情况、自己与环境的关系、自己在这个环境中的地位、环境对自己提出的要求以及环境对自己的有利条件与不利条件等。只有对这些环境因素充分了解，才能做到在复杂的环境中趋利避害，使自己的职业规划具有实际意义。宏观环境包括政治环境、社会环境、经济环境；微观环境则包括行业环境、企业环境等。

利用网络信息对当前及未来的社会环境、行业环境、职业的自身环境等进行分析，从而得出自己参加工作时的职业生涯机会。请完成职业生涯发展机会自评表（见表5-1）。

表 5-1　职业生涯发展机会自评表

环境要素	目前情况	未来参加工作时的情况
经济环境分析		
人口环境分析		
科技环境分析		
政治与法律环境分析		
社会文化环境分析		
欲从事职业所处的行业分析		
欲从事职业本身环境分析		
其他情况分析		

影响职业选择的因素很复杂，包括微观环境、个人因素等（见表 5-2）。

表 5-2　影响职业选择的其他因素分析表

其他因素	与职业相关的影响	目前状况概述
性别	请谈谈对自己性别角色的看法，你所确定的职业前景与你所认同的性别角色相符吗	
身心健康	你的健康状况限制你进入哪些行业及职业？ 出于对自己健康的关心，你不想进入哪些职业	
教育背景	这些教育背景能实现你的职业目标吗？ 你所具有的教育背景对你的职业有哪些帮助？ 你还需要加强哪些方面的学历教育或其他培训	
与职业相关的经历	想想小时候的梦想，父母、亲戚对职业的看法。 高考填报志愿的想法。 大学生活中与职业相关的体验和实践，其中印象最深或最成功或值得骄傲或对你最有意义的是什么	
地理位置	你的家庭所在地有哪些与职业发展相关的优势和劣势？ 你的学校所在地有哪些与职业发展相关的优势和劣势？ 你未来的理想工作地有哪些吸引你的特色？这些特色能促进你的职业发展吗	
社会阶层	父母、亲戚所处的社会阶层能为你的职业带来哪些资源与帮助	
家庭、家族背景	家庭、家族背景能为你的职业带来怎样的帮助	
学校层级	你所在的学校处于哪个层级？有哪些可以利用的资源能帮助你的职业发展	
专业情况	你所在专业的毕业生历年的就业领域情况怎样？有哪些可以用来促进专业发展的资源	

3. 目标选择定位

是什么原因促使哥伦布（Columbus）穿越大西洋，促使爱迪生（Edison）由一个小列车员成为 19 世纪最伟大的发明家，促使亨利·福特（Henry Ford）由一个 40 岁的贫穷技工在他 60 多岁时成为世界上最富有的人之一呢？是梦想。每个人都有自己的梦想，这些梦想让人生充满希望。这里所说的梦想就是一个人的目标。

人要从事某项职业，需要依靠自己的聪明和勤奋的工作，创造精彩丰富的人生。目标是事业成功的基本前提，没有目标，事业的成功也就无从谈起。"志不立，天下无可成之事。"目标反映着一个人的理想、胸怀、情趣和价值观，影响着一个人成就的大小。在制定职业生涯规划时，首先要确立职业目标，这是进行职业生涯规划的起点，也是职业生涯中最重要的一点。明确职业目标的方法如下：

① 当我老去的时候，我最希望人们这样评价我：＿＿＿＿＿＿＿＿＿＿＿＿

② 我最希望在这个领域里有所成就和建树：＿＿＿＿＿＿＿＿＿＿＿＿＿＿

③ 假如不需要考虑金钱和时间，我最想从事的工作是：＿＿＿＿＿＿＿＿＿

④ 我理想的生活方式：＿＿＿＿＿＿＿＿＿＿＿＿＿＿＿＿＿＿＿＿＿＿

⑤ 我未来要创造的成就：＿＿＿＿＿＿＿＿＿＿＿＿＿＿＿＿＿＿＿＿＿

⑥ 我将来要从事的主要行业：＿＿＿＿＿＿＿＿＿＿＿＿＿＿＿＿＿＿＿

⑦ 设想我将来所从事的职业名称：＿＿＿＿＿＿＿＿＿＿＿＿＿＿＿＿＿

＿＿＿＿＿＿＿＿＿＿＿＿＿＿＿＿＿＿＿＿＿＿＿＿＿＿＿＿＿＿＿＿＿＿＿＿

＿＿＿＿＿＿＿＿＿＿＿＿＿＿＿＿＿＿＿＿＿＿＿＿＿＿＿＿＿＿＿＿＿＿＿＿

＿＿＿＿＿＿＿＿＿＿＿＿＿＿＿＿＿＿＿＿＿＿＿＿＿＿＿＿＿＿＿＿＿＿＿＿

4. 目标的分解与组合

在形成目标定位后，就要为实现目标寻找发展策略和发展路径，即制定自己的生涯路线。在实施时可将人生总的目标定位分解为若干个小的目标，并在特定的发展阶段对生活学习等各方面的目标进行排列组合。这一环节的实质是要明确自身现实状况与要实现的目标之间的差距，找到缩小差距的方法并形成初步方案。

目标必须经过分解才能更加清晰和便于实现。各种职业目标间的关系往往纷繁复杂，甚至是相互矛盾的。因此，理清各职业目标之间的关系，对其分解组合十分必要（见图 5-1）。

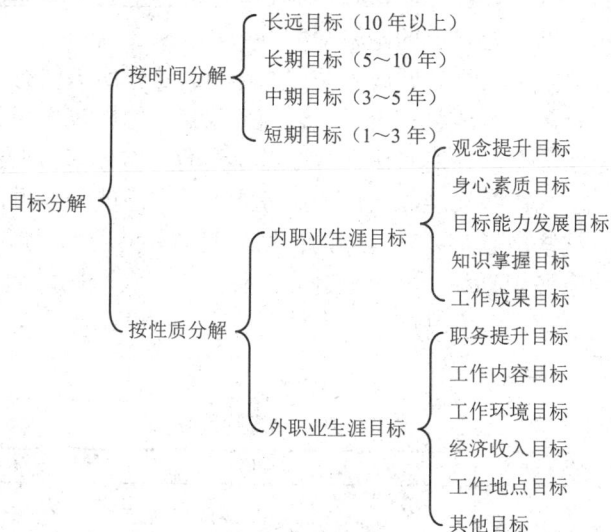

图 5-1　目标分解简图

目标组合是指找出目标间内在的逻辑关系，然后将各个目标按内在逻辑关系组合起来的过程。这有助于大学生理顺不同目标的关系，有步骤、有计划地加以实施。职业生涯规划中要思考先完成什么目标，后完成什么目标，以什么目标为主，以什么目标为辅（见表5-3）。

表5-3　一个大学生职业生涯目标

时间		学习、工作目标
学年	大一	
学年	大二	
学年	大三	
学年	大四	
年	毕业后第一年（大五）	
年	毕业后第三年	
年	毕业后第十年	
年	毕业后第二十年	

5. 制订行动计划

典型案例

运动鞋的故事

有一个故事：两个人在森林里，遇到了一只大老虎。A赶紧从背后取下一双更轻便的运动鞋换上。B着急地说："你干吗呢，再换鞋也跑不过老虎啊！"A说："我只要跑得比你快就好了。"

这个典型案例告诉人们，在21世纪里，没有危机感是最大的危机。当更多的"老虎"来临时，你有没有准备好自己的跑鞋呢？

职业目标和路径确定后，行动便成了关键的环节。这里所指的行动，在职业生涯中是指落实目标的具体措施，主要包括工作、训练、教育、轮岗等方面的措施。例如，为达到目标，在工作方面，你计划采取什么措施提高你的工作效率；在业务素质方面，你计划学习哪些知识、掌握哪些技能提高你的业务能力；在潜能开发方面，你计划采取什么措施开发潜能等。这些问题都要有具体的计划与明确的措施加以解决。

在校大学生职业生涯规划的实施可分为4个阶段，即大一试探期、大二定向期、大三拼搏期以及大四冲刺期。因为时期不同，阶段不同，所以职业生涯规划确定的目标和主要内容也不同（见表5-4）。

表5-4　大学生职业生涯规划任务表

时期	侧重方向	侧重目标	实施措施
大一试探期	正确认识大学，认识自我，进行生涯剖析，制定职业目标	初步了解职业，特别是自己未来想从事的职业或自己所学专业对口的职业，提高人际沟通能力	多和学长们交流，了解自己专业的课程设置，主要就业渠道和方向；多参加学校活动，增加交流技巧；多利用学生手册，了解相关规定，逐步熟悉和适应大学生活

续表

时期	侧重方向	侧重目标	实施措施
大二定向期	夯实基础，拾遗补阙，进行生涯设计	应当考虑清楚未来是深造还是就业或自主创业，并以提高自身的基本素质为主	对目标进行细化和调整。通过参加学生会或社团等组织，锻炼自己的各种能力，同时检验自己的知识技能；可以开始尝试兼职、社会实践活动，最好能在课余时间（长时间）从事与自己未来职业或本专业有关的工作，提高自己的责任感、主动性和抗挫折能力，增强英语口语能力、计算机能力，通过英语和计算机相关证书考试，开始有选择地辅修其他专业的知识来充实自己
大三拼搏期	拓展素质，科技创新，此时更多的是思考专业成才	加强自身综合素质，培养职业目标所需要的各种能力；提高求职技能、搜集公司信息；做出考研还是就业的抉择	撰写专业学术文章时，可大胆提出自己的见解，锻炼自己独立解决问题的能力和创造力，参加和专业有关的暑期实践工作，和同学交流求职工作心得体会，学习写简历、求职信，了解收集工作信息的渠道，并积极尝试，如通过校友网络，了解往年的求职情况；希望留学的学生可参加留学系列活动，准备 TOEFL（Test of English as a Foreign Language，托福）、GRE（Graduate Record Examination，美国研究生入学考试），留意留学考试资讯
大四冲刺期	择业、就业、创业	找工作、考研、出国	可对前 3 年的准备做一个总结：首先检验自己已经确立的职业目标是否明确，前 3 年准备是否充分；其次，开始工作的申请，积极参加招聘活动；最后，预习或模拟面试。了解用人单位资料信息、强化求职技巧、进行模拟面试等训练，尽可能地在做出充分准备的情况下实战演练

6. 建立评估反馈机制

职业生涯规划是个动态的过程，须变化调整。影响职业生涯规划的诸多因素在不断变化，有的变化因素是可以预测的，而有的变化因素难以预测。在此状况下，要使职业生涯规划行之有效，就须不断地对职业生涯规划进行评估与修订。其修订的内容包括职业的重新选择，职业生涯路线的选择，人生目标的修正，实施措施与计划的变更等。这是一个螺旋上升的过程。

（1）助力与阻力分析

推动职业目标实现的积极因素：_____

阻碍职业目标实现的消极因素：_____

能将积极因素最大化，将消极因素消除、最小化甚至转化为积极因素的行为：_____

对本年度目标的自我分析与评估：_____

（2）360 度反馈评估

对职业生涯发展的反馈可以采用 360 度评价法。

班主任评价：_____

辅导员评价：_____

父母评价：_____

同学评价：_____

自我评价：_____

（3）生涯规划方案修正

三、职业生涯规划书的常见格式

1. 表格式

表格如果设计得当，可以很好地包含所有分析与论证的全部过程，而且清楚明白、一目了然。但也有很多表格式的职业生涯规划书只是作为日常警示使用的，类似个人发展计划实施方案表，只包含最简单的目标、分段实现时间、职业机会评估和发展策略4个项目。

2. 条列式

这种格式的规划书具有职业生涯规划的主要内容，但大多只是作为简单的表述，没有详细的材料分析和评估。文章精练，但逻辑性和说理性不强。

3. 复合式

复合式的规划书就是表格式与条列式的综合。综合运用表格式和条列式的优点，使规划书具有较好的适应性和实用性。但复合式的规划书结构比较复杂，设计不好，容易给人零乱的感觉。

4. 论文式

最完整的职业生涯规划书通常采用论文式。论文式的职业生涯规划书能够对一个人的职业生涯规划做全面、详细的分析和阐述，是一份研究自己未来发展道路的可行性分析报告。

思考与实践

1. 探索活动：制定一份完整的生涯规划书

结合自身现状，制定一份完整的生涯规划书。通过心理学方法测试，对自己的兴趣、价值观等方面进行评估，请填写表格（见表5-5～表5-9）。

表5-5　自我评估

	性格	
	兴趣、爱好、特长	
	情绪、情感状况	
自我	意志力状况	
评估	已具备经验	
	已具备能力	
	现学专业及主要课程	
	现有外语、计算机水平	

续表

社会中的自我评估	对你人生发展影响最大的人	称谓	姓名	单位、职业、职务
		父亲（或其他）		
		母亲（或其他）		
	他人对你的看法与期望	父母		
		亲戚朋友		
		老师		
		同学		

表5-6 环境与职业评估

	人际关系分析	
校园环境对你成才的影响	学校	
	学院	
	专业	
	班级	
	宿舍	
认识职业世界	人才供需状况与就业形势分析	
	对人才素质的要求	
	对人格特质的要求	
	对知识的要求及学校中哪些课程对从事该项职业有帮助	
	对能力的要求	
	对技能训练的要求	
	对资格证书的要求	
	每天工作状况（工作内容、工作伙伴及感受）	
	该岗位收入状况	
	该行业人士对所从事工作有何满意及不满之处	
	该职业发展前景	
	建议学校增设哪些课程	
	其他	

表5-7 确定目标

	职业类型		职业名称		具体岗位	
描述初步职业理想	职业地域		工作环境		工作时间	
	工作性质		工作待遇		工作伙伴	
	职业发展期望					
SWOT 分析	实现目标的优势					
	实现目标的劣势					
	实现目标的机会					
	实现目标的威胁					

表5-8 生涯策略

步骤		目标分解	提高途径及措施	完成标准
2018～2020年的自我规划	总体目标			
	2018年上半年			
	2018年下半年			
	2019年上半年			

续表

步骤		目标分解	提高途径及措施	完成标准
2018～2020 年的自我规划	2019 年下半年			
	2020 年上半年			
	2020 年下半年			
2021～2022 年的自我规划				

表 5-9　评估与反馈

自我评估	测评	学习成绩排名		素质拓展总分		身体素质状况	
		发展性素质测评					
	获奖						
	自我规划落实情况						
	经验与教训						
父母的评价与建议							
同学朋友的评价与建议							
教师的评价与建议							
成才外因评估							
职业目标修正							
规划步骤、途径及完成标准修正							

2. 案例思考：一份职业生涯规划书陈述

我的职业定位：职业目标是将来从事证券分析师、培训讲师的职业，而职业发展策略是本埠小型证券公司—本埠中型证券公司—外埠大中型证券公司。

具体路径：业务经理—营业部内勤—营业部分析师—公司分析师。

卡斯特（Custer）曾经说过：在分析目标时，也必须考虑怎样实现它们，即采取什么手段。因此我对自己的职业生涯从短期、中期、长期 3 方面进行了具体的规划。

（1）短期计划

从现在开始，即准备证券从业资格考试，期货从业资格考试。

（2）中期计划（2018～2025 年）

成果目标：通过实践学习，总结出具有实战意义的证券投资技巧，结合不断的工作努力，培养核心的客户群。

学历目标：自考本科毕业，取得证券分析师资格证书。

能力目标：具备独立操盘能力，具备带 10～20 人的工作团队能力，有接洽大客户的心理承受能力和社交技巧。

① 2018～2019 年：在公司全职工作，在工作的同时积极准备高等教育自学考试，特别应该重视对英语和数学的学习；合理有序地开发客户，耐心维护原有客户，预计资金量达到 400 万元以上；盘面上一个台阶，不断加强技术分析能力；从模拟操盘向实战操盘转变，可操作资金量 5 万～10 万元；每天至少阅读 5 篇重要财经新闻，紧跟社会发展脚步；每天坚持写日志，不断思考总结；每个月至少读一本好书，不断积累；年末收入预期 2000～3000 元/月。

② 2020～2021 年：通过全部自学考试，进入专业性的学习研究；继续在公司的平台上努力工作，凭借公司的优势和自己的勤奋，扩大客户群，预计资金量达到 800 万元；逐渐形成属于自己的操盘风格，可操作资金量 10 万～30 万元；不断总结投资者心理变化及指数波动对各类投资者情绪的影响，及时与团队沟通，寻找各种情形下客户开发的技巧；坚持良好的习惯；继续学习，争取考入研究生。年末收入预期 5000～6000 元/月。

③ 2022～2023 年：不断建立自己的人脉，拥有 5～10 人的合作团队，将公司的业务拓展到外围城市；预计资金量达到 1200 万元；独立操盘资金量 30 万～50 万元；有系统的职业培训方案，结合公司的发展，建立起适合公司的人才培养模式；在实践中不断总结，反复验证，与公司同仁一起研究出独特的选股技术；不断学习社交技巧，主动接触各个层次的人群，培养领导气质；坚持良好的习惯；集中精力，考取注册分析师资格证书。年末收入预期：7000～8000 元/月。

④ 2024～2025 年：在新的工作起点上更加努力地学习，将公司的理念和经营方式良好地传承下去；预计资金量达到 1600 万元；独立操盘资金量 50 万～100 万元；使团队初具规模，此时整个证券行业可能已经改头换面，公司采用的模式将成蔓延之势，所以必须靠前期积累下来的优势，扩大成果，迅速占领市场，争取早一天站稳脚跟；注重大客户，依托公司平台，挖掘权重投资者；不断提高自身修养，从独立经纪人迈向经纪人培训师；年末收入预期 8000～10 000/月。

（3）长期计划（2025 年～ ）

随着规模不断扩大，资金存量必定有质的飞跃，当资金存量达到 2 个亿左右的时候，开始谋划私募基金，到时虽然资本市场秩序良好，但风险因素依然存在，必须对市场做严谨的调查、分析，然后做出稳妥的投资方案，在维护投资者利益的同时坚定公司的基础；为了自身的成长和公司的进一步发展，应当考虑继续攻读博士……

以上就是我的职业规划，但是我知道职业生涯规划是一个动态的过程，必须根据实施结果的情况以及因果变化进行及时的评估与修正。一般情况下，我会定期（半年或一年）评估规划；当出现特殊情况时，我会随时对职业目标、职业路径、实施策略和其他因素进行评估并进行相应的调整。而我调整规划的原则就是因地制宜，直到自己达到最佳状态。

思考：

① 这份职业生涯规划书有哪些值得借鉴的地方？

② 这份职业生涯规划书有哪些可以改进的地方？

扩展阅读

×××职业规划大赛参赛作品

姓名：×××

性别：女

年龄：20

籍贯：××××××

身份证号码：×××××××××××××××××

所在赛区：河南省/新乡市

所在学校及学院：××××××

班级及专业：人力资源管理专业××班

学号：

联系地址：

邮编：

联系电话：

E-mail：×××@sohu.com

引　言

人生如棋局，精于预测者掌控先机。

职场如战场，善于规划者胜券在握。

职场，对于每一个人来说，都是必经的一道历练，也是必下的一局棋。如何下好职场之棋？如何走好人生之路？这都是身为大学生的我们应该思考的问题。作为一名在校的大二学生，在就业竞争异常激烈的今天，科学规划职业生涯，可以帮助我提高职业素质，增强求职就业的竞争力，使我能顺利就业，融入社会，实现人生的职业理想，走向成功。

但职业生涯规划并不意味着设立一个不可更改的目标职业。俗话说，计划赶不上变化，一味地生搬硬套，只会让我们的视野狭窄，行事受阻。职业生涯规划的目的就是扩大就业可能性和就业面，提升应变能力。社会如棋，千变万化。人生如棋，人如棋子。棋局百变、棋势无定。但机会只会垂青那些有准备的人。只要我们尽自己最大的努力，去做棋局中最有利的一颗棋子。未来，依然掌握在自己手中。

棋手篇：自我分析

1. 自我认知

×××，女，1998年出生于山东滨州。性格活泼开朗，热情大方，自尊自强，独立勇敢。

主要成就经历：

小学阶段担任班长5年；考取国家素描等级考试5级；获"繁星杯"全国小学生作文大赛三等奖；多次被评为三好学生、优秀班干部等。

初中阶段担任体育委员 4 年；担任校记者站小记者，多次接待来校参观观摩的领导和老师；主持学校大小型文艺晚会；考取国家二胡等级考试 6 级；被评为三好学生、优秀共青团员。

高中阶段担任校学生会副主席，负责组织学校文艺类大小型演出活动；被评为三好学生、优秀学生干部。

大学阶段任经济与管理学院 2016 级年级委员会主席；获××××××"校园杯"征文大赛一等奖；多次被评为优秀学生干部。

2．工具测评

（1）职业兴趣测评

通过职业兴趣测评，了解到自己的兴趣倾向为 ESA，即管理兴趣、助人兴趣和创意兴趣。在学习了这些字母相对应的倾向说明后，我认为这与我自己分析观察的情况是基本一致的。通过测评工具，我把对于自己的兴趣和能力特长的认知相联系，这让我感觉很愉快。

企业型（E）：喜欢领导决策；常常被认为是具有权威性的、有抱负的和具有说服力的；擅长言语技能。

社会型（S）：喜欢人际交往，具有很好的沟通技能；关注社会问题，倾向于服务团体；有教育活动等能力。

艺术型（A）：喜欢通过艺术进行自我表达；常常被认为是充满想象力的、内省的和独立的；重视艺术形式的美学和创新。

（2）个性特征

人与人之间的性格存在许多差异，思考和说话的方式皆有不同。而人本身又存在本我、自我、超我的 3 种表现特质。因此我们需要通过一些方式和工具，来进一步了解自我性格特征。

做完性格评测后，报告解析与自己确实有很多相近的地方，有些个性特质自己本来只是朦胧地意识到，却没有这么清晰地提炼过。通过个性测评，我更加了解了自己的优缺点，适合的工作环境等。

在测评结果中，我比较认同的分析：坦白、诚实且实际，一丝不苟，认真负责，富有逻辑性、创造性，喜欢有逻辑性和目的性的交谈，思考解决问题的各种方法，更喜欢行动而不是言语，有批判精神，有原则性，在原则问题上绝不退步。

（3）360 度全面分析

	优点	缺点
老师评价	有一定组织、领导、协调能力； 较强责任心，用心做事； 性格开朗，积极乐观	有时感情用事，比较随性； 不懂得如何拒绝人
家长评价	有自己的主见，遇事冷静； 独立能力强，遇事坚强； 懂事，能处理一定家庭实务； 性格开朗，积极乐观； 兴趣广泛，爱好读书	对待事情过于执着； 脾气倔

续表

	优点	缺点
同学评价	性格开朗，平易近人； 能歌善舞，兴趣众多； 真诚待人，幽默诙谐； 团结同学，活跃气氛； 爱憎分明，直来直往； 落落大方，领导能力强	脾气倔，一倔到底； 有时候想事情过于复杂
自我评价	组织、协调、领导能力强； 有一定组织活动经验； 自信大方，注意礼节； 处世灵活，聪明伶俐； 伶牙俐齿，能说会道	过于注意细节，忽略整体

3. 自我分析小结

我的职业兴趣	多年的学生干部经历，培养了我热爱与人打交道，注重人际关系建设的意识。活泼开朗，热情大方，有一定的组织和领导能力。职业兴趣比较广泛，凡是与人打交道、注重人际交往的工作，都是职业兴趣所在
我的职业能力	热爱与人打交道，有良好的沟通交流能力； 敢于尝试、喜欢接受新事物，有一定创新能力； 能言善辩，具有良好的表达能力和随机应变能力； 多年的学生干部经验，以及自身自信、大方的性格，使得自己懂得如何扩大自己的影响力
我的职业价值观	将自我价值的实现和社会价值实现紧密联系。做对社会主义建设有贡献的职业

棋局篇：环境认知

1. 家庭环境分析

独生子女，父亲从事渔政事业，母亲是供电公司人力资源管理的主管。从母亲身上了解到许多有关人力资源管理的专业知识。假期跟着母亲在办公室做一些琐碎工作的经历，使自己亲身接触到许多人力资源管理的现实案例。

2. 学校环境分析

××××××是一所省属普通本科院校，形成了以本科教育为主体，兼有研究生教育、高职教育、成人高等教育等多层次、多科性的办学格局。建校以来，共向社会输送了6万余名各类专业技术人才，为我国尤其是河南省的经济建设和社会发展做出了突出贡献。我所在的经济与管理学院始建于1985年，是学校最大的二级学院之一。教学中突出计算机应用技术在各专业的地位，实现计算机应用与经济学、管理学的有机结合，形成了以电子商务、经济信息管理为特色的应用型专业方向；形成了以青年教师为主的相对合理的师资队伍。人力资源管理专业是新开设的专业。学校及学院领导在此专业的课程编排、老师安排上都十分重视。专业课老师讲课生动，有自己独特的见解和授课方式。辅导员老师的人性化管理，培养了学生大胆实践的能力以及创新能力。此外，学校图书馆有大量的专业书籍供我们学习、参考。

3. 专业环境分析

人力资源管理专业是近几年新兴的热门专业。本专业培养具备管理、经济、法律及人力资源管理等方面的知识和能力，能在事业单位及政府部门从事人力资源管理以及教学、科研方面工作的工商管理学科高级专门人才。就业形势较其他专业更乐观。

4. 社会环境分析

金融危机向全球蔓延，单位用人需求紧缩，令本已因大学扩招而举步维艰的就业形势雪上加霜。人山人海的招聘会场面屡屡见诸报端。今年的应届毕业生面临了前所未有的就业难、难就业的危机。但同时我也发现，有些企业在危机时希望能降低人才成本，降低人才流动性，因此有些企业更愿意选择"一张白纸"的应届生或实习生，这无疑对应届毕业生来说也是一种机会。

危机总会过去，全球经济目前已开始呈现复苏的趋势，相信等到我们毕业的时候，整体的经济环境会有所改善。我们应该相信自己，不断提升自身的素质和能力，认真规划自己的职业生涯，寻求突破口。也正是因为危机的存在，我们更加需要努力学习、认真思考，未雨绸缪，练好硬功夫，学到真本领，脚踏实地，早做准备。

5. 环境分析小结

家庭和学校为我提供了良好的学习环境。家人为我提供了良好的成长氛围，学校为我提供了充分的发展空间。虽然大学生就业整体形势不容乐观，但是我所学习的人力资源管理专业较其他专业就业形势更为乐观。有挑战才会有机遇，机遇把握在我们自己手中。

棋路篇：职业目标定位

1. SWOT 分析

	优势（S）	劣势（W）
内部环境因素	➤ 课业成绩优异，有良好的学习能力 ➤ 专业知识掌握较好 ➤ 性格活泼开朗，热情大方，独立自主，坚强自信 ➤ 善于人际交往，有良好的人际网络 ➤ 有多年学生干部经验，有一定的组织和领导能力	➤ 有时会对某件事过于执着 ➤ 容易感情用事 ➤ 英语水平有待提高
	机会（O）	威胁（T）
外部环境因素	➤ 所学专业较其他专业，就业形势乐观 ➤ 做好学生会的工作，提高自己的沟通交流能力 ➤ 进一步锻炼自己的组织和领导能力	➤ 该专业毕业生竞争激烈 ➤ 缺少实战经验，更缺乏动手能力

由以上分析，可以看出，我的优势在于性格开朗、成绩优秀、有较强的组织协调能力；劣势在于缺乏实战经验，理论与实际相脱离。综合考虑自己的优劣势以及面临的威胁和机会，我的目标任职领域为企业型、管理型、社交型的任职领域。在以上几个领域的职业中，对照自身条件，我倾向于选择从事人力资源管理方面的工作。

2. 目标定位

我们内在的职业兴趣对应的是工作的内容，也就是比较直观的岗位职业，类别的选择；个人能力倾向则与各岗位所需的能力相匹配；动机和价值观又决定了什么样的岗位报酬和激励系统会让我们感觉满意；而我们的个性特质与岗位所需特质、工作环境相对应。

好工作是一个因人而异的概念，因此要想找到好工作，关键要先搞清楚自己的需求，同时也要学习和了解工作的要求。人职匹配得好，才有利于职业生涯的发展；反之，会给自己的职业生涯造成阻碍。因此，我通过职业生涯人物访谈对目标职业的工作进行了深入的了解。

通过访谈，我深入了解了人力资源管理工作的具体情况，明确了人力资源管理岗位对从业者人格素质、知识、能力方面的要求。同时，综合考虑到自己的实际情况，我认为，我的职业发展目标是——人力资源管理师。

行棋篇：实施路径

1. 发展路径

职业目标	将来从事人力资源管理
职业发展路径	人力资源管理职员—人力资源管理助理—人力资源管理专员—人力资源部经理—人力资源管理总监

2. 实施计划

大学期间，要注重自身的全面发展。在培养自己专业知识学习能力和考证能力时，更要培养自己的综合素质能力。美国著名作家海明威的"冰山理论"应用到一个人身上，就是一个人好比一座冰山，露在水上面的只有一小部分，而有大部分都潜伏于水下面。浮在水面上的是个体所拥有的资质、知识，这些就是人的显性素质，这些可以通过各种学历证书、职业证书来证明，或者通过专业考试来验证；而潜在水面之下的东西，包括技能、信念、性格、潜力，我们称之为隐性素质，这些都要通过实际的工作和锻炼来形成。显性素质和隐性素质的总和就构成了一个人所具备的综合素质。因此，我的实施路径着重围绕显性素质和隐性素质的培养实施。

阶段计划	时间	目标
短期计划	2018～2021 年	完成学业，成为人力资源管理职员
中期计划	2021～2025 年	人力资源管理助理、人力资源管理专员
长期计划	2025～2035 年	人力资源部经理、人力资源总监

（1）短期计划（大学阶段年计划）
➢ 大二学年实施计划

显性素质培养	隐性素质培养
➢ 按照学校课程安排，大二上半学期学习人力资源管理规划等专业课，逐步学会如何实现人力资源的最优化配置 ➢ 熟练掌握计算机和相关的网络技术，通过计算机三级等级考试 ➢ 提升英语水平，通过大学英语四级等级考试	➢ 诚信意识的加深和强调。言而有信，并形成个人的行为习惯 ➢ 培养自己敏锐的观察力和考察力

➤ **大三学年实施计划**

显性素质培养	隐性素质培养
➤ 按照学校课程安排，大三上半学期学好培训与开发和招聘与录用等专业课 ➤ 学习《中华人民共和国劳动法》《中华人民共和国合同法》等有关法律文献 ➤ 学习心理学知识 ➤ 考取人力资源方面的资格证书 ➤ 继续提升英语水平，通过大学英语六级等级考试	➤ 人际关怀能力的培养，对人有高敏感度，喜欢与人接触，善于察言观色，懂得聆听、倾听 ➤ 自身影响力的建立和传播人力资源管理的实践能力，如能制定培训开发的有关规章制度

➤ **大四学年实施计划**

显性素质培养	隐性素质培养
➤ 按照学校课程安排，学好绩效管理、薪酬管理等专业课。深入掌握通过绩效和薪酬进行科学的人力资源管理的方法 ➤ 通过企业实习，将所学专业知识、企业管理知识初步应用于实际，增加人力资源的实践能力 ➤ 认真查询，通过各种途径，找到人力资源方面的工作	➤ 独立性的进一步培养，能独立行事，独立进行创造性思考分析 ➤ 自信的进一步提高，即使面对怀疑，对自己的观点仍坚信不疑 ➤ 创新能力的培养，敢于尝试新事物，挑战自我

附：月计划

月计划具有一定的时效性。因此，这里的月计划为 2018 年 9 月～2019 年 2 月的计划，即大二上半学期和寒假的月计划。此后的大学阶段，每个学期开始，我都会制订一份详细的月计划。毕业后，每半年制定一次，并按照计划一步步执行。

时间	事件	时间	事件
9 月	积极参加学校各类活动，做好学生干部工作，锻炼自己的沟通表达能力，增加人际交往能力	12 月	考取英语四级证书。参加计算机培训班，提高对计算机网络的运用能力
10 月	订阅《人力资源管理》《财经报》《电力报》等书刊，多去图书馆翻阅有关书籍，或进行网上查询。提高自己对时政的关注度	次年 1 月	认真复习，准备期末考试。寻找寒假期间的兼职工作
11 月	在以往坚持英语学习的基础上，更加刻苦学习英语，准备考取英语四级证书	次年 2 月	从事人力资源管理助理的兼职工作，将所学知识运用到实际中，提高自己的社会实践能力

（2）中期计划（毕业后五年内）

➤ 第四年

● 培养管理和适应变革的能力。能积极倡导、参与和协调组织变革、创新活动，有较强的展示演讲才能，有专业咨询的修养，能快速理解创新的关键环节和推动程序；有组织团队、激励员工的技巧和能力，善于平衡、协调、处理不同意见和改革中的矛盾。能预测变革的趋势、可能存在的问题和相关利益的得失，并将这些变数考虑到管理改变的进程中，有前瞻性。

● 培养人员管理和组织设计能力。

● 有指导、培训直线管理人员的教练能力，并形成人力资源管理的专业形象和影响力。

➤ 第五年

● 培养人力资源管理实践能力，能设计人力资源管理的相关制度，如薪酬制度、绩效管理制度、培训发展制度、招聘选拔制度等。

- 培养自己的权变思维（flexibility），明白人力资源管理者扮演着多重角色：制度设计者、制度卫士、制度创新变革者。人力资源工作者不能走极端，因为制度文化变迁具有一定的沿袭性。创新发展是在继承的基础上推陈出新，因此工作特性要求人力资源人员应具备"平衡艺术"才能驾轻就熟。

（3）长期计划

培养战略性参与能力：

➢ 从战略层面参与公司业务，能识别对经营策略影响重大的问题，为经营问题提供可选的参考意见。

➢ 专注于在战略层面上将组织与外部市场环境连接起来。从外部环境中引入知识与信息，从而更优化地整合公司内部的职责与级别体系。

➢ 建立有效的工作构架与流程，使公司内的各个职能模块可以互相补足，迅速应对外部市场环境的机遇或挑战。

➢ 积极地裁减低价值工作，消除那些阻碍着公司快速应对外部挑战与机遇的信息垃圾。

预测变化给组织带来诸多影响的能力：

➢ 人力资源管理专业的人员要有洞察组织内外变化端倪，并预测它们对组织影响的范围和程度的能力。例如，考虑市场需求的变化、科技创新动态和组织内部构架调整等对企业发展的影响，并考虑相应的人力资源管理对策，才能驾轻就熟。

3. 实施路径小结

以上实施路径，按照发展阶段详细规划了大学在校期间的实施计划、大学毕业5年后的发展计划、长期计划。围绕相应的职业目标，着重从显性素质和隐性素质两方面培养自己的综合素质，以达到人力资源管理师岗位的素质要求。

思棋篇：评估调整

1. 评估

评估时间：每月一次。

评估办法：自评与他评相结合。

评估内容：自我能力、积累、职业兴趣的变化情况和我所从事的职业环境及发展前景。

2. 调整

每一阶段根据及时的评估，做出相应的调整。大学阶段，如果在学业、专业的学习上遇到困难，应及时地调整计划安排，将更多的精力和时间放在学习上。这期间注重学习力和各种基本素质的培养。大学毕业努力考研，如果考上研究生，这一阶段是大学和工作的一个过渡阶段，既要兼顾学习，又要从一定程度上兼顾实践。如果没有考上，可以一边做人力资源管理工作的兼职，一边继续学业，继续考取。研究生毕业后，通过自身努力，寻找人力资源管理方面的工作。这期间，注重实践力的培养。如果毕业后不能找到一份比较满意的的工作，也不应气馁，而应调整好自己的心态，对自己有一个正确的定位，在相关行业，从人力资源基层工作做起，增加阅历。通过工作实践不断提升自我，为实现终极目标而不懈努力。

结 束 语

如果说人生是一本书，那么规划书就是目录；

如果说人生是一次航海旅程，那么规划书就是启航明灯。

我从暑期开始就撰写这份职业生涯规划书，从中学习到了很多，也考虑了很多。规划的目的不是局限视野，而是放宽眼界。棋局百变、棋势无定。人生如棋，人如棋子。身在棋局，总是身不由己。既然无法改变环境，就让自己去适应环境。从现在开始规划自己的未来，让未来的蓝图由自己描绘。

从了解本我开始，从职业探索开始，有道是"知己知彼，百战不殆"。

职业生涯规划，就像一盏启明灯照亮了我前行的路，使我清楚地知道自己的未来在哪里，自己的目标是什么。有目标的人牵着时间走，没目标的人被时间牵着走。任何目标，只说不做到头来都是"竹篮打水一场空"。从现在开始，脚踏实地走好每一步。成功并非一朝一夕的努力就可以得来。正如马云所说："今天很残酷，明天更残酷，后天很美好，但是绝大部分人都死在明天晚上。所以必须每天努力，才能看到后天的太阳。"因此，今后的日子里，我将坚持不懈地朝着规划的目标前进，以满腔热情去获取最后的胜利！

第六章　学业规划与能力培养

我该转专业吗？

刚上大一的王荣本来应度过多姿多彩、充满兴奋和惊喜的新生生活，然而她却变得沉默、焦虑。原因是她听说自己所学的法学专业就业情况不是特别乐观，于是，她产生了转专业的念头，但又不太清楚该转什么专业，反反复复的思想斗争让她非常痛苦。

时间都去哪儿了？

杨辉是大一农学专业的新生，对大学的感觉一切都是新奇的，如刘姥姥进了大观园，一切都那么好玩。来到大学，再没有父母的唠叨和管制，晚自习也不点名，甚至有些课也不想去上。由于学业的需要，杨辉买了笔记本电脑，但因看到周围的很多同学在玩游戏、聊游戏，出于好奇，他便也装了游戏程序，并开始玩了起来，这一玩便不可收拾。有时候从早玩到晚，处于失控的状态。期中考试越来越近了，老师讲的内容却越来越听不懂了。为了能及时交上作业，也有时只能抄同学的。上课即使去听，也听不懂了，还老走神。杨辉很想改变，但却一直没有成功。你能帮他吗？如何帮到他？

如何平衡课程与实践活动？

裴京由某县级中学考入大学，高中期间，他的生活只有学习一条主线。进入大一后，包括学习与实践活动在内的各类事务和选择让他有些迷惑。每每老师或师兄给他安排事务而打断他原有学习计划时，他总感觉碍于情面而不得不做，但回到自习室后又会因没能完成自己的计划而感到自责。面对学习、活动等，如何平衡？如何有效安排自己的学业进程和课余活动呢？

大学是一个人即将完成系统的学校教育，然后步入社会走上工作岗位的重要阶段。这一阶段的重要功能之一，就是实现人的"社会化"——即由"学校人"向"社会人"、"学习者"向"职业者"的转变。接触社会时，你需要了解、熟悉和适应社会的运作模式，提高自己处理日常管理与行政事务的能力，提高自己与人融洽相处、与人沟通交流、与人合作共事的能力，提高自己的辨识、洞察、管控能力，等等。这样一个过程，如果不能在大学里提前学习和适应，而只一味地沉浸于书面知识的学习，如同"象牙塔里的书呆子"，那么，走向社会后，你就会比别人慢半拍。再者，课堂之外、书本之外的知识和能力，需要经常到实践活动中去学习、去磨炼，而不能一蹴而就。只有接触的多了、参与的多了、尝试的多了，甚至遭受的失败多了、挫折多了、教训多了，你才能真正明白自己到底想要什么，想成为什么样的人，以后想从事什么样的工作，真正懂得什么对你才是最重要的，也是最应花费更多时间和精力去做的事情。

前面章节的学习内容，蕴含着一个内在的思维认识逻辑：在了解职业规划的基础上，逐步实现对自我、对职业和对环境的认知，进而初步形成自己的职业决策，如图 6-1 所示。

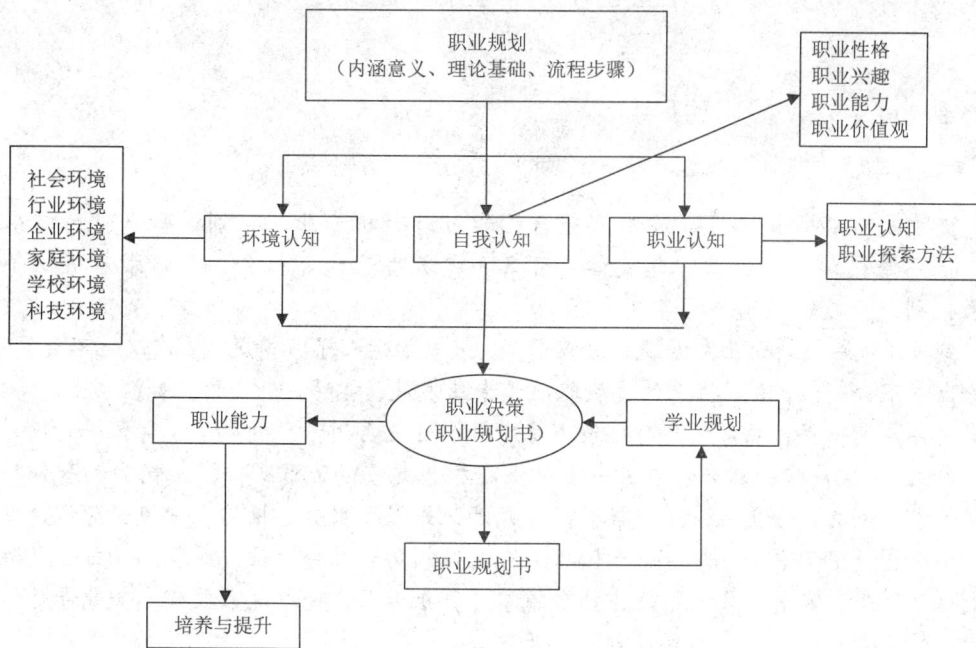

图 6-1　职业规划导引图

然而，立足于大一看毕业、看就业、看职业、看事业，是为了确定未来发展的方向、目标，给自己定下一个清晰的人生定位和前进指向，让自己时刻充满激情和活力。

立足将来看当下，有了清晰、合理的职业规划之后，应回过来，认真审视自己的当下，给自己的四年学业制订一个详细、具体的规划，并认真予以执行和落实，而不停留于口头和书面。而且，这个学业规划不是单纯的"学业规划"，它是一个指向你的职业规划，并为将来能够更好实现职业规划，所做出的适合自己的学业规划，即需要明确回答"为什么学习、学习什么、怎样学习"的问题，以此提高自己的学习效率和质量。同时，还要紧紧围绕自己的职业规划，在学业规划中融入各种素质能力的培养和训练，以此提高自己的职业能力，增强职业的适应性，以应对社会发展变化的不确定性。

本章要解决的问题

1. 什么是学业规划？
2. 如何针对不同就业目标制订学业规划？
3. 大学期间应重点培养哪些能力？如何培养？

主题1 学业规划

案例导入

晓洁是市场营销学生，原本希望自己学习计算机专业，接到通知书时情绪很沮丧，很不情愿读这个专业，想复读，可又不愿放弃上大学机会，只好带着这份不情愿来报到。

到校后，她找到职业生涯规划课宋老师。宋老师耐心了解情况后，建议她不要复读，并给出如下分析：首先，将来的发展取决于专业发展，能够提升更好，如读硕士、博士；其次，再复读一年，高考仍会有很多不确定性，且又占用一年的光阴（青春虽无悔，但也无价）；再次，应把眼光放在未来发展上，把想复读的资源、条件、精力和智慧转化为新的学习动力，会更有价值。接着，宋老师让她做了兴趣、性格、价值观测试，发现其性格类型是 ENFP，兴趣类型是 ESA，价值观倾向于社会地位、成就感、社会交际。看到这个结果，宋老师又询问她为什么想学计算机专业。晓洁说家里有一个哥哥是学这个专业的，毕业以后工资很高，她特别羡慕。

宋老师之后让她针对学校市场营销专业毕业的学长进行职业生涯人物访谈，并抽出一天时间到学校软件工作室体验一天。过了一个星期后，晓洁又来咨询宋老师。宋老师问她这些天的体验分别是什么感受，当说到市场营销日常工作时，她觉得非常有挑战性，讲话滔滔不绝。但是问她在软件工作室是什么感受时，她说："太难受了，一坐就是一天，对着电脑不停地修改，待了两个小时我就想出去走走。"她渐渐明白了自己真正的乐趣所在。

大二的时候，晓洁又辅修了英语第二学位，以便将来能够从事国际贸易工作。经过申请、考试，她如愿双修英语专业。接下来的大学三年，周一到周五她学习专业课程，双休日学习双学位课程，每天都过得非常充实和忙碌。她还积极参加暑假社会实践活动。大学四年，她顺利获取两个专业的学位证，又获得各种奖项，增加了未来找工作的筹码。

大学生学业规划是职业生涯规划的一部分。学业规划的重点，在于引导学生科学安排大学期间的学习生活，处理好专业学习与非专业学习、课堂学习与课下学习、线上学习与线下学习、知识学习与社会实践、素质拓展与能力提高、品德养成与能力为重的关系，全面提升自身综合素质和能力，为成为一名职业化程度高的职业人做好准备。

一、熟悉大学学习和生活特点

"高考"犹如一座彩虹桥，让无数青年学子从中学跨入大学，实现人生阶段性梦想；然而，大学学习与中学时代的学习有明显的区别。中学教育秉持的是基于健康成长、全面发展观的升学导向，需求单一、目标很明确；盛行"问题-答案"式培养，学习封闭被动。大学教育秉持的是基于顺利毕业、全面成才观的就业导向，需求多样，目标不确定；倡导"问题-探究"式培养，学习开放主动。大学学习有其独有的特点：

1. 专业性

以某一专业为主，通过系统的专业学习，同学们不仅要熟练掌握一门专业知识，而且要具有较好利用该专业知识来解决本专业领域内实际问题的能力，专业性强是大学学习的首要特点。由于各种因素的影响，社会对大学所设置的专业偏好不同，评价不一。但学校里所开设的专业都是社会发展必不可少的，每个从事自己就读专业的同学只要努力，都会有一番天地，都可以取得成绩。因此，同学们要理性思考自己所学的专业，坚定专业方向，调动自己的学习热情，树立积极正确的专业学习思想，避免出现认识上的误区。

2. 广泛性

随着社会化大生产和社会分工的发展，尤其是随着知识信息时代的发展，仅有专一的知识是不能完全适应社会发展需要的。一专多能、全面发展是时代对同学们的要求。因此，同学们除了要精通一门专业知识外，还必须广泛涉猎有利于自身学习的相关知识，掌握科学的学习方法，培养自主学习和独立思考问题、分析问题、解决问题的能力，这是大学阶段学习的重要特点。

3. 合作性

大学学习，可以根据共同的理解、兴趣、爱好和追求，与其他同学形成一个个小的学习团体或伙伴关系，通过讨论、交流等形式，交换学习体会和新的知识，在思想碰撞中找到知识启发和学习灵感，达到相互激励、相互促进的目的。

4. 自主性

大学实行学分制，除公共课、基础课和专业课属于必修外，各专业还开设选修课。同学们可根据个人情况选择相关课程，也可根据个人兴趣爱好和能力选择第二专业的学习。大学自由支配的学习时间增多，学习的自主性也大大加强。同学们应当自主地安排自己的学习时间，制订自己的学习计划，选择学习内容，寻找适合自己的学习方法。

此外，大学生活也是一个全新的天地，是一个从学校到社会的过渡期。这个过程是自由的，是充满矛盾和挑战的，是人生发展的必经阶段，也是悦纳自我的必然阶段。如何尽早把握大学生活的规律，是同学们应该着手解决的问题。

困惑和思考

小辉从小都是父母管理其生活琐事，目前上的又是寄宿制的学校，吃饭、睡觉、学习等一切都是由家长和老师安排。她的父母经常对她说，除了学习，你什么都不要操心。

但是，上了大学以后，一切都要自己安排，不但要学会和同宿舍的人处理好关系，还要自己合理安排上课、社团活动、社会实习等活动，她经常感到不知道应该做什么、怎么做，很不习惯。她给家里人打电话，父母也不了解大学生活和具体的详情，很难提出有针对性的建议，小辉觉得特别焦虑。

第一，社会化转变阶段。大学同学来自五湖四海、四面八方，由于兴趣爱好、生活习惯、所处地区等方面存在差异，又是集体生活，矛盾在所难免。同学之间要互相理解和关心，融入集体生活中去，形成良好的班级氛围、宿舍氛围和人际关系。

进入大学后，同学们参加各种社会活动的概率大大增加：党组织、团组织、学生会、班委会等组织的活动对于每一个同学都有很强的吸引力；各种学生社团组织的丰富多彩的活动也有很强的诱惑力；老乡交往、舍友交往、恋人交往、师生交往等人际交往也将不同程度地占据同学们的生活空间。同学们可以根据自身需要选择参加某些活动，合理安排学习时间和参加活动时间，积极地参与到健康向上的社会活动当中，在相互交往中培养能力，拓展人脉，促进了解，增进友谊。

第二，自身独立性。许多同学远离家乡，来到大学，需要离开父母独立生活，这样同学们就必须独立支配自己的生活，如衣、食、住、行、经济开支等都由自己自行安排、独立处理。

第三，评价标准多元化。大学生活较中学丰富很多，评价标准从"分数至上"到"注重个人综合素质的提升"。大学更重视"全面健康平衡发展"，分数高不再是唯一标准。好学生不仅指获得奖学金，还包括积极参加社会实践活动，还包括动手能力强、有创新思想和行为。大学有各种各样的社团活动、学科竞赛、社会实践、教学实习、社会实习机会，同学们可以多作尝试，大胆"试错"，了解自己的优劣势，并进行有针对性的提高。

三月软件工作室于2006年由信息工程学院李老师创建，吸收对软件开发感兴趣的在校大学生参与，进行重点培养，旨在提高大学生的计算机实践能力，探索以实际项目开发带动理论学习。近年来，该工作室累计承担国家级、省级和校级创新创业项目20余项，引导学生成立了河南伽马和河南特觉科2家创业公司，并选派学生赴清华大学参与国家973重大科研项目。

工作室对入选的学生，按照合理的学习路线，一对一指导，形成良好的帮带文化。每个学习阶段都会严格考核，实行淘汰或进阶制。由此走出去的毕业生累计70余人，广泛就职于百度、阿里、滴滴、新浪、创新工场、58赶集网等国内知名IT公司。2016年应届毕业生平均年薪达15.6万元，得到了社会的认可和用人单位的好评。

二、学业规划的重要性

学业规划，是指解决求学者学什么、怎么学、什么时候学、在哪里学等问题，以确保用最小的求学成本（时间、精力和资金）。通过学习，成长为满足阶段性职业目标要求的合格人才，从而最大限度地提高学者的人生职业（事业）发展效率，并实现个人的可持续发展。

1. 学业规划是做好职业设计的前提和基础

高中时，同学们对大学生活充满幻想，一到大学，面对新的学习方式和丰富的课余时间，除了学习，他们不知道还需要做些什么，显得十分茫然。因此，在新生入学时，对他们的学业规划进行引导，强化认识，增强规划的自觉性，非常必要。同时，做好学业规划，也是为将来职业规划所做的充分准备，是基础性工作。

2. 有助于发掘自我，促进自我发展

一份有效的学业规划设计，包括自身条件和现实问题两方面，能引导大学生认识自身的个性特征、现有的和某些潜在的资源优势，帮助重新认识自身的价值，对自身的长处和短处以及综合素质进行对比分析，弄清个人目标与现状之间的差距，引导学习如何应用科学有效的方法、采取切实可行的步骤，不断增强自己的专业竞争力，从而实现自己最初的梦想。甚至，引导重新定义和设计自己的人生蓝图，最大限度地发掘自己的潜能。

3. 有助于激发热情，增强主动性

如果大学生没有自己的学业规划，大学生的时间、经历就会处于荒废和散乱之中，很容易进入与学业无关的琐事中，虚度美好光阴。相反，拥有自己学业规划的学生能够合理调节自己的日常学习，自己做的每一点都是实现未来目标的一部分。学业规划使得大学生心中的理想具体化、阶段化，更容易实现，对学业的顺利完成做到心中有数，容易增强自信，激发热情和活力。而且，制订学业规划能促使学习观念的转变，从"要我学"变为"我要学"，变被动为主动，增强学习的主动性和自觉性。

三、学业规划的基本步骤

学业规划的基本步骤与职业规划步骤基本一致。在对自我、环境的充分认知后，制订出学业总目标，而后对学业规划进行自上而下的分解，制订具体的学习计划，进行评估与修正。

大一的目标主要是"熟悉环境"，了解专业特点和核心课程体系，认真学习大学英语、高等数学和计算机应用基础课程，打好学科基础，塑造自身的修养和品德。大一时间较为充裕，是进行"博雅"和"修身"的最佳时段，应好好利用，多读书，多接触外界社会，形成正确的世界观、人生观和价值观，同时，逐步培养自己的学习观、职业观和成长观，为后来的学习生活打下坚实的基础。

大二的目标是夯实"学科基础"，做到宽口径、厚基础、强能力。这需要在认真分析和总结大一学习的基础上，更加明确自己的目标和方向。积极参加社会实践活动，争取多锻炼自身；加深对专业的大范围学习及其课外深广度学习，不断地拓展自己的知识面；争取通过英语四级考试和计算机二级考试，普通话等级力争达到二级甲等水平；培养自己良好的学习和生活习惯，尽可能改变和减少自己的不足。

大三的目标是打好"专业基础"，大量阅读专业书刊，提高写作能力，完善或修正学业目标。开始为就业积极做准备。把所学的专业知识与现实相结合，理论联系实际，同时锻炼自己的工作能力及应聘能力，继续学好各门功课，继续对目标完成情况做出判断及总结，并及时修正目标计划，使得各项准备更加科学化。根据实际情况考取与就业相关的部分证书。坚持广博性与精专性、理论与实践、积累与调节相统一的原则，培养宽厚扎实的基础知识，广博精深的专业知识，构建复合型的知识能力结构。

大四的目标是相对清晰，可分为备战考研或出国、毕业实习和毕业论文写作、学习就业笔试和面试技巧三方面。要整理自己大学四年所获得的荣誉、资格证书、技能，认真分析自己的优劣势，完成毕业论文，同时充分了解和掌握各种面试技巧，制作好自己的个人简历，开始积极为实习做好准备。在实习中充分锻炼和塑造自己的表达能力、动手能力、适应能力、交际能力、管理能力、创造能力、决策能力等，还要继续对目标完成情况做出判断及总结，并及时修正，使各项目标更加科学化。

典型案例

以"考研"为目标的学业规划

许多大学生为提高自身的就业竞争力，把考研作为首选目标，从大一就开始努力，希望能获得更大的人生发展主动权。

（1）为什么考研，是首先需要明确的问题。考研的目的综合起来有以下几点：①学术追求。有的同学对所学专业由入门到入迷，觉得大有继续研究下去的必要，因而考研，期待在学术上有所建树。②学历情结。为考研而考研，希望能考取一个更好的高校，有些是背负了父辈的希望，有些是自我驱动。③逃避就业。有的同学习惯了校园舒适安逸的日子，不想面对找工作的各种复杂事情。④换专业。原来所学专业就业前景不好，考研可获得一个重新选择的机会。⑤为未来增加筹码。人才高消费是未来的趋势，今天的人才市场上还是本科毕业生在"扛大头"，也许明天就会演变成硕士学历者的天下，趁着年轻，多拿一个学历在手，未来更有保障。

（2）理性选择。考研人数逐年增加，对此，须合理分析，理性选择。①地区选择。考研国家线的划定分为A类、B类考生分数线。A类考生是指报考地处一区招生单位的考生，一区系北京、天津、河北、山西、辽宁、吉林、黑龙江、上海、江苏、浙江、安徽、福建、江西、山东、河南、湖北、湖南、广东、重庆、四川、陕西等21个省（市）。B类考生指报考地处二区招生单位的考生，二区系内蒙古、广西、海南、贵州、云南、西藏、甘肃、青海、宁夏、新疆等10省（区）。相对来说，B类考生分数线要略低于A类考生分数线。那么，考生就必须综合衡量自身条件，报考哪个地区的高校更有把握。②学校选择。有的同学已经有意愿的学校，对专业优势是否突出不那么在意；有的同学是想报考专业优势明显的高校；有的学生既想报考顶尖院校，又想兼顾专业优势。相对来说，第三种情况的录取分数线远比划定的国家线要高得多，难度也更大。③专业选择。研究生阶段的学科专业方向会更加细分化，本科所学的都是专业大类需要的专业知识，研究生阶段需要针对某一专业方向进行研究，也需要学生理性选择。另外，也有部分学生想借助考研转变专业，即所谓的"跨专业"考研，这就需要重新学习意向专业的专业课程，相对来说难度较大。④导师选择。研究生阶段是跟随导师进行专业学术训练的阶段，导师的品性、处事方式、学术能力都会潜移默化地影响考生。同学们如有意向导师，可以通过网络搜索、学长学姐了解导师的研究方向，做好准备。

（3）考研准备。①专业基础知识扎实。研究生阶段需要有扎实的学科基础才能顺利开展科学研究，学生需架构专业知识体系，掌握专业核心课程内容，拓展和优化知识结构，注重课程实践。能跟随专业教师进行独立的实验研究或教学实习活动，公开发表论文、专利，获得学科竞赛、创新创业大赛等相应荣誉和奖项。②充分分析各院校招生录取规则。目前，有很多双一流院校已经实行"自主招生"，招生规则差别很大，同学们应将意向院校列成清单，登录各高校的研究生招生网站对录取规则、招录人数、历年分数线、导师要求等详细了解，选择最适合自己的高校。③基础课程要稳扎稳打。考研规则是四门考试课程只要有一科未过线就不予录取。有许多同学专业课成绩很高，却因为英语没过线而惜别战场。因此，除专业课的其他基础课程，一定要认真学习，制订学习计划，合理安排考研复习时间。

探索活动

"专业能力"自我测评

您的专业属于	□哲学 □经济学 □法学 □教育学 □文学 □历史学 □理学 □工学 □农学 □医学 □管理学 □艺术
您所学专业是否具有很强的不可替代性	□非常强 □较强 □一般 □较弱 □非常弱
您认为自己的专业能力	□非常强 □较强 □一般 □较弱 □非常弱
您的学业成绩，大概位于	□班内前1/3 □班内中间1/3 □班内后1/3
在校期间，您参加校外实习实训时间	□无 □1周-半月 □1个月 □2个月 □3个月及以上
在校期间，您参加社会实践或兼职时间	□无 □1周-半月 □1个月 □2个月 □3个月及以上
您考取与所学专业相关的职业资格证书	□0个 □1个 □2个 □3个 □3个以上

您曾发表专业学术论文（ ）篇，获专利（ ）项，获与所学专业相关的校级及以上比赛奖（ ）项

主题2 职业素养

案例导入

前不久，有着十多年招聘经验的高主任受加拿大一家 IT 公司的委托，去大连一所全国知名的高校进行校园招聘。第一次笔试时，有同学因为要参加硕士论文答辩而缺席。

出于公平考虑，高主任说服加方公司增加一次笔试机会。整理简历后，高主任电话通知参加第 2 次笔试的 15 人。"他们都很高兴，我还一一确认是否能准时到场，所有人都没表示任何异议。"

笔试当天，正逢大雨。高主任有些担心，随后又安慰自己，面试的教室就在校内，不用学生车马劳累。可是，担心变成现实，原定的 15 人到场只有 6 人。高主任不能理解，给没来的人打电话询问，"可结果让我很失望，有人说论文没写完。（真的就差这点时间着急写论文？）有人说自己英语不好，怕通不过。（当时为什么要递简历？）有人说要准备一个考试……拨完 3 个电话后，高主任失去了耐心，忍不住质问："如果你已经决定了不参加面试，为什么不在我通知你的时候告诉我呢？我真的非常生气，这些孩子实在是太不负责任了！"

第 2 次笔试，加方的高层都早早来到教室等待，当得知大半人缺席时，他们对这所知名高校的学生素质发出了疑问。"因为这几个人，就影响了整个学校在这家外企人员心中的印象，很可能导致下届或者下下届的毕业生都失去本应该有的面试机会。"

这些缺席的大学生，学习成绩优秀，但是却缺乏优秀职业人应该具备的职业素养。他们在以后的职场中必将遇到更多的问题。作为一个优秀的职业人需要哪些素养，大学生应该如何利用大学时光塑造自己的职业素养呢？

一、职业素养

著名的冰山理论就是把一名员工的全部才能看作一座冰山，浮在水面上的是他所拥有的资质、知识、行为和技能。这些素质就是员工的显性素养，可以通过各种学历证书、职业证书来证明，或者通过专业考试来验证。而潜在水面之下的东西，包括职业道德、职业意识、职业态度和职业心理素质，被称为隐性素养（见图 6-2）。显性素养和隐性素养的总和就构成了一名员工所应具备的全部职业素养。应届毕业生在显性素养方面的表现还不错，但在隐性素养方面，由于没有得到过培训，所以比较欠缺。这就是很多企业不招聘应届毕业生的真正原因。

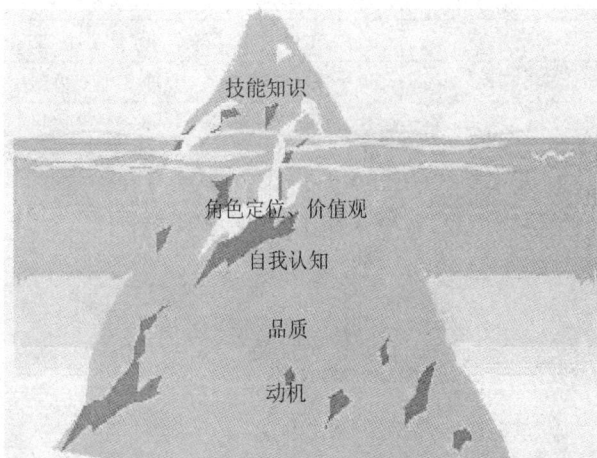

技能知识

角色定位、价值观

自我认知

品质

动机

图 6-2　冰山理论模型

职业素养既然有大部分潜伏在水底，就如同冰山有 7/8 存在于水底一样，正是这 7/8 的隐性素养部分支撑了一名员工的显性素养部分。员工的才能既有显性的，也有隐性的。显性素养就像浮于海面上的冰山一角，事实上是非常有限的；冰山水底的隐性素养则在更深层次上影响着员工的发展。

探索活动

教师职业素养

教师这一职业是我们每个人都熟悉的，因为在十几年的学生生涯中，我们已经见过了无数的教师，请思考以下问题。

① 一名优秀教师应具备哪些职业素养？

② 教师所具备的这些职业素养是否可以在其他工作中得到应用呢？

用人单位为什么关注职业素养？工作效率的提高、差错率的降低、成本的控制、市场的拓展、技术创新等一系列关系到组织竞争优势目标实现的因素，都很大程度上依赖于员工的职业素养。因此，从这个角度出发，用人单位招聘的不是大学生，而是工作上称职、能够为组织创造价值的员工。虽然不同的用人单位、不同的职业会有不同的特点，并且在职业素养的要求上也具有一定的差异，但绝大多数社会职业在职业素养的要求上，会存在着一些带有共性的核心内容。

二、现代职场所看重的职业人

典型案例

你在为谁打工

查尔斯·M. 施瓦布（Chartes M. Schwab）出生在美国乡村，只受过很少的学校教育。15 岁那年，家中一贫如洗的他就到一个山村做了马夫。然而雄心勃勃的施瓦布无时无刻不在寻找发展的机遇。3 年后，施瓦布终于来到钢铁大王安德鲁·卡内基（Andrew Carnegie）所创公司旗下的一个建筑工地打工。一踏进建筑工地，施瓦布就抱定了要做同事中最优秀的人的决心。当其他人在抱怨工作辛苦、薪水低而怠工的时候，施瓦布却在默默地积累着工作经验，并自学建筑知识。

一天晚上，同伴们在闲聊，唯独施瓦布躲在角落里看书。那天，恰巧公司经理到工地检查工作，经理看了看施瓦布手中的书，又翻开他的笔记本，什么也没说就走了。第二天公司经理将施瓦布叫到办公室，问："你学那些东西干什么？"施瓦布说："我想我们公司并不缺少打工者，缺少的是既有工作经验、又有专业知识的技术人员或管理者，对吗？"经理点了点头。不久，施瓦布就升任为技师。打工者中，有些人讽刺挖苦施瓦布。他回答说："我不光是在为老板打工，更不单纯是为了赚钱，我是在为自己的梦想打工，为自己的远大前途打工。我们只能在业绩中提升自己。我要使自己工作所产生的价值，远远超过所得的薪水，只有这样我才能得到重用，才能获得机遇!"抱着这样的信念，施瓦布一步步升到了总工程师的职位。25岁那年，施瓦布又做了这家建筑公司的总经理。后来，施瓦布终于自己建立了大型的伯利恒钢铁公司，并创下了非凡业绩，真正完成了从一个打工者到创业者的飞跃。

这个典型案例告诉人们，施瓦布一步步升到了总工程师的职位，又做了这家建筑公司总经理的原因，主要是公司最看重施瓦布良好的职业素养。职场成功定律告诉人们一名优秀的职场人士应必备如下素养。

1. 修身做人，品德至上

品格是人性中最重要的东西，是道德规范在人心智中的内在化。要明白做人比做事更重要。在职场上，真正的成功之士，必是品行高尚之人。让人品熠熠生辉的8个品质分别是：正直如山、善良如水、宽容似海、仁爱在心、诚实守信、自律自制、学会感恩、知足常乐。微软公司中国区总裁李开复强调，"我把人品排在人才所有素质的第一位，超过了智慧、创新、情商、激情等"，"我认为一个人的人品如果有了问题，一个公司就不值得去考虑是否雇用他"。一个再有学问、再有能力的人，如果人品不好，也会对企业造成极大的损害。

2. 认知自我，心理健康

通过对自我的了解，选择适合的工作或事业。人生目标明确，自我能力强的职业人不会人云亦云、随波逐流。他们即使面临挫折，也能努力坚持，投身其中并为之奋斗，对财富、家庭、社交、休闲等进行切实可行的规划，以满足自己的期望，从而能够在生产或其他工作中充分发挥主观能动性。

另外，成功的事业寓于个体的健康之中。个体的健康包括身体健康和心理健康。一个身体健康的职业人，做起事来精力充沛，干劲十足，并能担负较繁重的工作，不会因体力不支而无法完成任务。一个心理健康的职业人士，才能够和谐发展。

3. 认真努力，敬业乐业

近来，对职场中的用人需求的调查结果表明，做事踏实认真是职场遴选人才时优先考虑的内容。工作积极主动、做事从不计较大小、从不为自己找借口、敬业乐业、责任感强的人在职场中是最受欢迎的；而那些动辄想跳槽、耐心不足、不虚心、办事不踏实的人，则是在职场中最不受欢迎的。一般来说，人的智力相差不大，工作成效的高低往往取决于对工作的态度。此项备受职场人的认同，这样的人也易于得到职场负责人的器重和同事们的信赖。

4. 善于沟通，和谐合作

随着社会的日趋开放和多元化，沟通能力已成为现代人生活的必备能力。对一名职业人而言，必然要面对同事、老板、客户，甚至还需要处理企业与股东、同行、政府、社区居民的关系，平时也经常会有与其他单位或个人进行协调、解说、宣传等的工作。

在当今的社会里，一个人再优秀、再杰出，如果仅凭自己的力量也难以取得事业上的成功。凡是能够顺利完成工作的人，必定要具有合作精神和团队意识。职业人在个性特点上要具有合群性，这几乎已成为各种职业的普遍要求。个性极端或太追求完美的人，较难与人和谐相处，即使满腹才学，也难以施展才华，在职场中不太容易立足。因此，想要做好一件事情，绝对不能仅凭个人爱好独断专行。只有通过不断沟通、协调、讨论，从整体利益优先考虑，集合众人的智慧和力量，才能做出为大家所接受和支持的决定，才能把事情办好，才能在职场中从容行走。

5. 业务专精，职感敏锐

现代社会分工越来越细，各行各业所需的专业知识越来越专业而且精深。因此，专业知识掌握的水平已成为在职场上招聘人才时重点考虑的问题。同时，现代职场面临诸多变化，甚至几乎每天都处在变化之中，只有抢先发现机遇，确切掌握时效，妥善应对各种局面，才能立于不败之地。

职感敏锐是指职业敏感性强，这种敏感性包括职业人对自己的兴趣、优势和不足的自知能力；对组织结构的变化、经营环境的变化、新技术的采用对自己从事的工作岗位和职业影响的感知能力。职业敏感性强的职业人能及时收集各种信息，并及时做好职业应对的准备。专业能力高、分析能力强、反应敏捷、快速正确有效地解决问题的职场中人，将是备受重视且大有发展前途的人。

6. 开拓创新，与时俱进

现代社会科学技术的发展日新月异，市场竞争瞬息万变，行业若想持续进步，只有不断开拓创新，否则，保持现状即意味着落后。在职场中所开展的一切工作都是以人为主体的。因此，拥有学习意愿强、善于开拓创新职业人的行业，其发展必然比较迅速。在注重专业的同时，现在越来越多的行业在选择人员时，更倾向于选用有学习潜力的人。

主题 3　能 力 养 成

"你都会些什么？有哪些能力和特长？"这是每一个求职者面试时要应对的首要问题。能力是用人单位最关心的问题，也是我们最需要证明的方面。如何发现、培养和表现自己的能力，从而在劳动力市场中拥有更强竞争力，对求职者来讲至关重要。

课堂小游戏

夸夸我自己

请在 5 分钟内在你的"自画像"上尽可能地写下自己所拥有的能力。与你的同伴分享，看看谁写得多。大家写的一样吗？有什么不同？

一、能力的内涵与分类

1. 能力的内涵

能力最初源于心理学，是直接影响活动的主观条件和行为特征，或顺利完成活动的心理特征的总和。目前，能力是个内涵十分丰富、应用极其广泛而又较难界定和测量的概念。国内外研究观点大体可分为五类：个性心理特征论、素质潜能论、本领论、动态知识与技能论、功能性活动集合论。

能力的内涵大体可从两个层面来理解：一是潜能（或潜质），预示着一种倾向和可能性，仍属于素质的范畴。二是水平（或状态），是人的某种（些）潜在素质通过一定实践活动予以释放和展示，持续完成一个（组、类）动作的外在行为表现，是主体内在本质力量的外化和呈现。

人的实践活动是发展的、丰富的，相应地，人的能力也是发展的、多样的。人不仅是自然的人，更是社会的人。立足于现实需要，通过长期大量实践活动，最大限度发掘人的潜能，实现"能力"由可能性向现实性、"隐藏"状态向"激活"状态、内在本质力量向外显主体能力的转化、提升，追求人的全面自由发展，是一种历史发展的必然和社会适应的必然。

美国心理学家罗圭斯特与戴维斯（Lofquist & Dawis，1984）通过多年对个体的工作适应问题研究，提出了明尼苏达工作适应论[①]，即：当工作环境能够满足个人的需求时，个人会感到"内在满意"；而当个人能够满足工作的要求时，个人能够达到"外在满意"（令自己的雇主、同事感到满意）。当个人能够同时达到内在和外在满意时，个人与环境之间的关系就比较融洽协调，个人的工作满意度也会比较高，在该工作领域更能持久发展。

"外在满意"主要通过个人职业技能与工作技能要求之间的配合度来评估；"内在满意"则主要通过个人价值观与企业文化及奖惩制度之间的适配性来评估。由此可见，能力与个人的职业满意度、工作适应性以及职业稳定性具有直接的相关关系。

2. 能力分类

能力按其获得方式（先天具有与后天培养），可分为能力倾向和技能两大类。

---

① 该理论是源于美国明尼苏达大学，由罗、戴二人提出，强调人境契合，属特质论范畴，在辅导规划和指导工作方面有较好应用价值。

能力倾向（aptitude）是指上天赋予每个人的特殊才能，如音乐、运动能力等。它是与生俱来的，不过也有可能因未被开发而荒废。因此，这是一种潜能。技能（skill）则是指经过后天学习和练习培养而形成的能力，技能分为三种类型：①专业知识技能（能力）；②自我管理技能（能力）；③可迁移技能（能力）。专业知识能力是指需要通过教育或者培训才能获得的特别的知识能力。自我管理能力是对内的，是处理和改善自我世界的能力。这种能力常常被看作个性品质，能帮助个体更好地适应环境。自我管理能力是可以迁移的，它们可以从非工作领域迁移到工作领域，是成功所需要的品质。可迁移能力也称为通用能力，是人们在处理各种事情时都可能用到的一些能力，它们可从生活的方方面面得到发展，也可迁移应用于不同的工作之中。可迁移能力和一般能力也存有本质区别：一般能力与遗传关系密切，是与生俱来的能力；而可迁移能力主要靠后天的学习与培养获得。大学生在规划职业生涯时，专业知识能力非常重要，但同时，也需要关注和重视自我管理能力、可迁移能力，因为后两种能力是一个人最能持续运用和最能够依靠的能力，是一个人获得成功最有力的保障。

二、能力模型

国际劳工组织（ILO）认为，就业是指在一定年龄阶段内为获取报酬所进行的社会活动。这是从经济学视角给出的定义。从行为学角度看，有三种不同的观点：一是认为，就业就是求职、找工作，找到工作就意味着成功"就业"。二是认为，就业专指从事某项工作（包括职业的适应、胜任、发展和变迁等）。三是认为，就业是包括求职、任职、转职、离职的整个活动过程。不同的认识，对就业过程中展示出来的能力，也会形成不同的判断和界定。

我们通常所说的求职能力、应聘能力、择业能力、职业能力、胜任能力、事业发展能力，或者可雇用能力、就业竞争力、就业能力、就业力，或就业技巧（技能）等概念，正是基于能力的认知，对一个人在整个就业活动的过程中，所表现出来的素质能力的不同描述。然而，这些相似而又有别的概念，对于大学生来说，容易产生歧义和误解。为此，笔者根据多年研究，建构了就业能力理论和模型，为大学生进行职业规划提供一个新的阐释视角。

我们认为，就业是一个人从事某一职业的社会活动，包括求职、任职、转职等不同的发展阶段。就业的每一阶段各有其不同的表现形式，就业者扮演着不同的角色，有着不同的目标诉求和责任担当，需具备与之匹配、满足岗位（职业）需求的素质能力。对这些能力，我们统称为"就业能力"。

作为主体的就业者，无论处于就业的哪一阶段，都离不开相应的"职业能力或准职业能力"（包括专业能力和非专业能力，非专业能力也称通用能力），同时须具备相应的辅助能力（求职能力，或任职能力，或转职能力）。辅助能力是为"职业能力"的有效释放、展示和发挥提供必要的支撑和保障。由此，我们综合建构一种"就业能力"模型，如图 6-3 所示。

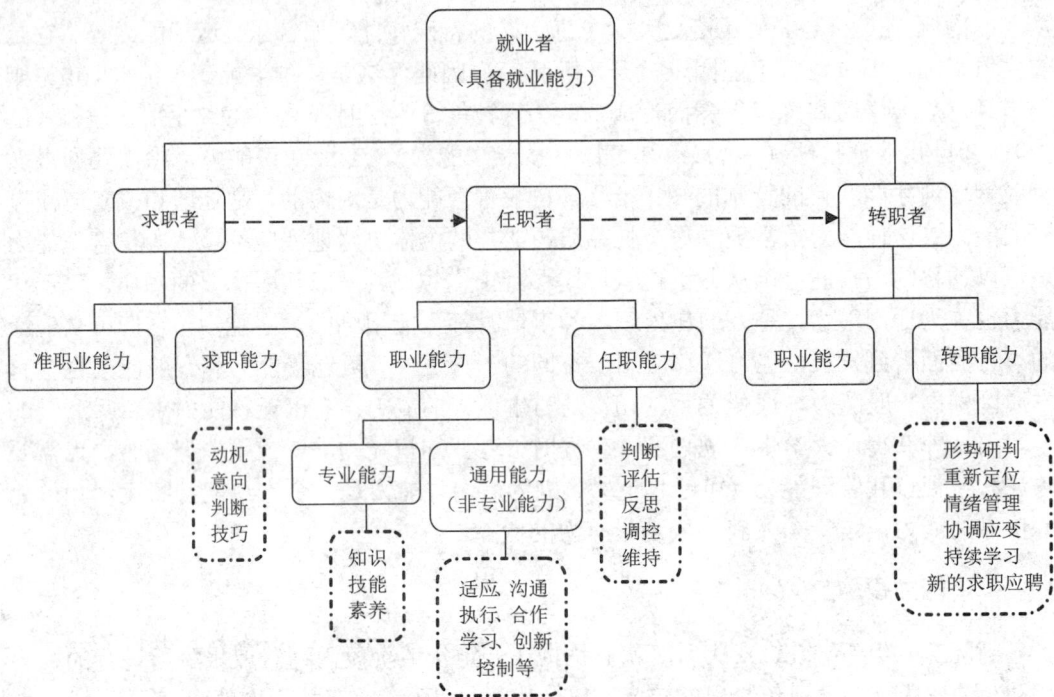

图 6-3 "就业能力"模型

三、能力测评

进入毕业季，大学生将逐步实现由"学校人"向"社会人"、"学习者"向"求职者"的角色转换。作为初次求职者，若想在竞争激烈的劳动力市场成功就业，需要三大能力作支撑——过硬的专业能力、宽广的通用能力和实用的求职能力。

根据"就业能力"模型，大学生的就业能力包括求职能力和准职业能力，而准职业能力又包括专业能力和非专业能力（通用能力）。专业能力是大学生能力构成的主干，主要通过学科教育和专业培养来实现。由于学科专业不同，专业能力具有不同的内涵和测评标准，具体可参照教育部专业建设和人才培养标准进行测评。

除专业能力外，我们专门研究设计了一套针对"非专业能力（通用能力）"和"求职能力"的测评量表（如表 6-1 和表 6-2 所示）。该量表拥有较高的信度和效度，且容易操作。测量者需在相对客观的自我认知基础上，根据自身情况进行测评，不用担心"对与错""好与坏"。对每一能力要素及其指标，都按照 5 分赋值法，逐一进行选择、赋值，然后，统算各项能力要素的平均得分。3 为中间参考值，均值小于 3 表明该项能力需加强，大于 3 表明该项能力较为突出。

表 6-1   "通用能力"测评量表

能力要素及指标			非常强	较强	一般	较弱	非常弱
学习能力	1	强烈的求知欲和进取心	5	4	3	2	1
	2	较强的记忆和理解能力	5	4	3	2	1
	3	注意力高度集中	5	4	3	2	1

续表

能力要素及指标			非常强	较强	一般	较弱	非常弱
学习能力	4	举一反三，融会贯通	5	4	3	2	1
	5	习惯养成与持续学习	5	4	3	2	1
	6	适合且有效的学习方法	5	4	3	2	1
	7	问题分析与解决	5	4	3	2	1
	8	发散思维，思辨、求异	5	4	3	2	1
	9	信息获取、甄别与整合	5	4	3	2	1
	10	现代信息技术应用	5	4	3	2	1
	11	敢于接触新事物	5	4	3	2	1
	12	好奇心与创新思维	5	4	3	2	1
	13	创造性思考	5	4	3	2	1
适应能力	1	较快融入新环境	5	4	3	2	1
	2	紧跟变革节奏	5	4	3	2	1
	3	接纳陌生人	5	4	3	2	1
	4	沟通与表达	5	4	3	2	1
	5	微笑	5	4	3	2	1
	6	融入与合作	5	4	3	2	1
	7	友善谦和，尊重诚信	5	4	3	2	1
	8	敢于担当，乐于助人	5	4	3	2	1
执行能力	1	趋势分析	5	4	3	2	1
	2	战略谋划	5	4	3	2	1
	3	规划编制与修正	5	4	3	2	1
	4	目标理解	5	4	3	2	1
	5	任务分解及项目化	5	4	3	2	1
	6	较强事业心	5	4	3	2	1
	7	较强责任心	5	4	3	2	1
	8	较少偏执，较强灵活性	5	4	3	2	1
	9	工作投入	5	4	3	2	1
	10	正确做事	5	4	3	2	1
	11	高效运作	5	4	3	2	1
	12	绩效衡量与评价	5	4	3	2	1
自主能力	1	相信自己	5	4	3	2	1
	2	自我展示	5	4	3	2	1
	3	自我角色定位（组织归属）	5	4	3	2	1
	4	阳光、乐观、向上	5	4	3	2	1
	5	忍受压力	5	4	3	2	1
	6	网络或手机控制	5	4	3	2	1
	7	时间管理	5	4	3	2	1
	8	收支管理	5	4	3	2	1
	9	情绪控制	5	4	3	2	1
	10	慎独与自省	5	4	3	2	1

续表

能力要素及指标		非常强	较强	一般	较弱	非常弱
愿景能力	1 了解政策导向	5	4	3	2	1
	2 关注社会变革	5	4	3	2	1
	3 较强公民意识	5	4	3	2	1
	4 有信仰	5	4	3	2	1
	5 具有较强的成就欲望	5	4	3	2	1
	6 拥有美好憧憬	5	4	3	2	1
	7 编织梦想	5	4	3	2	1

表 6-2　"求职能力"测评量表

能力要素及指标		非常强	较强	一般	较弱	非常弱
求职动机	1 自我价值	5	4	3	2	1
	2 兴趣爱好	5	4	3	2	1
	3 事业发展	5	4	3	2	1
	4 行业前景	5	4	3	2	1
	5 愿景诉求	5	4	3	2	1
	6 职业规划	5	4	3	2	1
求职判断	1 政策认知	5	4	3	2	1
	2 环境认知	5	4	3	2	1
	3 岗位认知	5	4	3	2	1
	4 自我认知	5	4	3	2	1
	5 机遇认知	5	4	3	2	1
求职意向	1 薪酬预期	5	4	3	2	1
	2 家长期望	5	4	3	2	1
	3 伴侣偕行	5	4	3	2	1
	4 地域选择	5	4	3	2	1
求职技巧	1 人才需求信息收集	5	4	3	2	1
	2 人才需求信息处理	5	4	3	2	1
	3 人才需求信息利用	5	4	3	2	1
	4 求职简历制作及有效投放	5	4	3	2	1
	5 应试形象（如面试礼仪与技巧）	5	4	3	2	1
个性特质	1 性格	5	4	3	2	1
	2 健康	5	4	3	2	1
	3 外貌、气质	5	4	3	2	1
辅助标识	1 职业资格证	5	4	3	2	1
	2 普通话、英语和计算机等级证	5	4	3	2	1
	3 奖项、荣誉、专利、论文等	5	4	3	2	1
生源信息	1 性别	5	4	3	2	1
	2 毕业学校	5	4	3	2	1
	3 生源地	5	4	3	2	1
	4 家庭背景	5	4	3	2	1

与能力相关的还有一个重要概念，就是自我效能感（self-efficacy）。所谓自我效能感，是指个人对自己的能力，以及运用这些能力将得到何种结果，所持的信心或把握程度。

研究发现，在实际生活和工作中，对个人行为起决定作用的往往不是个人实际能力的高低，而是个人的自我效能感。自我效能感高的人在有限的工作时间内会完成更多的任务，在解决问题之前往往会从积极的方面去考虑问题，较少产生焦虑。

课堂小游戏

大圈绕小圈

请25位同学围成一个圈，每个人手拉手，将呼啦圈给其中的一位同学，要求在45秒内让呼啦圈穿过每一个人。活动中互相之间手不能放开，一旦放开就须重新做。

活动组织者指定你为团队负责人。你觉得应采用什么方式？在这么短时间内能实现吗？你是否会在心里对自己说：要协调25个人共同完成太困难了，我这么内向，没人听我的怎么办？或者，这怎么玩啊，用什么方法才能每个人都穿过去呢？如果我告诉你每个人都能过去，甚至用30秒就可以完成，你相信吗？

其实，整个过程中，你的心理活动或多或少地反映了你的自我效能感，即：你对自己能力的信心会在很大程度上影响你的行为。再想想：在平时的生活中，你在各种事情上的自信程度是否真实地反映你的相关能力？最好与周围熟悉你的人讨论一下，别人往往能看到你自己没有意识到的能力。当你了解到某些事情或许不是你的能力不够，而是自我效能感较低时，你是否愿意做一个决定：改变对于自身能力的信念，让它更符合实际的情形？试试看，在新的信念基础上去生活和工作。

四、核心能力培养

核心能力是适用范围最宽、通用性最强的职业能力，是从事任何职业都需要的综合职业素养，是可以超越任何职业领域的、通用的、可迁移的能力，因此也被称作"关键能力"。核心能力是职业能力结构最深层、最基础的部分，是其他行业通用能力和职业特定能力的基础，对人的终身发展和终身成就影响深远。开发劳动者的核心能力，能够为他们提供最广泛的从业能力和终身发展的基础。因此，在国家的人力资源开发中，核心能力的确立和开发具有重大战略意义。

典型案例

"帝王蛾"破茧的故事

世上有一种双翼长达几十厘米的飞蛾，叫"帝王蛾"。这种飞蛾的幼虫期在一个洞口极其狭小的茧中度过。当它要变成蛾时，弱小的身躯必须拼尽全力从那个狭小的洞口破茧而出，而这个狭小的洞口是帮助幼虫两翼成长的关键所在。原来，幼虫在穿越洞口的时候，身体受到挤压，血液被送到蛾翼，只有两翼充血，才能振翅飞翔！

在破茧过程中，穿越狭窄的洞口是十分痛苦的，如果因无法承受痛苦而退缩，则只能死在茧里。当然也可以依靠其他成年蛾帮助其破茧，但如此一来，由于双翼没有接受考验，则只能终生爬行。幼虫只有依靠自己的努力，奋勇破茧，才能飞翔。"帝王蛾"之所以被称为"帝王蛾"，源自它们在幼虫时就有一颗勇敢的心。勇者才能展翅高飞！

人们都知道，能力是可以通过锻炼而获得、提高的。但是，能力是如何锻炼而得的呢？也许人们没有意识到，能力是在克服种种困难、遭遇种种磨难、跨越种种挫折后而练就的。当前，大学毕业生因为职业能力欠缺而就业困难的现象较为普遍。在校大学生们应吸取前人在职场中的失败教训，充分认识职业能力与大学生就业之间的关系，通过多种途径，科学合理地规划和安排自己的大学4年生活，努力地锻炼和培养自己的核心职业能力，犹如"帝王蛾"般"破茧重生"。

1. 适应能力的养成

"适应"（adaptation）一词源于拉丁文"adaptare"，其意指适合、应对等。适应能力是指为更好地立足、生存和发展，在心理、生理、行为上进行必要的选择性改变，以与社会环境或其他组织、群体能够融合共处、协同共进，所表现出来的能力。

大学生要实现有效的选择性适应，就需要进行合理的自我调整和完善，强化培养和训练，提高适应能力。一方面，要加强实践锻炼，多参加各类课外文体活动、学生社团、社会实践、社区志愿服务、实习实训等，学习接触陌生环境和陌生群体，学习沟通与交流，学习相处与合作，学习理解、包容和尊重，增强抗挫抗压和责任担当，感知社会环境变化，及时调整个人心态和行为方式，增强与社会环境需求的契合度和适应性。另一方面，加强职业教育和就业指导，提升职业认知和社会认知，清楚地了解行业布局和职业态势及其人才需求情况，做到知己知彼，为识别和筛选做准备。要善于整合个人资源和优势，锻炼展示技巧和才能，塑造良好个人形象，提高自身可识别度，弱化排斥性因素的干扰，规避排斥的刚性制约与阻碍，增强有效性融合，赢得主动。

2. 执行能力的养成

执行就是做事、办事、干事、行事，就是面对或提出问题、研究分析问题、解决处理问题。而执行能力就是做事的能力，是应对、研究和解决问题的能力。执行对于一个人、一个团队或一个组织，执行计划，付诸行动，实现既定目标，非常重要。当前，执行力已成为一个团队或组织事业兴败的决定性关键因素，执行能力也已成为一个人发展提升的核心竞争力之一。

过硬的执行能力是职场成功人士的标志。根据大学生的特点和即将步入职场的实际情况，可着重培养六种意识，以提高大学生的执行能力。

（1）目标意识

应能够基本领悟单位组织的整体战略意图，尤其是要准确理解所在部门的规划方案、任务措施、工作流程和具体要求，清醒判断所从事工作或所承担任务与规划目标的一致性，并将其转化为自己的内在驱动和价值追求，从而以强烈的成就感和归属感，激发和调动自己的主观能动性、积极性和创造性。

（2）责任意识

清楚所在岗位的具体职责，坚信履职尽责永远是一名优秀员工的必备素质和起码要求，认认真真，踏踏实实，坚守规矩，遵循流程，从严要求，恪尽职守。

（3）细节意识

眼高手低，向来被视为大学生的通病，因此，更应时刻注意培养细节意识，关注每一个环节，留心每一个细节。效率固然重要，但细节更能反映质量和水平。态度决定细节，细节决定成败。要注重执行过程中的一点一滴，确保无遗漏、无过失，在合格、达标基础上追求至上、完美和卓越。

（4）实干意识

做事讲求实干、本分，力戒浮躁、虚夸。所谓"空谈误国，实干兴邦"。勤奋、踏实、肯干、敬业，不仅能创造佳绩，还能赢得口碑。事实上，无论多么完美的战略构想、多么宏伟的规划蓝图，若没有实实在在的作为和不折不扣的执行，终将是一纸空文。大学生更应高处着眼，低处入手，俯下身子，静下心来，用勤奋、实干来证明。

（5）团队意识

宏大计划需要集体的智慧和力量才能完成和实现。大学生将要进入一个新的环境，需要尽快熟悉，及时融入，这就要求其具备较强的团队意识，善于相处、善于沟通、善于合作，形成合力，发挥团队的力量。对于单位部门来说，大学生的到来，将会注入新元素、新活力。崭新的面孔，单纯的人际关系，少了些旧习的阻累，更能轻松、从容共事，为执行任务、实现目标奠定良好的基础。

（6）习惯意识

习惯是一种品质，一种境界，也是一种能力。良好的工作、学习和生活习惯，是成功的基础和前提。平时，大学生应注意锻炼和养成"坚决服从、认真执行、不找借口"的习惯，养成"迅速反应、立决立行"的习惯，养成"工作无小事"的习惯，养成"简单的工作做正确、做标准"的习惯，养成"守规矩、懂程序、讲流程"的习惯，养成"勤观察、乐学习、善思考"的习惯，养成"不逃避、勇纠错、抗风险"的习惯。习惯成自然，就是一种高标准、强能力。

3. 学习能力的养成

联合国教科文组织相继进行引领和阐释——1972年，该组织出版《学会做人：教育世界的今天和明天》，首次倡导"终身学习"理念；1996年，国际21世纪教育委员会发布报告《学习：内在的财富》进一步指出："终身学习是人类解决未来矛盾、迎接新挑战的'钥匙'之一……建立在全体社会成员终身学习基础上的'学习社会'，则是人类未来的理想社会和终极目标。实践终身学习原则的'唯一之路'就是每个人都能'学会学习'（学会求知、学会做事、学会共处和学会做人）。"《学习：内在的财富》勾画了21世纪教育的整体愿景，更新了已有的学习理念和学习范式。由此，学会学习、终身学习、学习型社会，成为21世纪整个教育乃至涉及政治、经济、文化、环境、生态、文明、可持续发展、迎接新挑战的一种主导话语和呈现方式。

学习型社会的本质特征在于人的终身学习和持续发展（全面、自由的发展是终极价值取向），而实现终身学习和持续发展的唯一路径就是"学会学习"。在这里，学会学习不再单单是一般意义上的知识获取、技能习得、品性养成和心智完善，而是昭示了一种崭新的具有普适价值的学习理念或新型学习观。具体可从六个层面来理解和把握其意蕴和真谛。

（1）知学

清楚地知道"为什么学、学什么、怎样学"，解决学习的目的意义、对象内容和途径方式。处于充满变化和挑战的时代，如何应对、适应和掌控，需要做出理性回答。只有清晰把握时代发展趋势和现实特征，只有正确理解主体自身的价值表达和愿景诉求，才能确定学习行为的方向和方式，否则，大原则、大方向错了，努力越大，偏离越远，消耗越多，效率越低。而这正是知学的根本出发点之所在。

（2）想学

展现出学习的欲望、冲动和内驱，蕴含着学习的意志、毅力和激情。面对全球化、网络化、信息化浪潮，知识呈海量、瞬变、易得之势，然而获取相对有价值信息，并予以重组、融汇、创新，绝非易事，通常情况下是相当艰辛的，非有想学之力而不可为。想学是建立于知学之上所产生的学习状态，着重解决兴趣浓厚、毅力坚韧、强烈持久而又较为稳定的学习动机问题，激励着学习者积极主动自觉地参与学习。

（3）能学

具备学习的主观与客观、内部与外部、硬件与软件、眼前与长远、实体与虚拟等各种可能的条件、因素和环境。这是学习能否顺利进行的前提。当然，并非面面俱到，而是应有当有。

（4）会学

目标清晰，对象明确，方式得当，方法科学，主次分明，结构互补，进度合理，养成习惯。会学不仅强调学习的方式，更注重学习的效果；不仅强调学习本身的层面，还注重学习的评估、反馈，适时进行钻研、探索式学习。会不会学习，直接影响着学习的效率、质量和可持续性，决定着学习的广度、深度、高度及应用度、创新度。

（5）在学

处于当下，惜时如金，迎接新知，应对变化，敢于超越，永远学在路上，时刻保持昂扬、奋进、有为的良好状态。在学是学习主体处于不同时段每一学习环节的学习面貌、学习内容、学习形式、学习程度等的过程展示，是动态的、多维的、有差异的、能够切身感受到的学习行为。学习成绩或其他学习成果只是学习整个行为的"终结性"标识，是静态的、固化的、可测量的具体呈现，而学习至为重要的收获却凝聚于"在学"之中，是一种"软实力"。

（6）乐学

学习、教育的意义是什么？绝非为学习而学习。促进人的全面、健康、自由的发展，永远是我们追求的终极目标。从人的主观感受出发，学习是辩证的统一：苦且快乐着。苦源于付出的艰辛，快乐则源于付出艰辛的过程中收获着更多心向往之的体验、感悟、重塑和妙韵。乐学，就是实现学习由"累积、建构"的初级阶段，向"应用、创造"的高级阶段转化，再升至"分享、愉悦"的理想阶段，体验真实、和谐、自由、快乐的智慧人生和意义人生。

不难看出，"知学"决定着学习的方向和性质，是基石，是根本。"想学"是学习的动力，能否有学习的后劲，关键在于学习的持续发力。"能学"是学习的基础和条件，支撑着学习其他要素。"会学"意味着科学方式方法的有效掌握和运用，能达到"事半功倍"之效。"在学"是学习的状态和过程，是学习主体的具体表现和现实反映。"乐学"代表着不同阶段、不同层面的学习境界。由"知学—想学—能学—会学—在学—乐学"，形成一个连贯、多维、动态、渐进的学习要素组合，并最终引领着学习主体逐渐趋于体验、反思、感悟、应用、创造和分享。

大学生的学习能力，已经超越学校教育和学习，而是面向求职择业和未来发展，核心指向是终身学习和学会学习，以适应、满足社会发展变化和个人发展需要。因此，培养并提升大学生的学习能力，除上述学者策略研究成果外，还有如下一些建议：第一，牢固树立终身学习的先进思想和理念，创新学习载体，引领学习实践，实现人的持续发展。第二，构建现代教学观，促进教与学关联互动，实现师生教学相长、"精神相遇"。第三，彰显自我导向，尝试基于问题、项目、探究、合作、情境、网络、实践等学习样式，实现主体"自主、自觉、自由"的学习。第四，秉持学会学习之锐器，破除"功利、异化"藩篱禁锢，追求"求知、做事、相处、做人"高度统一，推动学习由"累积、建构"到"应用、创造"再到"分享、愉悦"的跨越，实现人人能够体验真实、和谐、自由、快乐的智慧人生和发展愿景。

4. 自主能力的养成

自主（autonomy）一词源自希腊文"autonomia"，意指自由、自治及自治权等。"自由是哲学关注的核心问题，是人类生存处境的根本体现。"大学生的自主能力，正是基于上述"个人自主"概念，指能够自我定位、自我判断、自我选择、自我决策、自我管理、自我推行、自我控制、自我评估，亦即作决策、办事情，或化解矛盾、克服困难，或自我控制与管理，更多依靠个人主观能动性，所表现出来的能力。

学习者从非自主状态转变到自主状态的过程中，首先需要自身的不懈努力，同时也离不开教师的大力协助，另外，还需要良好的学习环境和系统支持。这三大要素相互协调和作用，一起促进学习者走向自主。

（1）要强化主体意识

在学期间，受社会环境、家庭背景等因素的诸多影响，尤其是学校教育的主导作用，大学生更多的是被动而学，自主选择、自主管理、自主发展时常"缺席"。大学生走向社会，进入职场，关键一步是要完成角色转变或迁移。就社会而言，时下就业"双向选择、自主择业"，给予学生足够的个人尊重与自主空间。从学生自身来讲，完成学业之时心理与生理、智力与技能等都做了较多准备，条件应已相对成熟，学生能够且可以自主。大学生的自主应是意识到自我主体的有限理性自主，超越现实、纯粹的自主也是不存在的。

（2）要有责任担当

对社会、对他人也好，对自身也好，以一种负责任的形象立世，必然会赢得更多尊重、包容和支持，个人的自主意识才能具有生长的丰厚土壤，自主能力也才能在相处、互动中得到健康的发展和提升。外在环境诸多因素，汇成一股合力，要么扶持、催生初入职者的自主能力，要么抑制、诋毁初入职者的自主能力。责任担当是构筑主体与外在之间坚固桥梁的核心部件。有多大责任担当，就会汇聚多少外在力量的相应回应与支撑，甚至产生倍增效应。

（3）要学会做人

"会做人"既是学会学习的内容对象，又是学会学习的目标指向。"做人"有两层含义：其一，就其本质属性而言，是成其为人；其二，做自己的主人。前者是根本，是根基，后者是价值，是愿景。只有能够且做了自己的主人，才能真正实现意义人生。大学生具备并不断提升自主能力，只有在力尽做人之根本的基础上，敢于并善于自决、自治、自主，才能独立地承担责任，完成任务，规避风险，迎接挑战，应对变化。

（4）常于自我反思

张扬个性，施展才能，展示自我，赢得赞誉、尊重和认可，一向是大学生实现价值的主要方式。他们此时考虑更多的是付出和呈现，缺乏的是批判和反思。西方就业能力结构模型中有一个专门术语叫"元认知"，强调的就是对自我的关照、反思和审视。古人云："吾日三省吾身。"常于自我反思，能够强化自我意识，强化自我体验，强化自我控制，强化自我评估。自主应有两种尺度：一种是显性的，积极主动，热情奔放，敢想敢为；另一种是隐性的，冷静深思，暗喻警醒，自控节制。两把尺度交互斥力，方能引领着自我——理性决断，自主前行，健康发展。

5. 愿景能力的养成

"愿景"一词源自英文"vision"，愿景理论初创者 Gary Hoover 认为，愿景是"人的一种意愿表达"及"企业存在的目的和理由"，具有较强的前瞻性和特异性，不随市场、竞争和流行趋势而变化，旨在回答"究竟要努力实现什么"的问题。愿景能力即指想象未来是什么样并期望发展成什么样，从而饱含激情、憧憬和向往，发自内心迸发出来的能力。大学生愿景能力的培养应不容忽视，更不可置于可有可无之境地。

（1）提高认识，树立远大志向

思想认识是一切行动的先导。当前高校部分大学生常有"迷失、茫然"之感，存在目标不清、方向不明、状态乏力的现象。究其原因，主要在于考进大学导致"应试教育的终结"，十余年来牵动个人和家庭的一个集中有力的目标得以化解，积聚的巨大能量释放出来——然而，又该往何处聚集，向何处冲击？值得深思和探究。部分大学生深层次的问题，并非基础教育、中高等教育中理想信念养成的"倒挂、动摇、失灵"，而是愿景教育的"缺失"所致。"三观"教育历来贯彻整个教育系统，社会主义核心价值观教育和"中国梦"教育一直行进在路上，并发挥着从未有过的引领、规范、激励作用。大学期间，同学们应"脚踏实地，仰望星空"，为自身提供精神动力和内在驱动力。

用青春书写无愧于时代无愧于历史的华彩篇章

第三届中国"互联网+"大学生创新创业大赛"青年红色筑梦之旅"的同学们：

来信收悉。得知全国 150 万大学生参加本届大赛，其中上百支大学生创新创业团队参加了走进延安、服务革命老区的"青年红色筑梦之旅"活动，帮助老区人民脱贫致富奔小康，既取得了积极成效，又受到了思想洗礼，我感到十分高兴。

延安是革命圣地，你们奔赴延安，追寻革命前辈伟大而艰辛的历史足迹，学习延安精神，坚定理想信念，锤炼意志品质，把激昂的青春梦融入伟大的中国梦，体现了当代中国青年奋发有为的精神风貌。

实现全面建成小康社会奋斗目标，实现社会主义现代化，实现中华民族伟大复兴，需要一批又一批德才兼备的有为人才为之奋斗。艰难困苦，玉汝于成。今天，我们比历史上任何时期都更接近实现中华民族伟大复兴的光辉目标。祖国的青年一代有理想、有追求、有担当，实现中华民族伟大复兴就有源源不断的青春力量。希望你们扎根中国大地了解国情民情，在创新创业中增长智慧才干，在艰苦奋斗中锤炼意志品质，在亿万人民为实现中国梦而进行的伟大奋斗中实现人生价值，用青春书写无愧于时代、无愧于历史的华彩篇章。

习近平

2017 年 8 月 15 日

（2）进行职业规划，及早确立清晰、切实、可行的愿景

进入就业季的大学生，面临的将是复杂、陌生的社会环境，信息不完全、不对称，各种不确定性会增大，干扰因素也会增多，个人的选择不稳定性时常存在，化解交织的矛盾，一个重要途径就是接受职业规划指导，通过个人努力、教师指导、家人帮助和同学合作，及早规划，及早确定相对清晰、具体、切实又可行的阶段性目标，并转化为激励自己去努力实现的美好愿景。

（3）参加多种平台活动，注重成功典型事例

大学生成长发展需要一个漫长、曲折的艰辛过程。现在高校有很多不同种类的工作平台和载体，如大学生创设社团组织、科研项目、交换生项目、创业项目、热点论坛、素质拓展、志愿服务、一日助理、"我当老板"等各类活动，让其独立、自主地开展工作。同学们应该积极参与，锻炼自己的规划能力、执行能力、自主能力、适应能力和创新能力，体验到规划愿景、确立目标、实现目标的喜忧滋味，从成功中积聚能量，从挫折中寻求转机。高校经常邀请社会名家、成功人士和杰出校友进校园，开讲堂，做报告。同学们应该多多关注身边事、身边人，尤其在每一学科专业、每一发展阶段、每一创意举措中涌现的教师典型和大学生典型，学习他们的先进事迹和精神，不断提高自我。

第七章 开启自主创业之门

案例导入

从一名普普通通的大学生到拥有 30 多项发明 5 项国家专利的公司"老总",26 岁的刘俊森感慨地说"要是没有国家的政策和学校的支持,我不可能走出一条创业之路"。

刘俊森出生在河南濮阳的一个农村家庭,2009 年考入河南科技学院资源与环境学院植物保护专业。2010 年,作为主持人,他创办了一个大学生创业基地,发展十多个创业项目,入围 2010 年度中国大学生年度人物 200 强。2013 年 10 月注册"新乡市昂尼斯特仪器设备有限公司",2014 年又创建了互联网平台——"仪器在线"。

"创业、做公司是我上中学就有的梦想,如今,这个梦想正在展开!"谈起老板这个身份,刘俊森难掩兴奋。为了这个公司,刘俊森自己单枪匹马跑了一个月,几乎跑遍了整个新乡城,上上下下盖了十几个章,风里来雨里去,很难想象一个毫无背景和人脉的大学生是怎样把看起来难以完成的任务啃下来的。创业之难让这个小伙子"为伊消得人憔悴,衣袋渐宽终不悔",然而,刘俊森却淡淡地说:"这也是对我的锻炼,使我的经验更加丰富。"目前,他的公司市值已经超过了 1600 万元。

大学生创业备受社会关注。由于大学生普遍有激情、讲诚信,在创业过程中"大学生" 3 个字的品牌效应是非常高的。因此,大学生们发挥自身特长,善借国家政策支持和社会市场需求之势,勇于挑战,敢于创新,拿到创业发展的"金钥匙",挖得"第一桶金",开启自主创业之门的经验和做法,值得借鉴、思考、力行。你准备好了吗?

本章要解决的问题

1. 什么是创业?大学生创业的时代背景及优惠政策有哪些?
2. 大学生自主创业现状及发展趋势如何?
3. 大学生自主创业的方式有哪些?各有什么利弊?

主题 1 大学生创业与社会发展

困惑和思考

党的十八大明确提出"促进以创业带动就业",十九大再次明确提出"鼓励创业带动就业",由此把"以创业带动就业"上升到了党和国家的战略高度。当今大学生普遍感觉创业离自己很遥远，大学生如何才能真正了解创业，进而走进创业呢？

一、大学生创业的时代背景

知识经济发展的时代，是高科技革命的时代，也是全球经济一体化发展的时代，这样的时代为大学生自主创业的兴起和发展提供了广阔的时代背景，而我国一浪高过一浪的创业大潮也成为大学生自主创业的催化剂。

1. 我国五次创业大潮催生了大学生自主创业的成长

1984 年 10 月，党的十二届三中全会通过的《关于经济体制改革的决定》指出，社会主义经济是公有制基础上的有计划的商品经济，商品经济是社会经济发展不可逾越的阶段。该决定引发了以中关村为代表的科技园区的兴起，掀起了我国首次创业高潮。

1988 年 4 月，全国人民代表大会通过的宪法修正案增加了"国家允许私营经济在法律规定的范围内存在和发展"的内容，掀起了我国第二次创业浪潮。

第三次创业高潮始于 1992 年春，邓小平南方谈话首次提出了"三个有利于"思想，提出判断事物的标准，应该主要看是否有利于发展社会主义社会的生产力，是否有利于增强社会主义国家的综合国力，是否有利于提高人民的生活水平。

我国第四次创业高潮始于 1999 年通过的《中华人民共和国个人独资企业法》。在这个法案中，确立了以公有制为主体、多种所有制经济共同发展的基本经济制度和以按劳分配为主、多种分配方式并存的分配制度，确定了非公有制经济是社会主义市场经济的重要组成部分。目前正如火如荼发展的第四次创业高潮，推动了大学生自主创业的发展。

第五次创业高潮始于 2014 年，主力是 80 后和 90 后。由于新时代的到来，互联网和新商业模式对传统行业和服务业造成重大改变，所有的领域都发生覆盖式的创新。第五次创业浪潮是从旧有到新有的过程，这对大学生创业者来说既是一个机会，又是极大的挑战。

2. 经济发展为大学生提供了创业平台

随着我国经济发展和改革的逐步深入以及经济结构战略调整的不断推进，产业结构调整已加快了步伐。这意味着行业中原有的投资主体退出，个别行业将要萎缩或消退，而新的投资者会出现，新兴行业将迅速崛起。新兴行业的出现和投资主体的多元化将推动一大批创业者的产生与成长。例如，第三产业的发展使得各种中介服务、社区服务、文化服务、科技服务、家政服务等一大批新兴职业的需求得到发展，而这些都是比较适合大学生创业的。

3. 知识经济时代为大学生提供创业机遇

知识经济时代的社会财富被新的知识创新阶层所控制。一些新的就业方式和财富增长方式也出现了，知识就业者、信息就业者、网络就业者大量涌现。大学生作为我国高素质群体，知识经济时代将为其提供更多的创业机会。在知识经济时代，大学生通过科技创新，在某一方面取得的突破性成果或者毕业后先进入某一行业就业，进而独立或与他人合作创办公司，在为自己创造就业机会的同时，也为社会、为他人创造了更多的就业机会。

4. 融资环境的不断改善有利于大学生创业

融资是大学生创业过程中相当关键的一步。大学毕业生自身经济实力薄弱，因而通过一般商业贷款获得资金是相当困难的。但是，我国银行目前已经逐步开展大学生小额创业贷款业务，大学生创业者可以通过这种贷款获得数万元资金，实现自己的创业梦。同时，近年来，风险投资在我国如雨后春笋般地崛起。由于风险投资能够解决小企业发展的融资问题，因而成为推动当前创业的关键因素之一。

5. 法律法规的出台为大学生创业活动提供了保障

创业者能够顺利创业，离不开法律法规做保障，特别是允许个人创办、经营企业的法规。改革开放以来，我国逐步建立起以公有制为主体、多种所有制经济共同发展的经济体制。非公有制经济经过 30 余年的发展，在就业中已占有非常重要的地位，在全面建设小康社会的新阶段，国家为自主创业、开办私营企业提供了一个良好的政策法规环境。目前，我国《中华人民共和国公司法》《中华人民共和国个人独资企业法》《中华人民共和国合伙企业法》等法律法规和各级政府制定的一系列相关政策的出台，反映公司、个人独资企业和合伙企业等 3 种常见的企业形式地位已经得到确立，社会个体创办企业的门槛已经大大降低，这为大学生创业提供了最基本的法律保障。例如，《中华人民共和国个人独资企业法》规定，只要有从业人员、合法的企业名称、固定的生产场所等，就可以申请注册为个人独资企业，个人独资企业可以依法申请贷款、获得土地使用权等。

6. 政府的优惠政策为大学生的创业活动提供了动力

现在，政府各行政部门普遍重视大学生自主创业的发展，对大学生自主创业做出了及时反应，调整并出台了一系列支持和鼓励自主创业的政策。

《教育部关于贯彻落实中共中央、国务院关于加强技术创新，发展高科技，实现产业化的决定的若干意见》（2000 年）规定：大学生、研究生可以休学，保留学籍创办高新技术企业，各高校要支持科技人员兼职从事成果转化活动，允许科技人员离岗创办高新技术企业，若想回学校，可在原则上在为期 2 年的规定时间内回原高校竞争上岗。

《关于支持和促进就业有关税收政策具体实施问题的公告》（财税〔2010〕84 号）规定：毕业年度高校毕业生在校期间创业的，可注册登录教育部大学生创业服务网，提交《高校毕业生自主创业证》申请表，由所在高校进行网上信息审核确认并出具相关证明，学校所在地省教育行政主管部门依据学生学籍学历电子注册数据库对高校毕业生身份、学籍学历、是否是应届高校毕业生等信息进行核实后，向高校毕业生发放《高校毕业生自主创业证》，并在学籍学历电子注册数据库中将其标注为"已领取《高校毕业生自主创业证》"。高校毕业生持《高校毕业生自主创业证》向创业地人力资源社会保障部门提出认定申请，由创业地人力资源社会保障部门相应核发《就业失业登记证》，作为当年及后续年度享受税收扶持政策的管理凭证。

《关于实施大学生创业引领计划的通知》（人社部发〔2014〕38号）规定：为了贯彻落实党中央、国务院关于全面深化改革战略部署和促进高校毕业生就业创业工作要求，引导和支持更多的大学生创业，人力资源社会保障部、国家发展改革委、教育部、科技部、工业和信息化部、财政部、人民银行、工商总局、共青团中央决定，2014～2017年实施新一轮"大学生创业引领计划"。政策措施有：①普及创业教育；②加强创业培训；③提供工商登记和银行开户便利；④提供多渠道资金支持；⑤提供创业经营场所支持；⑥加强创业公共服务。

为了支持学生自主创业，有的高校还专门建立了创业园区，为大学生创业提供场地与后勤服务。1999年8月清华大学科技园辟出一层楼，命名为"创业园"。清华创业园的功能被定为"孵化器"。为了体现"孵化器"的功能，规定每家企业最多只能在创业园里办公3年，写字楼租金为每天2.4元/平方米。上海交通大学则将离校100米远的一处校产改建成"慧谷科技创业大楼"，大楼对入驻的学生创业公司前3个月免租，后期按照每天1.2元/平方米的超低价提供3年租期。孵化机构的优惠措施很快使创业的几家公司居有定所。

当前，我国创业政策呈现的新特点的主要表现：①国家相关部门均在各自的管辖范围内制定促进创业的政策，如劳动与社会保障部、国家发展与改革委员会、科技部等；②促进创业的政策从重视科技创业、下岗再就业到重视普遍的创业活动；③创业政策导向从单纯提供优惠政策向提供系统辅导转变，显示出我国政策制定部门对全面改进创业环境有了更深刻的认识。

7. 教育和培训是大学生创业活动的灯塔

教育和培训是创业活动得以开展的必备条件，也是创业者将潜在的商业机会变为现实的基础。中国在教育和培训方面比较落后，在商业、管理教育方面的水平及创业类课程和项目方面，我国与其他国家和地区也存在明显的差距。但是，从20世纪90年代开始，随着新经济引发的全球创业浪潮的影响，我国的创业教育开始受到重视。在短短几年的时间里，我国不少高校开始开设创业类课程和培养研究生。尽管与美国几十年的创业教育历史相比，我国的创业教育还很薄弱，但我国教育部已经认识到发展创业教育的重要性，开始在一些大学进行试点，逐步加强大学生创业教育和提高工商管理教育的水平。

河南省人力资源和社会保障厅统计显示，自2003年实施小额担保贷款政策以来，截至2011年6月底，全省已经累计发放小额担保贷款195亿元，到期还款率保持在99%以上。全省小额担保贷款已经累计扶持近40万人实现创业，直接带动就业和扶持小企业吸纳就业135万多人。小额担保贷款制度实施8年间，河南省小额担保贷款发放量连续6年居全国领先地位。"十一五"期间，河南省累计得到中央财政补助贴息资金10亿多元，位列全国第一，相当于为创业者降低了10个亿的创业成本。

目前，河南省城镇每年需要再就业人员达200万人以上，而经济增长所能提供的城镇就业岗位供给总量预计100万个左右，供需缺口100万个。针对高校毕业生等特殊就业困难群体，今年，河南进一步加大政策扶持力度，按照今年年初国务院文件要求，毕业年度的高校毕业生可以在创业地申请不超过 10 万元的小额担保贷款，并享受相关优惠政策。目前河南省制定的相关政策已向省政府报批，预计自主创业大学生很快就可以享受更多优惠。

哈尔滨创业优秀者补贴最高 1 万元；重庆大学生创业最高扶持 40 万元；杭州出台新通知扶持鼓励自主创业；陕西大学生合伙创业最高可贷 50 万元；福建高校毕业生创业可享受 10 万元扶持；重庆大学生创业可获 2 万～5 万元资助；大连大学生创业孵化基地启动；成都创新企业可获 300 万元政府扶持；四川万源 320 万元贷款助妇女创业；广州新莞人创业可获 2000 元补助；河北晋州引海归乡土创业；哈尔滨将适时出台创业优惠政策；宁阳搭建大学生村干部创业五大平台；日照大学生创业可一元钱注册。

探索活动

查一查：大学生创业的政策

国家及地方相关部门制定并出台了很多与大学生创业相关的利好政策，同学们可以查一查，增进对创业支持政策的了解，为以后创业做好铺垫。关于大学生创业的政策法规主要有以下几项。

➢ 《国务院办公厅关于做好 2014 年全国普通高等学校毕业生就业创业工作的通知》（国办发〔2014〕22 号）
➢ 《教育部关于做好 2015 年全国普通高等学校毕业生就业创业工作的通知》（教学〔2014〕15 号）
➢ 《关于实施大学生创业引领计划的通知》（人社部发〔2014〕38 号）
➢ 《关于支持和促进就业有关税收政策具体实施问题的公告》（财税〔2010〕84 号）
➢ 《国务院关于做好当前经济形势下就业工作的通知》（国发〔2009〕4 号，2009 年 2 月 10 日）
➢ 《国务院常务会议关于采取七条措施促进大学生就业的决定》（2009 年 1 月 7 日）
➢ 《国务院办公厅转发人力资源社会保障部等部门〈关于促进以创业带动就业工作的指导意见〉的通知》（国办发〔2008〕111 号，2008 年 9 月 20 日）
➢ 相关部委或地方与大学生创业相关政策法规
➢ 相关部委或地方与大学生创业贷款相关规定

请同学们再查一查，还有哪些大学生创业的优惠政策及具体内容，并一一列举出来。

二、大学生创业的意义

创业活动是促进经济可持续发展的重要引擎，创业型经济已成为 21 世纪的重要经济形态。自主创业，不仅对大学毕业生自身发展和成长具有重大意义，而且对社会发展和国家繁荣也具有重大的现实意义和深远的历史意义。

1. 创业是知识经济时代的呼唤

纵观 20 世纪的发展历程，人类逐渐从工业经济社会步入知识经济社会。在以知识为基础的经济发展过程中，知识成为资本，人才和科学技术的价值得到充分的体现，传统事业发展模式逐渐被打破，创造和创新日益得到认同。同时，科技的发展为青年人的创业提供了条件，也开拓了广阔的道路，使拥有知识和技术，创建科技类企业成为可能，而且可以使其迅速成长壮大。选择创业是知识经济时代提供给大学生的难得机遇。

目前，我国的科技创新成果很多，但产业转化率较低，仅有 6%～8%，即使北京中关村这样一个人才密度远高于美国"硅谷"的地方，科技成果转化率也仅有 20%。然而，发达国家的科技成果转化率已经达到了 50%，美国"硅谷"科技成果的转化率高达 60%～90%。因此，鼓励和支持高级专业技术人才投身于自主创业的大潮中，是实现科技成果转化、促进社会生产力发展、建设创新型国家、实现建设小康社会目标的有效途径。

2. 自主创业是实现经济高速增长的动力

纵观美国企业的发展史，许多著名的高科技大公司，几乎都是大学生创业者们利用风险投资资金创造出来的。美国经济由于创业革命而发生了巨大的转变，据统计，美国 95% 的财富是由于创业者一代于 1980 年以后创造的。未来学家约翰·奈斯比特（John Naisbitt）说，创业不仅是美国过去经济繁荣的基础，更是未来保持持续繁荣的基础。

然而，创业在经济发展中的重要作用直到 20 世纪 80 年代才被普遍接受。这是因为主流的经济学家及以欧美为代表的国家政府，一直相信大公司创造了整个社会中绝大多数的就业机会、产品和服务，是经济发展的主导力量和社会福利的主要源泉。美国麻省理工学院经济学家的研究成果表明，在美国，小企业在工作创造和经济发展中起着重要作用，美国在 1969～1979 年间，小企业创造了 81% 的新工作岗位。经济发达国家或地区经济发展的巨大成功的事实证明，在 20 世纪最后的 25 年里，创业者和创新者已经极大地改变了世界的格局。如今美国 95% 的财富是由 1980 年以后的一代人创造的，创业已经成为美国经济持续增长的"秘密武器"。在美国，一代创业者比尔·盖茨等已经被称为"美国新英雄"。可以想象，如果没有这 20 多年来一大批创业者的创业活动，很难有今天美国经济的繁荣。

中国改革开放 40 多年来，中小企业迅速崛起，数量不断增加、质量不断提高。小微企业已成为国民经济的重要支柱，是经济持续稳定增长的坚实基础。新创立的中小微企业是中国新经济增长点，它们吸纳了大量的城镇人口和农村剩余劳动力，同时提供了大量的产品与服务，对中国的经济持续增长起到了重要作用。而这些中小企业，正是大量的创业者通过艰苦的创业活动建立起来的。

目前，我国大学生创业的项目虽然大多数都是些中小企业，但这是一支不可估量的新兴力量。目前，这些中小企业已经成为我国国民经济发展中具有举足轻重作用的组成部分。大学生是知识经济的主力军之一，大学生创业不但有利于在全社会营造一种鼓励科技创新的氛围，充分体现"科学技术是第一生产力"的思想，并且能够直接推动我国科技成果的产业化发展，增强我国企业的国际竞争力，为社会带来财富和价值。目前，虽然我国大学生创业所占 GDP（gross domestic product，国内生产总值）份额不高，但可以想象，随着更多的大学生加入自主创业的行列，在不久的将来，我国自主创业的企业数量和质量将会有质的飞跃。

3. 大学生创业能实现就业渠道的多元化，减轻就业压力

著名管理学家彼得·德鲁克（Peter Drucker）认为，创业型就业是美国经济发展的主要动力之一，是美国就业政策成功的核心。1980～1999年，美国已经创造了3400万个新就业岗位，但财富500强失去了500多万个工作岗位，谁创造了这些新就业机会？仅仅5%的年轻的和快速增长的公司就创造了其中的77%，而15%的这种公司创造了这些新就业机会的94%。

我国是人口大国，劳动力资源丰富，就业压力一直是国家和社会关注的热点问题。随着高校招生规模的不断扩大，大学毕业生就业竞争越来越激烈。中国人力资源和社会保障部就业促进司的数据显示，2017年应届高校毕业生数量为795万，而2018年应届高校毕业生数量已达到820万，此外还要考虑往年没有找到工作的大学生。面对我国劳动力总量供大于求和就业压力的现状，要实现充分的、合理的就业，降低失业率，除了继续保持较快的经济发展速度，提供更多的职业岗位，大力发展职业教育与培训外，还应大力提倡自主创业，为社会创造更多的就业岗位。1个人成功创业，就可以带动3～5个人就业。

据统计，目前，我国中小企业已超过800万家，占全国企业总数的99%以上，中小企业提供了大约80%以上的城镇就业岗位机会，是解决就业问题的主力军。大学毕业生利用自己的知识、才能和技术，以自筹资金、技术入股、寻求合作等方式，创立新的就业岗位，为自己、为社会、为更多的人创造更多的就业机会。

4. 创业有利于社会资源更合理的配置

新创企业要想很好地生存与发展，就必须有较强的科技创新和经营管理能力，从而增强竞争力。从行业发展的角度来讲，新创企业的成功和加入市场或多或少地会影响现有行业的经营格局，加剧行业经营的竞争态势，造成优胜劣汰的局面。竞争的加剧有利于资源向经营良好、效率高的企业流动，也就有利于有限的社会资源更合理的配置，从而产生出相对更高的社会效益，增加社会福利，促进中国社会主义市场经济又好又快地发展。

5. 自主创业是实现自我价值的有益选择

创业是青年就业的最有效方式，也是实现自我价值的有效途径。大学生通过自主创业，可以把兴趣与职业紧密结合，实现人生价值。大学毕业是人生的重大转折和突变期，大学生开始由此走向独立生活。要成才，走艰苦创业之路是非常必要的。通过自主创业，毕业生可以直接做企业的老板，在实践中按照自己的意愿来实现自己的理想。创业者在创业中会面临许多这样或那样的困难和挫折，历经千辛万苦才能取得成功。因此，创业过程是一个人意志锤炼的过程，是学习、提高、锻炼和自身发展的过程。创业成功，不仅个人可以获得利益的回报，实现自我价值，而且还可以回报社会、为国家的繁荣做出贡献。

6. 自主创业是促进我国高等教育理念与人才培养模式改革的催化剂

21世纪大学生创业潮的涌起，对我国的传统教育方式提出了挑战。有一些创业大学生发出感慨：我们在学校学习的知识与市场经济所需的知识相差太大，在学校所获取的知识和能力根本无法应对创业中出现的问题。其原因是办学的指导思想、培养目标与社会对人才的需求目标不匹配。创业需要多学科知识的运用，既需要专业知识，也需要各方面的综合知识，尤其需要商业运作知识。创业还需要具备良好的心理素质和职业道德。

因此，要从创业对人才素质的要求和建设创新型国家的需求出发，对高等教育进行系统改革和创新，包括教育思想、人才培养模式的转变，以及教学内容、教育方法、课程设置及考试制度等方面的改革。同时，通过开展创业教育，开发大学生的创业意识，提升大学生的创业基本素质，培养大学生的创业精神，提高大学生的创业能力，使之成为实用型、复合型人才，由"求职者"转变为"创业者""企业家"，这才是育人理念与模式的重大突破。

主题2 大学生创业的发展

困惑和思考

大学生创业自20世纪90年代起在我国迅速发展起来，特别是大学生对创业也越来越关注，国家与各级政府也制定了大学生创业的一系列优惠政策，多数高校也开设了关于大学生创业的选修课程。然而，目前我国大学生创业的人数还不到全国总人数的2%，而全世界的平均值为22%。面对大学生创业这样的现实，大学生如何才能真正掌握创业的实质、了解大学生创业的发展趋势呢？

一、创业的含义

关于创业，《现代汉语词典》解释为"创办事业，即开拓、开创业绩和成就，恰与'守成'一词相对应"。一般认为，创业是创立、创设或创新事业或职业岗位。按此含义，创业可以分为3个层次，即开创新的职业、创设新的就业岗位和创新工作业绩。所谓"创业"是创业者依据自己的想法及努力工作来开创一个新的企业，包括新公司的创立、组织新单位的成立以及提供新产品或新服务，以实现创业者的理想。

到底如何界定创业，目前学术界还没有达成共识。目前，认同度较高的理解有广义内涵和经济意义上的创业两种。

1. 创业的广义内涵

广义地讲，创业不再局限于企业创业，而是指人们为了幸福生活和服务社会所进行的生产经营、组织管理、创造财富、谋求发展的实践过程。与狭义的创业相比较，广义的创业在创业主体上更广泛，它可以是法人，也可以是自然人，人人都可以成为创业者。而在创业领域上，广义的创业不再局限于经济领域，政治、科技、文化、教育等领域都可以成为创业者充分发挥聪明才智、有所作为的舞台。

2. 经济学意义上的创业

如今人们日常谈论的创业仅仅是广义创业的一个部分，是经济学意义上的创业。经济学意义上的创业是指"通过利用各种资源包括人力和资本来创造价值，以产品或服务的形式贡献给消费者，同时自身获得利润并取得发展的过程"。这一概念既具备广义创业的一般特征和意义，又具备经济学意义上的特殊内涵。从以上定义可以看出，创业首先是一个过程，它强调各种要素和各个环节的有效集成；创业需要相关资源，资源是创业的基础；创业的直接结果是产出，产出可以是产品也可以是服务，但都必须有用即有使用价值；创业的直接目的是增值，没有增值过程，创业就没有意义，新创企业也不可能存活；创业具有发展的特性。

（1）创业首先是一个过程

由于创业强调创造性和创新性，创业的创意就成为关键的一环。创意常常来自于顾客、现有企业、分销渠道、政府机构以及企业的研究与开发活动。有效地激发顾客观念和获知潜在的市场需求，对市场上现有企业的运行进行分析，找出现有产品或服务的缺陷，有针对性地改进产品或服务，分析市场信息，获取市场机会，这还只是初步工作。创业与营销计划、组织计划、财务计划的制定仅仅是一个蓝图，创业融资、各项计划的实施和企业的可持续性发展才是创业的核心部分。对于某一创意来讲，这几个步骤要前后连贯，而对于一个有持续发展能力的企业来讲，每一步骤必须是有机集成的，这样才可能是有效的、成功的。

（2）创业是一种生产活动

创业需要各种相关资源，包括人力资源和资本的加入。随着时代的发展和生产的进步，人力资源和资本的相互作用有了新的含义和内容，人的主体作用日益增强。由于创业的艰巨性，创业者的创业意志和价值取向成为创业可能的基础；由于创业的创造性，创业者对市场的敏感性和坚决果敢的判断能力为创业提供了最初的可能；由于技术的进步，创业者对产品和技术的理解和把握决定了创业美好前景的可能；由于环境的变迁，创业者对市场的理解和对企业活动的组织管理成为创业的核心。然而这一切还都仅仅是纸上谈兵，创业活动的物质基础就是资本，没有资本任何创意都只能停留在纸面上。

以大学生创办的企业为例，"视美乐"的两次成功融资被认为是其初步成功的标志，而诸多企业流于破产的主要原因是资金不到位。当然，资本也有其市场主体的人格属性，其结构组成和运作规律是创业所必须面对和解决的问题。这样，各种资本成分的集成、各种人力资源的优势互补以及人力和资本的结合，共同构成了创业成功的保障。创业作为一种生产活动，必然以产品或服务为其直接结果，要想在市场环境中生存发展，其产品或服务就必须为市场所接受。

日本松下公司的理念就是为大众服务，其产品以大众的日常生活为对象，很快占领了市场，成为成功企业的典范。日本索尼公司以"标新立异、注重技术和产品开发"为纲领，不断创造和满足市场的新需求，开辟了一条独特的发展壮大的道路。作为生产活动，创业必须增值；作为市场行为，创业必须获取利润。增值是生产的必然属性，没有增值，生产就没有意义；利润是市场法则，没有利润企业就不能生存。利润和增值的关系是以增值为基础，新创企业才有可能长久存在和发展，增值必须通过利润来实现。

（3）创业具有发展特性

创业与一般的生产活动的区别就在于它的发展特性。就创业本身来讲，既可以是从无到有的创造，也可以是在现有的基础上的革新。但无论是创造还是革新，独立地考察创业的内涵都是一个从无到有、从弱到强、从幼稚到成熟的过程，发展是创业的最重要的特性，成功的创业都经历了快速、稳健的发展过程，维持创业企业的健康发展是创业者重要且基本的任务。

二、创业的核心要素

1. 创业者

创业者是创业的主体，承担着个人钱财的损失、声誉的影响以及放弃其他工作机会等风险。从事创业活动，在创业过程中起着关键的推动和领导作用的因素包括：商业机会的识别和把握、企业组织的创立、融资、产品创新、资源获取和有效配置及运用、市场开拓等。创业者的素质和经验直接决定创业的成功与失败。风险投资家选择投资项目时，首先评价的要素就是创业者及其组建的团队，然后才是技术先进性、产品独特性和市场潜力以及赢得前景等因素。

2. 商业机会

商业机会是当前服务于市场的企业留下的市场缺口，意味着顾客能得到比当前更好的产品和服务的潜力，商业机会就是创业机会。创业是市场驱动的，没有被满足的市场需求，就是商机。利用商机，是创业者进行创业的主要驱动力量。利用商业机会将其转化为价值的过程就是创业的过程。商业机会具有可利用性、永恒性和适时性3个特点。可利用性指创业者可以利用它为自己和他人谋取利益，体现在为购买者、最终使用者创造和增加价值的产品或服务以及赚取利润上；永恒性指机会永远存在，环境的变化、经济转型、市场机制的不断完善、信息不对称、市场空间等随时孕育着无限的商机，关键在于创业者的挖掘和把握；适时性指具体的某一个机会转瞬即逝，如果不及时抓住，失去将不复返。可以说，及时发现、识别和抓住有价值的创业机会，是成功创业的第一步。

3. 组织

组织是协调创业活动的系统，是创业的载体。离开组织，创业活动无法协调、创业资源无法整合、创业者的意图无法贯彻和落实，创业也就无从谈起。创业型组织是以创业者为核心形成的关系网络，不仅包括企业内部员工，还包括企业以外的组织和个人，如顾客、供应商和投资者等。组建富有战斗力的企业团队，营造与顾客、供应商、投资者等和谐信任、多赢的生存环境，是企业得以生存和发展的必备条件。

4. 资源

资源是组织中各种投入，包括人、财、物。既包括厂房、机器等有形资产，也包括品牌、专利、企业声誉等无形资产。创业就是创业者有效吸引和利用这些资源，将其转化为市场需要的产品和服务，实现商业机会的价值。创业的过程就是不断地投入资源和连续提供产品与服务的过程。以最小的资源投入，获得最大的产出，使企业具有竞争力并盈利，是衡量创业活动成功的主要标准。

典型案例

李正森的故事

1986 年出生的李正森从小在农村长大，心地善良、乐于助人。2009 年，李正森从安徽建筑工业学院毕业，在县城找到了一份建筑工作。由于所学专业对口，加之吃苦耐劳，工作有魄力，很受公司经理喜欢。可是一直想圆自己创业梦的他，最终还是走上了创业之路。2010 夏季，李正森看到柞水当地的食用菌产业很红火，就动了栽培食用菌的心思，可是他发现以前都是用椴木栽培香菇木耳，随着人们对生态环保的重视，椴木食用菌产量必然会越来越少，而袋料生产香菇在当地还很有限，这应该是一个致富商机，于是李正森便瞅准了这一项目。

2010 年底，在小岭镇政府的扶持下，李正森在金米村租地 40 多亩，注册资金 300 万元成立了陕西正森农业生态有限责任公司，他还注册了"正森"绿色食品商标。2012 年李正森投资建设玻璃丝骨架大棚 150 个，购买高效灭菌炉、自动装袋机、电动翻料机等食用菌生产配套设备 50 余台，同时配套建设了装袋车间、菌种室、接种室、锅炉房、仓库、冷库和加工包装车间。

金米村既是板栗大村，又是核桃改良大村，每年林木科管会产生大量的树木枝条，还有大量的植物秸秆。自从在金米村建起食用菌公司后，他就从村民手中收购这些树木枝条、废弃秸秆和玉米芯、麸皮、玉米糠等，让这些往日的废弃物变成了钱串串。李正森还在生态循环经营上多动心思，对食用菌进行专业化生产、加工、销售，将食用菌培养基使用后又作为有机肥料还田，整个产业流程确保不给环境造成损害，公司采取"公司+协会+农户"模式，充分发挥龙头企业的示范带头作用，统一培训、统一管理、统一回收、统一正森品牌销售，提高了菇农抗御市场风险的能力，带动周边农民发展优质、高效、生态、安全农业。2012 年 3 月，在陕西正森农业生态有限责任公司的带动下，金米村组建了金米食用菌产业协会，村上 33 户农民加入协会，依托正森农业生态有限公司发展食用菌，仅 2011 年村上生产食用菌 150 万袋，产鲜菇 1750 吨，年产值达 1000 万元。

思考：
① 你是如何理解李正森的求学、职业发展经历与创业选择的？
② 你认为职业规划与创业有关系吗？
③ 从以上案例分析，你认为创业成功的要素有哪些？

三、创业的特征

创业是人类独有的一种积极向上的特殊行为。了解创业的特性对于掌握创业机理、增添创业智慧、规避创业风险、发挥创业潜能具有重要意义。具体来讲，创业具有 5 种特征（见图 7-1）。

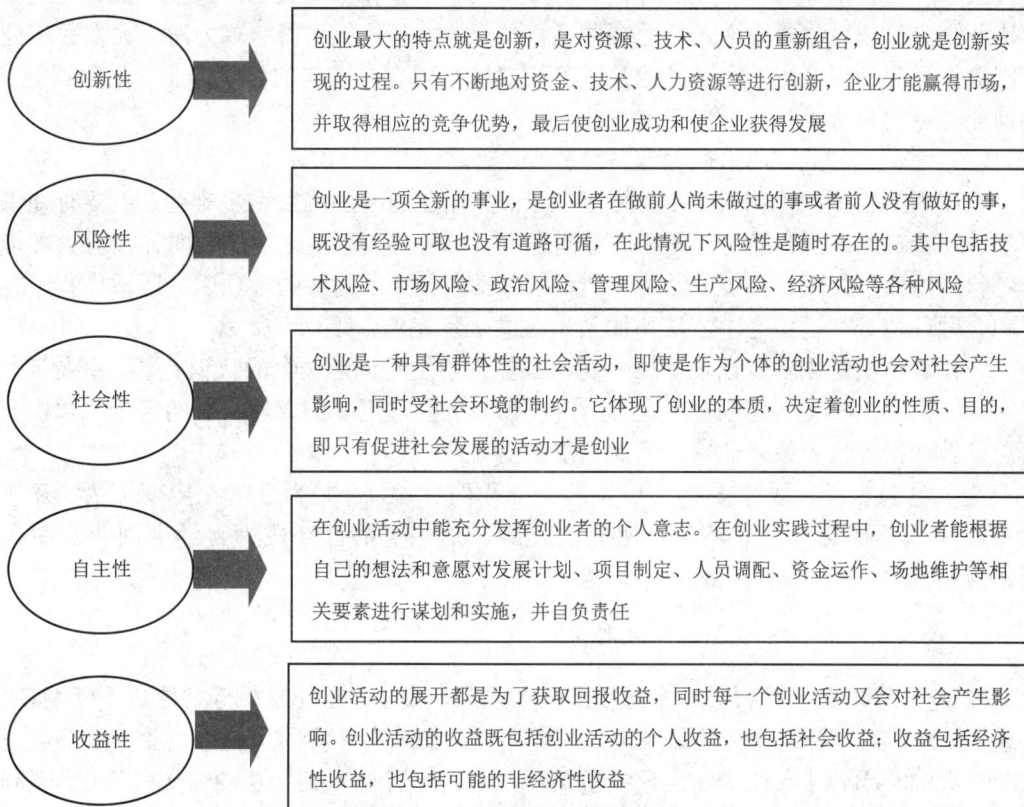

创新性	创业最大的特点就是创新，是对资源、技术、人员的重新组合，创业就是创新实现的过程。只有不断地对资金、技术、人力资源等进行创新，企业才能赢得市场，并取得相应的竞争优势，最后使创业成功和使企业获得发展
风险性	创业是一项全新的事业，是创业者在做前人尚未做过的事或者前人没有做好的事，既没有经验可取也没有道路可循，在此情况下风险性是随时存在的。其中包括技术风险、市场风险、政治风险、管理风险、生产风险、经济风险等各种风险
社会性	创业是一种具有群体性的社会活动，即使是作为个体的创业活动也会对社会产生影响，同时受社会环境的制约。它体现了创业的本质，决定着创业的性质、目的，即只有促进社会发展的活动才是创业
自主性	在创业活动中能充分发挥创业者的个人意志。在创业实践过程中，创业者能根据自己的想法和意愿对发展计划、项目制定、人员调配、资金运作、场地维护等相关要素进行谋划和实施，并自负责任
收益性	创业活动的展开都是为了获取回报收益，同时每一个创业活动又会对社会产生影响。创业活动的收益既包括创业活动的个人收益，也包括社会收益；收益包括经济性收益，也包括可能的非经济性收益

图 7-1 创业的特征

四、我国大学生自主创业的现状及发展趋势

20 世纪 90 年代以来，大学生创业在中国成为一个备受关注的话题。在政策引导、竞赛带动、国际创业浪潮的推动下不断发展。在视美乐、易得方舟等大学生创业个案的示范效应下，大学生自主创业的人数也逐年增多。

1. 我国大学生自主创业的现状

大学生创业已引起了社会各方面的关注，国家不断推出针对大学生就业的各种优惠政策，鼓励和支持大学生自主创业，但是大学生自主创业的规模却难以令人乐观。创业的大学生人数与大学生总数的比例约占 1.4%，远远低于发达国家 20%～30% 的水平，成功创业的案例更是屈指可数了。

（1）自主创业参与者少，旁观者多

尽管中央和地方的政府机关、税务部门以及各个高校都对大学生自主创业给予了这样或那样的优惠条件，但是大学生参与的热情仍不是很高。据华南某高校于 2017 年对 5 所重点高校 1400 名大学生做的一份调查显示，有 74.57%的学生表示有创业意向，可是最终创业的却不足 1%，可以说是寥寥无几，大部分人都处于观望状态。

（2）自主创业多是从事一些技术含量不高的传统行业，成功率低

大学生在校参加的自主创业计划大赛中，大多数项目都是关于高新技术的。一旦学生毕业脱离学校后，要凭个人之力创办高科技企业，却往往显得势单力薄。大多数毕业生则选择了启动资金少、容易开业且风险相对较小较容易操作的传统行业，如餐饮业、咨询业、零售业等小且适合自己的行业。

（3）大学生创业者的素质偏低、经验少

我国大学生创业比例低的主要原因在于，大学生自身面临着很多难题，主要有知识限制、经验缺乏、创新能力薄弱和资金问题等。此外，大学生创业还要面临社会大环境的考验。例如，我国社会处于经济转型期，大学生创业所需要的各项服务还不完善，融资和金融环境处在调整之中，法律体系还在进一步完善中等。

在校大学生的创业意识水平还不高，虽然大学生对创业概念的认识有了一些提高，但实际上在校大学生认同创业就是"为自己和他人创造更多的就业机会的行为"和毕业生自己做老板的投资或择业行为的还只能占到 13%。

大学生创业者素质的提高也是大学生创业的关键。一些大学生在应变能力、开放型个性和社会阅历等方面还存在明显的差距。这些劣势已经成为大学生创业的瓶颈因素。

2. 我国大学生自主创业的发展趋势

改革开放 40 多年来，民办企业得到很大发展，中小企业迅速崛起，数量不断增多、质量不断提高，对社会经济的影响也越来越明显。2001 年，我国工业小企业占全部工业企业户数的 99%以上，在就业人数中占 75%左右，在工业产值中占 68%左右，在实现利税中占 35%左右。2014 年 5 月 27 日，工业和信息化部中小企业司司长郑昕在新闻发布会表示：中小企业是中国数量最大、最具创新活力的企业群体，在促进经济增长、推动创新、增加税收、吸纳就业、改善民生等方面具有不可替代的作用。目前，我国的中小企业提供了 50%以上的税收，创造了 60%以上的国内生产总值，完成了 70%以上的发明专利，提供了 80%以上的城镇就业岗位，占企业总数的 99%以上。

新创的中小企业是中国经济新的增长点，它们吸纳了大量的城镇就业人口和农村剩余劳动力，同时提供了大量的产品与服务，对中国的经济持续高速增长起到了重要作用。而这些中小企业，正是大量的创业者通过艰苦的创业活动建立起来的。

大学生创业是潮流，不可阻挡。在当今中国的教育体制和就业背景下，大学生创业一方面可以增强大学生自己的动手操作能力、组织协调能力、心理承受能力、团队协作精神和社会适应能力，另一方面也是解决大学生自己就业问题的一个比较现实的选择。

探索活动

测一测：自己的创业性

请从下列32组句子中，选择最能够反映你个人观点的句子（A 或 B）。

① A. 工作一定要完成。B. 我喜欢与优秀的朋友在一起，这样我能够获得他们对我的工作的见解和建议。

② A. 当我的责任增加时，我会感到更加快乐。B. 我习惯把什么事情都事先安排好。

③ A. 我决不做任何可能使自己受损失的事情。B. 对于如何赚钱的理解是进入商业的第一步。

④ A. 不管是多好的事情，如果这件事情的失败可能使我受到嘲笑，我就不会冒险去做。B. 除了工作之外，我还记挂别人的安康。

⑤ A. 我会为自己开创的任何事业而努力。B. 我只会做那些使我开心并有安全感的事。

⑥ A. 如果我失败了，别人会嘲笑我。B. 尽管我对自己很有信心，我也还是需要别人的建议。

⑦ A. 在遇到困难时，我要去找到解决的方法。B. 如果在新开创的事业中失败，我会继续目前的工作。

⑧ A. 如果我觉得一个想法是好主意，我就会去实践这个想法。B. 我能够比现在做得更好。

⑨ A. 工作时，我会注意维系良好的人际关系。B. 不管什么事，都是我从经历中学习的机会。

⑩ A. 即使我的努力失败了，我也能从中学到东西。B. 我喜欢舒适的生活。

⑪ A. 我只会投资比赛或彩票，总有一天幸运会落在我头上的。B. 如果我在工作中失利，我会努力找出原因。

⑫ A. 我会把我的员工当作朋友，并对他们一视同仁。B. 如果能有更好的工作，我就会离开现在的工作。

⑬ A. 在实施一个新的想法之前，我会慎重考虑。B. 如果对别人有好处，我吃点亏也没关系。

⑭ A. 只有当我拥有资本时，我才能够发展一个事业。B. 我希望能够自己做出重要决定。

⑮ A. 当别人的好意和信任被背叛时，我不会坐视不理。B. 如果事情没有按照我的想法发展，我会寻求其他的替代机会。

⑯ A. 我可以犯错误。B. 我非常喜欢与朋友交流。

⑰ A. 我希望我的钱能够安全地存在银行里。B. 我完全信任我的工作，同时我也了解它的优劣。

⑱ A. 我希望我能够拥有很多钱从而过上舒适的生活。B. 在做决定时我希望能够

得到别人的帮助。

　　⑲ A. 人们首先应该照顾好自己的亲人和朋友。B. 我喜欢解决难题。

　　⑳ A. 即便可能使自己受损害，我也不会做让别人不开心的事情。B. 钱是事业发展的必需品。

　　㉑ A. 我希望我的事业能够很快发展起来，这样我就不会遇到经济紧张的困境。B. 我要清醒地认识到，不能因为不成功就去责备自己。

　　㉒ A. 我应该能够独立地按照自己的想法做事。B. 只有为自己未来积累一大笔钱后我才会幸福。

　　㉓ A. 如果我失败了，那主要是别人的错。B. 我只会做那些让我感觉舒服且令我满意的事情。

　　㉔ A. 在开始一份工作之前，我会认真考虑它是否会对我的声誉有不利的影响。B. 我希望自己能和别人一样，也买得起昂贵的东西。

　　㉕ A. 我希望我能够有舒适的房子住。B. 我会从失败中汲取教训。

　　㉖ A. 在做任何工作之前，我都要考虑它的长期影响。B. 我希望每件事情都能按照我的想法进行。

　　㉗ A. 金钱能够带来舒适，所以我的主要目标在于赚钱。B. 我喜欢在能够经常见到我的朋友们的地方工作。

　　㉘ A. 我了解自己正在做的事，我不怕受到别人批评。B. 如果我失败了，我会觉得自己非常差劲。

　　㉙ A. 我知道碰到困难是常有的事，我应该去做一些好的新工作。B. 在开始新工作之前，我会听取朋友们的建议。

　　㉚ A. 我的所有经历都会激励我前进。B. 我希望我有很多钱。

　　㉛ A. 我喜欢每天从容不迫，万事顺利，没任何烦恼。B. 如果我失败了，我会努力找出失败原因。

　　㉜ A. 我不喜欢别人干涉我做事。B. 为了赚钱我可以做任何事情。

得分标准：

① A=1	② A=2	③ A=0	④ A=0	⑤ A=2	⑥ A=0	⑦ A=2	⑧ A=1
B=2	B=1	B=1	B=1	B=1	B=2	B=0	B=2
⑨ A=1	⑩ A=2	⑪ A=0	⑫ A=1	⑬ A=2	⑭ A=1	⑮ A=1	⑯ A=2
B=2	B=1	B=2	B=1	B=0	B=1	B=1	B=1
⑰ A=0	⑱ A=1	⑲ A=0	⑳ A=2	㉑ A=2	㉒ A=1	㉓ A=0	㉔ A=1
B=2	B=0	B=1	B=1	B=1	B=0	B=2	B=1
㉕ A=1	㉖ A=1	㉗ A=1	㉘ A=2	㉙ A=1	㉚ A=2	㉛ A=1	㉜ A=0
B=2	B=1	B=1	B=0	B=1	B=1	B=2	B=0

评析：

0～25分——不具有创业性。

26~36 分——中等。

37~47 分——具有一定创业性。

48 分以上——非常具备创业性。

扩展阅读

学一学：你知道纳斯达克是什么吗？

纳斯达克（Nasdaq）是全美证券商协会自动报价系统（National Association of Securities Dealers Automated Quotations）的英文缩写，但目前已成为纳斯达克股票市场的代名词。信息和服务业的兴起催生了纳斯达克。纳斯达克始建于 1971 年，是一个完全采用电子交易、为新兴产业提供竞争舞台、自我监管、面向全球的股票市场。纳斯达克是全美也是世界最大的股票电子交易市场。纳斯达克的特点是收集和发布场外交易非上市股票的证券商报价。它现已成为全球第二大的证券交易市场。目前的上市公司有 5200 多家。纳斯达克又是全世界第一个采用电子交易的股市，它在 55 个国家和地区设有 26 万多个计算机销售终端。

纳斯达克指数 反映纳斯达克证券市场行情变化的股票价格平均指数，基本指数为 100。纳斯达克的上市公司涵盖所有新技术行业，包括软件和计算机、电信、生物技术、零售和批发贸易等。世人瞩目的微软公司便是通过纳斯达克上市并获得成功的。

纳斯达克股票市场 世界上主要的股票市场中成长速度最快的市场，是首家电子化的股票市场。每天在美国市场上换手的股票中有超过半数的交易在纳斯达克进行，有将近 5400 家公司的证券在这个市场上挂牌。

纳斯达克在传统的交易方式上通过应用当今先进的技术和信息——计算机和电信技术使它与其他股票市场相比独树一帜。代表着世界上最大的几家证券公司的 519 位券商被称作做市商，他们在纳斯达克提供了 6 万个竞买和竞卖价格。这些大范围的活动由一个庞大的计算机网络进行处理，向遍布 52 个国家的投资者显示其中的最优报价（包括 70 多个电脑终端）。

纳斯达克拥有各种各样的股票，投资者在纳斯达克市场上任何一支挂牌的股票交易都采取公开竞争来完成——用他们的自有资本来买卖纳斯达克股票。这种竞争活动和资本提供活动使交易活跃地进行，广泛有序的市场、指令的迅速执行为大小投资者买卖股票提供了有利条件。这一切不同于拍卖市场。它有一个单独的指定交易员，或特定的人。这个人被指定负责一种股票在这处市场上的所有交易，并负责撮合买卖双方，在必要时为了保持交易的不断进行还要充当交易者的角色。

一般来说，在纳斯达克挂牌上市的公司以高科技公司为主，这些大公司包括微软（Microsoft）、英特尔（Intel）、戴尔（Dell）和思科（Cisco）等。

纳斯达克全球精选市场 纳斯达克全球精选市场的标准在财务和流通性方面的要求高于世界上任何其他市场。列入纳斯达克精选市场是优质公司成就与身份的体现。

纳斯达克全球市场 作为纳斯达克最大且交易最活跃的股票市场，纳斯达克全球市场有近4400只股票挂牌。要想在纳斯达克全球市场折算，这家公司必须满足严格的财务、资本额和共同管理等指标。在纳斯达克全球市场中有一些世界上最大和最知名的公司。

纳斯达克资本市场　纳斯达克专为成长期的公司提供的市场，纳斯达克小资本额市场有1700多只股票挂牌。在小型资本额等级的纳斯达克上市标准中，财务指标要求没有全球市场上市标准那样严格，但他们共同管理的标准是一样的。当小资本额公司发展稳定后，他们通常会提升至纳斯达克全球市场。

主题3　大学生创业方式的选择

困惑和思考

如今创业市场无限，但对资金、能力、经验都有限的大学生创业者来讲，并非"遍地黄金"。在这种情况下，大学生创业者只有根据自己的实际情况，结合自身特点，找准"落脚点"，才能闯出一片属于自己的天空。当前大学生常见的创业方式主要有哪些？各有什么优缺点呢？

创业是创造不同价值的一种过程，这种价值的创造需要投入必要的时间和付出一定的努力，承担相应的金融、心理和社会风险，并能在金钱上和个人成就感方面得到回报。当前常见的创业方式主要有7种（见图7-2）。

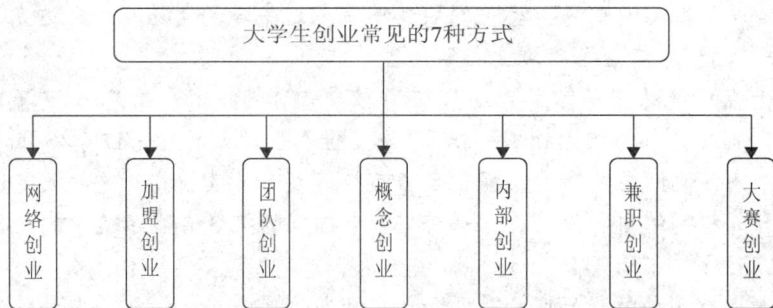

图7-2　常见的创业方式

1. 网络创业

网络创业不同于传统创业，无须白手起家，而是利用现成的网络资源进行创业。目前网络创业主要有4种形式：①网上开店，在网上注册成立网络商店；②网上加盟，以某个电子商务网站门店的形式经营，利用母体网站的货源和销售渠道；③网上智力服务，电子商务，利用网络寻求国际订单，建立虚拟办公服务等；④网络销售，为传统行业进行专门的网络销售。

全球面临网络经济的新一轮高潮，大学生创业要利用现成的网络资源，互联网改变了人们的生活，同时也提供了全新的创业方式。点击鼠标、扫描照片、寻找客户……网店如雨后春笋般兴起。越来越多的大学生也加入了网上从商大军。校园也成为网购的主要阵地。据某网购调查数据显示，目前，由在校大学生开设的网上店铺，占其网店总量的 40%左右。国内某著名调查机构和亚洲最大零售商圈淘宝网联合发布《2008 年度网购市场发展报告》。报告显示，2008 年，淘宝网创造了 57 万个直接且充分的就业岗位，即 2008 年有 57 万人通过在淘宝网上开店实现了就业。这 57 万人中，一半以上年龄为 23～32 岁，其中，大学生通过网络创业实现就业成为潮流。网上创业因为其便捷特殊的优越条件，博得众多大学生青睐，一些大学生还把网上开店作为职业的新选择。

由于网络创业本身的特殊性，要求从业的人员需要具有一定的网络知识，并具有一定的网络安全意识，如淘宝网的支付宝，腾讯拍拍网的财付通，都是需要掌握的在线支付手段。另外，网上银行也是需要掌握的一种必要的在线支付手段。

> 网络创业的优势：门槛低、成本少、方式灵活，特别适合初涉商海的创业者；可以依托像易趣网、淘宝网等知名商务网站，降低成本；销售时间、地点不受限制；网上商店人气旺。
>
> 网络创业的风险：消费者对网络商店信任度不足；网上创业比传统行业风险大；网络创业入门简单，但要发展壮大比较难。
>
> 特别提醒：对初次尝试网上创业的人来说，事先要进行多方调研，做事要有计划性，选择既适合自己产品特点又具较高访问量的电子商务平台；发货要仔细。一般来说，网上加盟的方式更为适合，能在投入较少的情况下开业，边熟悉经营规则，边依托成熟的电子商务平台发展壮大。

典型案例

网 上 开 店

2012 年 4 月，上大三的小魏投资 5000 元开起了网店。一开始她有些担心，毕竟那么多钱。小魏说，网店的摄影、美工、售前售后等都需要技巧，她只能一步一步摸索，失败了再重来。当时，她每天都要花费很多时间去打理网店，提起前期的艰辛，小魏现在还有点叫苦不迭。

2012 年 5 月，小魏的网店有了起色，第一个月就赚了 2000 元。回忆起来，小魏难掩兴奋，"当时高兴惨了，觉得网店比开格子铺更赚钱"。

一开始，小魏的网店主要卖手机壳，自己在手机壳上绘图，然后拍图摆上网，但生意并不好。后来，热爱艺术的朋友们给了她一个建议，让她注重独特性，做出有自己风格的网店。此后，小魏开始瞄准学生包市场，经营风格独特的手工包。2012 年 6 月起，网店的生意越来越好。"有一天，我接了 300 个单子"，小魏说，面对这么大的生意，有点不知所措。从早忙到晚，感觉像搬砖一样。现在，她的网店每周有 200 件的成交量，"算下来一个月能卖出去六七万元的货，除去成本能挣 3 万元左右"。

接下来，小魏想成立工作室，继续做大网店。"打算再请两三个人，分别负责摄影、美工和客服，让一切都专业化的操作起来"，小魏说，成功没有秘诀，她也是一步步走过来的。

2. 加盟创业

所谓加盟创业是采用加盟的方式进行创业，一般的方式是加盟开店。也就是说，加盟商（受许人）与连锁总部（特许人）之间是一种契约关系。根据契约，连锁总部向加盟商提供一种独特的商业经营特许权，并给予人员训练、组织结构、经营管理、商品采购等方面的指导和帮助，加盟商向连锁总部支付相应的费用。

统计数据显示，在相同的经营领域，个人创业的成功率低于20%，而加盟创业的成功率则高达80%。对于创业资源十分有限的大学生来讲，能够分享品牌金矿、分享经营诀窍、分享资源支持，连锁加盟凭借着诸多的优势，而成为备受青睐的创业新方式。目前，连锁加盟有直营、委托加盟、特许加盟等形式，投资金额根据商品种类、店铺要求、技术设备的不同从6000～250万元不等，可满足不同需求的创业者。

对于加盟创业者来说，由于总部拥有的品牌、商标、经营管理技术都可以直接利用，比起自己独创事业，无论在时间上、资金上还是在精神上都减轻不少负担。对于完全没有生意经验的人来说，可以在较短的时间内入行；总部为了提高整个连锁企业的商誉，也会随时开发独创性、高附加价值的商品，以产品差别化来领先竞争对手，加盟店可不必自设开发部门；总部统筹处理促销、进货，乃至会计事务等，使加盟店能心无旁骛地专心致力于销售工作；加盟店开张前的职前培训等工作，都可以从总部获得协助，开业后还会定期有人来做各项指导等。

加盟创业的优势：高成功率；较短的学习曲线；品牌优势；规模采购优势；共同的广告和专业管理优势；创业者可以借用加盟商的金字招牌，利用现成的商品和市场资源；能长期得到专业指导和配套服务，而不必摸着石头过河；创业风险也有所降低。

加盟创业的风险：加盟商鼓吹行业潜力或项目的数字可能是虚假的；加盟体系可能存在缺陷；给予的品牌、管理、服务、退货等支持不能全面兑现。

特别提醒：随着连锁加盟市场规模的不断扩大，鱼龙混杂现象日趋严重，一些不法者利用加盟圈钱的事件屡有曝光。因此，创业者在选择加盟项目时要有理性的心态，不要被花言巧语的宣传所迷惑，而应事先进行充足的准备，对加盟店的经营情况要实地考察，加盟选址要慎重。要以兴趣为先导，熟悉加盟的产品和行业，具备一定的经营管理知识，要有耐心等。

典型案例

特许经营的起点

很少有人知道，北京第一家东直门必胜客的老板就是威廉·海内克（William Heineck）。当时他以5万美元买下了这家餐厅的特许经营权，而今，这里每天都能见到顾客排长队等候的情景。

海内克的发家之道得益于特许经营。关于特许经营，海内克有自己的一套理论。他认为，对于第一次办企业的人，特许经营非常好，因为你可以达成协议，只经营其中一家店铺。合同期通常为 10～20 年，往往包括发展要求、销售预测和时间限制。同时，特许经营还能为你提供获取信息、技术的途径，省去大笔学习成本。至于选择哪个品牌合作，海内克认为，当下的潮流更倾向于追随那些在美国、日本、欧洲有着成功轨迹的国际名牌，这些品牌必须为人所熟知并且认同。

开始特许经营生意的起点在哪里？

海内克归纳了 3 个：一是你的工作，你现在所做的工作将是这些生意十分重要的来源，正是现在的工作使你的商业灵感不断得以发掘；二是你工作以外的兴趣爱好，因为这是另一个让你产生与生俱来的灵感的领域；三是日常观察，通过一次偶遇或日常生活中的小事发现机会。

3. 团队创业

所谓团队创业就是具有互补性或者有共同兴趣的成员组成团队进行创业。如今，创业已非纯粹追求个人英雄主义的行为，团队创业成功的概率要远高于个人独自创业。一个由研发、技术、市场、融资等各方面组成、优势互补的创业团队，是创业成功的法宝。团队成员的选择要考虑成员之间的知识、资源、能力或技术上的互补，充分发挥个人的知识和经验优势，这种互补将有助于强化团队成员间彼此的合作。一般来说，团队成员的知识、能力结构越合理，团队创业的成功性就越大。

在团队创业中，创业队伍的团结无疑是必不可少的，这也是创业准备的主要内容之一。参与团队创业的成员都是充满激情的梦想家，说每个成员都是人才也不过分。他们为了创立自己的事业走到一起，这些身怀绝技的人团结一致，无疑可以充分利用每个人的特长，集合必要的信息和知识资源。由此，大多数人都相信，这样的一个群体做出的创业决策可以避免个人冲动，更加安全可靠，其所产生的能量是每名成员所能创造的能量之和，甚至大于该能量之和。毕竟独立的个人可能会对自己掌握的信息产生误解，而群体讨论则可以纠正每个人的错误，发挥其特长。

但是，在很多情况下，这种群体决策并不一定能够产生良好的效果。那么究竟怎样才能尽量不让团队创业的群体决策产生偏移呢？方法是多样的。例如，在创业成员选择上、在团队的成员组成上，尽量存在差异性，选择不同背景和经历的人作为合作者，如一个对业务不太了解的技术人员，就可以找有市场背景的人合作，利用这种互补性将产生偏移的倾向减小。

団队创业的优势：同心协力，集合各自的优势，共同创业，其产生的群体智慧和能量，将远远大于个体；团队创业的成功概率要远高于个人独自创业；优势互补的创业团队，是创业成功的法宝，对高科技创业企业来说，更是如此。

团队创业的风险：团队有可能在利益分配、经营策略等方面产生分歧，造成合作破裂，导致创业受挫。

特别提醒：创建团队时，最重要的是考虑成员之间的知识、资源、能力、技术上的互补，充分发挥个人的知识和经验优势；在生产经营的过程中注重加强制度建设和管理的规范。

典型案例

"Google"的诞生

美国斯坦福大学计算机系的两名学生劳伦斯·爱德华·佩奇（Lawrence Edward Page）和谢尔盖·布林（Sergey Brin）创建 Google 实属偶然。2004 年，Google 在纳斯达克上市，佩奇和布林分别拥有公司约 16%的股权，成为美国最年轻的亿万富豪，但二人倡导有限度的富裕生活，依然保持着俭朴的生活本色。他们认为，这时的 Google 急需消除在这个时期非常流行的骄傲自大的情绪，迫切需要从一个富有个人色彩的创业型公司转向一个管理规范的公司，因此他们请了职业经理人埃瑞克·施密特（Eric Schmidt）做 Google 的首席执行官（chief executive officer，CEO），他目前拥有公司 6%的股份。工作中，布林更多地负责一些长远的有技术突破的项目，佩奇则专注于一些近期重要的事务，决定选择什么样的项目上线，施密特主要负责工作的顺利运转。目前，三人合作顺利，公司运营业绩持续增长。

4. 概念创业

所谓概念创业，顾名思义就是凭借创意、想法创业。当然，这些创业概念必须标新立异，至少在打算进入的行业或领域应该是个创举。同时，这些超常规的想法还必须具有可操作性，而非天方夜谭。据说，比尔·盖茨最常阅读的刊物是时尚杂志。穿牛仔裤的他不是为了想看下一季有什么新款式，而是他认为科技趋势脱离不了艺术与流行。他试图从大众的通俗文化中嗅出下一个商机在哪里。可见其成功的因素，不只是高人一等的科技素养，还有随时准备捕捉创业灵感的习惯。

概念创业的优势：概念创业具有点石成金的神奇作用，特别是本身没有很多资源的创业者，可通过独特的创意来获得各种资源，包括资金、人才等。

概念创业的风险：团队有可能在利益分配、经营策略等方面产生分歧，造成合作破裂，导致创业受挫。创业者需要创意，但创意不等同于创业，创业还需要在创意的基础上，融合技术、资金、人才、市场、经验、管理等各种因素，如果仅凭着创意贸然行动，基本上是行不通的。

创业概念从何而来？按照概念诞生的形态，可分为 4 种（见图 7-3）。

（1）异想天开型

这是最有趣也是风险最高的一种创业概念诞生的形态。通常是因无意中心血来潮的结晶，创业初始会受到很多调侃嘲弄，禁不起考验的就会如昙花一现，很快销声匿迹。不过运气好的也可能令大家跌破眼镜。有时候因为创意实在太特殊，引起媒体注意而争相报道，反而行情看涨。例如，台湾有人开了一家棺材餐厅，以各式棺木为饭桌，也算是异想天开到让人惊愕，短短时间，知名度大升。

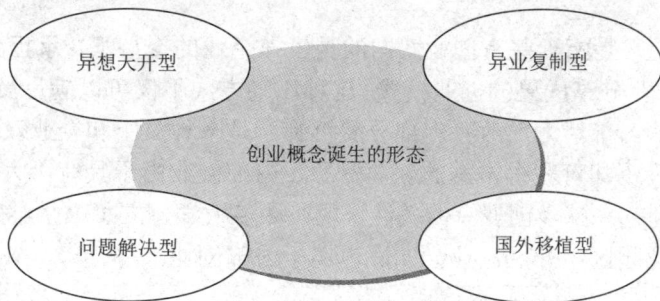

图 7-3　创业概念诞生的形态

（2）问题解决型

高科技文明虽然让人们的生活更加舒适，但每个人在日常生活中总会碰到或大或小的恼人问题，有人咒骂几声就"船过水无痕"，有人则从自身经历或朋友的困境中，发现商机。多年前日本有位妈妈，看到卧在病床上的孩子，每次用吸管喝水时都要艰难地低下头，心疼之余，灵机一动发明了弯曲式吸管，并申请专利而上市大发。美国有位会计师发现他所工作的公司，常常因做账疏失，多付给供应商许多钱，或多缴了很多冤枉税给政府，幸好他心细，帮公司省下了大笔资金。他想，这样的冤大头公司一定还很多，于是辞掉工作，成立了一家会计顾问公司，专门帮企业为做出的账把关，果然生意兴隆。他的交易方式是，与客户五五对分帮对方省下的金钱，顾客可追回一半损失，而他帮客户省得越多，自己也赚得更多。这一类型的创业者能一针见血，抓到关键点，成功概率极高。因此关键在于，问题要够尖锐，尖锐得让人愿意掏腰包解决它；而且面临该问题的人要够多，至少要能构成一个市场的格局。

（3）异业复制型

如果你不是创意王，但是很会举一反三，联想力强，反应迅速，那么不妨尝试把另一个行业的原创概念复制到一个让人想不到的行业。美国"订书钉"公司（STAPLES）创办人，原先在一家大型超市工作，不幸遭到解雇。失业激发了他先从解决问题出发（买不到想要的打印机色带），再结合超市工作经验，成立了办公室用品超市，并且开了一家又一家的连锁店。在另一个日本案例中，一个爱狗的女孩把麦当劳（这个连锁业的鼻祖是最常被复制的事业了）的餐厅概念运用到狗的身上，其实也算异想天开。异业复制的好处是有范本可循，不必摸索，但不同行业的经营模式是否能移花接木得浑然天成，是对智慧的考验。

（4）国外移植型

如果你不是创意王，也不擅长举一反三，但是见多识广，洞察力强，经常出国旅游或浏览国外资讯，那么把国外的新鲜创意搬进国内，也是办法。这种取巧做法，要注意文化差异，以免"水土不服"。赋予创意本土化精神，是最上策。有位日本旧书业者，融入乡愁的元素，在网上把书卖给国外的思乡客。

5. 内部创业

所谓内部创业，是指一些有创业意向的员工在企业的支持下，承担企业内部某些业务或项目，并与企业分享成果的创业模式。这种激励方式不仅可以满足员工的创业欲望，同时也能激发企业内部活力，改善内部分配机制，是一种员工和企业双赢的管理制度。

创业者无须投资却可获得丰富的创业资源，内部创业由于具有"大树底下好乘凉"的优势，因此受到越来越多创业者的关注。现在许多大学建立了鼓励学生创业的创业园区，大学生在创业园区中开展创业尝试，也属于内部创业。

内部创业的优势：内部创业可获得多方面的支援，在资金、设备、人才等各方面资源利用的优势显而易见，由于创业者对于企业环境非常熟悉，在创业时一般不存在资金、管理和营销网络等方面的困扰，同时创业的创业环境较为宽松，即使创业失败，创业所需承担的责任也较小。

内部创业的风险：内部创业的受众面有限，只有少数大学的学生才有机会一试身手。

特别提醒：这是一种以创造"双赢"为目的的创业方式，员工要做好周密的前期准备、选择合理的创业项目、保证最大化地创造利润，才能引起企业高层的关注，而且，要想创业成功，需要创业者和企业两方面的共同努力。

典型案例

数字影像创业的故事

1987 年，当其他团队开发出了数字微镜片装置 DMD（disk memory drive，光盘存储器驱动装置）的时候，TI（Texas instruments，德州仪器）的研究员拉里·洪波克已经花了 10 年的时间研究用微小的镜片让光子转向的技术。DMD 一开始是用于机票的打印，但是政府国防高级研究项目部署了一个高清晰度摄像项目，这为 TI 和其他厂商为此提供了一份价值几百万美元的合同。

TI 高管开始了一个内部创业项目叫作"数字影像创业计划"，并指定洪波克来领导。那时候，视频投影机的重量在 40～50 磅（1 磅≈0.45 千克）之间，价格在 15 000～18 000 美元之间。洪波克认识到，DMD 的技术可以大幅度地减少数字投影机的体积和价格。

数字光处理技术很快就成了产业标准，在市场上占了主导地位，投影仪价格不到 5 万美元。这个技术也让电影院的技术发生了革命，让得克萨斯仪器公司在 HDTV（high definition television，高清晰度电视）市场上占有一席之地。洪波克于 1998 年获得了一项艾美奖，以奖励他在工程技术的发展上做出的卓越贡献。

6. 兼职创业

所谓兼职创业，是在学习、工作之余或者在已有的工作基础上进行的创业活动。兼职创业也就是选择一个商业项目来起步、操作。普遍来说，适合边打工、边创业的项目规模都比较小，但再小的项目也是创业项目，是独立运作的创业项目。既然是创业项目，就得按照商业规律办事，需要操作者具备一定的商人特质和相关前提条件。具备这些条件，才能成功，否则，就会变成商海大潮中的牺牲品和垫脚石。

那么，具体需要哪些条件才适合进行边打工边创业呢？适合兼职创业的人群有以下 4 种。

① 科技型，如年轻 IT 族。他们拥有技术，热衷做 IT（information technology，信息技术）的零配件、卖软件、软件开发等。

② 创新型，如踏入中年的人。他们一般经营小商店。对于小商店这种形式，选择项目关键在于"创新"。"创新"不一定是没有被人尝试过的项目，只要在思路上进行创新，就可让传统项目也有令人耳目一新的感觉。创新之后，门槛自然就提高了。

③ 年轻型，如在校大学生。他们朝气蓬勃，很有冲劲，而且空余时间比较多，有创新的精神。

④ 上班族。现在的上班族大多都厌倦了"早八晚六"的生活习惯，需要其他事情来缓解生活的烦闷，而且大多上班族的时间都比较富裕。

> 兼职创业的优势：对于上班族来说，兼职创业，无须放弃本职工作，又能充分利用在工作中积累的商业资源和人脉关系创业，可实现鱼和熊掌兼得的梦想，而且进退自如，大大减少了创业风险。
>
> 兼职创业的风险：主业、副业兼顾，对创业者的精力、体力、能力、忍耐力都是极大的考验。
>
> 特别提醒：兼职创业要在主业、副业、工作和家庭等几条战线上同时作战，一定要量力而行。此外，兼职创业族最好选择自己熟悉的领域，要注意不能侵犯受雇企业的权益。另外，在校大学生兼职创业最好不要影响学习。

典型案例

"开店牛人"的法宝

武汉某事业单位会计王女士，就是利用业余时间开品牌连锁店。她 8 年时间加盟了 4 个品牌，开店十多家，并且丝毫没有影响日常工作，可谓名副其实的"开店牛人"。

王女士大学毕业后，一直从事会计工作。她希望能够利用业余时间让生活更充实。一次，她在一篇文章中看到了成功创业的 3 条途径，其中一条就是："加盟一个知名品牌，而且这个品牌正处于上升阶段，利用品牌影响力赚钱。"于是，她就关注起各类品牌加盟的信息来。

2001 年，她开始了自己的创业尝试，开了一家谭木匠加盟店。被问到"上班后如何照看店"的问题时，王女士表示她把自己定位成"管理者"而不是"店员"。"老板最忌把自己定位成店员，否则思路容易局限，精力也顾不过来。"

看到市场前景，王女士很快开了第 2 家店。"找到方法以后，开店是会上瘾的。"她一有时间就到武汉各繁华商圈找门面，目前在武汉开了6家谭木匠梳子店。

"投资有一个原则：不要把鸡蛋放在一个篮子里。"王女士不断开拓新的品牌代理渠道，现在是4个品牌的加盟商，经营品种包括梳子、筷子、皮具和内衣。

上班加上4个品牌的加盟，王女士"身兼5职"，怎么忙得过来？

"时间如同海绵里的水，只要想挤，一定挤得出来。"王女士微笑着说："我最大的优点，就是能够安排好自己的时间。"

她的一天常常是这样度过的：

早上6点45分起床；8点上班；中午有两个小时休息时间，可以用来谈生意或者处理事情；下午5点下班，直接开车去店里，开店长例会；1个小时后，去另外一家店，直至忙完回家。

如何在庞杂的事情中理出头绪呢？"很简单，用制度管人，充分调动店员的积极性。"王女士总结了"四大法宝"：老板要以身作则，成为行家；经常鼓励和赞美店员，树立信心；对待店员要充分信任；最后也是最重要的，就是真诚待人，付出真心。

7. 大赛创业

所谓大赛创业就是利用各种商业创业大赛，获得资金提供平台，然后进行的创业活动。大学生创业大赛移植于美国的商业计划竞赛，此类竞赛旨在为参赛者展示项目、获得资金提供平台，如 Yahoo（雅虎）、Netscape（网景）等企业都是从商业竞赛中脱颖而出的，因此被形象地称为创业"孵化器"。从国内的情况看，创业大赛也扶植了一批大学生企业，如清华大学王科、邱虹云等组建的"视美乐"公司、上海交大罗水权、王虎等创建的"上海捷鹏"等。

创业设计大赛借用风险投资的运作模式，要求参赛者组成优势互补的竞赛小组，提出一项具有市场前景的技术产品或者服务，并围绕这一产品或服务，以获得风险投资为目的，完成一份完整、具体、深入的创业计划。参加创业设计大赛的项目大多具有技术上的创新性、经济上的合理性、操作上的可行性，因此吸引了众多企业和风险投资的关注。以第三届大学生创业大赛为例，目前已有10家企业分别与10个大学生创业团队签订了风险投资意向，协议资金达9330万元。

大赛创业的优势：创业大赛不仅为大学生创业者的闪亮登场提供了舞台，更重要的是提供了锻炼能力、转变观念的宝贵机会。对大学生来说，创业大赛是创业的"试金石"。通过这个平台，可熟悉创业程序，储备创业知识，积累创业经验，接触和了解社会。

大赛创业的风险：很多大学生的创业计划由于受到知识、经验的限制，存在对目标市场和竞争对手缺乏了解、分析时采用的数据经不起推敲等诸多问题。这些问题不解决好，大赛创业只能是"纸上谈兵"。

特别提醒：撰写创业计划书是大赛创业的核心部分，并决定能否吸引投资商的兴趣。一份完善、科学、务实的计划书，就是大学生坚实的"创业基石"。

思考与实践

案例思考：如何打破公司部门之间的僵局？

佟先生，某洗衣机公司总经理，创业前是一家机械厂的工程师，1987年和自己最好的朋友林先生创办洗衣机公司。产品获得市场的认可，第2年就供不应求。到1989年，第2年的全年预测产量都已经订出。公司1996年在香港上市。但好景不长，竞争对手大量出现。

1998年公司成立研发部，由来自清华大学的博士后刘女士带领研发团队，研究出一款超薄洗衣机，它更小、更轻、更省水，而且带干衣功能。但由于附加了干衣功能，新产品比同类产品贵了25%，经销商和零售商不愿意销售。新产品滞销使公司市场份额急剧下降。一方面，目前公司的75%的销售都是由14家大的经销商完成的，如果有人转向竞争对手，是十分危险的；另一方面，和佟先生一起创业的林先生是公司销售部的负责人，他担心，销售人才会因为销售受挫、工资大幅降低而流失。销售部开始向研发部埋怨，他们担心外壳过薄，会让顾客担心机器的质量，但研发部的刘女士则认为，向顾客解释外壳薄的原因是销售部的责任，薄可以使洗衣机更轻，节约成本，功能却一样。但林先生认为，顾客就是上帝，他们要厚的外壳，那就必须给他们。

研发部和销售部的关系降到了冰点。刘女士多次找林先生索要详细的市场信息，但林先生担心文件泄密，因为他发现，研发部很多机密文件，连底层的一些小经理都能看到，而且很可能有人已经向竞争对手泄密。

生产及制造部的李先生，则站到研发部这边，他认为销售人员没有在刻苦工作。

思考：目前销售部、研发部和生产部矛盾重重，如果你是佟先生，将如何打破僵局？

扩展阅读

创 业 锦 囊

《三国演义》中，赵云按照诸葛亮的锦囊妙计行事，不仅帮助刘备顺利地迎娶了孙权之妹孙尚香，又使带兵追赶的周瑜落入埋伏，损兵折将、大败而回，这就是诸葛亮"锦囊妙计建奇功"的故事。创业是一项很复杂的工作，在整个企业过程中总会遇到这样或那样的问题。为了预防、解决这些问题，使企业之路更加平坦宽阔，在此，为大学生创业者提供了创业锦囊——大学生创业的"五项基本原则"。

1. 避免创业的"从众心理"

行业体现着时代的特点，也受到时代的制约。一个时代有其流行的行业，也有多数人不太看好的行业，即所谓的"热门"和"冷门"。由于缺乏对市场的认识，初次创业者很可能把眼光盯向那些所谓的"热门"行业。听说加盟连锁店赚钱，就决定加盟，看到IT行业兴起就贸然投资，别人干什么赚了钱或成了名，不分析其有利条件和自己的不足，就一哄而上、盲目跟风，这就是"从众心理"在作怪，而这种心理往往会将你引向失败的深渊。

如果在清楚地了解市场近期前景、在项目与自身特点相匹配的情况下，从事"热门"行业并不是不可以，但是，真正成功的人，往往是那些善于发现商机，寻找"冷门"行业，从而抢先进入市场、抢占市场份额的人。因此，我们不妨借鉴经济学上"人无我有，人有我优，人优我专"的思路，用科学、环保、健康等新的观念，从别人忽略的"冷门"行业着手创立新的行业。新的行业拥有广阔的空间和无限的商机，会给创业者带来意想不到的企业前景。

2. 勿以事小而不为

《荀子·劝学篇》有："不积跬步，无以至千里；不积小流，无以成江海。"任何事物的发展都是由小到大、由弱到强的过程，创业尤是如此。有些大学生创业者认为自己应该是"做大事的人"，要成为"不鸣则已，一鸣惊人；不飞则已，一飞冲天"的创业名人。正是这种心态使得他们看不起收入低的行业，也因此错失很多机会。结果只能是在追求"空中楼阁"的梦幻中，遗憾地结束自己的创业之旅。在我们周围不乏这样的例子，那些开口闭口非大钱不赚的人，往往在若干年后变得一事无成。

3. 选好创业"切入点"

创业项目就是创业的切入点。只有从自身优势出发，选择有限且明确的经营项目，才能形成自己的核心竞争力，以减少创业风险获得成功。事实证明，从前那个凭着一股冲劲、某个灵感就能占领市场、赢得创业的时代已经过去了。能否在市场准确定位以及是否具有良好的创业项目成为决定创业成败的关键因素。因此，创业者在初次创办企业时，必须对所选的项目进行市场可行性调查、研究和分析。

选择创业项目首先要关注该项目的未来发展前景，绝不能因利益驱动和短期行为而贻误远大前程。之后，还要对所选的项目进行深入、细致的市场调查。市场调查要注重对 4 个方面内容的考察：①考虑自身特点与创业项目的匹配，主要从自身专业技术、性格、能力等因素与选择项目进行比较；②了解行业信息，包括此类公司的营业面积、场地租金、员工薪酬、月营业额、利润、所需设备及设备价格等方面的信息；③了解可能的顾客情况，包括数量、分布、文化层次、消费水平及消费要求；④了解自己的竞争对手，在自己选定的经营范围内，考虑同型公司的数量、分析密度、占据的市场份额以及经营方式等内容。在此基础上，再从技术和经济角度对所选项目进行综合评估、测算，最后确定切实可行的创业项目。

4. 学会理财

对于初次创业的人而言，一开始就投入自己所有的资金积蓄，或者大肆举债，甚至寻求风险投资机构帮助的举动都是不明智的。这犯了理财上的大忌，即急于求成，缺乏分散风险的意识。由于大学生自身市场经验、管理能力等方面的不足，初次创业的成功概率只有 20%～30%。在这一阶段，如果过多地投入资金，一旦失败，会对今后的发展产生巨大的影响。因此，建议创业者学会理财，要"量力而为"，别"把鸡蛋都放在一个篮子里"。大学生创业者可以通过以下步骤合理分配资金，进行有效的创业投入。

（1）算算自己有多少资产

分析你目前及短期内可运用的资金，认清自己的财务负担能力，制定合理的创业理财规划。

（2）制订未来的财富目标

根据自己的能力，与家庭成员或合作伙伴共同协商，定出短、中、长期的创业理财目标。

（3）寻求适合的投资项目

配合短、中、长期的目标，决定各个目标的资金量，从而进行合理有效的分配。

（4）编列投资所需的资金

选择合适的投资项目后，接着是将资金分配到不同的阶段，最好的方式是编列预算表，用来控制投资的进程。预算表的另一项功能是可依据的实际数字，准确评估项目完成时间或目标是否能够按时达到，是否需要追加资金等。

（5）拟订有效的执行计划

将项目执行中每一个目标视为单一的项目，制定有效的执行计划，包括资金来源的规划和进度等。

（6）适时的检讨修正

创业理财计划的执行，常会出现多个目标重叠的现象，因此要随时检视执行进度，考虑外在经济环境的变化。如果财务能力已经提升或降低，则要适时修改执行方法，让目标顺利完成；或者直接修改投资标准，以避免无法达到目标或造成资源的浪费。

创业理财区别于普通意义上的个人理财，它不仅要求创业者懂得"节流"，同时要求创业者懂得如何运用手中有限的资金"开源"。因此，创业者要学会围绕资金运动展开自己的理财活动，尽量将创业资金投入的数额减到最低，保证每笔资金都用得妥当，用得有效。

5. 选址决定"钱"途

在决定了自主创业、选好项目之后，接下来最重要的就是选址。有关专业家认为，创立企业，尤其是从事以门市为主的零售、餐饮等服务业，店面地址的选择是决定成败的关键因素之一。可以说，选址决定了你未来的"钱"途，好的选址往往等于一半的成功。

为了你的"钱"途，大学生创业者应该特别关注这一问题。建议：工厂、仓储等为了减少中间环节，降低生产成本，提高运行效率，可以选在开发区；服务性行业，可根据经营内容来选择地址，服装店、小超市要开在人流量大的地方；保健用品商店和老年人服务中心适宜选在安静但又有固定客源的地方，如社区；电子商务或者文化咨询等产业选择面就更广了，可以在不影响邻居的情况下开在居民楼里。

第八章 塑造创业素养

小王，某高校服装工程专业毕业生，在校期间学习成绩优异，尤其是在服装设计方面表现出较大的潜力，并连续获得一等奖学金，先后被评为校级"三好学生""优秀学生干部"。

他根据自己所学专业及职业定位，客观地为自己制订了职业发展计划：

1）进入一家管理规范、质量要求较高的服装企业，利用一年时间提升自身的样板、工艺等技术能力。

2）当具备了一定的打板能力后，再进入服装品牌企业，锻炼自己的设计水平。

3）毕业 5 年后进入一家知名服装品牌企业，充分发挥自己的设计能力，争取走上技术或设计总监岗位，并承担管理工作，同时将男装设计确定为自己的发展方向。

4）在工作中不断总结经验，进一步完善自己，最终实现自己的创业目标——经营自己的男装品牌公司。

下面是小王的实际职业发展流程：

小王按照自己的职业规划，首先进入了一家大型服装企业工作。在熟悉了生产工艺过程、掌握一定的打板技术后，他又先后在几家中国男装品牌公司拜师学艺。1999～2008年，在浙江温州某服装集团有限公司担任设计总监。2009 年 1 月，在浙江温州某服装有限公司担任总经理，走上了创业之路。

思考：

① 你是如何理解小王的求学、职业发展经历与创业选择的？

② 你认为职业生涯规划与创业有关系吗？

③ 对以上案例进行分析，你认为创业成功的要素有哪些？

本章要解决的问题

1. 大学生自主创业的意识如何激发，创业精神如何培养？

2. 如何提升大学生创业能力？

3. 大学生应学习掌握哪些创业知识？

主题 1 大学生创业意识和创业精神

困惑和思考

托尔斯泰（Tolstoy）说："幸福的家庭都是相同的，不幸的家庭则各有各的不幸"。套用这一句话，成功的创业者都是相同的，失败的创业者则各有各的原因。成功创业的背景、动机各有不同，正像萝卜与白菜一样，虽然营养成分、味道各不相同，但它们都是蔬菜，可以充饥、滋养身体。那么，成功的创业者具有什么共性呢？大学生该如何学习、把握、培养这些共性，最终成功创业呢？

一、大学生创业意识的激发

相对于西方迅猛的创业热潮，我国大学生创业人数不多的根本原因在于创业意识还没有得到很好的培养和激发。

1. 什么是创业意识

创业意识是指在创业实践活动中对人起动力作用的个性心理倾向，包括需要、动机、兴趣、思想、信念和世界观等心理成分。创业意识集中支配着大学生对创业活动的态度和行为，并规定着大学生创业行为的方向和力度。

创业意识是创业的先导，构成了创业者的动力，是创业思维和创业行动的必要准备，因此，每一个希望创业的人都必须强化创业意识，而且强化大学生创业意识是高校工作的当务之急。教育实践证明，创业意识是可以强化的，而注意进行早期强化大学生创业意识工作，对创造力的开发及增强创业能力均会产生良好的催化作用。

随着我国高等教育从"精英化"迈向"大众化"，高校毕业生就业形势日益严峻，而我国的大学生创业教育尚处于起步阶段，创业意识的缺失成为大学生创业的主要障碍之一。因此，如何引导大学生树立正确的创业意识、培养大学生的创业能力，都是需要认真思考的问题。

大学生创业应具备的创业意识主要有创业主体意识、风险管理意识、知识更新意识、资源整合意识、战略策划意识、信息开发意识、追求盈利意识、优化环境意识、危机意识、创新意识、战略意识、竞争意识、可持续发展意识等。

2. 激发大学生创业意识

激发大学生创业意识包括以下 5 种措施。

（1）加大创业意识教育力度，多举办科技创新活动

深化高校人才培养模式、学科专业、课程设置、实验制度、考试制度等方面的改革，更好地促进大学生创业意识的培养和激发。例如，开设大学生科技创新创业指导机构，

完善科技创新管理体制，激励学生将业余时间投入到创新创业活动中，鼓励有余力的学生结合专业特长和研究兴趣参加教研室的教学研究和基础研究工作等。另外，要多提供必要的软、硬件设施，开放实验室，建立实习实训基地，设立大学生科技创新基金，大力开展以"挑战杯"大学生科技竞赛、数学建模竞赛、创业设计大赛等为主要形式的科技创新活动，合理利用科研资源拓展大学生科技创新创业领域，全面提升大学生的创业意识和创业技能。

（2）引导大学生积极参加社会实践

社会实践是大学生增强创业意识与才干的重要途径。通过社会实践可以促使书本知识与实践有机结合，培养大学生的组织管理能力、社交能力及创造能力。大学生由于很少走出校园，对创业的艰苦缺乏足够的认识，加之校园生活比较平静、缺少逆境和复杂的情景体验，于是许多大学生依赖性强、意志薄弱、经不起挫折、缺乏吃苦耐劳的创业精神。通过社会实践深入社会，大学生可以看到或体验到创业的艰辛，提高自己的心理承受能力，锻炼自己的创业心理品质。

（3）结合专业特点创办工作室

大学生创业只有结合自己的专业开展相关的创业活动，才会提高产品的质量和档次，在市场中才会立于不败之地。这样，既可以把书本上学到的知识运用到实践中去，激发大学生的创业热情，也可以通过实践来检查课本所学的知识，端正大学生的学习动机。同时，工作室要积极与相关企业建立业务关系和良好的合作关系。

（4）班级中新设创业委员

大学班级管理中一般是由班长、团支书、学习委员、体育委员等组成，这些班委在各自职责上发挥着重要作用，如设立了体育委员，班级的各种体育比赛才可以有组织地开展。正是基于这种便于组织管理的考虑，大学可在班级中新设创业委员，其职责就是协助院系和学校开展各种创业活动，同时带领本班同学开展一些创业活动。笔者发现，在设立创业委员之前，同学的创业积极性不高，有创业意识的同学较少，个别有创业意识的同学也不知道如何申请院系和学校的创业工作室；设立创业委员之后，班级中有专人负责创业工作，大大激发了同学的创业热情。

（5）在团学社团活动中增设创业协会

目前创业活动在全国还是起步阶段，在大学生中的影响力较小，也没有很好开展创业活动的平台。大学生社团活动有着许多优秀的学生干部和品牌项目，如果在这些社团活动中增设创业协会，将有助于宣传大学生的创业活动。创业协会通过参观知名企业、邀请企业家讲座等活动，可以培养一批懂创业、爱创业的优秀学生干部，从而大大增强大学生创业的能力，激发大学生的创业意识。

探索活动

测一测：自己是否适合创业

做以下选择题，看自己是否适合创业。

① 我认为自己是一个理财高手。　　A. 是　　B. 否

② 对于工作我总是先要彻底地了解其目标。　A. 是　B. 否

③ 能自觉地完成分派给自己的任务。　A. 是　B. 否

④ 喜欢在竞争中看到自己的良好表现。　A. 是　B. 否

⑤ 当我需要别人的帮助时，我能充满自信地要求，并能说服别人来帮我。A. 是 B. 否

⑥ 我有能力安排一个环境，使我在工作时不被打扰。　A. 是　B. 否

⑦ 我交往的朋友中，有一群有成就、有智慧、有远见、老成稳重的人。A. 是 B. 否

⑧ 朋友常常寻求我的意见。　A. 是　B. 否

⑨ 我在工作或者学习团体中，被认为是一个受欢迎的人。　A. 是　B. 否

⑩ 我可以为赚钱而牺牲个人娱乐。　A. 是　B. 否

⑪ 我总是独自担负起责任。　A. 是　B. 否

⑫ 在工作时，我具有足够的耐心与毅力。　A. 是　B. 否

⑬ 我能在很短的时间内，结交很多的朋友。　A. 是　B. 否

⑭ 我曾经被推举为领导者。　A. 是　B. 否

⑮ 我关心别人的需要。　A. 是　B. 否

分析：

①～⑩题，每题 5 分；⑪～⑮题，每题 10 分。

①～⑮题的答案均为 A，或总分为 90 分及以上者更适合创业。

二、大学生创业精神的培养

创业精神是创业的动力源泉，是成功创业的前提。一般来讲，没有创业精神就不会有创业行动，也无从谈起创业，即使有创业，也往往是浅尝辄止，半途而废，因为创业的道路不会是一帆风顺的，而总是充满着困难和荆棘的，所示大学生具有较强的创业精神是至关重要的。

1. 创业精神的含义

创业精神是指在创业者的主观世界中，那些具有开创性的思想、观念、个性、意志、作风和品质等。创业精神是创业者自身所具备的，能帮助其完成创业过程、取得创业成功的精神品质，能够使创业者在逆境和艰苦的创业环境中仍然保持积极的创业心态。

创业精神有 3 个层面的内涵（见图 8-1）。

图 8-1　创业精神的内涵

哲学层次的创业思想和创业观念，是人们对于创业的理性认识；心理层次的创业个性和创业意志，是人们创业的心理基础；行为学层次的创业作风和创业品质，是人们创

业的行为模式。

大学生创业精神的基本内涵还应体现"对生存环境的主动适应、对文化与生活的综合阅读和为奋斗目标的执着追求"。具有独立创业精神的现代大学生，应该具有较强的环境适应能力，及时调整自己的人生目标和行动方案；必须要有更加宽阔的文化视野和思维空间，坚持正确的思想方向和科学的世界观、人生观、价值观，把握好生存与发展的最关键问题；应将自己的奋斗目标与脚踏实地的作风结合起来，不断提高实践能力。

创业精神主要包括欲望、自信、坚韧和胆量4个方面。创业精神是创业者创业成功不可缺少的内在条件，支配和调节着创业者的态度和行为，并规定着态度与行为的方向和力度，具有很强的选择性和能动性。在创业实践中起着关键的调节作用。正所谓"一条锁链，最弱的一环决定整个锁链的强度；一个木条水桶，最短的一条决定水桶的容量；对于一个人，素质最差的一面决定其发展"。因此，对于创业者来讲，具备优秀的素质显得尤为重要。

（1）欲望——成功创业的内在动力

创业的欲望可以概括为创业的强烈向往。它和创业冲动不同，这不是一时的兴致所至，而是包含着坚定的信念、强烈的向往。创业需要克服各种各样的困难，仅凭3分钟的热度是无法实现的。大学生只有具备强烈的创业欲望，才能开辟自己的创业天地，实现成功的创业梦想。

欲望实际就是一种生活目标，一种人生理想。创业者的欲望与普通人欲望的不同之处在于，他们的欲望往往超出现实，往往需要打破现在的立足点、打破眼前的樊篱，才能够实现。因此，创业者的欲望往往伴随着行动力和牺牲精神。这不是普通人能够做得到的。

创业者的欲望是不安分的，是高于现实的，需要踮起脚才能够得着，有的时候需要跳起来才能够得着。一个人的梦想有多大，他的事业就会有多大。所谓梦想，不过是欲望的别名，可以想象欲望对一个人的推动作用有多大。大学生只有具备强烈的创业欲望，才能开辟自己的创业天地，从而实现成功的创业梦想。

典型案例

你将要登上自己的顶峰

几年以前，一个世界探险队准备攀登马特峰（阿尔卑斯山系最著名的山峰之一）的北峰，在此之前从来没有人到达过那里。记者对这些来自世界各地的探险者进行了采访。

一位记者问其中的一名探险者："你打算登上马特峰的北峰吗？"他回答说："我将尽力而为。"记者又问另一名探险者："你打算登上马特峰的北峰吗？"这名探险者答道："我会全力以赴。"记者问了第3名探险者同样的问题。他说："我将竭尽全力。"

最后，记者问一位美国青年："你打算登上马特峰的北峰吗？"这个美国青年直视着记者说："我将要登上马特峰的北峰。"

结果，只有一个人登上了北峰，就是那位说"我将要"的美国青年。他的欲望就是要到达北峰，结果他的确做到了。

以上的小故事给人们很大的启发：无论做什么事情，追求什么样的结果，实现什么样的目标，达到什么样的人生，都应该在实现目标之前先有成功的欲望。先有欲望再去努力，只有这样才能够真正地做到。

很多人会为了实现自己的目标尽力而为，其实"尽力而为，量力而行"就是为了将来实现不了自己的目标找借口，"我已经尽力而为了，可还是没有达到目标，这就不是我的原因了"。很多人会为了实现自己的目标全力以赴、竭尽全力。这样的人，很多时候，小的目标能够顺利地实现，能够尝到成功的喜悦，以为这就是成功的法则，但是这并不是成功的最佳方法、最高境界。对于一些长期的、远大的目标，很多这样的人会在中途力不从心、半途而废、败下阵来，最终没有实现自己远大的抱负。只有在做事情和实现自己的目标前先有达到目标欲望，并且希望比目标做得还要好，才能够在实现自己的目标道路上鞭策自己，不断前行，最终到达成功的彼岸。

（2）自信——成功创业的心理支柱

创业者一般充满自信，确信自己的能力和经验，成功的创业者与众不同的地方在于他们永远不乏自信。一个人的成功不是命中注定的，而是靠自己掌握的。成功的创业者都有很强的自信心，相信自己的判断，相信自己的决策，而不习惯听命于他人。对自己向往的东西、喜爱的工作有锲而不舍的劲头，对自己的创业目标和信念永不放弃。创业不是一朝一夕就有所成的，而是需要付出很多艰辛的，有才华，还要有机遇，更要有超出常人的毅力。

汽车大王福特决定开发8缸发动机时，设计师认为不可能。福特非常自信，无论如何要开发制造出来。一年过去了，仍未成功。福特没有气馁，继续坚持。如今，福特V-8已经获得了辉煌成就。北京富亚企业为了展示其涂料无毒，总经理认真地做实验，让小猫、小狗喝富亚涂料，一群动物保护组织的成员举行了抗议。在此情景下，总经理伸手拿来玻璃杯，张口喝了下去……在场的人惊呆了。事实证明，富亚涂料当年的销量增加了400%。总经理喝的就是自信，就是市场。

缺乏自信的人不要创业，因为创业是一项开创性的工作。经历一次又一次的失败而决不放弃，是创业者的主要特征。在创业的道路上，只有执着地沿着既定的目标和方向前进，才能克服创业道路上遇到的危机和障碍。

典型案例

成功源于自信

迈克尔·戴尔（Michael Dell）1965年出生于休斯敦，他的父亲是一名牙医，母亲是一名经纪人。他们结识了许多中上阶层的人，这也使得小戴尔有机会经常与那些自信的成功人士接触，从而培养了他自信的性格。通过与那些人的交往，小戴尔懂得了许多新鲜的东西，其中也包括计算机。

为了不辜负父母对他的一片期望，戴尔在 1983 年进入了得克萨斯大学，成为一名医学预科生。但事实上他只对计算机行业感兴趣，很想大干一场。他坚信自己会在这个领域打拼出一片属于自己的天地。

于是，他从当地的计算机零售商那里以低价买来了一些积压过时的 IBM（international business machines corporation，国际商业机器公司）的笔记本计算机，由他自己进行改装升级后转手又卖出去，很快便销售一空，他靠计算机赚得了第一笔收入。

初涉商海的成功，不但让戴尔拥有了一笔数目可观的积蓄，更让他获得了极大的信心。大学第一学年结束以后，他打算退学，专心创业。不出所料，他的这个想法遭到了父母的坚决反对，为了打破僵局，戴尔提出了一个折中的方案：如果那个夏天，自己的生意销售不令人满意的话，他就继续读他的医学。他的父母接受了这个建议，因为他们认为戴尔根本无法取得这场斗争的胜利。但他们错了，戴尔的表现让他的父母根本没有机会再讨论以上问题，因为他仅在第一月就卖出了价值 18 万美元的改装笔记本计算机。从此，他再也没有回过学校。

一位创业者的成功，当然取决于很多因素。但在迈出第一步时，最重要的是自信，要相信自己的选择是正确的，相信自己能成功，这是创业的原动力，也是支撑你一直走下去的强大力量。建立在理性分析基础上的自信，是人生和事业成功的基础，也是成功创业的基础。当你坚定不移地对自己说"我能行"时，创业之门才会为你开启。

培养自信的方法

> 认识自己的优点；
> 挑前面的位置坐；
> 练习正视别人；
> 把走路的速度加快 25%；
> 练习当众发言；
> 咧嘴大笑；
> 怯场时，不妨说出来；
> 要在小自信中积累大自信；
> 做自己能做到的事情；
> 把大目标分解成小目标。

（3）坚韧——成功创业的重要保障

曾任美国总统的约翰·卡尔文·柯立芝（John Calvin Coolidge）在其晚年的人生回忆录中曾写过这样一段话：世上没有一样东西可以取代顽强和坚韧。才能不可以——怀才不遇者比比皆是，一事无成者处处可见；教育也不可以——世界上充斥着学而无用，学非所用的人；只有顽强和坚韧，才能无往而不胜。

成功绝不是一蹴而就的，大学生创业要面对许多意想不到的挫折和考验，成功的秘诀就是如此简单，那就是忍耐，决不放弃。

对于一般人来讲，坚韧是一种美德，对创业者来说，坚韧是必须具备的品格。对创业者来说，肉体上的折磨算不了什么，精神上的折磨才是致命的。如果有意创业，一定要先在心里问一问自己，面对从肉体到精神上的全面折磨，有没有一种宠辱不惊的"定力"与艰苦奋斗的精神。如果没有，那么一定要小心。对有些人来说，一辈子给别人打工、做一个打工仔，也许是一个更合适的选择。

《士兵突击》中那个开始连单杠都上不去的许三多，却凭着没日没夜的努力，在杠上连续大回环333圈，打破全连纪录，这就是信念；面对天天无所事事、浑浑噩噩的队友，他却始终保持着士兵的本色，每天负重长跑10公里以上，这就是信念。创业的道路上，我们需要拥有的，就是这种坚定的信念。

马云说："在创业的道路上，我们没有退路，最大的失败就是放弃。"要想取得创业的成功，创业者必须具备强烈的自我实现、追求成功的创业意识。它可以帮助创业者克服各种艰难险阻，更可以给人们坚持不懈的勇气和动力。这种坚持不抛弃、不放弃的信念，才能指引着创业者最终到达自己人生的奋斗目标。

典型案例

决不放弃的史玉柱

如果说许三多演绎了荧屏上的"不抛弃、不放弃"，那么史玉柱则是用自己18年的从商坎坷路，演绎了真实版的"不抛弃、不放弃"。史玉柱后来拥有的成功绝不是来自偶然：行业选择上他精挑细选，对待竞争他守法，管理上他历尽坎坷摸索真谛，战术上他师从伟人，投资领域亦不落人后。

史玉柱的巨人集团曾经由辉煌走向解体，这一事件一直在街头巷尾被谈论，成为中国商业史上为数不多的关于失败的经典案例之一。1989年，史玉柱以4000元借债起家，短短5年，就位居福布斯"中国内地富豪排行榜"第8位。但在1997年年初，一个震撼人心的消息把舆论搅得沸沸扬扬：巨人集团彻底瘫痪，巨人大厦被迫停工，欠债高达数亿元……顷刻间，财富灰飞烟灭，沦落为负债2.5亿元的"中国首穷"。这位昔日"十大改革风云人物"、时年35岁的巨人集团董事长史玉柱，从公众视野中彻底消失了整整3年。

尽管史玉柱当时输得彻彻底底，但他的故事并没有就此结束。倒下的巨人集团没有放弃拼搏，有着一股永不放弃的精神的史玉柱，随后的经历更加具有传奇色彩。1999年，史玉柱注册建立生产保健类产品的生物医药企业——上海健特生物科技有限公司；2000年，史玉柱再度创业，开展"脑白金"业务，大获成功并迅速推广至全国；2007年11月1日，史玉柱旗下的巨人网络集团有限公司成功登陆美国纽约证券交易所，总市值达到42亿美元，融资额为10.45亿美元，成为在美国发行规模最大的中国民营企业，史玉柱的身价突破500亿元；2008年10月，史玉柱创办的巨人投资公司开始开辟在保健品、银行投资、网游之后的第四战场——保健酒市场，至此，"五粮液黄金酒"的这款保健酒也进入了人们的视线。

几年之后，史玉柱奇迹般地卷土重来，给中国商界乃至世界商界留下了一个意味深长的感叹号：他不仅还清了负债，还重新跻身于亿万富翁之列，胜过当年的鼎盛时期。从一穷二白的创业青年，到全国排名第8位的亿万富翁，再到负债2个多亿的"中国首穷"，再到身家 500 亿元的商业家……史玉柱演绎的这个"不抛弃、不放弃"的故事，让许多人跌破了眼镜，也让许多人点燃了梦想。

在大起大落的创业生涯中，史玉柱之所以能笑到最后，就是因为始终坚持"不抛弃、不放弃"理念，在一败涂地时依然自信坚强，才有了东山再起的可能。对创业者来说，成功也许很远，远到你无法再多一点希望；成功也许很近，近到你只需再坚持一步。创业是一个系统的、复杂的体系，从创业之前、创业之初到企业规模不断发展，都需要创业者凭智慧和勇气，不断寻找出每个阶段的关键点并迅速突破。这个过程，离不开"不抛弃、不放弃"的坚持精神。

对所有创业者来说，永远告诉自己一句话："从创业的第一天起，你每天要面对的是困难和失败，而不是成功。我最困难的时候还没有到，但有一天一定会到。困难能躲避，但不能让别人替自己扛。任何困难都必须自己去面对。创业者就是要面对困难。"

（4）胆量——成功创业的必要基础

创业是需要强大心理承受能力的一项活动。有人说，"爱拼才会赢"这首歌是闽商精神的一种生动体现。有位管理学家说过：冒险就好像探索一片神秘的沼泽地，你必须携带足够的食品、器材和指南针。敢于冒险几乎是所有创业者的共同特性，但是创业者绝对不是野蛮的冒险者，而是擅长衡量风险的冒险者。如果问，什么样的人最适合创业？那就是有勇气、有胆识、敢想敢干、有所作为、富于冒险精神的人。

创业需要胆量，需要冒险。冒险精神是创业家精神的一个重要组成部分，但创业毕竟不是赌博。创业家的冒险，迥异于冒进。冒险是经过深思熟虑和自己的努力，追求目标的一种勇气。否则，一味地蛮干，只是冒进。无知的冒进只会使事情变得更糟。

典型案例

敢于大胆尝试的王传福

王传福原本是做手机电池的。2003 年末，王传福找到了时任上海同济同捷科技股份有限公司总经理的廉玉波，说自己也想造汽车。看着面前这位 40 多岁的安徽人，廉玉波不解地问："你懂汽车吗？"王传福则老实地回答："我喜欢车，我看了上百本书"。而当廉玉波提到日本人和中国人造车都需要用人工造模具，两者的成本差距高达 400%的时候，王传福显得极度兴奋："在电池领域比亚迪仅用 30%的成本优势就击败了索尼、三洋，汽车有 400%的成本优势，我们没有理由打不倒国外汽车企业。"也许是佩服王传福的聪明与勇气，当时也想在民营汽车制造领域一显身手的廉玉波同意加盟比亚迪。

当王传福将投资汽车制造的设想正式在公司管理层宣布时，得到的却是一致性的反对声。不仅如此，外部的压力也超出了王传福的想象。许多投资者感到莫名的愤怒并纷纷给王传福打电话质问。一家美国基金公司在电话中威胁王传福说，如果王传福坚持造汽车，他们将大量抛售比亚迪的股票，直至将其"抛死"。

在王传福看来，手机电池几乎做到了尽头，再想有所突破很难。更何况，即使比亚迪独揽全球手机电池生意，产值也不过几百亿元。在接到投资者一个又一个质问式电话后，王传福坚定地告诉对方："我下半生就干汽车了！"

2003年1月23日，收购陕西秦川汽车有限责任公司可以被看作王传福进军汽车领域的标志性事件。这一天，比亚迪宣布投资2.7亿元收购秦川汽车77%的股份。不过，这一"惊世骇俗"的举动却直接导致了香港市场上基金经理联手抛盘洗仓，2天内让比亚迪的股价暴跌了30%。

可是，倔强的王传福并没有被市场的恐吓所吓倒，他有着一套让市场折服自己的思想逻辑。在王传福看来，汽车只是一个小儿科，既然高科技的手机部件都难不倒比亚迪，汽车就更是小菜一碟了。王传福曾到日本的汽车模具厂参观，工人们趴在生产线上打磨模具的场景让他感到震撼：原来汽车模具中95%的工作要由人工来完成，同样是工程师来做，中国就有成本优势。王传福甚至认为，"一辆上百万的车其实就是一堆钢铁，成本是很小的一部分。因为汽车40%的工序还是靠人工完成，我们可以尽可能把汽车的工序分解到人工。"然而，汽车的游戏规则远不是王传福想象的那么简单。由于比亚迪早期的汽车外观造型丑陋无比，质量问题频出，车主不断投诉，经销商都纷纷拒绝销售比亚迪汽车。在王传福买下秦川汽车的第3年，比亚迪汽车亏损7171.3万元，其唯一品牌福莱尔销量同比急剧下滑53%。

庆幸的是，失败让王传福变得更加地理智与清醒。他开始策划技术人员在消费者比较注重的底盘及造型设计、车内空间和配置等方面的改进上下功夫，而且从减少尾气排量和降低价格上做文章。因此，当比亚迪F3首次投放市场时，其1.6升的排量、7.38万～9.98万元的价格区间、中级轿车的配置，一下引来了无数人的眼球，并创造了全国产量增幅冠军、销量增幅冠军、国内单品中级家庭轿车销量冠军"三冠王"的好成绩。比亚迪汽车也在2006年迎来了转机，当年，比亚迪汽车业务销售一改连续3年亏损的局面，成功实现1.16亿元盈利。而在比亚迪相继推出的F3R、F6等车型之后，比亚迪在国内汽车市场已经稳稳站住了脚。

全新的业绩再一次证明了王传福6年前选择的正确：2009年前11个月，比亚迪的累计销量达386 142辆，较上一年同期增长幅度达到137%，远高于中国汽车市场整体增幅。面对这一令竞争对手畏惧的增势，人们似乎又听到了王传福在比亚迪F6下线时向世人夸下的海口："比亚迪汽车要在2015年做到中国第一，2025年全球第一！比亚迪已经成为国内做电动汽车的佼佼者，他们的目标是做到世界第一！"

在创业途中要有耐力、有胆识，"艰难困苦，玉汝于成"很贴切地说明了创业的不易。王传福做到了。比亚迪想成为世界第一的目标，是建立在王传福惊人的革新胆量和电动汽车技术出现革命性突破的基础上的。假设汽车电池可以做得足够轻，容量又足够大，同时彻底解决回收污染问题，传统的燃油发动机、变速箱等技术，确实会面临被淘汰的命运。如此一来，传统汽车巨头多年积累下的众多技术优势，也就无用武之地了。而作为当今全球镍氢、镍镉电池第一大生产企业，锂电池的第二大生产企业的比亚迪，如果在电池技术上实现突破，确有机会鹤立鸡群，创造神奇。

2. 大学生创业精神的培育

培育大学生的创业精神是一个系统工程，全社会都应该热心地关注和支持大学生创业就业，政府、高校、教师、大学生及家庭应各尽其责，构建和谐的创业、就业环境。

（1）政府：营造氛围，政策配套，机制运行

政府应为高校毕业生的创业、就业创造良好的宏观环境。要加大对创业精神和创业者成功之路的宣传，营造更好的创业氛围，推动创业活动上升到一个新的水平。要做好毕业生创业服务的"窗口"工作，协助高校做好创业、就业指导培训工作，出台鼓励高校毕业生自主创业系列配套政策。

① 通过创业培训提高创业能力。要想将人力资源的压力转为人力资源优势，并进一步转化为经济社会发展优势，其出路之一就是提高创业者素质，培养创业型人才。创业者特别需要创业知识和技能培训，需要获得创业指导及政策、法律、财务等方面的咨询服务。

② 建立信用服务体系。建立和健全信用管理服务体系是一项十分紧迫的任务，它包括两个方面：建立信用记录档案，其中经济活动的信息是最为主要的；利用现代高科技手段，建立信用征集体系，使个人和企业的信用能为社会知晓。

③ 落实政策，加强扶持，构建有利于创业的运行机制。需要劳动和社会保障部组织各地落实新一轮就业、再就业政策，引导、支持和扶助劳动者自谋职业、自主创业。这是就业政策体现"积极"的主要方面。要以创业培训和创业指导为着力点，以小额担保贷款和税费减免、场地安排等政策为依托，将创业项目的开发汇聚和推广、对开业者的跟踪服务扶持作为主要环节。

（2）高校：系统指导，有效教育，实践实训

① 学校要把以创业精神培育为重点内容的就业指导工作从毕业班向低年级辐射，做好学业、职业、就业、事业生涯设计。从大一年级起就开设"创业课"，培养学生"做老板"的意识和能力。对毕业生自主创业策略、自主创业的可能性和素质要求、实施途径及发展趋势等进行研究并进行引导。学校在培养目标、人才规格、课程体系的设计上要贯彻"厚基础，宽口径，重素质，强能力"的思想，强化实践教学，注重创新能力培养。

② 学校要打通创业教育的实践环节，创建培育大学生实践能力与创新能力的内外环境。要强化大学生的创业意识，切实提高创业者的综合素质；以对未来负责的精神对创业教育进行人力物力的投入，做长期性的探索；积极开设活动课程和开展第二课堂活动，提高学生实践能力与创新能力。在引入实践课程和进行创业"实训"活动中，打通实践瓶颈，促进创业教育体系的形成。

③ 学校要注重创业师资队伍的建设。一方面，创业教师队伍由具有创业培训师资格的专业教师组成，在此基础上，学校要继续为不具备培训师资格的教师创造培训机会，并鼓励和支持教师带动学生进行创业实训；另一方面，建立企业、工商、税务等各界专业兼职教师队伍，要求兼职教师经常与学生面对面交流，近距离感受"企业家教授"风采。

（3）学生：更新观念，坚定信念，提高素质

① 更新创业观念，坚定创业信念。大学毕业生创业需要坚持、冷静、审慎的态度，需要有一定的知识、能力、经验的积累，对社会也要有一定的了解，同时还要有艰苦奋斗、自强不息和勇于冒险的精神。

② 努力培养自己的创业素养。创业素养是一种综合性的、较高层次的素质，是创业精神的内核，是创业教育与自我教育的重要内容，是知识、能力、人格的辩证统一。创业知识是学生进行创业的基本要素，包括专业技术知识、经营管理知识和综合性知识；创业能力是直接影响创业实践活动效率的因素，主要包括社会能力、认知能力和操作能力；创业人格是创业基本素质中的调节系统，是信念、敬业精神和诚信等因素的结合。创业是意志力的实践，唯有将以"诚信"为核心的创业道德内化为自觉行为，才能成功创业。

大学生特别需要从以下 5 个层面提升自己的创业素养：要能够承受挫折。创业充满了风险与艰辛，因此应有充分的思想准备，应虚心接受别人的意见，敢于直面挫折和失败，并时刻保持创业激情。要有商业敏感性。培养自己的商业敏感性很重要，它是发现商机、找到创业项目的前提，是创业的起点。要坚持科学与理性。创业需要冒险，需要在科学与理性的基础上进行冒险。要对创业项目进行科学论证，这是创业的首要环节。要培养自己的创业信用。随着国家建立信用服务体系，大学生创业资金将更容易得到保证。这就要求大学生在创业的过程中，牢固树立诚信意识，把良好的信用记录当作自己最原始的资本去积累。要有敬业奉献、团结协作、精诚一致的团队合作精神。

（4）家庭：淡化世俗，支持孩子，创业就是最好的就业

专家指出，家长传统就业观念和世俗的成才观是大学生创业的最大阻力。父母过分地包办会使学生丧失许多敢闯敢试意识，丢失许多大好时机。要以创业促就业，父母要营造有利的创业环境，告诉孩子与其临渊羡鱼，不如退而结网，从而将命运掌握在自己的手中；要鼓励他们思考社会所需和自己所能，扬长避短；鼓励他们克服困难，发扬艰苦奋斗、团结协作、诚实守信的精神，在创业中锻炼自己，以高度的敬业精神服务社会、服务人民，从而实现自身的价值。

探索活动

扔 球 游 戏

这是一个扔球的游戏活动。准备好纸球和球箱，要求一个班的同学自由结组，每组 6 名同学，剩余同学做好活动的成绩记录。

游戏规则：

同学们把球往球箱中投，投球的得分与距离的远近有关系。投球距离离球箱 2 米得 1 分，3 米得 2 分，4 米得 3 分……11 米得 10 分。小组的开始顺序通过石头、剪刀、布的形式来确定，共分 6 轮，每一轮小组成员的先后顺序相同。小组成员的先后顺序、策略等由小组自行决定，每个小组成员只有一次投球机会，具体在哪一位置投球由小组与球员商量决定。所有成员投球结束后，得分最高者获胜。

游戏结束后，请每组至少一名同学与大家分享活动感受，并点评每组成功与失败的原因。

最后老师为本次活动做点评，即本次活动主要是为了让大家明白什么道理。（建议：

结合创业课程，大学生创业如同扔球游戏，其中要有策划，也有极大的风险及不确定的因素，使大家明白要创业是要从很多方面做好准备的。）

主题2 大学生创业知识和创业能力

困惑和思考

"练得金刚钻，才揽瓷器活。"做任何事情，都要有相关方面的系统知识和专业能力，创业也一样。创业知识和能力是一种特殊的综合能力。具体的创业知识和能力有哪些？大学生该如何学习掌握和提升呢？

一、大学生创业需要学习的知识

眼高手低、纸上谈兵是大学生创业很容易陷入的误区。他们长期在校园里，对社会缺乏了解，特别是在市场开拓、企业运营上的经验相当匮乏。因此，大学生创业前要有充分的准备：一方面，靠在企业打工或者实习，来积累相关的经验；另一方面，要不断地学习，积累创业知识，接受专业指导，为自己充电，以提高创业成功率。一般来说，创业应具有专业知识、管理知识、法律知识、税制知识、营销知识等。

1. 专业知识

大学毕业生是高校培养出的从事专业性较强工作的高级专门人才。因此，专业知识是其知识结构的核心部分，也是科技人才知识结构的特色之所在。专业知识是一种与创业目标直接联系和发挥作用的知识体系，是大学生创业的前提和优势，在创业活动中发挥着重要的作用。特别是从事高新技术方面的创业，以新技术、新发明等知识资本作为创业的核心，吸引风险投资。新技术、新发明是以扎实的专业知识为基础的，没有专业知识，大学生创业就失去了创业优势。创业，不是简单的谋生，而是对较理想境界的追求。要想到达理想的彼岸，必须在专业方面打下坚实的知识基础。

2. 管理知识

经营管理知识涉及管理学、战略规划、市场分析与决策、管理心理学、投资学、市场营销学、经济学、服务管理学、人际关系学以及运营管理学等学科。当然，并不是所有的创业者都需要这样全面的知识，而是各有偏重。例如，如果你想进入餐饮业，那么服务管理学知识就是必须了解的；如果想进入制造业，就需要了解一下运营管理方面的知识。总之，要有充分的准备，对所需的知识要好好学习。

> **创业融资的相关知识**
>
> 对创业者来说，能否快速、高效地筹集资金，是创业企业站稳脚跟的关键。据了解，目前国内创业者的融资渠道较为单一，主要依靠银行等金融机构。而实际上，风

险投资、民间资本、创业融资、融资租赁等都是不错的创业融资渠道。

典当融资：创业者的"速泡面"

风险投资虽是"天上掉馅饼"的美事，但只是一小部分精英型创业者的"特权"；而银行的大门虽然敞开着，但有一定的门槛。"急事告贷，典当最快"，典当的主要作用就是救急。与作为主流融资渠道的银行贷款相比，典当融资虽只起着拾遗补阙、调余济需的作用，但由于能在短时间内为融资者争取到更多的资金，因而被形象地比喻为"速泡面"，而且正获得越来越多创业者的青睐。

政府基金：创业者的"免费皇粮"

近年来，政府充分意识到中小企业在国民经济中的重要性，尤其是各省市地方政府，为了增强自己的竞争力，不断采取各种方式扶持科技含量高的产业或者优势产业。为此，各级政府相继设立了一些政府基金予以支持。这对于拥有一技之长又有志于创业的诸多科技人员，是一个很好的获得"免费皇粮"的机会。

创新基金：创业者的"营养餐"

近年来，我国的科技型中小企业的发展势头迅猛，已经成为国家经济发展新的重要增长点。政府也越来越关注科技型中小企业的发展。同样，这些处于创业初期的企业在融资方面所面临的迫切要求和融资困难的矛盾，也成为政府致力解决的重要问题。

鉴于此，结合我国科技型中小企业发展的特点和资本市场的现状，科技部、财政部联合建立并启动了政府支持为主的科技型中小企业技术创新基金，以帮助中小企业解决融资困境。它已经越来越多地成为科技型中小企业融资可口的"营养餐"。

中小企业担保贷款：创业者的"安神汤"

一方面，中小企业融资难，大量企业嗷嗷待哺；另一方面，银行资金缺乏出路，四处出击，却不愿意贷给中小企业。究其原因主要在于，银行认为为中小企业发放贷款，风险难以防范。然而，随着国家政策和有关部门的大力扶持以及担保贷款数量的激增，中小企业担保贷款必将成为中小企业另一条有效的融资之路，为创业者"安神补脑"。

风险投资：创业者的"维生素 C"

广义的风险投资泛指一切具有高风险、高潜在收益的投资；狭义的风险投资是指对以高新技术为基础，生产与经营技术密集型产品的投资。根据美国全美风险投资协会的定义，风险投资是由职业金融家投入到新兴的、迅速发展的、具有巨大竞争潜力的企业中的一种权益资本。

天使投资：创业者的"婴儿奶粉"

天使投资是自由投资者或非正式风险投资机构，对处于构思状态的原创项目或小型初创企业进行的一次性的前期投资。天使投资虽是风险投资的一种，但两者有着较大差别。天使投资是一种非组织化的创业投资形式，其资金来源大多是民间资本，而非专业的风险投资商；天使投资的门槛较低，有时即便是一个创业构思，只要有发展潜力，就能获得资金。而风险投资一般对这些尚未诞生或嗷嗷待哺的"婴儿"兴趣不大。

在风险投资领域，"天使"这个词指的是企业家的第一批投资人，这些投资人在公司产品和业务成型之前就把资金投入进来。天使投资人通常是创业企业家的朋友、亲戚或商业伙伴，由于他们对该企业家的能力和创意深信不疑，因而愿意在业务远未开展之前就为该企业家投入大笔资金，一笔典型的天使投资往往只是几十万美元，是风险资本家随后可能投入资金的零头。

3. 法律知识

每个人在创业的过程中都会遇到一些法律问题，当今大学生并不缺乏法律观念，但可能缺少应有的法律知识。在实际操作过程中，创业者只需要对法律问题有一些基本的了解，专业问题可由律师帮助解决。

开始创业前，创业者需要了解一些创业中所涉及的一些基本法律知识。如《中华人民共和国公司法》、《中华人民共和国合伙企业法》、《中华人民共和国企业登记管理条例》、《中华人民共和国商标法》（以下简称《商标法》）等一系列的法律。

在企业设立过程中，如果是以知识产权等无形资产出资，还需要了解资产评估方面的相关法规。企业产品需要注册商标，这就需要《商标法》帮助企业保护无形资产权益。企业设立后，还需要了解税务登记、需要交纳何种税等。

聘用员工时，涉及劳动法和社会保险问题等，要了解劳务合同的签署以及试用期、医疗保险、失业保险的相关规定等；在企业经营过程中，还要了解《中华人民共和国合同法》《中华人民共和国票据法》等基本的民事法律以及行业管理的法律规定。

4. 税制知识

税收是国家或政府为了满足社会公共需要，凭借政治权力按法定协作标准强制、无偿地参与国民收入分配，取得财政收入的一种形式，具有强制性、无偿性和固定性的特点。税制主要有增值税、消费税、营业税、城市维护建设税、资源税、土地增值税、城镇土地使用税、车船使用税、印花税、个人所得税、企业所得税等。

了解税制知识，了解纳税的基本程序和其中相关规定，有利于对纳税做好筹划，使企业者在遵守税法、不违背税法精神的前提下，可充分运用纳税人的权利及税法中的相关规定，通过经营、投资、理财等经济活动，有利于做到减轻企业的税收负担。

5. 营销知识

市场营销是企业在变化的市场环境中，为满足消费者的需要和实现企业目标，综合运用各种市场手段，把商品和服务整体地销售给消费者的一系列的市场经营活动。创业者只有掌握营销知识，才能把自己生产经营的产品或服务很顺利地销售给消费者。

营销知识可以让企业首先确定市场位置；了解市场规模，细分市场，消费者的偏好和购买习惯；掌握营销知识和策略；还能较好地为企业产品或服务走向市场设计定价、分销和促销计划，让消费者了解企业的产品或服务，方便地买到产品或服务。

因此，营销不是企业经营活动的某一方面，它始于产品生产之前，并一直延续到产品售出之后，贯穿于企业经营活动的全过程。

大学生获取创业知识的途径

大学生获取创业知识的途径就像是不同类型的机舱，各有各的"享受"。

"经济舱"——学校。如今，不少大学都开设了创业指导课，教授创业管理、创业心理学等内容，帮助大学生打好创业知识的基础。大学图书馆也提供了创业指导方面的书籍，大学生可通过阅读增加对创业市场的认识。此外，大学社团活动也为大学生锻炼综合能力提供了大量的实践机会。通过这种途径获得创业知识，无疑是最经济、最方便的。

"商务舱"——媒体。创业是目前媒体报道的热门领域，无论是传统媒体，还是网络媒体，每天都会提供大量的创业知识和信息。一般来说，经济类、人才类媒体是首要选择，比较著名的有《创业家》、《21世纪经济报道》、《第一财经》以及"中华创业网"、"中国创业论坛"等专业网站。此外，各地创业中心、大学生科技园、留学生创业园等机构的网站，也蕴藏着丰富的创业知识。通过这种途径获得的创业知识，往往针对性较强。

"头等舱"——商界人士。商业活动无处不在，大学生平时可多与有创业经验的亲朋好友交流，甚至还可通过电子邮件和电话，拜访自己崇拜的商界人士，或向一些专业机构咨询。了解这些"过来人"的经验之谈往往比看书本的收获更多。通过这种途径能获得最直接的创业技巧与经验，将使大学生在创业过程中受益无穷。

"驾驶舱"——创业实践。大学生创业大赛、创业计划书大赛等各类创业实践活动，是大学生学习创业知识、积累创业经验的最好途径。此外，大学生还可通过创业见习、职业见习、兼职打工、求职体验、市场调查等活动接触社会、了解市场、磨炼自己的心志，从而提高自己的综合素质。

典型案例

手抓饼的成功

重庆90后大学生禹化普大三时就当上了手抓饼小老板，两年时间里发展了4家直营店、1个加工厂和8家加盟店，年收入达250万元。

每天下午4点，在北城天街小吃街店门口，已经有五六个白领在排队。放面团、煎鸡蛋、配作料……三分钟后，两个手抓饼新鲜出炉递给了前面的顾客。和传统烙饼不太一样，这个饼千层百叠，面丝千连，外层是淡淡的金黄色，内层柔软白嫩。

这么多人包围着店，为什么还有顾客加入呢？"这五六个客人是活招牌。顾客也许不知道我们，但看着这人气，就会吸引他们来尝鲜。"禹化普说，小吃店的秘籍就是要保持人气旺，排队人越多生意越好。

"以前我们追求速度，人多了就一次出6个饼。"禹化普说，在2011年做第一家店时这个快捷的方式并没有赢来顾客青睐。他特意跑到成都小吃街去考察，发现类似的小吃店老板总是保持慢工出细活的状态。即便店外已经排起长龙，也不慌。而前来的顾客络绎不绝，等待着他们的美食。

禹化普回到重庆，开始要求师傅一次只做 2 个饼，甚至有时候做一个饼。这个营销方式反响很好，饼保持最好的口感，排队的客人反而更多了，每天平均能卖 400 个饼。

禹化普的北城店虽然租金掏了 1.3 万元，但是却成了店里的活招牌。北城店现在每月能卖 1.5 万个饼，凭借这样的人气，禹老板在月初迎来了三位新的加盟商。

禹化普说，从去年的 5 个加盟商情况来看，基本 4 个月就能盈利。加盟费收 1 万元，门店 3～10 平方米即可，租金价格通常在 3000 元左右。扣掉原料、房租、水电煤及人工费用，按每家店最差卖 300 个饼算，一个月的纯利润平均为 8000 元。

一开始，禹化普想做连锁直营模式，但当他们拥有第三家直营店时，开始打磨品牌。想要与大品牌竞争打开这个细分市场领域，必须吸引加盟商。

"每卖一个面团给加盟商，他们赚 8 毛，我们只赚五毛，薄利多销。"禹化普说，按 10 个月算，5 家加盟店每天至少购买 2500 个面团，一年仅靠卖面团营业额能达到 100 万元。

禹化普创业成功的案例给我们的启示：创业者除了要寻求、把握和选择合适的创业项目外，还应该充分发挥主观能动性，提升自己的决策和经营管理能力。

二、大学生创业能力的提升

创业是极具挑战性的社会活动，是对创业者自身智慧、能力、气魄、胆识的全方位考验。一个人要想获得创业者的成功，除了具备基本的创业素质外，还要具备一定的创业能力。创业能力是一种特殊的能力，这种特殊能力往往影响创业活动的效率和创业的成功。创业能力包括决策能力、经营管理能力、专业技术能力、交往协调能力、创新能力和适应社会的能力。

1. 决策能力

决策能力是创业者根据主客观条件，因地制宜，正确地确定创业的发展方向、目标、战略以及具体选择实施方案的能力。决策能力是一个人综合能力的表现，一名创业者首先要成为一名决策者。

创业者的决策能力通常包括分析、判断和创新能力。

① 大学生要创业，首先要从众多的创业目标以及方向中进行分析比较，选择最适合发挥自己特长与优势的创业方向和途径、方法。在创业的过程中，能从错综复杂的现象中发现事物的本质，找出存在的真正问题，分析原因，从而正确处理问题，这就要求创业者具有良好的分析能力。

② 所谓判断能力，就是能从客观事物的发展变化中找出因果关系，并善于从中把握事物的发展方向。分析能力是判断能力的前提，判断能力是分析能力的目的，良好的决策能力是良好的分析能力加果断的判断能力。

③ 创业实际就是一个充满创新的事业，因此创业者必须具备创新能力，有创新思维、无思维定式，不墨守成规，能根据客观情况的变化，及时提出新目标、新方案，不断开拓新局面，创出新路子。可以说，不断创新是创业者不断前进的关键。

决策能力养成的方法——七步决策法：定义主要问题；找出问题主要原因；确定可能的解决方案；评估可能的解决方案；选择最佳方案；确定执行方案；检验方案是否正确。

2. 经营管理能力

经营管理能力是指对企业发展战略、人员、资金、产品进行有效经营的管理能力，是一种较高层次的综合能力，是运筹性能力。它涉及如何适应市场，如何创建竞争优势，正确地制定企业发展的战略目标；人员的选择、使用、组合和优化；资金聚集、核算、分配、使用、流动；是否能洞察企业提供的产品和服务及其特性，明确自己的产品、服务的顾客目标群，为自己的产品创造市场。

经营管理能力的培养方法

学会经营。创业者一旦确定了创业目标，就要组织实施，为了在激烈的市场竞争中取得优势，必须学会经营。

学会管理。要学会质量管理；要始终坚持质量第一的原则，创业者必须严格树立牢固的质量观。要学会效益管理，要始终坚持效益最佳原则。效益最佳是创业的终极目标。

学会用人。市场经济的竞争是人才的竞争，谁拥有人才，谁就拥有市场、拥有顾客。学会用人，要善于吸纳比自己强或有某种专长的人共同创业。

学会理财。学会理财首先要学会开源节流。开源就是培植财源，节流就是节省不必要的开支。其次，要学会管理资金，心中时刻装有一把算盘，每做一件事都要衡量一下是否有利于事业的发展，是否有效益，是否会使资金增值。

学会营销。要能洞察企业提供的产品和服务及其特性，要根据行业发展状况、竞争对手的缺陷，细分市场，找到自己的产品、服务的顾客目标群，也可以为自己的产品创造市场。

要讲诚信。就创业者个人而言，诚信乃立身之本，"言而无信，不知其可也"。创业者在创业过程中，若不讲信誉，就无法开创出自己的事业；失去信誉，就会寸步难行。要讲诚信，一是要言出即从；二是要讲质量；三是要以诚信待人。

探索活动

管理能力的测试方法

测试说明：下列描述，符合个人情况的计"1"分，不符合的计"0"分。做完后将总分与结果对照。

测试题目：

① 习惯于行动之前制订计划。

② 经常处于效率上的考虑而更改计划。

③ 能经常收集他人的各种反映。

④ 实现目标是解决问题的继续。

⑤ 临睡前思考筹划明天要做的事情。

⑥ 事务上的联系、指令常常是一丝不苟。

⑦ 有经常记录自己行动的习惯。

⑧ 能严格制约自己的行动。

⑨ 无论何时何地，都能有目的地行动。

⑩ 能经常思考对策，扫除实现目标中的障碍。

⑪ 能每天检查自己当天的行动效率。

⑫ 经常严格查对预定目标和实际成绩。

⑬ 对工作的成果非常敏感。

⑭ 今天预先安排的工作决不拖延到明天。

⑮ 习惯在掌握有关信息的基础上制定目标和计划。

测验结果分析：

0～5分：管理能力很差，但具有较高的艺术创造力，适合从事与艺术有关的具体工作。

6～9分：管理能力较差。这可能与你言行自由、不服约束有关。

10～13分：管理能力一般，对专业方面的事务性管理尚可。管理方法经常受到情绪的干扰是最大的遗憾。

13～14分：管理能力较强。能稳重、扎实地做好工作，很少出现意外或有损组织发展的失误。

15分：管理能力很强。擅长有计划地工作和学习，尤其适合管理公司或组织。

3. 专业技术能力

专业技术能力是创业者掌握和运用专业知识进行专业生产的能力。专业技术能力的形成具有很强的实践性。许多专业知识和专业技巧要在实践中摸索，逐步提高、发展、完善。创业者要重视积累专业技术方面的经验和职业技能的训练。对于书本上介绍过的知识和经验在加深理解的基础上予以提高、拓宽；对于书本上没有介绍过的知识和经验要勇于探索，在探索的过程中要详细记录、认真分析，进行总结、归纳，使经验上升为理论知识，形成自己的经验特色，并加以积累。只有这样，专业技术能力才会不断提高。

4. 交往协调能力

交往协调能力是指能够妥善地处理与公众（政府部门、新闻媒体、客户等）之间的关系，以及能够协调下属各部门成员之间关系的能力。创业者应该做到妥当地处理与外界的关系，尤其要争取政府部门、工商部门以及税务部门的支持与理解。同时要善于团结一切可以团结的人，团结一切可以团结的力量，求同存异，共同协调发展，做到不失原则、灵活有度，善于巧妙地将原则性和灵活性结合起来。总之，创业者搞好内外团结，处理好人际关系，才能建立一个有利于自己创业的和谐环境，为成功创业打好基础。

交往协调能力在书本上是学不到的，它实际上是一种社会实践能力，需要在实践活动中学习，不断积累总结经验。

交往协调能力的培养方法

➢ 要敢于与不熟悉的人和事打交道，敢于冒险和接受挑战，敢于承担责任和压力，对自己的决定和想法要充满信心、充满希望。

➢ 养成观察与思考的习惯。社会上存在着许多复杂的人和事，在复杂的人和事面前要多观察多思考，观察的过程实质上是调查的过程，是获取信息的过程，是掌握第一手材料的过程，观察得越仔细，掌握的信息就越准确。观察是为思考做准备，观察之后必须进行思考，做到三思而后行。

➢ 处理好各种关系。可以说，社会活动是靠各种关系维持的，处理好关系要善于沟通。沟通是职业上的"道具"，是处事待人接物的表现。心理学家称：沟通的最高境界是在毫无强迫的气氛里，把诚意传达给别人，使别人受到感应，并产生共识，自愿接受自己的观点。搞好沟通要做到宽以待人、严于律己，尽量做到既了解对方的立场又让对方了解自己的立场。协调交往能力并不是天生的，也不是在学校里通过学习就能形成的，而是走上社会后，慢慢积累社会经验，逐步学习社会知识而形成的。

5. 创新能力

创新是知识经济的主旋律，是企业化解外界风险和取得竞争优势的有效途径，创新能力是创业能力素质的重要组成部分。它包括两方面的含义：①大脑活动的能力，即创造性思维、创造性想象、独立性思维和捕捉灵感的能力；②创新实践的能力，即人在创新活动中完成创新任务的具体工作的能力。创新能力是一种综合能力，与人的知识、技能、经验、心态等有着密切的关系。具有广博的知识、扎实的专业基础知识、熟练的专业技能、丰富的实践经验、良好的心态的人容易培养并形成创新能力，它取决于创新意识、智力、创造性思维和创造性想象等的水平。

创新能力的培养方法

➢ 要涉猎广博的多学科交叉的知识，有一定的知识积累。

➢ 对事物要有足够的好奇心和兴趣。

➢ 要勤于实践，在实践中总结、归纳和提升。

➢ 要突破以往思维定式的束缚，多运用发散思维、联想、对比、组合等创新思维。

6. 适应社会的能力

适应社会和改造社会是对立统一的两个方面。现实生活常常不尽如人意，五彩纷呈的现实生活使刚刚步入社会的大学毕业生眼花缭乱，很不适应。大学毕业生面对现实生活中的消极现象常常产生不安、不满的情绪，而常常以改造社会为己任的大学生却忽视了适应社会这个前提。人类文明总是在继承与创新的矛盾运动中发展。适应社会，正是为了担当社会赋予我们的职责和使命。适者生存，生存正是为了发展。对社会、对环境的适应，是主动的、积极的适应，不是消极的等待和对困难的逃避，更不是对消极现象的认同。大学生只有具备较强的社会适应能力，步入社会后才能尽可能地缩短自己的适应期，充分发挥自己的聪明才智。

与他人有效沟通的方法

➤ 与人沟通永远不嫌迟。不要因为害怕对方可能的反应，以至迟迟不敢沟通。要知道，由于未能及时沟通而造成的真空距离空间，将很快充满谣言、误解、废话，甚至仇恨。

➤ 在沟通的过程中，明白知识并不一定永远是智慧，仁慈不一定永远正确，同情不一定永远被了解。

➤ 负起沟通成功的全部责任。作为聆听者，你要负起全部责任，听听其他人说些什么；作为说话者，你更要负起全部责任，以确定他们能够了解你在说些什么。绝对不能用一半的心意来对待与你有关的人，一定要有百分之百的诚心。

➤ 用别人的观点来分析你自己。把你想象成自己的父母、配偶、孩子和下属。想象你走进一间办公室时，陌生人会对你产生什么印象？为什么？

➤ 听取真理，说出真理。不要让那些闲言碎语使你成为受害者。记住，你向外沟通的都是你的意见，也都是你根据有限资料来源听到的印象。你要不停地从可靠的来源获得各种信息，扩大你的资料库。

➤ 对你听到的每件事，要以开放的心态加以验证。不要存有偏见，要有充分的分析能力，对真相进行研究与检验。

➤ 对每个问题，都要考虑到它的积极面与消极面，追求积极的一面。

➤ 检讨一下自己，看看是否能够轻易和正确地改变你所扮演的"角色"，如从严肃的生意人，变成彬彬有礼的朋友、父母，变成知己或老师。

提高创业能力的途径

　　大学期间的创业实践是提高创业能力的重要途径。特别是准备创业的大学生，在学习到一定知识的同时，进行创业实践能力的锻炼，对步入社会进行创业活动具有重要意义。

　　1. 参与创业计划竞赛

　　积极参加校园创业构思及校内外创业计划大赛活动，这是创业构思和创业项目的重要来源，也是争取项目投资的重要机会。现阶段许多机构都在举行创业计划大赛，这不但有利于激发学生们的创业意识，培养他们的创新能力，还能促进一些创业构思的诞生，而且有利于创业计划的实施。

　　2. 校园"练摊"，为自主创业积累核心能力

　　良好的专业技术能力和较高的人文素质，往往是构成企业的核心能力。在校学习期间，当掌握了一定的专业技术能力之后，可以小试锋芒，在校园进行创业的实践锻炼。这样既可以锻炼专业技术能力，同时又可以发现不足，促进和改进自己的学习。例如，学习经营管理专业的学生，可以开一个服务型的贸易公司；学习广告、传媒专

业的学生，可以开网络广告公司。只要有了经验，毕业后很快就会打开局面。

3. 有偿性和见习性的创业实践

大学生可以利用假期时间和家人、朋友或同学合伙创业，也可以独立投入一点资本进行经营活动，或参与家庭或他人的创业活动，或到小企业从事有偿性创业实践等，这是丰富大学生创业经验和提高创业能力的重要途径。

4. 模拟性创业实践

在校生的时间、精力、资本有限，为了培养创业意识和提高创业能力，可以参加创业实践情景模拟，进行有关创业活动的情境体验。例如，参加应聘雇员的面试、产品推销等实践活动；参加 ERP（enterprise pesource planning，企业资源规划）经营沙盘模拟竞赛，通过在模拟企业中担任角色，体验企业经营与团队合作。

5. 参与大学生科技比赛

大学生可以参与大学生科技比赛等创新实践活动，这是大学生创业实践活动的重要组成部分。参与此类活动有利于学生增强科研创新意识、提高科研创新能力，为大学生创业奠定良好的技术基础。另外，通过参加竞赛的系列培训和相关活动环节，有利于学生深化创新认知，挖掘创新潜能，培养创新能力，提高创新素质。

6. 勤工俭学创业实践

在校生可以结合个人特长和专业特点，开展勤工俭学活动。这是大学生创业实践的重要形式。缺乏资金和经验的学生，通过参与勤工俭学活动可以获得一定的经济收入，弥补学习费用的不足，减轻家庭的经济负担；也可以增加对社会的了解，培养艰苦创业的精神，锻炼自己的组织交往等能力，增强创业能力。

探索活动

你是否具有承担创业风险的能力

创业有风险，而每个人对风险的承担能力是有差异的。试做下面的测试，设想自己处于题目所描述的情境中，然后选择符合自己情况的答案。做完 20 道题，再根据计分方式算出得分。

① 你去看表演，舞台上的魔术师征求自愿上台合作的观众，你会上去吗？

　　A. 免谈　　　　　　　B. 不可能考虑

　　C. 有人鼓励会试试　　D. 可能会做　　　　E. 绝对会做

② 你在公司最成功的部门中担任副总经理。有一天老板给你机会，希望你接任另一个部门的副总经理职位，不过这个部门的情况很糟，1 年之内已换了两名副总经理，你会不会接下该新职务？

　　A. 免谈　　　　　　　B. 不可能考虑

　　C. 有人鼓励会试试　　D. 可能会做　　　　E. 绝对会做

③ 你正想集资自己做生意，有个好朋友靠不正当手段发了一笔财，愿意出集资款20 万元，你会不会接纳此人入伙？

    A. 免谈   B. 不可能考虑
    C. 有人鼓励会试试   D. 可能会做   E. 绝对会做

④ 你有机会可以看到一些密件，里面的资料对你日后的工作前程很有价值，但是你若被发现看了这些资料，会被炒鱿鱼，也会名誉扫地。你会看吗？

    A. 免谈   B. 不可能考虑
    C. 有人鼓励会试试   D. 可能会做   E. 绝对会做

⑤ 你要去赶一班飞机，搭上了就可获得一份赚钱的合约，搭不上可能就会赔大钱。偏偏你在高速公路上碰上塞车，只有走边上的辅路高速前进才赶得上飞机，你会这么做吗？

    A. 免谈   B. 不可能考虑
    C. 有人鼓励会试试   D. 可能会做   E. 绝对会做

⑥ 你在公司要升迁，唯一的办法就是暴露公司中一名比自己强的人的缺点，但他肯定也会展开反击，你会那样干吗？

    A. 免谈   B. 不可能考虑
    C. 有人鼓励会试试   D. 可能会做   E. 绝对会做

⑦ 你得到一条内幕消息，对你公司的股票会有重大的影响。做内幕交易是违法的，但很多人都这么做，而且你也可以因此大赚一笔，你会做吗？

    A. 免谈   B. 不可能考虑
    C. 有人鼓励会试试   D. 可能会做   E. 绝对会做

⑧ 听过一位著名的经济学家的演讲后，你有问题想发问，但这位经济学家常在大庭广众前给人难堪，你会发问吗？

    A. 免谈   B. 不可能考虑
    C. 有人鼓励会试试   D. 可能会做   E. 绝对会做

⑨ 你终于存够了钱要实现梦想：到世界各地旅游一年。但就在你出发之际，有人给你打电话，为你介绍一份很好的工作，若成功，该工作可让你这辈子过得相当舒服，但也可能不成功，你仍会去旅游吗？

    A. 免谈   B. 不可能考虑
    C. 有人鼓励会试试   D. 可能会做   E. 绝对会做

⑩ 你有个表弟古怪又聪明，他发明了一个古怪的水壶，烧开水所用时间比普通水壶省一半的时间。他需要10万元将其正式做好并申请专利，你会拿钱支持他吗？

    A. 免谈   B. 不可能考虑
    C. 有人鼓励会试试   D. 可能会做   E. 绝对会做

⑪ 你到国外旅行，当地的人多数不会说中文和英文。当然，你在旅馆吃牛排、马铃薯就没有语言问题，但如果上当地饭馆吃带有异国风味的食物，语言沟通可能会有麻烦，你会单独上街去饭馆吃饭吗？

    A. 免谈   B. 不可能考虑
    C. 有人鼓励会试试   D. 可能会做   E. 绝对会做

⑫ 假设你有台烘衣机，有一天你发觉烘衣机不动了，可能是开关有毛病，你看到

开关上只有两个螺丝钉，也许可以旋开螺丝钉看看自己能不能修，你会这么做吗？

    A. 免谈   B. 不可能考虑

    C. 有人鼓励会试试   D. 可能会做   E. 绝对会做

⑬ 在一群有影响力的人的面前高谈阔论可能会令他们不悦，但在一件你认为很重要的事情上，他们的论调你实在不能苟同，你会说出来吗？

    A. 免谈   B. 不可能考虑

    C. 有人鼓励会试试   D. 可能会做   E. 绝对会做

⑭ 你仍然单身，碰巧在报上看到一则征友启事，各种条件似乎都颇适合你，你以往从未想到要对这种启事做出反应，这次会吗？

    A. 免谈   B. 不可能考虑

    C. 有人鼓励会试试   D. 可能会做   E. 绝对会做

⑮ 假设你和老板到美国拉斯维加斯参加商展，你和老板正在赌场赌钱，你赌轮盘赢了少许，突然你有一种感觉，如果把赢来的钱统统押红色，你会赢；但如果你输了，却可能会让老板对你产生不好的印象，你会押注吗？

    A. 免谈   B. 不可能考虑

    C. 有人鼓励会试试   D. 可能会做   E. 绝对会做

⑯ 一家俱乐部即将开业，很多明星都会到场，场面非常热闹，但俱乐部属私人性质，只有会员才能参加。你正好有合适的服饰穿起来像个大人物，可以蒙混进去，但你可能会被守门人识破，吃闭门羹，你会尝试吗？

    A. 免谈   B. 不可能考虑

    C. 有人鼓励会试试   D. 可能会做   E. 绝对会做

⑰ 你暗恋一位同事，但没有人知道，现在你的同事必须到另一个城市谋求更好的工作，你愿意利用帮他（她）整理行李的最后机会来表达爱意吗？

    A. 免谈   B. 不可能考虑

    C. 有人鼓励会试试   D. 可能会做   E. 绝对会做

⑱ 你在荒郊野外开车，看到一个路口，看起来像是捷径，但路口没有标志，地图上也没写明，你会不会走这条捷径？

    A. 免谈   B. 不可能考虑

    C. 有人鼓励会试试   D. 可能会做   E. 绝对会做

⑲ 你和几位做鲨鱼研究的朋友一起度周末，准备潜水作乐。你们发觉附近有鲨鱼出现，你想要留在船上，但朋友却邀你下水，且告诉你只要遵守几项简单的原则，就不会有危险，你会下水吗？

    A. 免谈   B. 不可能考虑

    C. 有人鼓励会试试   D. 可能会做   E. 绝对会做

⑳ 你在公司某部门工作，你有新的想法可改善部门的效率，但这种想法已被管理层拒绝，你正考虑把建议告诉更高层管理者，但你知道管理层必定会不高兴，你会做吗？

    A. 免谈   B. 不可能考虑

    C. 有人鼓励会试试   D. 可能会做   E. 绝对会做

评分标准：

选 A 得 1 分，选 B 得 2 分，选 C 得 3 分，选 D 得 4 分，选 E 得 5 分。

分析：

得分为 20～45 分：这类人很明显没什么雄心壮志，对自我形象也趋于负面评价和不满意态度。即使有成功的机会，也会因为需要冒险而裹足不前，心存疑虑。要改善这种情况，首先你必须克服对冒险的恐惧，勇于尝试，只有这样才能在创业舞台上与人一较长短。

得分为 46～57 分：不会像前一组那么害怕冒险，但似乎也不愿意去尝试。由于不愿冒险，就没有机会认清形势，即使风险不太，或者成功的机会出现了也不自知，平白失去好机会。要改善这种情况，最重要的是在做判断时，要发挥本能和想象力以增加信心。适度的冒险可以增加较正面的自我形象，而这种形象正是所有成功的人所需具备的特质。

得分为 58～66 分：不明显害怕冒险，但通常在利用创造力努力奋斗时信心不足。这类人，很可能在外界的鼓励下前去冒险，但也可能会太依赖别人的支持。建议多尝试一些工作中你觉得自己没把握的事情，花点工夫努力学习、积累经验，增加自己的信心。

得分为 67～72 分：该类人通常很有信心，并野心勃勃。这种人同时具有很强的商业创造技能，使他们能充分利用各种方法达到想要达成的目标。这使得肯冒险者可以掌握每一个有成功机会的情势，能摸清自己和对手有些什么"牌"。这类人大概都已知道自己想要什么，并不怕去追求，即使风险相当高。

得分大于 73 分：对赌注毫不在意，这种人在同事眼里无异于赌徒，而不是商业游戏中有自信、有头脑的对手。不过，他们很可能是曾经在高风险的作为中获得成功，使得他们会一再极端地铤而走险。不幸的是，高度冒险的人很快就会忘了凡事还是该瞻前顾后。这类人可能会发现，冒险的刺激有时虽然很过瘾，但并不是生活中的每个层面都如此，有时则会摔得很惨。作为创业者，你也该听听专家的意见。

第九章 抢占创业先机

马云，中国著名企业家，现任阿里巴巴集团董事局主席（淘宝网、支付宝创始人）、中国雅虎董事局主席、杭州师范大学阿里巴巴商学院院长、华谊兄弟传媒集团董事、中国 IT 企业的代表性人物。在福布斯中文网发布的 2014 中国富豪榜中，马云以 195 亿美元身家名列第一。

1982 年，18 岁的马云参加高考的时候，他经历了第一次高考落榜。1983 年，马云再次参加高考，再次落榜。到 1984 年，第三次高考，勉强被杭州师范学院以专科生录取。1988 年，马云从杭州师范学院外语系英语专业毕业后去了杭州电子工业学院，任英文及国际贸易讲师。

1994 年，马云听说互联网。1995 年初，他偶然去美国，在朋友的帮助和介绍下开始认识互联网。1995 年 4 月，马云和妻子再加上一个朋友，凑了两万块钱，创办了杭州海博网络公司，专门给企业做主页，网站取名"中国黄页"，其后不到三年时间，利用该网站赚到了他的第一桶金——500 万元。

1999 年 3 月，马云意识到互联网产业界应重视和优先发展企业与企业间电子商务（B2B），于是马云和他的团队在杭州以 50 万元人民币开始了新一轮创业，开发阿里巴巴网站，而这种模式被称为"互联网的第四模式"。1999 年 10 月和 2000 年 1 月，阿里巴巴两次共获得国际风险资金 2500 万美元投入，培育国内电子商务市场，为中国企业尤其是中小企业迎接"入世"挑战构建了一个完善的电子商务平台。其后马云为完善整个电子商务体系，先后创办了淘宝网、支付宝、阿里妈妈、天猫、一淘网、阿里云等国内电子商务知名品牌。2013 年 5 月 28 日，阿里巴巴集团联合银泰集团、复星集团、富春集团、顺丰集团、中通、圆通、申通、韵达等多家民营快递企业，在深圳联合成立菜鸟网络科技有限公司，并同时启动中国智能骨干网（简称 CSN，阿里内部称物流地网）的项目建设，马云卸任阿里巴巴集团 CEO 职位后，再度出山组建物流网络平台并担任菜鸟网络科技有限公司的董事长。

美国时间 9 月 19 日上午，阿里巴巴正式在纽交所挂牌交易，股票代码为 BABA。截至当天收盘，阿里巴巴股价暴涨 25.89 美元报 93.89 美元，较发行价 68 美元上涨 38.07%，市值达 2314.39 亿美元，超越 Facebook 成为仅次于谷歌的第二大互联网公司。阿里巴巴集团市值达到 2383.32 亿美元，至此，阿里巴巴执行主席马云的身家超过 200 亿美元，成为中国新首富。

本章要解决的问题

1. 成功创业的影响因素有哪些？
2. 创业项目如何选取？
3. 创业准备期需要做哪些工作？
4. 如何管理和经营初创企业？

主题 1　商业机会的捕捉

困惑和思考

马云一举成功的案例说明，市场经济商机无限，如何在有限的时间和特定的空间内捕捉这"无限商机"成为创业成功的先决条件。我们是否具有敏锐的洞察力？是否敢于捕捉转瞬即逝的机缘？

典型案例

寻找商业机会，创造"复星"神话

复星"四剑客"分别是郭广昌、梁信军、汪群斌和范伟。在郭广昌的带领下，他们不断创造着资本神话。

复星把握商机有独到的眼光，每开辟一个新领域，都选择在行业低谷时进入。复星的"第一桶金"是 1992 年靠做市场调查赚到的，一年就赚到了第一个 100 万元。1994 年，复星作为上海早期的房产销售商之一，当年就赚到了第一个 1000 万元。1997 年，复星主攻 PCR（polymerase chain reaction，聚合酶链式反应，又称无细胞分子克隆）试剂生产，生物制药业务又给他们带来了第一个 1 亿元。1998 年，改制后的"复星实业"上市，算一次即募集资金 3.5 亿元。2001 年，复星对豫园商城、友谊股份进行控股收购，真正将产业与资本对接；2002 年，复星对建龙钢铁投资时，正处于中国钢铁行业的低迷时期及建龙自身的发展阶段，复星以极低的成本投资建龙；2003 年，复星投资德邦证券时，证券业也正处在低潮期，没人愿意购买；2004 年，复星投资招金矿业，黄金价格也处在历史低点。这样的消费理念，也逐渐形成了复星人常挂在嘴边的"快半步"文化，就连复星目前在复科东路上的上海总部，都是 1999 年买下的烂尾楼盘，当时的价格只有 4500 元/平方米。

复星"四剑客"成功的关键在于把握住了良好的商业机会。大学生要创业，首先要捕捉好的创业机会。把握住每个稍纵即逝的创业机会，就等于成功了一半。我们正处在一个充满机会的年代。机会是一个神圣的因素，就像夜空中偶尔飞过的流星，虽然只有瞬间的光辉，但却照亮了漫长的创业历程。机会对于所有的创业者都是均等的，每个创业者都不缺少机会。不同的是，机会来了，有的人能及时抓住，开创了一番事业；有的人却无动于衷，错失良机，最终一事无成。这其中的关键就是对机会的识别和把握。

一、商业机会及其特征

所谓商机，就是在创业活动中能给企业和创业者带来营利性的客观存在的市场需求，是一种能够比同行更快赚钱的合法机遇。大量事实证明，凡是能成为一名成功的创业者，其关键就在于是否重视挖掘商机，是否善于透过事物现象看本质。善择良机，当机立断，才能准确抓住拓展事业的绝好机会。

有这样一个故事："有两个人闯荡东京，发现东京街上到处卖水。一个感言，东京这个鬼地方，连水都要买。另一个感言，东京这个地方真好，连水都可以卖。"面对机会，不同的人有不同的感受，只有正确认识商业机会的特征，才有助于对商业机会的识别和捕捉。商业机会具有4种特征（见图9-1）。

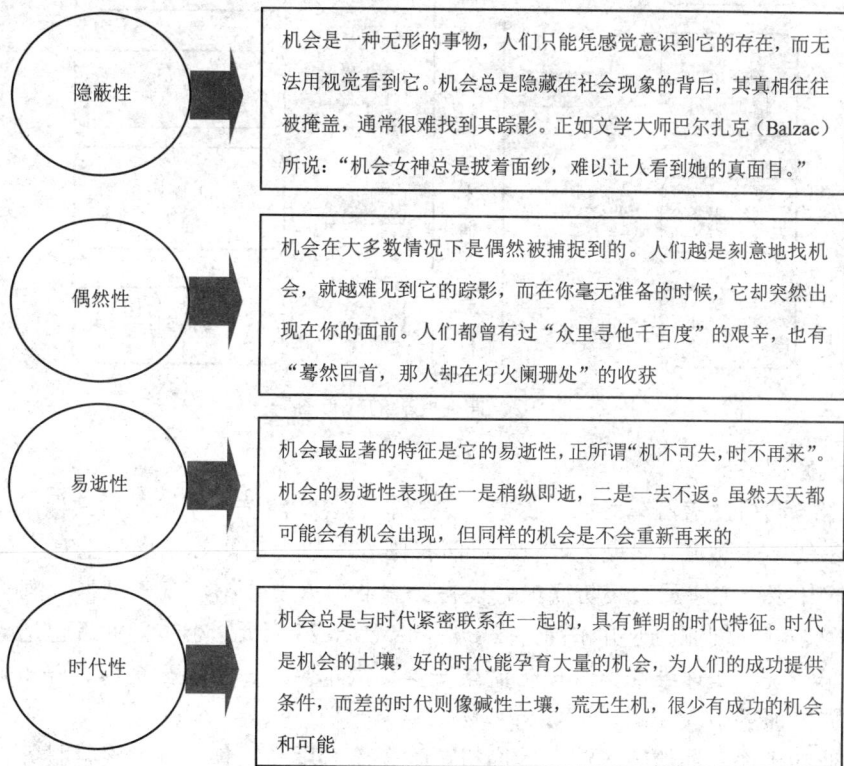

隐蔽性	机会是一种无形的事物，人们只能凭感觉意识到它的存在，而无法用视觉看到它。机会总是隐藏在社会现象的背后，其真相往往被掩盖，通常很难找到其踪影。正如文学大师巴尔扎克（Balzac）所说："机会女神总是披着面纱，难以让人看到她的真面目。"
偶然性	机会在大多数情况下是偶然被捕捉到的。人们越是刻意地找机会，就越难见到它的踪影，而在你毫无准备的时候，它却突然出现在你的面前。人们都曾有过"众里寻他千百度"的艰辛，也有"蓦然回首，那人却在灯火阑珊处"的收获
易逝性	机会最显著的特征是它的易逝性，正所谓"机不可失,时不再来"。机会的易逝性表现在一是稍纵即逝，二是一去不返。虽然天天都可能会有机会出现，但同样的机会是不会重新再来的
时代性	机会总是与时代紧密联系在一起的，具有鲜明的时代特征。时代是机会的土壤，好的时代能孕育大量的机会，为人们的成功提供条件，而差的时代则像碱性土壤，荒无生机，很少有成功的机会和可能

图9-1　商业机会的特征

二、捕捉商业机会

天上永远掉不下馅饼！凡是能成为一名成功创业者的人，都是寻找商机的高手。所以，创业者要取得成功与发展，首先思想上必须要重视寻找商机，千方百计地发现商机，并利用资源最大限度地抓住商机。俗话说，愚蠢的人等待商机，聪明的人抓住商机，卓越的人创造商机。商机永远属于有思想准备的人。创业者可以从 3 个方面捕捉商机。

1. 从身边的需求和问题中捕捉商机

餐饮、旅游、美容、IT、高科技等服务业领域，为成千上万的创业者实现"老板梦"提供了大量机会。随着我国进入了新一轮的经济增长期，以及中产阶层的崛起，带动服务需求的增长和升级。从发展趋势来看，传统服务领域的发展将比较平稳，一些提倡服务多样化、个性化的新兴领域则快速增长。对创业者来说，谁能紧跟服务业的这波新潮流，谁就能在激烈的竞争中抢占先机（见图 9-2）。

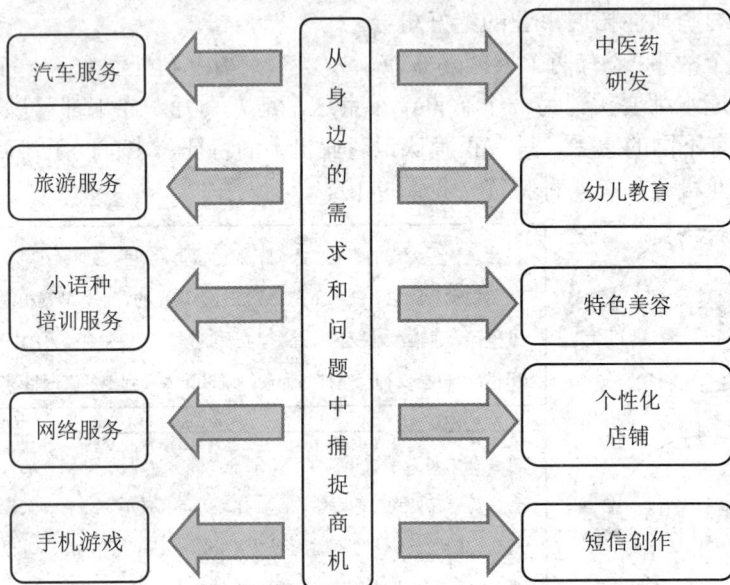

图 9-2　捕捉商机的分布图

（1）汽车服务

汽车服务商机涵盖汽车维修、保养、装修、美容、清洗、年检、后续保险、防盗、二手车交易等多个领域。据央视调查，目前我国 60%以上的高档私家车主有汽车美容需求，70%的私家车主愿意安装防盗报警设备。据业内人士介绍，汽车美容、汽车装饰、汽车快修等领域的创业门槛并不高，投资额约 5 万～25 万元，小本创业者也适合。创业方向：汽车清洗、快速维修、汽车防盗与安全、汽车装饰、二手车交易、停车业等。

（2）旅游服务

旅游业的迅速发展催生了诸多的商机，除了旅游用品销售、特色旅游服务、经营经济型酒店等传统途径外，随着我国旅游市场网络用户的不断激增，旅游信息搜索引擎开发成为又一个新的淘金地。创业方向：旅游用品开发、自助游俱乐部、旅游纪念品销售、旅游网站、经济型连锁酒店等。

（3）小语种培训服务

市场的空白处往往就是市场商机。对创业者来说，与其在英语培训中扎堆，不如到小语种培训中淘金。据中华英才网的信息，市场对小语种人才的需求一直呈上升趋势。与人才需求不相称的是，小语种培训市场却相当滞后，与英语培训市场的火爆行情形成鲜明对比。据了解，目前小语种培训机构寥寥无几，而且品种单一，都是基础培训，口语培训难觅踪迹。

（4）网络服务

网络服务的概念非常宽泛，为企业提供网络化客户关系、自动化办公、营销等方面的管理服务，同时也为网上开店或利用网络的个人服务。网络服务在内的 IT 服务，已成为 IT 领域中一块诱人的"蛋糕"，蕴藏着无限商机。例如，无论是网上店铺，还是网上拍卖，最终都要在现实生活中进行交易，必然涉及物流，全国近千万家网店为第三方物流企业提供了宽阔的需求空间。随着越来越多的人参与网上拍卖，对拍品图片展示、品质描述等技术处理的需求不断增加，如今一张图片的技术收费为 1～3 元，利润相当丰厚。

（5）手机游戏

2003 年 9 月，中国移动"百宝箱"收费，正式启动国内的手机游戏业。虽然手机游戏的用户数量暂时无法与网络游戏相比，但随着技术的日益成熟、费用逐渐下调及用户对使用便利性要求的提高，手机游戏的发展空间巨大。2003 年，3 名四川学生成立了一家手机游戏研发企业，投资 4 万元，10 个月后卖了第一款产品就获利 20 万元，之后被"香港软银"相中，获得 100 万美元的风险投资。这 3 名老板中，年龄最小的 23 岁，最大的 27 岁。手机游戏像网络游戏一样，正造就着越来越多的"创业新贵"。

风靡全国，中国最成功的桌游《三国杀》，其创始人黄恺正是一位标准的大学生创业者。黄恺 2004 年考上中国传媒大学动画学院游戏设计专业，他在大学时期就开始"不务正业"，模仿国外桌游设计出了具有中国特色，符合国人娱乐风格的桌游《三国杀》。2006 年 10 月，大二的黄恺开始在淘宝网上贩卖《三国杀》，没想到大受欢迎，而毕业后的黄恺并没有任何找工作的打算，而是借了 5 万元注册了一家公司，开始做起《三国杀》的生意，2009 年 6 月底《三国杀》成为中国被移植至网游平台的一款桌上游戏，2010 年《三国杀》正版桌游售出 200 多万套。粗略估计，《三国杀》迄今至少给黄恺带来了几千万的收益，并且随着《三国杀》品牌的发展，收益还将会继续增加。

（6）中医药研发

生物医药研发是高科技创业领域的"领头羊"，目前全国有超过 500 家相关企业，竞争较为激烈，市场空间相对狭窄。相比之下，中医药研发是个新兴领域，前景看好。据统计，目前全球草药产品的年销售额已达 150 亿美元，还以 10% 的年增长率增长。我国入世后，传统医药产业面临着前所未有的发展机遇，不仅市场潜力巨大，而且有国家政策的大力支持。以上海为例，2006 年 12 月，市政府投资 7000 多万元建设上海中医药创新园，显示了支持中医药产业化的决心。

（7）幼儿教育

在国内，教育培训市场被称为"朝阳产业"，正显示出越来越强劲的需求势头。中国社科院公布的《2016 年中国居民生活质量报告》显示，子女教育消费首次超过养老和住房消费，成为居民储蓄的最大消费对象。另外，全国居民教育消费额巨大，这一领域的创业空间巨大，但 IT 培训、英语培训领域已出现饱和迹象，创业者需要转动脑筋，寻找新的投资领域。

在中国，每小时就有 2000 多名婴儿诞生，目前国内城市中，0～3 岁的婴幼儿人数已达 1090 万。根据最新的关于城市儿童消费的调查，每个幼儿家庭为孩子教育投资平均每年超过 3000 元。这对于敏锐的投资者或创业者来说，意味着数百亿元的巨大商机。

（8）特色美容

在市场高需求的推波助澜之下，美容业迅速扩容，全国美容服务机构已达 54 万家，扎堆经营问题日趋严重。在这种情况下，创业者要想在美容业淘金，必须靠特色取胜。例如，宠物美容是不错的新兴领域，上海拥有宠物的家庭不少于 10 万户，而宠物美容机构却只有几十家，市场空间较大；香熏美容也是颇受白领人士青睐的服务项目，在耳朵里点蜡烛、香精油蒸面等，这些听上去匪夷所思的美容方式，却有着消除疲劳、养颜怡性、祛病强身等神奇功效，出于具有健康、时尚两大卖点，香熏美容可谓是商机无限。

（9）个性化店铺

虽然沃尔玛、麦德龙等国际零售业巨头均已进入国内市场，但无法改变国内零售业仍以个体零售业为主的现实，同样无法改变 23%的自主创业者都选择零售业的事实。开小店、便利店，薄利多销，成为许多低成本创业者的经营方式。但正所谓"成也萧何，败也萧何"，随着越来越多的创业者加入零售业，市场日趋饱和。如今，老老实实做传统零售的空间已十分有限，必须抓住消费者的个性化需求有所创新，才能赢得市场。"羊羊筷庄""流行海报行"的成功，正是依靠个性化经营这个"撒手锏"。

（10）短信创作

手机短信，具有传递迅速、可以匿名等特点，并且可以满足信息沟通、情感表达的需要，又能避免不必要的寒暄与时间浪费，甚至消除了面对面难以启齿的尴尬。因此，市场诞生了一群专门从事新闻类、祝福类、精品幽默、搞笑娱乐、情感类以及知识性短信业务的创作人员。这些包含时尚生活元素的各类短信，赢得了市场客户的广泛认可，形成短信创作商机。

2. 从"不满意"中捕捉商机

客户的不满意也可能产生商机，在不满意中能够发现大量的创业思路和创业项目。其实每个人都生活在创业思路和创业项目中，身边实在有太多的"不满意"，但只有观察敏锐的创业者才能从"不满意"中产生创业思路并将其开发为有商机价值的创业项目。作为涉世不深的大学生创业者，要做"不满意"的有心人，在诸多的不满意中寻找创业思路。

几年前，中央电视台《同一首歌》节目一炮打响，如今已经"火"了好些年，成为全国人民喜闻乐见的好节目。为什么《同一首歌》节目会如此受欢迎呢？因为"没有什么东西比歌曲的代沟更强烈了"。正所谓"一代人（唱）听一代人的歌"，在歌曲的演唱和欣赏上，从来都是"隔代如隔山"，中央电视台的年轻导演孟欣恰恰是看准了人们对歌曲"代沟"的不满意，将不同时代的歌曲在同一个舞台上进行了重现、反串、送戏、应时。这种表演方式满足了各代人对歌曲的需要，无论是观众还是歌手都非常喜欢。

《同一首歌》是针对人们对歌曲代沟的"不满意"所进行的产品创新，它的卖点正是这种"不满意"给予的商机。

3. 从重大事件和热点中捕捉商机

重大事件和热点领域中也孕育着无限的商机，创业者应关注新闻报道，以便从中寻找"灵感"。本节主要介绍 3 个热点（见图 9-3）。

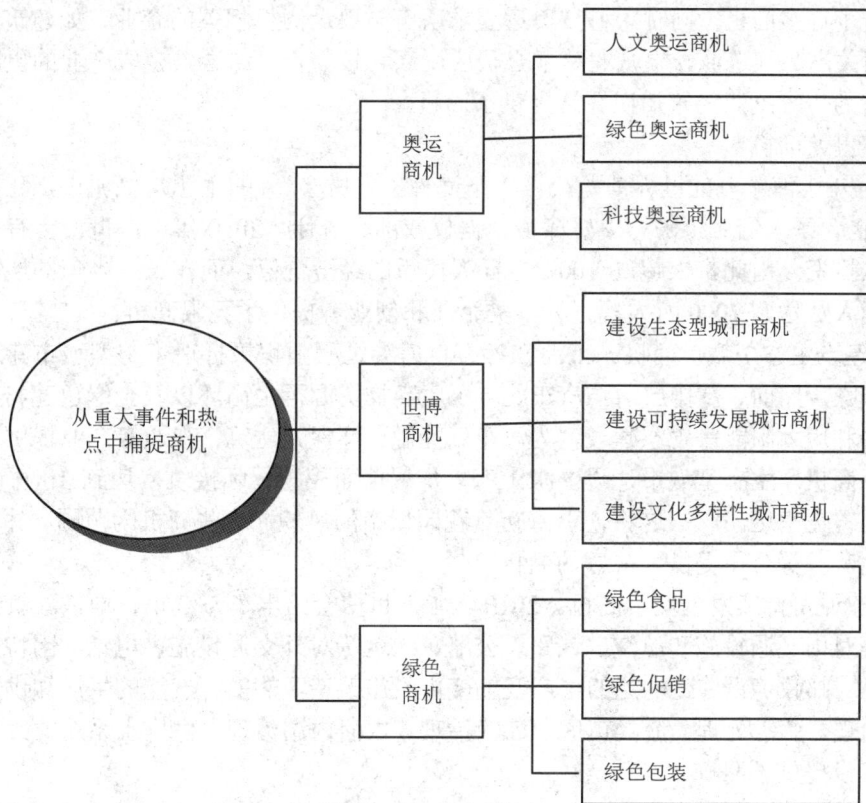

图 9-3　从重大事件和热点中捕捉商机

（1）奥运商机

2008 年北京奥运会的成功举办，不仅是中国在和平发展时期的国际地位提升和经济发展成功的标志，也使北京的"人文奥运、绿色奥运、科技奥运"三大主题所带来的无限商机促进着中国经济的发展。国家统计局有关负责人指出，北京奥运会开幕前投资2800 亿元人民币建设场馆等配套设施，每年拉动中国经济增长 0.3%～0.4%，增加 200万个就业岗位。这为创业者提供了千载难逢的商机。

① 人文奥运商机。北京奥运会强调通过体育促进人的身心健康和体育与文化的结合，使我国本来就已经热火朝天的健身运动再度升温。全民健身必然刺激大众对健身场地、健身器材、体育商品、体育表演业、健身娱乐业、文化实体商品、文艺表演业、文化劳务产品的需求，从而带来奥运商机。同时，北京独特丰富的人文遗产和显赫绚烂的悠久历史给旅游部门带来巨大的商机。

② 绿色奥运商机。北京奥运会强调绿色，城市绿化覆盖率由 35.3%提高到 40%，这就需要大规模的绿化工作，给苗圃、林圃、草皮公司和绿化劳务单位等提供了极好的商机。同时，北京绿色奥运对节水器具、洁具、无磷产品、节能电器、环保交通工具、再生用品等环保产业也带来了无限商机。

③ 科技奥运商机。北京奥运会在筹办过程中大量地采用高科技产品，尤其注重采用科学技术、数字化宽带通信、环保科学和新材料科学等高科技的应用成果，为高科技企业创造了许多商机。同时，科技奥运要求所有与奥运商机相关的企业，如建筑业、交通业、相关产品制造业、旅游业等都必须应用高科技与自身结合，完成产业的更新换代升级。这为传统企业融入知识经济提供了商机。

（2）世博商机

2010 年上海承办的世界博览会（以下简称"世博会"）的主题是"城市，让生活更美好"，包含了人们对未来的美好憧憬。据权威部门统计，2010 年上海世博会有 250 亿元的直接投资，由此带来超过 1000 亿元人民币的经济价值，而在长达半年的展期内，吸引参观人数达到 7000 万人次，为各类企业和创业者提供了无限商机。

① 建设生态型城市商机。上海在筹办世博会过程中积极打造生态型城市建设，集中攻关低噪声路面、零排放清洁汽车、电子废弃物资源再生循环以及全绿色建材、控制高智能并利用太阳能等生态建设，为汽车、能源、环保、建筑、交通等产业提供了前所未有的好商机。生态型城市建设要求上海人均绿地面积与国际接轨，达到 10 平方米，城市绿化覆盖率达 40%。这将使上海初具花园城市的风貌，这些商机为苗圃、林圃、草皮、绿化劳务等公司提供了很好的商机。

② 建设可持续发展城市商机。2010 年上海世博会给电车、汽车、地铁、轨道交通及道路等对内交通设施和航空、铁路、公路、水运等对外交通设施，电话、因特网、传真、电讯、邮政等设施，电能的生产及输变电设施改造，热能、气能的生产和供应，废气排放治理、污水处理、流经市区的江河治理、内河内湖治理、供排水系统的改善等基础市政建设提供了商机。

③ 建设文化多样性城市商机。在 2010 年上海世博会期间，世界各地大量参展者、参观者和旅游者涌入上海，对上海的餐饮业、宾馆业、旅游交通、文化娱乐、商业购物等的消费，极大地刺激了服务行业的发展。同时，世博会需要高水平的融资、商业、旅游及法律等专业服务，市场空间巨大。对于资金雄厚的创业者来说商机多多，如世博市场开发、生物识别、会展服务、人才培训、品牌合作、建筑装饰等。对于小资本投入的创业者来说，微小型创业商机也不少，如工艺纪念品销售、世博商品专卖等。

（3）绿色商机

绿色商机是指商家以环境保护观念为经营哲学，以绿色文化为价值观念，以消除或减少生态环境破坏为中心，以满足消费者的绿色消费为出发点，从中获得盈利和发展而实施的商业活动。

① 绿色食品。随着老百姓生活水平的提高，人们对食品的需求已从"温饱型"向"营养健康型"转变。绿色食品，如野生菌菇、无土蔬菜等，迎合了市场发展和百姓消费需求，市场覆盖面日益扩大，市场占有率越来越高，具有巨大的发展前景。有专家分

析指出，一些提倡健康饮食的餐馆也将成为新的消费需求热点，蕴藏着丰富的商机。创业商机：绿色食品开发与生产、净菜社、药膳馆、素菜馆等。

② 绿色包装。绿色包装是指以环境为首选目标的包装。实施绿色包装，首先，必须转变包装观念，从以促销为主转变为以保护生态环境为主，从追求精美、繁杂转向追求简单、环保，既减少资源消耗，又减轻消费者负担。其次，必须在包装设计中注入环保意识，本着有利于环境保护、资源节约的原则，通过包装外观传播绿色信息。创业商机：开发新型环保包装材料，可再生利用的无毒无害材料，资源的回收、处理、再利用等服务。

③ 绿色促销。绿色促销是指围绕绿色产品而开展的促销活动的总称，其核心是企业通过充分的信息传递，把产品、企业与环境保护有机地联系进行促销，谋求绿色产品与消费者绿色需求的协调，树立企业和产品的绿色形象，实现绿色产品的市场份额。会展业、公关咨询、销售服务、配送中心、交通运输、广告宣传、媒体咨询、产品策划等围绕绿色促销的商机便应运而生。

探索活动

寻觅身边的创业机会

请同学们想一想，大多数学生在日常生活、学习中会遇到什么样的问题困扰，请一一列举。

请同学们仔细观察和回忆学校及其周边给大家提供了哪些服务，哪些是同学们特别满意的，为什么？哪些是同学们不满意的，为什么？你认为校园和周边有没有合适的创业机会？

主题2 创业战略定位

困惑和思考

"请大家不要一毕业就创业，除非你是比尔·盖茨。"全国政协委员、北京新东方董事长兼总裁俞敏洪语出惊人。俞敏洪何出此言？大学生创业有怎样的困难？创业路在何方？创业作为一项战略行动，你是否进行过精确的定位？

一、家庭作坊创业战略

多少年来，世界公司的组织结构已经发展成多种多样的形态，而家族公司一直久经风雨而不衰。其原因就是家族公司有强大的向心力，具有天然的竞争合力。

如今，家族公司仍然在世界各国的经济发展中占据重要位置。在美国，杜邦家族、洛克菲勒家族、卡内基家族的创业奇迹至今还在公众中流传，人们形象地说，福特家族、肯尼迪家族打个喷嚏，华尔街立即就会感冒。

在亚洲，家族公司的影响更是无与伦比。由于长期的家庭价值观在东亚的核心地位，以及没有成熟的经济运行机制的规范，亚洲的家族公司对于国家经济的影响超过了地球上的任何其他地区。韩国的几个家族公司控制了国家经济规模的80%以上；台湾最大规模公司排行榜长期被台塑、长荣等家族公司所占据；而东南亚的林绍良家族、郭鹤年家族更是家喻户晓。中国内地的家族企业虽然规模较小，但改革开放后，也有了很大的发展，在民营经济发达的东南沿海一带，家族企业的形式已十分普通。

二、合伙创业战略

在创业的开始阶段，由于资金、人才、经验的不足，这时选择一个或几个志同道合的朋友合伙创业，是许多创业者的强烈愿望。

确实，在自己势单力薄的情况下，合伙经营，充分利用集体的力量，对于迅速扩大公司的实力，减少个人经营的风险来说，的确是一种理想的模式。在世界各国的公司发展史中，这种依靠合伙经营，从而走出成功创业第一步的例子，可以说是不胜枚举。然而，不可否认，在合伙经营中，能够善始善终、齐心合力发展到大公司的例子十分罕见。

与家族企业不同，合伙企业缺乏血缘这种天然的纽带。合伙开公司之所以不能长久发展，大都是因为在合作之初，公司面临一系列的问题要解决，大家专心于创业，对名利、地位的争夺不太热衷；但当公司发展起来后，名利的欲望开始在个人心中"发酵"了，每个人都有了私心。就这样合伙企业开始出现了裂缝。矛盾出现后，最彻底的解决办法是"分家"。

因此，合伙创业要注意，选择合伙人的第一原则是双方或多方都对同样的经营方向感兴趣。合伙之前规定清楚责、权、利。现在是市场经济，也是法制社会，个人之间的承诺并不可靠。如果在合伙之初，不把各种规定讲清楚，以后发生纠纷就难免要诉求法律。

三、"独孤求败"式的私营公司战略

典型案例

儿时贫穷的霍英东

霍英东生于1922年，6岁的时候，因父亲出海时渔船被风浪打翻身亡成了孤儿。第二年，他13岁的姐姐和11岁的哥哥又落海而死！这个不知祖籍在何处的广东人，真正是"在苦水中泡大的"。他后来回忆说："从小没钱，一心想发财，走路都在想如何才能拣到钱，不想日本人来了，为了两盅米到机场打工，失掉一截指头，当卡车司机也没当成。后来听说柏拉斯群岛有一种药可以卖大钱，便去这个荒无人烟的岛上干了6个月，结果没赚到钱，反而落了一身病。"

但是，没过几年，霍英东摇身一变，在1954年投身于房地产生意，正是这个生意

使他的财产从几十万元发展到 10 亿元。

"独孤求败"是金庸武侠小说中的一个角色，他代表这样一种形象：身怀绝技，孤独执着，不断寻找对手并战胜他。这种类型的创业者，青年时期往往受到家庭贫寒的刺激，在环境的逼迫下，投身商海，尽管受尽苦难，但却练就了一身好本领，成为商界的成功典范。霍英东无疑就是这种孤独创业者的典型。

四、小公司赚钱战略

在美国赢利率最高的公司名单中，看不到波音公司、福特公司、通用汽车公司这些巨人公司的名号。相反，戴尔公司、微软公司等没有高大厂房，雇员也很少的公司却榜上有名。在日本，世界著名的松下电器、马自达、丰田汽车等公司的赢利是非常丰厚的，但与任天堂公司相比，它们的赢利水平显得很低了。而任天堂公司的雇员不到 200 人，是一个专门开发游戏软件的公司，其总部只是一座 4 层的小楼而已。

在后工业化时代，世界各国的大公司都陷入了"大企业病"，它们的发展步履维艰，生产与销售僵化。与此相反，小型企业在世界各国蓬勃兴起。小企业以其经营的灵活性，正处在如火如荼的上升发展阶段。美国《财富》杂志列举全美国发展最快的 500 家公司中，24%的公司是靠不到 1 万美元的资金发家的，还有 59%的公司是靠不到 5 万美元的资本发家的。

小型公司赚钱的策略

选择一定的服务范围。小型公司一般都是有特定服务对象的公司，对确定的业务范围要求很高，如果公司不能确定一定数量的客户，那么在经营之初就会遇到很大的经营困难。相反，如果能有一定的客户，在公司经营之初，就会有资金流，从而有利于业务发展。

如果有专门的技术，有自己的特长，且别人无法替代或者无法比自己干得更好，这种情况特别适合个人创业。

五、创办"虚拟公司"战略

人们对于那些没有实体，只能到处找机会，买空卖空的公司有一个很形象的称呼——皮包公司。同任何事物都有两面性一样，皮包公司的存在也有其合理性。在改革开放之初，各种信息流通不畅，正需要一批人做中介，将商品的生产者与消费者联系起来，互通有无。皮包公司的出现正好满足了这一需求。

现在有别于此的是风行于世的虚拟公司。通常虚拟公司都有自己的核心竞争力，如营销、品牌或资金运作等。虚拟公司的突出优势在于没有厂房、写字间、实验室。你无法找到这个公司具有实体的东西，它只是基于某种特定的项目而召集起来的。另外，它能尽量节约经费的开支。它们不需要有华丽的外表和高大的建筑物，而只是通过电话和因特网组成的信息网络，然后根据这些信息来加工产品。这样的公司是没有边界的，随分随合，总是为某一个具体的项目而存在。

六、"空手套白狼"创业战略

典型案例

"白藤湖"迅速发展的秘密

广东斗门区白藤湖，是围海造田的农场，它拥有 3 万亩土地和面积相当于西湖 3 倍的淡水湖。然而，这里却是一个贫困的地方，这里的农民想改变自己的命运，却没有相应的资金做前期投资。钟华生看上了这个地方。他认为白藤湖虽然不是特区，但靠近港澳；虽然比较偏远，但有美丽的自然风光；虽然严重地缺乏资金、人才、信息、技术，但有灵活的政策。而且这里的干部群众要求改变贫困面貌的热情很高，一定可以很好地配合。

钟华生决定在白藤湖建立中国第一个农民度假村。但一无资金，二无人才，靠什么实现自己的创业理想呢？

为了吸引投资者，钟华生制定了最打动人心的优惠条件：谁来建房均可免收地皮费；谁来投资，企业的所有均归投资者所有。土地本来是无价之宝，这里却是无偿奉送，令许多人想不通。但是局面一下子打开了。投资者在白藤湖大兴土木，一幢幢别墅拔地而起，旅游业也因此兴旺发达起来，带动了山区经济的发展，使农民办企业有了条件，改变了产业结构，农村贸易的活跃也使这个地区有了活力。旅游业的发达，使白藤湖的水产品以及土特产品增值，价格不断上升。房屋建在白藤湖，每年升值 25%，旅游业的兴旺使白藤湖地区成为吸引各地观光客的胜地，他们的到来又成为资金、人才、智力的媒介，许多合作项目因此也很容易就达成协议。建筑公司为当地盖别墅，农民向旅游者卖农产品，贸易靠旅游发展，商业靠工业为导向，白藤湖地区的经济逐渐成为一个有机循环的系统，成为投资者愿意选择的地方。

钟华生利用白藤湖美丽的自然风光，在没有资金、人才的情况下，用无偿出售土地使用权的方法造势，吸引了大批的投资者。而大批投资者的涌入，又抬高了白藤湖地区的价值。钟华生抓住了机遇，白藤湖也有了很大的发展。

筑巢引凤，以环境和政策吸引资金、人才、信息、技术，钟华生的创业就是一个成功实施"空手套白狼"创业战略的典型案例。"空手套白狼"是一个充满贬义的说法，指的是没有付出一定的代价，却想有很大的收获。如果这种代价指的是资本的话，那么在商场中，没有资本却创出大事业的例子则会被传为佳话。

创业需要资本。没有钱，怎么进原材料，怎么开拓市场？但是，这世界上那么多的成功创业者，他们曾经同样身无分文，但仍成功地开创了自己的事业，如当代富豪李嘉诚、包玉刚等，内地的张朝阳、希望集团的刘氏兄弟。

七、"点子"创业战略

典型案例

"101"的问世

赵章光是浙江乐清的一位乡村医生,在长期的行医实践中,他掌握了治疗皮肤病的诀窍,在乐清一带小有名气。

在行医的过程中,赵章光多次目睹秃发给人造成的痛苦。医生救死扶伤的道义和责任使他走上了治疗秃发的道路。没想到,竟然由此创办出一个成功企业。

赵章光开始有意识地收集资料,并热情且认真地接待每一位要求治疗的病人,详细询问导致秃发的原因。就这样,他不停地探索、实验、考察。

根据自己行医的经验,赵章光决定从祖国的中医宝库中寻找药方。白天,他到处行医,不断收集流传在民间的偏方;夜晚,他点灯苦战,查阅典籍。赵章光发现祖国的许多医典对秃发都有记载,如晋代葛洪的《肘后方》、唐朝的《外台秘要》、明代的《本草纲目》等书籍。

根据对这些书籍的理解,加上自己的经验,赵章光配置了几种药水,开始尝试给病人治疗。开始的困难是难以想象的,但是他坚持了下来。实验经过了80次、90次、100次,第101次终于获得了成功。

赵章光将他研制成功的这种治疗秃发的药命名为"101",以纪念他坚持不懈的努力。赵章光是一位朴素的乡村医生,他并没有想到这一发明的巨大经济价值。当他怀着治病救人的淳朴心理,准备将这一发明推向社会时,却发现自己已经身无分文。

赵章光没有气馁,他拿出自己的看家本领,义务给病人看病。渐渐地,相信他的人越来越多,"101"的盛名也随之传扬。终于,他的发明引起有关部门的注意,有关部门组织了专家组对其进行了鉴定,大家认为这一发明可以有效地治疗脂溢性脱发,是一种融合了中西医治疗脱发的技术,在国际上具有先进水平。

接着,赵章光的发明终于得到全世界的承认,在布鲁塞尔国际发明博览会上,一举夺取金牌。许多用过"101"的人都不约而同地称赞它的神奇功效。在日本,更有秃发患者称它为东方魔水。而赵章光自己的命运也发生了重大改变,从一文不名的乡村医生,变成了亿万富豪。

智慧可以变成黄金,"点子"照样可以发家,在中国为数不多的亿万富翁中,赵章光就是一个靠发明(或"点子")发家的典型。许多人在创业的时候,身无分文,却能应时而起、顺势而为,靠的是什么?除了勇气,还有智慧。

主题3　创业项目选择

困惑和思考

所谓"谋事在人，成事在天。"事业成功取决于两个方面的因素：一是主观努力，二是客观机遇。大量的事实表明，创业者善于把握商机是创业成功与发展的关键所在。大学生如何才能捕捉到好的创业机会，选择绝佳的创业项目呢？

典型案例

创业项目如何选择

就读于化工专业的小琳马上就要大学毕业了，生性活泼好动、要强的她专业成绩优秀，年年拿奖学金。经过几年的专业训练，她非常希望能把自己的专业与创业相融合。她一直在寻找市场，终于她发现，男用化妆品市场在我国是个空白。大学期间她辅修了市场营销。由于酷爱烹饪，在假期，她参加过中、西糕点制作培训班，参加过营养师证书培训班。当然，作为女孩的她，对服装还有特殊的鉴赏力。她还十分爱好园艺和十字绣。

在读大学时，小琳就有过一些小试牛刀的经商经历，面对毕业，她想自己创业，家里也打算提供一些资金支持。但她现在对选择从什么项目入手进行创业还比较困惑，似乎她可以从事的行当挺多。她知道，只能有一个是最适合她的，她要在创业开始时就做正确的事，而不是开始后再努力去正确地做事。小琳画了张图，她开始选择项目……

特长与技能	创业想法
化工专业	男性化妆品生产或销售
烹饪	饭店或快餐店
服装鉴赏	服装销售或服装加工
园艺	花店
十字绣	十字绣店

如果你是小琳，你会如何选择创业项目呢？缤纷多彩的市场，给创业者提供了宽广的经营天地，可到底哪个创业项目适合你呢？如何在创业机会中挑选出真正适合自己的创业项目呢？

一、创业项目选择的原则

1. 知己知彼原则

所谓知己，就是创业者在选择项目之前，应该对自己的状况有一个清楚的认识和判断，如自己有哪些从业的经验和技能专长、自己的兴趣和爱好、自己的优缺点、社会关系如何、经济实力怎么样等。"知己"越深，就越容易找到扬长避短并适合自己的创业项目，越能提高创业的成功率。

所谓知彼，则是要了解创业所在地的社会经济环境，要认真分析当地的发展政策、当地的消费环境、当地市场的竞争强度等。深入考察创业环境能够帮助创业者开阔视野，敏锐捕捉到市场机会，增强项目选择的合理性。

2. 市场调研原则

市场调查就是通过收集有关资料和数据，加以研究和分析，为市场预测提供可靠的依据。在正式实施创业项目之前，要有目的有计划地做好市场调查，对市场需求进行深入的研究分析。

例如，顾客的消费特点是什么？顾客的构成特点是什么？当地该产品的年销售总量是多少？顾客数量在增加吗？数量稳定吗？什么地方最适合经营？至少需要多少流动资金？……

如上所示，把所有问题列出来，做成清单，通过调查研究逐个解决。

3. 自有资源优先原则

在审视了创业环境之后，应从中甄选出重点利用开发的资源，其中要做到自有资源优先，如专业技术、行业从业经验、经营管理能力、个人社会关系、私有物质资产等。自有资源的取得和使用成本较低，也容易使项目获得优势。

4. 量入为出原则

在创业行动之前，不少创业者对未来充满激情，于是创业时必须考虑的财务问题往往被忽略，最终发展前景很好的项目却因资金周转困难而中途夭折。故要坚持量入为出的原则，如项目启动资金是否可以承受，后续资金投入能否跟上，还要考虑项目投入中固定部分和流动部分的比例是否合理等。

5. 创新与特色原则

创新是企业的生命，也是创业成功的关键。创新的概念是著名经济学家 J. A. 熊彼特（J. A. Schum Peter）提出的，他将其定义为"企业家对生产要素的重新组合"，它包括以下 5 种情况：开发新产品或改造老产品；开辟一个新的市场；采用一种新的生产方法；获得原料或半成品的新的供给来源；实行一种新的企业组织形式。

对创业者来说，创新更具紧迫性和重要性。这是因为：第一，目前市场上不缺普通商品、一般的劳务，缺的是特殊的商品、有创意的服务。创业者只有加强市场调研，刺激和创造需求，生产适合需求的新的具有特色的产品和服务，才能使企业得以生存发展。第二，刚开始创业，投资较小，容易进入行业领域，但是竞争十分激烈，只有创新，才能在产品和服务上形成竞争优势。坚持创新和特色原则，就是要力求做到"人无我有，人有我优，人优我专"。

二、创业项目的评估

典型案例

寻找机会，成功创业

曾经有一位创业者，在松江九亭镇购置了一套房子，想开餐饮店。经过深入调研，他发现该小区规模还不大，而且已有一家餐饮店，经营状况比较稳定。按照现有人数，一家餐饮店已经足够。同时，他发现这里的居民不少是外地来的大学生，连一间小商店也没有，居民抱怨购物难。于是，这位创业者放弃了开餐饮店的打算，改为开小百货店。结果开业后生意火红，很受居民欢迎。著名管理大师法雷尔（Farrell）说过："制造满足顾客需要的产品和服务，是永远成功的秘诀。"

寻找机会的最好办法就是倾听你周围人们的不满、抱怨和困难。人们所抱怨的每一个问题都可能意味着一个潜在的生意机会。创办的企业如果能解决一般人抱怨的问题，关注社会特殊群体的困难，或者着力为其他企业解决问题，那么成功的可能性就会很大。有一位创业者通过市场调研，了解到上海每年有 12 万男女青年结婚，有几万个婴儿出生，不少年轻妈妈抱怨"月子保姆"很难找到。她从这种抱怨中看到了市场需求，于是成立了专门的服务社，专门为孕妇介绍经过培训、有上岗证的母婴护理员，受到了社会欢迎，业务不断扩大。

实际上，几乎九成以上的创业梦想最后都会落空，新创企业获得高度成功的概率不到 1%。成功与失败之间除了不可控制的因素之外，还有许多从一开始就注定了要失败的命运。

对于时机不好、有致命弱点的创业机会，创业者如果能比较客观地对创业机会进行评估分析，那么许多创业失败就不至于发生，创业成功的比例也可以因此而更高一些。可以从市场与效益两方面对创业机会进行评估，把握好创业实施前的最后一关。

1. 市场评估

市场定位准确：好的创业机会应满足特定的顾客，需要清楚地描述本项目的顾客在哪，顾客接触通道是否通畅，产品线是否持续衍生等。创业所能为顾客创造的价值越大，创业成功的机会也就越大。

同时，还要做好市场竞争分析。这里推荐著名的迈克尔·E. 波特（Michael E. Porter）"五力"模型（见图9-4）。

通过市场分析，创业者可以进一步描绘出新企业在未来行业、市场中的地位，可能的竞争对手及其反击的程度。

市场的大小与成长：市场的规模如果足够大，则新产品进入市场时，障碍相对要少一些，市场竞争的激烈程度也会略为下降。

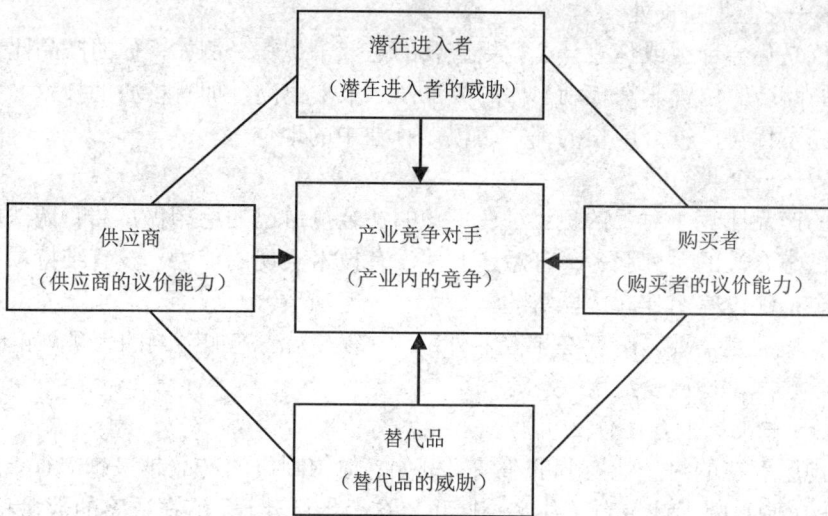

图 9-4 "五力"模型

行业的增长：如果是一个新的市场，市场的成长速度较快的话，竞争激烈程度也会略为下降。预期市场只占 5%以下的占有率，对于原产品内的领导企业的威胁不大，因此不会遭到激烈的反击。

如果创业所要进入的市场已十分成熟，那么纵然市场规模很大，由于已经不再成长，利润空间必然很小，因此就不值得再投入。例如，如今的电脑市场，就不再是创业者合适的选择对象。

最理想的市场进入时机就是，当市场需求正要大幅成长时，你已经做好了生产准备，迅速进入市场，并挖到第一桶金。

2. 效益评估

具有吸引力的创业机会，税后的净利润至少要在 15%以上，如果预期的税后净利润是在 5%以下，那么就不是一个好的创业机会。同时，达到损亏平衡点的时间应该在两年以内。投资回报率应该在 25%以上，一般而言，15%以下的投资回报率是不理想的创业机会，这是由于创业面临的各项风险要降低一部分投资回报。

资本需求和毛利率是评估创业机会的重要因素。先期的投资需求小，毛利率高，相对的风险就低，比较容易达到损亏平衡点，新创企业更容易生存和发展。一般来讲，毛利率在 40%以上是较好的创业机会，当毛利率低于 20%时，该创业机会就应慎重。一般的高科技项目，尤其是软件开发项目，毛利率都很高，只要找到客户就可以生存，这样财务上的风险相对较低。

三、创业项目验证——SWOT 分析

SWOT 分析可以帮助创业者发挥优势，抓住机会，克服不足，回避威胁。

S 和 W 是分析存在于企业内部的可以改变的因素。

（1）S——企业的长处

不仅仅是你会什么或你有什么，更重要的是竞争优势。例如，你的产品比竞争对手的好，你的商店的位置非常有利，你的员工技术水平很高，拥有核心的技术、大量现成的用户、先发优势，符合用户的消费习惯，行业中的地位等。

（2）W——企业的弱点

自己的产品比竞争对手的贵；没有足够的资金按自己的愿望做广告；无法像竞争对手那样提供综合性的系列服务；有想法但并没有技术实现的能力；没有维持项目启动和发展的资金；还没有组建起团队等。

机会和威胁是需要了解存在于企业外部的、个人无法施加影响的因素，如国家政治、经济、科学技术，地区变迁等变化。

（3）O——市场上存在什么机遇

周边地区存在的对企业有利的事情。例如，你想制作的产品越来越流行；附近没有和你类似的商店；因为许多新的住宅小区正在这个地区建设，潜在顾客的数量将会上升；你是处于行业的创新期还是成熟期等。

（4）T——周边地区存在的对自己企业不利的因素

政策的风险；在这个地区有生产同样产品的其他企业；原材料价格上涨将导致自己出售的商品价格上升；不知道自己产品还能流行多久；人员流失或生存压力等。

典型案例

学生创业项目的启示

2003 年 8 月 15 日，象牙塔信息技术中心在北京召开新闻发布会，宣布资助贫困复读生。作为中国最早一批由大学生自己创办的公司，"象牙塔"以实际行动回报社会的举措格外令人关注。

李永新，北京大学 1999 届政治学与行政管理系本科生。在当年的学生创业大潮中，他与同学合作成立象牙塔信息技术中心。4 年间，在无数的学生公司纷纷关门声中，象牙塔公司从当初注册资金仅 3 万元发展到现今拥有资产 200 万元，业务从当初的单一项目发展到如今包括 MPA 培训、司法考试辅导培训、高考复读辅导等多个项目。

象牙塔公司并不是李永新他们成立的第一个公司。新兴伟业信息技术有限公司是他们第一个公司的名字，经营理念是向大学生提供从入学到毕业的全程、全方位服务。

就在李永新与同伴们踌躇满志准备大干一场时，投资方突然撤资，理由是经营理念不同。

学生公司遭遇第一次灭顶之灾

"投资人撤走全部资金，我们身无分文。我们真正感受到了创业的艰辛。"李永新说。

李永新和伙伴们没有轻易放弃自己的梦想。他们坚持着。

1999 年 8～11 月，3 个月时间里，李永新东拼西凑借了 3 万元钱，拿到了象牙塔信息技术中心的营业执照。

当时，公司的一切只能用"困顿"二字来形容。连办公室租金都要向房东赊账。他们没钱租宿舍，只好每天晚上铺报纸、睡地板，每天吃饭都计算并定量。直到5个月后，"高考状元全国巡回演讲团"项目的成功，境况才有所好转。

"市场不会因为你是学生就网开一面，各种突发情况会随时考验我们的市场承受力。问题在于创业者在打击面前能否承受得住。"

学生创业成功的关键

李永新和伙伴们分析自己的资源：背靠北大，有全国最优秀的学生与老师。公司拥有得天独厚的资源，而外地没有这种资源，何不把北大的这种资源引到地方去呢？

"高考状元全国巡回演讲团"就此诞生。北大高考状元的优秀学习经验受到全国几十个省市的几十万学生的欢迎。公司靠着这个项目生存下来了，发展了，壮大了。

李永新认真总结这段经验。他把学生创业分为两类：一类是以服务内容的变化与革新为内涵的服务创业，另一类则是以新技术为核心的科技创业。他认为，无论是文科还是理科的大学生创业，都应以服务创业为主。

他分析，首先，科技创业的学生企业在技术含量上没有优势，现在是科技高速发展的时代，谁也别想简单地通过自己的一点技术革新就可以改变一个行业，或者建立一个行业。现在的科技革新一定是建立在一定科研基础之上的，而一个本科生或几个硕士生的科研力量是极其有限的，很难真正创造社会需要的科技产品。

其次，学生企业在技术转化方面存在很多现实的问题。大学生最为优良的素质表现为创新的理念与创新的活力，而我国的服务行业又正在一个发展与完善的转型过程中，大学生完全可以发挥自己的优势，在服务行业里大显身手并取得成功。

学生创业初期是否适宜大量引资

谁不希望创业初期能有大量的资金援助呢？可李永新的观点让许多人感到不可思议：学生创业初期不宜大量引资。

在李永新看来，学生创业初期与社会、市场有一个磨合过程，这个过程是对学习能力、创新能力、管理能力、控制能力、洞察力等诸多实践能力的锻炼。如果学生创业初期有很多资金，学生创业团队与社会的磨合效果就不可能真正地凸显。

创业初期，或许有不少人得到了可观的资金，但他们只有在损失了第一笔资金的60%～80%时才知道资金的可贵。就象牙塔公司的成长的历程而言，李永新他们没有资金，即使在最艰苦的时候，他们也在想办法去发展。这种困境对象牙塔公司的创业者们的各种能力锻炼很大，使他们成为素质比较全面、吃苦耐劳的创业者。

主题 4　新创企业的管理

困惑和思考

美国钢铁大王卡内基去世后，人们在这位杰出企业家的墓碑上镌刻了这样几行字：

这里安葬着一个人

他最擅长的能力是

把那些强过自己的人

组织到为他服务的管理机构之中。

人们对卡内基的赞美，与其说是对其财富的赞美，不如说是对其出色的管理才能的赞美。每一位成功创业人士都是杰出的管理人才。他们的成功创业，在很大的程度上，应归功于他们的管理和领导才能。那么如何管理好初创期的企业呢？

一、创业团队的管理

新创企业的发展应该重视团队合作的行为，尤其是在知识经济时代，从事创新型的企业活动很少能够仅靠创业者一人就能完成。如何组建、管理团队就成为一项必要的创业管理能力。数据表明，团队型创业的成功率高于个人创业型。美国在 20 世纪 80 年代的一项针对高成长企业的调查显示，83.3%的创业属于团队型创业。

1. 共同的创业愿景

创业团队成员要长期地同甘共苦，完成生命中最有价值的一页，就需要强有力的驱动力，并且通过这个驱动力把团队长久地凝聚在一起。这个共同驱动力就是共同的愿景。所谓创业团队的共同愿景，是指这个组织中所有成员发自内心的共同意愿，能够激发所有成员为实现这一共同愿望而奉献全部的精力，完成共同的任务、事业或使命。真正的共同愿景能激活每个人的愿望并产生共鸣，使全体成员紧紧地连在一起，能淡化人与人之间的个人利益冲突，从而形成一种巨大的凝聚力。

那么共同的愿景是由什么构成的呢？详见图 9-5。

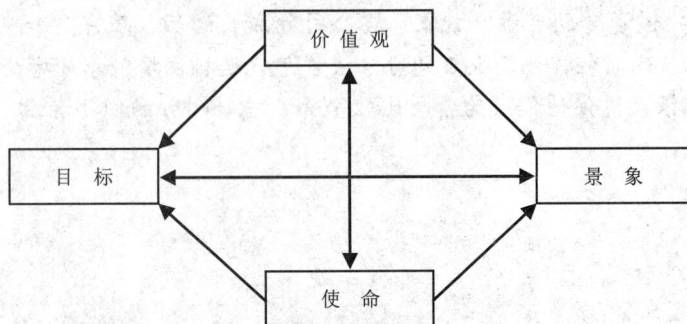

图 9-5　共同愿景的构成

（1）景象

景象指未来企业的成功状态和美好蓝图。它产生于团队个人愿望之上，描绘了从产品、市场份额、销售收入到员工收入、企业利益的许多具体方面，它给人以希望，给人以激励。

（2）价值观

价值观指员工与社会对企业的一种总的看法。例如，松下公司认为其企业从不追求利润，利润只是自己企业对社会有贡献，社会给企业的回报。这就是松下公司的价值观，在这种价值观的指引下产生了不同于其他企业的行为和行为途径。反之，如果这个企业的价值观是个人前程第一，那么将导致员工们相互竞争，从而抛弃良好的合作，形成过于斤斤计较的行为方式。

（3）使命

使命指企业未来完成任务的过程。使命代表企业存在的根本理由，应具有令人感到任重道远和自豪的感觉，而这又与景象和价值观相关。没有美好的景象，使命感会消失殆尽；没有良好的价值观，使命感不会持久。例如，宝钢人的使命就是把宝钢建成世界一流的钢铁联合企业，就是说宝钢人是因这个使命而存在的，具有这样使命感的员工才能创造出巨大效率和效益，才能有内在的持续动力。

（4）目标

目标指企业在努力实现员工共同愿望或景象过程中的短期的或阶段性指标。它代表了员工们承诺的在几个月或一年内完成的事件。目标要从团队成员的个人目标中产生，在团队成员追求自己目标的同时实现团队的目标，形成个人目标与团队目标的统一。

团队共同愿景的 4 个部分是相互关联、有机结合的。

2. 团队的组合结构与人员激励

创业成功需要 3 方面的人才：优秀管理人才、优秀技术人才、优秀营销人才。对于团队的每一位成员要考虑的因素：道德品质，志向与性格特征，从业的经验、能力、知识水平等方面。在进行团队组合时，要注意经验、韧性、性格的互补。

根据管理"二八定律"，即企业 80%的效益是由最关键的 20%的员工所创造的。因此如何判断企业的核心员工，并留住这些核心员工就显得十分重要。根据经验，这些核心人才比较看重的择业因素包括 5 个方面：发展空间，继续学习提升，环境氛围（企业文化），薪酬，能力发挥。因此，企业可以重点考虑在这些方面满足他们的需要。

创业企业很难负担比较高的员工薪酬，因此设法促使人才与企业共同发展就显得尤其重要。对于创业企业，关键人才持股（包括技术入股及管理入股）是比较有效的长期激励方式。一方面，它能够降低企业的工资支出；另一方面，它可以将核心人才的利益与企业的整体利益统一起来。在具体操作过程中，可以将现股激励与虚拟股激励相结合，在干股、分红回填股和分红股之间进行合理的组合搭配。

需要强调的是，激励的前提条件是在企业内部形成一套科学合理的业绩考核评价制度。可以选择的业绩评价方法：关键业绩指标法和平衡计分法。这里不再逐一介绍。

二、市场的定位与管理

1. 市场定位

市场定位越明确，顾客需求分析越清晰，顾客接触通道越流畅，带给顾客的价值越高，则创业成功的机会也就越大。常见的市场定位有以下 4 类。

① 缝隙市场定位。这种定位主要服务于一个狭小的市场，通常是大企业没有顾及或因市场规模太小而不适合于大企业运营。例如，专门为医院病人提供营养餐。

② 配套市场定位。这种定位是为一家大企业进行配套。例如，专门为大型汽车企业提供零配件。

③ 群聚市场定位。这种定位是参与一个企业集群，众多小企业共同合作生产一件最终产品。例如，在温州，许多家小企业共同合作生产皮鞋，每一家只生产皮鞋中的一部分（鞋底、鞋线等）。

④ 创新市场定位。这种定位是要创新一个新市场。通常适用于科技型企业，如生产一种新型的智能电话。

2. 市场分析

对于创业者，其产品或服务进入市场，不可能完全按战略、计划进行发展，一定是在保持自己竞争优势的前提下，适应市场的变化而进行调整，新产品、新服务的市场反馈信息是非常重要的。

市场反馈信息能反映潜在进入的威胁者、供应商、购买者、经销商的谈判力量，替代性竞争产品的威胁，以及市场内部竞争的激烈程度。对市场信息进行分析、研究，能尽早地了解市场结构以及新创企业在市场中未来的地位，同时能预测遭遇竞争对手反击的程度。

市场规模信息的大小与成长速度，也是影响新企业成败的重要因素。一般来说，市场规模大，进入的门槛相对较低，市场竞争激烈程度也会略为下降。

在进行市场分析时，市场渗透力、市场占有率、产品的成本结构与竞争对手的比较都是非常重要的内容，能帮助你在市场竞争中理清思绪，指明方向，发现新机会。

3. 打开市场

对市场进行细分，选择了目标市场和确定了市场定位后，创业者面临最重要的任务是如何进入市场，这也是企业营销管理的重要策略。当然，如何打开市场，并没有固定的模式，而具体的营销战略选择，还要看不同的市场环境和企业环境。这里简要介绍"点、线、面三步进入法"，供创业者参考。除此之外，还有直接营销、集中营销、差异营销、无差异营销等策略和方法，后面将在经营理念中重点介绍，此处不再赘述。

假设某企业选定某一目标市场，并确定其为最后攻击的目标区域。第一步：在此区域内设一点。第二步：在第 1 个点的营销活动取得相当成功后，再在目标区域附近另选第 2 个点，形成线。第三步：在前两点所形成的线外设第 3 个点，形成对目标区域包围，这样，营销面积便告形成。在面积形成后，还要设立第 4 点，此点应放在目标区域的中央。

探索活动

市场调查问题

① 自己的小企业准备满足哪些顾客的需要？

② 这些顾客是男人、妇女还是儿童？

③ 其他企业有可能成为自己潜在的顾客吗？

④ 顾客想要什么样的产品或服务？

⑤ 每个产品的哪方面最重要？尺寸、颜色，还是质量？

⑥ 顾客愿意为每个产品或每项服务付多少费？

⑦ 顾客集中在哪里？

⑧ 他们一般在什么地方和什么时间购物？

⑨ 他们多长时间购一次物，每年、每月还是每天？

⑩ 他们购买的数量是多少？

⑪ 他们的购买力和购买欲望如何？

⑫ 什么地方最适宜经营？

⑬ 至少需要多少流动资金？

⑭ 供应商在哪里？

⑮ 准备进入的这个行业的竞争激烈吗？有哪些潜在的竞争对手？这些企业的经营状况如何？

⑯ 除了按政策申请营业执照（或其他的经营许可）之外，还有哪些先行的手续要办？

三、财务的控制与管理

风险投资公司在归纳新创企业失败的原因时，列举出如下一些因素：应收账款过期或有大量呆账；产销失调，过多资金积压以及存货；盲目扩充，资金管理不善，过度投资；经营团队恶意掏空公司；经营团队内讧，关键人力大量流失；经营者过于固执主观，视公司为个人私产；经营团队能力不足，市场竞争激烈，产品缺乏竞争力；经营模式错误，经营策略不当；高估市场成长潜力；研究成果无法顺利量产。

创业危机首先表现在财务上，财务报表上有许多指标，如流动比例、速动比例、偿债能力等，可以用来帮助判断一家公司的经营状况，进而发觉企业危机征兆。但有时财务人员可能会故意隐瞒。例如，以存货来掩饰已经发生的损失，应收账款背后隐藏了许多无法回收的呆账，企业的固定资产被高估。

此时，可以引入"净流动比"作为评估的指标。"净流动比"是指排除存货与应收账款，只考虑能被立即使用的现金资产，主要评估企业承受经营变动风险的能力。如果这项财务指标持续下降，则显示新企业的经营风险正在上升之中，经营者应深入探查其背后可能存在的问题。

　　大多数创业者在企业略有起步的时候都急于向外界表现自己的经营能力，而利润恰好是其有说服力的证据，这或许是出于安慰投资人的考虑，但是，这样做对于新企业来讲弊大于利。一方面，账面上的利润成为计税依据，而此时的税务支出无异于釜底抽薪；另一方面，企业业务的快速膨胀，存货、应收账款等占用了大量的资金，而此时企业的经营和应变能力都比较弱，企业任何一个环节出了问题都会引发财务综合征。

　　因此，随着企业的发展壮大，应利用现代财务分析工具，调整财务结构，进行资金规划，制定财务制度，逐步完善财务工作。

　　新企业只有发展到有自己的一套可行的财务制度，才能对应收款项、存货、制造成本、管理成本、服务、配销等进行有效的控制。

　　企业的重要领域包括产品质量、服务、应收款项与存货、制造成本。为了配合预期的成长规模，新企业应提前3年建立重要领域的控制制度。

　　最后，还要强调，不但要节流，更要开源。在企业发展到一定阶段，应适时融资。风险投资资金进入风险企业后，对企业的战略、决策等方面都会产生深刻的影响。

四、企业营销

典型案例

华为公司创业阶段的营销策略

　　华为的客户是一些大的电信运营商。华为信奉客户关系至上。如今华为与各地用户从高层到执行层密不可分的关系网络，就是一步步编织起来的。最初创业时，华为不得不从跨国公司无暇顾及的县城做起。当华为的设备出了问题时，良好的客户关系不会令不利消息过快扩散。华为的技术人员往往会日夜兼程赶到现场，哪里出问题，马上维修更换。

　　在开拓市场时，前两个月，华为人员打着解决产品（如华为电源）问题的旗号，设法与客户建立联系，绝口不提销售，有机会就讲华为的企业文化和过往的华为人与事。到第三个月，客户方高层终于点头答应到深圳参观华为，此时华为仍绝口不提销售。第四个月开始，华为分批将客户方从中层到基层所有相关人员的50多人请到深圳参观。通常在之后的招标中，华为就会胜出。

　　华为还在各地进行"咨询＋营销"，帮助运营商分析网络现状，以真正的实力抢夺大客户，发展新业务。华为曾高薪聘请IBM公司的专家，给华为各地客户进行国际电信发展趋势和经营管理的培训。客户关系管理在华为内部被总结为"一五一工程"——一支队伍、五个手段（参观公司、参观样板点、现场会、技术交流、管理和经营研究）、一个资料库。

　　华为最绝的一招是华为与各地大客户组建了很多合资公司，如1998年和铁通成立北方华为，和当地电信管理局、政府成立沈阳华为、成都华为、安徽华为、上海华为等。这些合资公司自诞生起就是个空壳——和通常意义的合资企业使命迥异，华为从来没有把产品，特别是有技术含量的产品投入进去，这些企业的作用只是签单走账。以四川华为为例，每年有四五亿元的销售额，合资公司有当地运营商和政府的股份，他们的年分红比例高达投资额的 60%～70%。当地运营商和政府投资合资公司的钱，甚至可以先由华为出。很明显，这既促进了华为的销售，又疏通了长期客户关系。不过还有更高明之处：令所有通信制造企业头痛、造成现金流不畅的回款问题解决了——让合资企业的人向作为股东的客户收款是个绝妙的主意，而且，这种利益捆绑还可能在企业危机时发生微妙的作用。

销售提成和办事处本地化是华为坚决反对的两件事。这保证了在诸多非正常市场行为实施时，企业奇迹般地没有陷入无法管理的混乱。一线的客户资源和市场人员的一言一行，从来都牢牢控制在总部手里。不用"销售提成"的刺激方式，是为避免销售人员重短期收益而忽视长期客户关系的维系。大的营销经理常常会有独霸一地的客户资源，华为则规定，本地人不得任办事处正职，办事处只允许 5%～10%是本地人，一般销售人员定期在各办事处间轮岗。

在什么情况下打价格战？华为的原则是产品、客户关系、品牌无明显差异，市场能力弱；降低竞争对手利润，扼杀野草（新进入者）长出；集中资源，把有限财力投向有价值市场，即"有所为有所不为"；技术上有重大创新或变革，不惜以自我淘汰方式强迫产业进步等。

在自家的地盘上，华为要做的是画地为牢，以守为攻，把这个已有的收益市场封闭起来。守的策略主要是主动发现并弥补市场缝隙；主动否定自己以提高用户满意度，阻止新竞争者进入；利用产品组合优势封杀对手的进攻机会；主动让利降价，不在价格上给对手以可乘之机；同时在客户关系和服务上主动防守。目的只有一个：不断将收益市场中的地位转化为销售额，同时将收益市场的势能辐射到全国。

在对手的地盘，华为摇身变为猛烈进攻型，千方百计发动价格战，以一切手段打击对手的利润和销售目标，阻挠其市场发展，逐步挤占空间，最后取而代之。1999 年，华为进入四川时，上海贝尔在四川的市场份额是 90%。刚开始，华为仍然绝口不提销售，主动将自己的接入网免签给客户使用，借此在四川各本地网都布上了点。而对手忽略了华为的这个小动作。随后，华为又将接入网的新增点抢了过来，逐渐把点连成了面。网上运行的华为设备数量有了突破性进展后，华为又伺机将接入网的优势顺理成章地延伸到了交换机，最后将华为的交换机变成和上海贝尔交换机并存的第二种制式，跻身主流机型。

营销是关于企业如何发现、创造和交付价值以满足一定目标市场的需求，同时获取利润的学科。华为的"咨询＋营销"以及与大客户、政府合作之间等的客户关系处理是值得借鉴的案例。营销学用来辨识未被满足的需要，定义、量度目标市场的规模和利润潜力，找到最适合企业进入的市场细分和适合该细分的市场供给品。真正意义上的营销，即市场营销（marketing）。在某种意义上讲，谈论市场营销应该为公司做些什么，就是在谈论公司该持有什么样的最终目标和战略目的。从公司角度讲，市场营销的职能就是保证客户和消费者成为企业的中心环节。其另一职能便是指导企业决策。

目前有以下 5 种最新的营销理念。

（1）无差异市场营销观念

该观念表现企业在市场细分之后，不过多考虑各子市场的特征和差异，而是注重子市场的共性，决定只推出单一产品，运用单一的市场营销组合，力求在一定程度上满足尽可能多的顾客需求。在无差异市场营销中，环境对此影响不大。企业注意力之所在是生产购买者普遍需要的产品，而不是生产他们所需要的不同产品。它采用大规模配销和大规模广告的办法，目的是使产品在人们心目中树立最佳形象。该观念的优点在于产品的品种、规格、格式简单，有利于标准化与大规模生产，有利于降低生产、存货、运输、研究、促销等成本费用。这种案例很多，如可口可乐企业早期曾用单一规格的瓶装单一口味的饮料，以满足各种顾客的需要。采用无差异市场营销的理由是规模经济。产品经营范围窄可以降低生产、储存和运输的成本。无差异广告计划可以降低广告费用。这种无差异市场营销不需要细分的市场营销调研和规划，从而降低了市场营销调研和生产管理的成本。实行无差异市场营销的公司一般针对最大的细分市场发展单一产品以供应市场。局限性在于同行业中如果有几家企业都实行无差异市场营销时，在较大的子市场中的竞争将会日益激烈，而在较小的子市场中的需求将得不到满足。例如，有一家化工产品单位，为了推出环氧丙烷产品，不考虑产品的各子市场的特征，而只注重子市场的共性，只生产出较单一的型号产品。虽然有利于大规模的生产，但由于较大的子市场竞争日益激烈，而较小的子市场的需求得不到满足，结果给产品生产带来影响，不得不停产，原因就是对市场考虑不周。

（2）差异市场营销经营观念

该观念表现为企业决定同时为几个子市场服务，设计不同的产品，并在渠道、促销和定价方面都做出相应的改变，以满足各个子市场的需求。从环境影响上看，企业的产品种类同时也在几个子市场占有优势，就会提高消费者对企业的信任感，进而提高重复购买率，而且通过多样化的渠道和多样化的产品线进行销售，通常会使总销售额增加。例如，通用汽车企业宣称该企业将为每个"财富、目标和个性"不同的人生产一种汽车，就是采用了这种市场营销策略。然而，它的局限性在于，会使企业的生产成本和市场营销费用增加，如九江的一家酒厂，为了满足不同的顾客需要，同时生产出多种的产品，打入不同的市场，从结果上看，销售额是有所增加，而且在一定的地域范围内，产品占有优势，进而也使重复购买率提高，但产品要扩大地域，不但广告费，而且企业的生产成本、产品改进成本、管理成本、存货成本、促销成本等各类费用都会提高，反而使经济效率降低。由于差异市场营销既扩大了销售额，同时又增加了成本，所以应用这种策略时应慎重。

（3）集中市场营销的经营观念

该观念表现在企业集中所有力量，以一个或少数几个性质相似的子市场（细分市场）作为目标市场，集中一切力量为这些市场服务，试图在较少的子市场上占有较大的市场占有率。这种实行集中市场营销的企业，一般是资源有限的中小企业或是初次进入新市场的大企业，由于生产和市场营销方面实现专业化，可以比较容易在这一特定市场取得有利的地位。如果子市场选择得多，企业可迅速扩大市场占有率，利用有限资源获得较高的投资收益，其局限性在于实行集中市场营销有较大的风险性。若目标市场范围比较狭窄，一旦市场营销环境发生重大变化（如有强大竞争者进入该细分市场或顾客需求发生变化时），会给企业的经营活动造成不利影响，甚至可能使企业无法继续经营下去，从而陷于困境。例如，一家自行车厂商，他发现某个地区的产品市场对自己产品的需求十分殷切，并且在同一个市场区域没有几家竞争对手，因此比较容易在这一市场取得有利地位。这样，企业如果选对了，可以获得较高的投资收益，如果这个地区在某一个特定的环境中，市场突然变坏，企业就容易陷入困境。

（4）品牌化经营观念

该观念表现为企业的市场营销人员要决定是否给其产品规定品牌名称，以便用来区别一个（或一群）卖主和竞争者，包括品牌名称和商标。所有品牌名称和所有商标都是品牌或品牌的一部分。该观念的环境影响主要在于，可使购买者得到一些利益：①购买者通过品牌可以了解各种产品的质量的好坏；②品牌化有助于购买者提高购物效率。该观念的局限性主要在于会使企业增加成本费用。例如，现在许多的家电公司为了扩大自家的品牌效应，在向市场推出自己的产品时，以产品的品牌带动自己企业其他的产品，以此影响整个市场的营销。因此，品牌大战就导致了广告的"标王"诞生。这样就必须花很多钱做广告，大力宣传其品牌。企业的成本费用就相对提高。

（5）直接营销系统的经营观念

该观念表现为，产品的所有权从生产者手里直接转移到用户或最终消费者手里，省去了传统营销渠道中的诸多中间环节。它的优点：①免去层层加价，多次倒手，多次搬运等环节，有利于降低售价，提高产品竞争能力；②生产者与使用者、消费者直接接触，既有利于改进产品和服务，也便于控制价格；③为人们的特殊购物需要提供了可能；④返款迅速，加快企业资金周转。对环境的影响主要是以众口相传的方式传播产品信息，销售产品，扩大产品的知名度，将厂家的产品信息传递到每一个消费角落。该观念的局限性在于：直销的采用只适用于扶植中小企业和处理某些大型企业的积压品，对较大的市场是不太适合的。

企业营销涉及的内容极为广泛，组合策略也是多种多样的，下面通过一个测试来进一步了解和认识市场营销。

思考与实践

实践活动：创业实施可行性测试

当你准备将创业设想变成现实时，最好能对自己的创业准备情况进行评价。如果你非常想创业成功，请你以负责的态度，对以下问题做明确回答。

（1）你将创办企业的法律形式是否明确？

    A. 是   B. 不确定   C. 否

（2）你有把握筹集到创办自己企业的启动资金吗？

    A. 是   B. 不确定   C. 否

（3）你确定了将要出售的商品或提供的服务吗？

    A. 是   B. 不确定   C. 否

（4）你是否做了市场分析并确定了你的销售对象？

    A. 是   B. 不确定   C. 否

（5）你是否访问过10位以上的潜在顾客，并向他们了解对你的商品或服务的意见？

    A. 是   B. 不确定   C. 否

（6）你知道谁是你外在或潜在的竞争对手吗？

    A. 是   B. 不确定   C. 否

（7）你对主要的竞争对手做过优势和劣势的比较吗？

    A. 是   B. 不确定   C. 否

（8）你的开业地址确定了吗？

    A. 是   B. 不确定   C. 否

（9）你对销售的商品或提供的服务定出价目表了吗？

    A. 是   B. 不确定   C. 否

（10）你是否决定花一部分钱做广告宣传？

    A. 是   B. 不确定   C. 否

（11）你对企业的销售做出了预算吗？

    A. 是   B. 不确定   C. 否

（12）你是否已做了一年的销售预测？

    A. 是   B. 不确定   C. 否

（13）你是否已根据销售预测做出了盈亏平衡分析？

    A. 是   B. 不确定   C. 否

（14）你对开业一年的损益状态做出了预测分析吗？

    A. 是   B. 不确定   C. 否

（15）你第一年的经营状况能保证不亏损吗？

    A. 是   B. 不确定   C. 否

（16）你制订第一年的现金流量计划了吗？

    A. 是   B. 不确定   C. 否

（17）你和开业有关的政府部门都接洽过了吗？

    A. 是   B. 不确定   C. 否

（18）你如果向银行贷款是否有担保的资产？

    A. 是   B. 不确定   C. 否

（19）你知道需要怎样的员工以及所需的员工数量吗？

    A. 是   B. 不确定   C. 否

（20）你知道雇用员工所必须了解的法律知识吗？

    A. 是   B. 不确定   C. 否

（21）你知道对员工必须承担的责任和义务吗？

    A. 是   B. 不确定   C. 否

（22）你知道为什么要为职工缴纳"五险一金"吗？

    A. 是   B. 不确定   C. 否

（23）你知道你的企业必须投保哪些险种吗？

    A．是　　　　　　　　B．不确定　　　　　　　C．否

（24）你知道你的企业是否需要办理"特种行业"的申办手续吗？

    A．是　　　　　　　　B．不确定　　　　　　　C．否

（25）你对申办企业的手续做过详细的咨询和调查吗？

    A．是　　　　　　　　B．不确定　　　　　　　C．否

（26）你清楚你的企业必须办理哪些许可证吗？

    A．是　　　　　　　　B．不确定　　　　　　　C．否

（27）你是否为申办的企业制定了申办流程和期限表？

    A．是　　　　　　　　B．不确定　　　　　　　C．否

（28）你对所要涉足的行业了解吗？

    A．是　　　　　　　　B．不确定　　　　　　　C．否

（29）你办企业是否获得了家人的支持并已安排了家庭开支？

    A．是　　　　　　　　B．不确定　　　　　　　C．否

（30）你是否坚信一定能把自己的企业办好？

    A．是　　　　　　　　B．不确定　　　　　　　C．否

评分标准：

回答 A 得 3 分；回答 B 得 1 分；回答 C 得 0 分。

分析：

80 分以上，你可以进入创业实施阶段，但对"否"和"不确定"的问题应尽快予以明确，否则会影响创业和经营效果。

80 分以下，建议你再作努力，等准备较充分时才进入创业实施阶段。

第十章 绘制创业蓝图

阿尔贝特·施威茨尔（Albert Schweitzer）创业宣言——我怎么会甘于庸碌，打破常规的束缚是我神圣的权力，只要我能做到。赐予我机会和挑战吧，安稳与舒适并不使我心驰神往。不愿做个循规蹈矩的人，不愿唯唯诺诺麻木不仁。我渴望遭遇惊涛骇浪，去实现我的梦想，历经千难万险，哪怕折戟沉沙，也要为争取成功的欢乐而冲浪。一点小钱，怎能买动我高贵的意志。面对生活的挑战，我将大步向前，安逸的生活怎值得留恋，乌托邦似的宁静只能使我昏昏欲睡。我更向往成功，向往振奋与激动。舒适的生活，怎能让我出卖自由，怜悯的施舍更买不走人的尊严。我已学会，独立思考，自由地行动，面对这个世界，我要大声宣布，这，是我的杰作。

本章要解决的问题

1. 什么是创业计划书？
2. 创业计划书的基本格式是什么？
3. 怎样完成一份完美的创业计划书？

主题 创业计划书的制定

困惑和思考

在经过了对本书前几章的学习后，相信同学们对自己是否选择创业、创业的领域、创业项目等内容更加明确。那么接下来是不是该直接进行实践了呢？非也！凡事有备无患，先将有关创业的想法白纸黑字地落到实处吧——制定创业计划书。创业计划书的质量，往往会直接影响创业发起人能否找到合作伙伴、获得资金及其他政策的支持。那么创业计划书的关键是什么呢？如何写创业计划书呢？

一、创业计划书的功能

创业计划书是由创业者准备的书面计划，分析和描述了创办一个新的风险企业时所要面对的各种因素，其目的是为了通过撰写创业的过程对企业自身进行自我评估，对创业前景有更加清晰的认识，并且期望通过计划书获得风险投资家的风险资本。

创业计划书是一份全方位描述创业整体设想的文件，是关于创业设计的冷静的战略思考，是创业者展示自身才华的一种表达和诉说，是脚踏实地的商业计划和创业崛起的行动纲领。

从国内外风险投资发展的经验来讲，创业企业是否有很好的创业计划书对于能否成功地吸引风险投资是极为关键的。创业企业多是新成立或设立不久的企业，缺乏历史数据。对于迫切需要风险资金的风险企业的创业者而言，只能通过创业计划书，向风险投资者描绘未来的企业；而风险投资家面对大量的潜在可行的创意时，也只能通过对创业计划书的评估来做出自己的选择。因此，创业计划书是风险企业和风险投资家发生利益关系的第一载体，一份良好的创业计划书往往被称为风险企业吸引风险投资的"敲门砖"。

当前很多人认为创业计划书的作用主要是吸引风险投资，这种认识是片面的。除了寻求风险投资外，创业计划书还有如下 4 个作用。

1. 指导作用

创业计划书是创业全过程的纲领性文件，是创业实践的战略设计和现实指导。因此，创业计划书对于创业实践具有非常重要的指导作用。

2. 聚才作用

创业计划书的聚才作用是很宽泛的。主要表现在吸引创业人才进入；吸引新股东加盟；吸引有志之士参加创业团队；吸引对创业计划感兴趣的单位赞助和支持等。

3. 整合作用

创业计划书的整合作用是其最根本、最重要的作用。在创业的过程中，各种生产要素是分散的，各种信息是零乱的，各种工作是互不衔接的。通过编写创业计划书，创业者可以梳理思路、进行调研、完善信息，找到各种程序之间的衔接点，最终把各种资源有序地整合起来、调动起来，围绕着创造和形成商业利润，进行最佳要素的组合。这种整合，能把各种分散的资源聚拢起来，形成一种增量资源，产生倍增效应。

4. 融资作用

资金是企业的血液，是创业的要素，是创业企业能够获得快速发展和崛起的前提。创业企业要获得风险投资的支持，其中一个重要的途径就是从审验创业计划书开始。因此，写好创业计划书具有获得风险投资支持、融汇外来资源的作用。

二、创业计划书的撰写规范

不同行业的创业计划书有所不同，甚至同一行业的人写的创业计划书也会有所不同。但是，一份好的创业计划书应具有如下特点。

1. 完整的格式

创业计划书中的各个章节，排列都应按照严格的顺序。如此一来给人的第一印象就是，作者是一位经过严格训练、头脑清楚、办事严谨、条理清晰，具有真正管理能力的企业家，或者是具有优秀企业家素质的人。

2. 明确的针对性

不同的投资者兴趣不同，侧重点不同，文化背景也不同。在写创业计划书之前，创业计划书的撰写者一定要对投资者的背景及相关情况有明确的了解，要针对具体的投资者写出具体的创业计划书。

3. 言简意赅的语言

整个创业计划书的书写和编排要言简意赅，但又要内容丰富。整篇报告要直观性强，有强烈的视觉效果，使整篇报告让人易于抓住重点。报告中要尽量使用直观性强的图表。

4. 适宜的长度篇幅

一定要做到长短适中，既要把该说的情况全部阐述清楚，又要避免烦琐。英文的创业计划书一般以 30～50 页为宜，中文的创业计划书以 20～35 页为宜。写得太短，难以把内容说清楚；写得太长，投资者会失去阅读耐心。

5. 适中的写作风格

写作风格要掌握适中，恰到好处，不温不火。既不要太平淡无奇，无法引起投资者兴趣，也不要太"文绉绉"，过于感性。创业计划书要有冲击力，能抓住投资者的心。一定要记住，创业计划书既不是动员报告，也不是文艺作品，而是一篇实实在在的说明书。

6. 严密的逻辑性和严谨的科学证据

介绍技术时，要用科学事实和必要的数据，阐明技术的先进性和实际性。介绍设想时，更需要有充分的市场研究结果，阐述想法的合理性，证明这个想法是切实可行的。分析市场时，要对未来 3～7 年的市场前景有合情合理的分析，言之有据。对产品的市场分析一定要有充分的证据。如果由于条件的限制，没有第一手材料，也一定要提供可以类比的产品的资料。如果是现有企业，还要对过去 3～5 年的经营状况有简要且可信的分析。另外，写作时切忌"海阔天空、漫无边际"，更忌讳提供虚假的数据和不实的材料。凡是涉及数字的内容一定要定量表示，提供必要的定量分析。必要的图表是最有说服力的证据。图表一定要简单明了，直观且容易理解。制作图表的目的是使投资者更容易了解和记住创业者要阐述的问题。

> **创业计划书的"6C"规范**
>
> ① concept（概念）。就是让别人知道你要卖的是什么。
> ② customers（顾客）。有了卖的东西以后，接下来是要卖给谁。顾客的范围要很明确，假如认为所有的女性都是顾客，那么 50 岁以上、5 岁以下的女性也是你的客户吗？适合的年龄层次要界定清楚。

③ competitors（竞争者）。要调查你的东西有人卖过吗，是否有替代品，竞争者跟你的关系是直接还是间接的等。

④ capabilities（能力）。要卖的东西自己懂不懂？譬如开餐馆，如果厨师辞职又一时找不到继任者，自己会不会炒菜？如果自己没有这个能力，至少合伙人要会做。再不然也要有鉴赏的能力，不然最好是不要做。

⑤ capital（资本）。资本可能是现金，也可以是有形或无形的资产。要很清楚资本在哪里、有多少，自有的部分有多少，可以借贷的有多少。

⑥ continuation（持续经营）。当事业做得不错时，考虑未来的计划。

三、创业计划书的内容及格式

一份完整的创业计划书，通常应包括以下 10 项内容。

1. 创业计划书摘要

创业计划书摘要是风险投资者首先要看到的内容。它浓缩了创业计划书的精华，反映了商业的全貌，是全部计划书的核心所在，可以使工作繁重的风险投资家在短短的几分钟之内就了解计划书的精髓，从而达到主要的目的，即吸引风险投资家看计划书的其余部分。

摘要一般要包括以下内容：公司介绍，主要产品和业务范围，市场概貌，销售计划，生产管理计划，管理者及其组织，财务计划，资金需求状况等。

摘要既应简明生动地勾画出项目的全貌，又要突出项目重点；既要讲清项目的先进性和可行性，又讲清项目的商业价值和高回报性；既要有清晰的逻辑思路，又要有切实的证据加以印证；既要能看清项目发展的脉络，又要能让人感受到项目实施团队的能力和作用；既要能看到项目已经具备的相关优势，又要能明所需的帮助和支持的方向、目标和作用。从而给读者留下深刻的印象。

撰写摘要要有针对性，文笔要生动，篇幅一般控制在 2000 字左右。摘要应该重点向投资者传达以下信息：①你的基本经营计划是正确的，是合乎逻辑的；②你的经营计划是有科学根据的并经过充分准备的；③你有能力管理好这个企业，你有一个坚强有力的领导团队和执行队伍；④你清楚地知道进入市场的最佳时机，并且预料到什么时间应适当地退出市场；⑤你的财务分析是实际的；⑥坚信投资者的资金不会白花。

2. 公司介绍

介绍公司过去的发展历史、现在的情况以及未来的规划。主要应包括公司的基本信息，如名称、地址、联系方法等；公司的自然业务情况；公司的发展历史；对公司未来发展的预测；公司与众不同的竞争优势或者独特性；公司的纳税情况。

（1）公司简介

详细介绍企业的名称、注册地点、经营场所、公司的法律形式、企业的法人代表、注册资本等基本情况。着重介绍创业的目的、发展目标、市场营销、经营原则等。

（2）公司战略

探讨公司所面临的主要机遇，这些机遇是促使你为之融资的动力。目前情况下，产品生产线和技术能力会发挥有效作用吗？大约投入成本是多少？时间进度如何划定？风险程度如何？销售状况的变换或技术许可的发布以及市场品牌的下滑等因素都应涵盖在其中。

（3）发展阶段

许多投资者想知道目标企业目前发展的程度，经历了的主要发展阶段，已经取得了的进展或成绩。企业的主要发展阶段的介绍应包括企业的初创情况、早期发展情况、稳定发展期的情况（如开发新产品、提供新服务、建立新分支机构等）、扩张期发展情况和合并、改产、重组或稳占市场情况等。

（4）公司目标

企业的目标介绍应该包括企业的性质、经营哲学、财务目标、企业文化以及企业形象。在描述企业的目标和经营哲学时可着重阐述产品或服务的特性、产品或服务的属性、产品的质量和价格、服务的内容、企业与顾客的关系、企业的管理风格、企业领导与员工的人际关系、工作环境的性质、企业与整个产业的关系、新技术和新进展、盈利目标、人员管理目标等方面。

3. 公司的研究与开发

公司的研发情况介绍投入研究开发的人员和资金计划及所要实现的目标。主要包括研究资金投入，研发队伍情况，研发设备，研发产品的技术先进性及发展趋势，技术的来源和所有权归属，成本预算和时间进度等。

4. 产品或者服务

创业计划的核心是一项创新性的产品或服务以及它对最终客户的价值。创业者必须将自己的产品或服务创意向风险投资者逐一介绍。主要应包括产品的名称、特征及性能用途，产品的开发过程，产品处于生命周期的哪一阶段，产品的市场前景和竞争力如何，产品的技术改进和更新换代计划及成本，企业的产品或服务能否以及在多大程度上解决现实生活的问题，或者企业的产品、技术或服务能否帮助顾客节约开支，增加收入。

在产品或服务介绍部分，创业者要对之做出详细的说明。说明要准确，也要通俗易懂，使得不是专业人员的投资家也能明白。一般来讲，产品介绍都要附上产品原型、照片或其他介绍。而且产品介绍要回答以下问题：顾客希望企业的产品能解决什么问题？顾客能从企业的产品中获得什么好处？企业的产品与竞争对手的产品相比，有哪些优点和缺点？顾客为什么会选择本企业的产品？企业为自己的产品采取了何种保护措施，企业拥有哪些专利、许可证，或与已申请专利的厂家达成了哪些协议？为什么企业的产品定价可以使企业产生足够的利润，为什么顾客会大批量地购买企业的产品？企业采用何种方式改进产品的质量、性能，企业对发展新产品有哪些计划等。

5. 管理团队

"投资是一项经营人才的业务。"越来越多的事实证明，商业竞争的实质就是人才的竞争，谁能留住人才并善用他们，谁就能在商业竞争中获胜。据北京大学风险投资研究会的调查，风险投资家拒绝投资的理由有 40%是因为对管理人员的能力和素质不满意，对创业者能否带领企业在竞争环境中成为市场的主导持怀疑态度。因此，撰写创业计划书应首先以人为本，不仅要向投资者介绍经理队伍的概况，而且要介绍他们是如何形成一个整体团队进行工作的。

① 要对企业管理团队的主要情况做全面介绍，包括企业的主要股东及他们的股权结构、董事和其他一些高级职员、关键雇员以及企业管理人员的职权分配和薪金情况。

② 将企业的管理机构，包括股东情况、董事情况、各部门的构成情况等以一览表的形式或者其他明晰的形式展示出来。

③ 特别要介绍企业管理团队的战斗力和独特性，包括团队的职业道德、能力与素质。

6. 市场与竞争分析

创业者要在充分进行市场调研的基础上，对自身产品或服务的市场进行合理的预测，并制订出相应的市场策略。只有企业有光明的市场前景或可观的盈利潜力，企业才有必要为创立新的风险企业努力，也才有可能获得风险投资家的资金支持。

（1）市场用户情况

现有的市场用户情况是企业进一步发展的基础。因此，企业要分析自身在以往的经营中拥有了什么样的客户和拥有多少用户；市场占有率如何；市场竞争情况如何；是否已经建立了完整的市场营销网络；营销手段如何等。

（2）市场前景预测

尽管预测不一定与实际相符，但是作为一种新的产品或者服务，风险投资家还是希望能在创业计划书中看到企业对自身进行的初步预测，以确定自己要承担多大的风险。因此，在计划书中，要回答如下问题：新产品所在行业的前景如何？新的产品是否存在市场需求？市场需求的规模有多大？影响未来需求的因素有哪些？新产品的潜在目标顾客是什么等。

（3）市场营销策略

任何一个风险投资家都十分关心新产品或者服务的未来市场营销策略。风险投资家希望了解企业的产品从生产现场到达最终用户手中的全过程。因此，在创业计划书中，企业的市场营销策略应该说明营销机构和营销队伍；营销渠道的选择和营销网络的构建；广告策略和促销策略；价格策略；市场渗透与开拓计划；市场营销中意外情况的应急对策等。

7. 生产经营计划

生产经营计划，主要应阐述创业者的新产品生产制造及经营过程。风险投资者从这一部分要了解生产产品的原料如何采购、供应商的有关情况，劳动力和雇员的情况，生产资金的安排以及厂房、土地等。内容要详细，细节要明确。这一部分是以后投资谈判中对投资项目进行估值时的重要依据，也是风险创业者所占股权的一个重要组成部分。

良好的企业经营是企业取得成功的关键。针对具体的创业计划书要做出富有个性的描述。对于从事制造的企业，销售渠道是主要困难，在创业计划书中要讲清如何建立销售网，通过什么销售渠道进入市场；对于零售企业，销售不是问题，因此不需要在创业计划书中过细地描述这方面的问题。对于主要从事新技术开发的企业，或主要利用新技术进行生产的企业，需要突出描述有关技术开发或技术应用方面的情况。如果这些技术在你的行业中处于领先地位，或这些新技术可以明显地提高企业的竞争地位，则需要突出描写这些技术的重要意义。

无论是什么行业，每个企业都有生产过程。在介绍有关生产这部分内容时，重点介绍企业如何组织和开发生产力。在创业计划书中需要提到企业能找到什么办法利用或减少这些多余的生产能力。如果接近或达到最大生产能力，则需要阐述你们准备如何扩大生产能力，以保证企业的持续发展。

在创业计划书中还要列出企业的主要设备和设施，包括生产设备、交通工具、厂房设施、商店设施、办公用品等，还要写明是否租赁，是否分期付款等。描述设备和设施的状况，如是否可以继续使用、是否需要技术改造或维修；如果需要更新，则需要写上预定时间。

8. 财务规划

财务规划是需要企业花较多的精力来做具体的分析。华平是全球最大的专业股本投资银行之一，其亚洲董事总经理孙强先生在接受记者采访时曾说："中国的一些企业的财务制度还不规范，甚至一些很能干的企业家对财务管理知之甚少，这严重影响他们获得创业投资。"孙强先生的这番话，一方面表达了其对企业家素质的要求，另一方面也反映了投资家对企业财务方面的重视。一个风险企业将来的运营情况，完全可以从其合理的财务规划中推断出来。因而，风险投资家会期望从创业计划书中看到合理的市场预测和相应的财务规划，进而从中判断企业对财务部分的重视程度、实际能力，以及最后能否确保自己的投资获得预期的回报。

财务规划一般要包括以下内容。

① 创业计划书财务规划的条件假设。这是财务规划的前提，也是财务规划能符合未来经营的保障。

② 预计资产负债表，预计利润表及附表，预计现金流量表。预计资产负债表是反映在未来某一时刻的企业的状况，投资者可以用资产负债表中的数据得到的比率来衡量企业的经营状况以及可能的投资回报率。预计利润表及附表反映的是企业未来的赢利状况，它是企业在一段时间运作后的经营结果。预计现金流量表反映企业的未来现金的流动状况。流动资金是企业的生命线，因此企业在初创或扩大时，需对流动资金有预先周详的计划和进行过程中的严格控制。

③ 资金需求表。在资金需求表中，企业要对所需资金的筹集情况、需要数量、时

间以及使用状况、对投资的回报情况等做出分析。

财务规划是创业计划书中的关键部分，而相对来讲也是整个创业计划书中比较专业的部分，对编制者有较高的要求。如果创业者是技术人才，缺乏这方面的知识，就需要请相关的专业人士帮忙。

9. 风险因素

风险因素是指详细说明项目实施过程中可能遇到的风险，并且提出有效的风险控制和防范手段。企业可能面临的风险包括技术风险、市场风险、管理风险、财务风险及其他不可预见的风险。

尽管风险投资的高风险是众所周知的，但是风险投资家仍然想尽可能多地了解风险企业可能面临的风险，风险的大小以及创业者将采取何种措施来降低或者防范风险。他们可能会向创业者提出一系列的问题，来确定其可能面对的风险，以及创业者规避风险的措施。因此，创业计划书可对此单列一部分进行说明。但是，创业者千万不要为获得投资机会而故意人为地缩小、隐瞒风险因素，这将只会令风险投资家产生不信任而导致合作失败。实事求是、诚实坦白的品质才是风险投资家十分赞赏的。

10. 撤出计划

所谓撤出计划，就是如何把投资者的投资以金钱的形式归还给他们。投资者是企业的股东之一，他们的利益与企业的经营密切相关。投资者要求企业在申请投资的同时就事先明确阐明他们的投资到底如何转变成现金。因此，撤出计划成为创业计划书的重要内容之一。

企业可以根据各自的情况制订各种各样的撤出计划。一般说来，投资者只对以下5个方面的撤出计划感兴趣。

① 股票上市。投资者期望企业未来可以公开上市，即 IPO（initial public offerings，首次公开募股），进入股票交易市场。投资者把股票在股市出售后，可以转而投资另外的企业，继续成为原始股股东。如此重复达到快速积累资金的目的。

② 企业被收购。如果不能做到股票上市，投资者希望企业将来有机会被其他企业收购。他们可以在出售企业的同时出售股票，其获利方式与股票上市的情况基本相似。

③ 企业收回股权。被投资的企业在一定时间后回收投资者股份是投资者的另外一种撤出方式。

④ 股权转让。投资者也可以在适当的时候把手中的股份转让给另外的投资者。

⑤ 与其他企业合并。这种方式也类似于企业被收购。投资者可以在交易过程中向新的企业出售手中的股票。

投资者实际关心的是投资方式，至于采取什么方式是次要的。因此在创业计划书中，一定要以让人信服的方式，向投资者阐明你能帮助他们以最快的速度把小投资变成大收益。

思考与实践

1. 实践活动：全面审视你的创业计划书

（1）你的创业计划书是否显示出你具有管理公司的经验？

（2）你的创业计划书是否显示了你有能力偿还借款？

（3）你的创业计划书是否显示出你已进行过完整的市场分析？

（4）你的创业计划书是否容易被投资者所领会？创业计划书应该备有索引和目录，以便投资者可以较容易地查阅各个章节，还应保证目录中的信息流是有逻辑的和现实的。

（5）你的创业计划书中是否有计划摘要，并将其放在了最前面？计划摘要相当于公司创业计划书的封面，投资者首先会看到它。为了保持投资者的兴趣，计划摘要应写得引人入胜。

（6）你的创业计划书是否在文法上全部正确？

（7）你的创业计划书能否打消投资者对产品（服务）的疑虑？

2. 实践活动：制定创业计划书

根据下面的提示，明确自己的创业目标，并编制一份创业计划书。

（1）你创建自己企业的名称及日期：＿＿＿＿＿＿＿＿＿＿

（2）企业所有制形式选择：□个体　□有限责任公司　□股份有限公司

（3）你的顾客主要是　□个人　□团体　□公共机关　□其他

（4）你设计的产品和服务：＿＿＿＿＿＿＿＿＿＿

（5）5个最主要的竞争对手：①＿＿＿②＿＿＿③＿＿＿④＿＿＿⑤＿＿＿

（6）可能的竞争来自：①其他公司　②技术　③行业人员

（7）你的企业竞争力：　□弱　□较弱　□平均水平　□较强　□强

（8）你的产品或服务的需要在递增还是在递减：＿＿＿＿＿＿＿＿＿＿

（9）你可能引进的产品或服务：＿＿＿＿＿＿＿＿＿＿

（10）你可能进入的市场：＿＿＿＿＿＿＿＿＿＿

（11）你的企业与众不同的方面：＿＿＿＿＿＿＿＿＿＿

（12）你的企业最大的营销障碍：＿＿＿＿＿＿＿＿＿＿

（13）你的企业最大的营销机会：＿＿＿＿＿＿＿＿＿＿

（14）你的总体经营目标和增长计划：＿＿＿＿＿＿＿＿＿＿

扩展阅读

创业计划书案例一："晨光学生网"创业计划书

建站目标（近期）：成为深圳大学内最大的 ICP（Internet content provider，网络内容服务商），确立门户网站地位。

远期目标（5年）：将晨光学生网的运作系统推广到不同高校，建立特许经营体制。

市场定位：成为为深圳大学师生及周边网络用户提供信息、娱乐和学习等资讯的综合信息港。相对于其他校内单一网站，晨光学生网内容更全面、更具吸引力；相对于校外网站，晨光学生网又具有浏览速度快、提供更符合校园用户的个性化服务等特点。另外，晨光学生网建设的过程，正是一套学生型入门网站营运模式条理化的过程，当这套营运模式得以完善，则可实现转让，从而建立起一个网站的特许经营体制。

市场定位的理由主要有5个。

（一）市场现状

1. 独特的网络实验场

深圳大学有着领先于其他高等学府的网络资源，率先实现了多个学生宿舍局域网互联，并可直接连入因特网。另外，图书馆、电教中心、教室等也实现了大面积的网络互联。独特的网络资源，为晨光学生网进行各种区域性的网络应用研究提供了一个很好的实验场地，可以更贴近现实进行开发、及时收集各种反馈信息，缩短各种网络应用的研发和实现周期。

2. 浏览用户群体

截至2018年4月，深圳大学各宿舍已基本联网，上网人数达到6000人以上；另外，通过其他途径进行网络浏览的用户，保守估计超过2000人。这些用户对运用网络充满热情，消费能力也相对较高，具有无限的市场潜力。

3. 网络资源运用的不足

根据调查分析，深圳大学师生上网的主要目的是为了解各种资讯、在线聊天和收发电子邮件，但是阻止他们或潜在阻止他们上网的原因则有两个：因特网浏览速度太慢，校外网站缺少符合本地要求的个性化服务。正是这两个原因，造成了深圳大学虽有得天独厚的网络资源，却没有真正为广大网络用户带来更多的实惠，目前仅有校园 BBS（bulletin board system，电子布告栏系统）得到了比较成功的运用，网络资源的运用存在较大的空白。

4. 市场竞争对手分析

① 深圳大学官方主页（http://www.szu.edu.cn）：根据我们调查分析，上深圳大学主页的师生主要是想了解校内资讯和BBS，但普遍认为页面设计缺少学生气息，抱怨没有更多值得浏览的内容。

② 校内个人网站：据了解，校内只有几个小范围内的知名个人网站。但与其说是网站，不如说是个人主页更恰当，因为这些个人网站功能简单，网页设计简陋，是一些同学单凭个人兴趣建设的，而且很少更新，对同学们吸引力不大。

③ 校外网站：深圳大学师生上校外网站主要是了解各种资讯，奈何有时因特网浏览速度太慢，常常因为等待时间太长而失去了浏览的兴趣，而且信息泛滥，不容易找到自己想要的信息。

（二）市场潜力分析

1. 用户群体

网站的运作是否成功，依赖于是否得到了强大的浏览用户群体支持。根据深圳大学的网络规划，2018 年 9 月前各宿舍基本实现联网，上网人数达到 6000 人以上。日后随着学校扩招，2021 年，上网人数可望达到 30 000 人。另外，深圳大学的局域网将逐步实现与深圳高职院、深圳教育学院、深圳外国语学校和深圳清华研究院等教育单位的互联，深大将成为深圳市实际意义上的教育、科研网的枢纽。因此，在本校用户群体的基础上将有大量新的网络用户加入。

晨光学生网正是基于这样一个相对"忠实"的局域网用户群体建立起来的，由于其区域性、指向性强的特点，将更有利于其吸纳这样的网络用户群体。

2. 门户概念

根据学校的发展规划，学校网络中心将与 Chinanet（邮电部门经营管理的基于因特网网络技术的中国公用计算机互联网）进行 2MB 互联，因特网浏览速度将有望提高。但在这一规划实现之前，正好为晨光学生网的成长提供了一个缓冲期，此间只要晨光学生网能做到网站所提供的内容与服务"够用、适用、好用"，便可以深深地吸引住用户，进而利用局域网用户相对"忠实"的特点，使自身成为局域网内的首选网站，待日后因特网浏览速度真正得到提升后，便可较轻松地把自身提升为用户进入因特网的门户网站。

3. 发展进度

由于晨光学生网已经进入了实质性的营运阶段，所以可根据目前的一些显示情况，做出以下发展部署。

2018 年 4～6 月：网站框架基本建成，各项服务完善，大规模推广活动配合。

2018 年 7～9 月：推出暑期专栏，举办各项暑期活动。

2018 年 9 月～2019 年 1 月：与各类商家取得联系，针对用户群体开展各项活动，针对新生开展各项网络宣传活动，日浏览量争取达到 6000 人次以上。

2019 年，逐步向深圳高等职业技术学院及周边院校进行推广、扩展。

2020 年，把晨光学生网的营运模式向省内其他高校进行推广、转让。

2021～2022 年，有选择性地向全国范围内其他高校进行营运模式的推广和转让。

4. 特许经营

参照目前商业运作中非常流行的特许经营模式，晨光学生网也将建立一套自己的特许经营体制，将于深圳大学内经营的成功模式向各高校推广，协助建设或吸纳加盟网站，以最终建立起一个大规模的校园网站联盟。随着我国的教育产业走向市场化，校园联网也成了必然的趋势，在校园内提供学生网的特许经营模式，不仅能加快网站建设的速度，而且能让校园的网络资源更好地为同学们提供各种服务，更有利于高校网络之间的信息互通。从盈利的角度看，学生网的特许经营模式更便于针对高校潜在的消费力，进行各种网络经济活动。

（三）人才竞争策略

网站竞争力的体现说到底就是人才资源的竞争，所以晨光学生网在建网之初就已经非常重视人力资源库的建立。目前网站已经初步建立起包含了各方面优秀人才的工作团队，下设技术开发部、网页设计部、策划推广部和对外公关部。

1．技术开发人才

该类人才主要负责网站各种应用技术的开发工作。目前网站的一些强大的网络功能都是他们开发的，如可定制地搜索网络上各种信息的"Info Gain System"，该系统的运用较之于网站处于先进的地位，上海统旗信息科技有限公司就对该系统非常赞赏并有意购买。另外，Net Show System、Smart Bid System 和 Live Talk System 也是技术人员们出色的产品。

2．网页设计人才

目前网站漂亮的页面就是他们辛勤劳动的成果，外面的一些网络从业人员看后都不相信这些是由学生设计出来。虽然晨光学生网拥有强大的技术阵容，但如何实现界面友好，如何把更多的用户吸引到网站来，如何突出网站自身的特色，还要靠他们继续努力。

3．策划推广人才

有好产品不进行适当、有力的推广也是徒劳，因此晨光学生网组建了强大的策划推广小组，对网站的品牌与各种服务进行推广。

4．对外公关人才

晨光学生网很清楚，单凭自身的力量寻求网站的发展是很有限的，因此很希望能跟各方力量合作共同发展业务，对外公关人才很好地运用了他们的沟通技巧，为晨光学生网与外界架起了一道交流的桥梁，为网站争取到了各种有利于发展的资源。

其实，作为一所高校，深圳大学中有许多各方面专长的人才，晨光学生网把对网络有兴趣、有热情的同学召集起来，既可以壮大自身的实力，又可为同学们提供锻炼的机会。

（四）网站架构规划

晨光学生网的特色是"快、全、新"。根据调查分析显示，深圳大学师生可划分为4个类型群体：信息浏览型、娱乐型、学习型和兼而有之的综合类型。针对这4种类型的师生，晨光学生网提供了不同类型的栏目。

1．"新闻中心"栏目

本栏目针对信息浏览型的师生。

新闻中心提供了包括国内新闻、体育新闻、财经新闻等十多种新闻。由于是基于 Info Gain System 进行架设，因此所有新闻都是自动抓取、自动更新，免去了大量的维护工作，并为深圳大学师生提供了"内容更齐全，速度快3倍"的新闻服务，并且信息都经过筛选便更能符合师生的要求。

2．"在线点播""语音聊天""网络游戏"

这3个栏目针对娱乐型的师生。

在线点播：以拥有超过5000首歌的数据库作为后盾，为用户提供了在线收听音乐的各种特色服务。同时也实现了视频点播，用户可在网上观看最新的电影和一些经典电影等。

语音聊天：除可实现 BBS 的文字聊天功能外，还可用语音聊天、画板功能。语音聊天可为同学们省掉了不少的电话费。而且不久后，技术部将开发出一套卡通形象的聊天系统，届时语言聊天系统就真正地实现了"声情并茂"，而且，只要接上摄像镜头更可实时看到双方的影像。

网络游戏：专门收集符合大学生定位的各种各样的千奇百怪、趣味十足的网络游戏供同学们在线玩耍，并且定时更新。

3."英语学堂"和"晨光书院"栏目

这两个栏目主要针对学习型的师生。

英语学堂：用图书馆大量文字的、语音的外语学习资料，为用户构筑一个集语音和文字在线学习英语的平台，既满足了同学们学英语的语音资料需求，又很好地利用了一些闲置的资源。英语学堂还将开发出一套英语模拟考试系统，届时同学们就可以很方便地以最新的四级、六级、TOEFL、GRE试题来测试一下，了解自己到底处在哪个水平，更好地准备各种英语考试。

晨光书院：将是一个互动的栏目，允许同学们发表自己的一些看法、书评，并且网络系统将会根据浏览者的表现进行评分，分为秀才、举人、贡生、进士、状元、榜眼、探花、翰林等称号，以激发同学们参与的热情，发挥各自的文学创意。

4.其他个性化栏目

这种栏目主要有"在线拍卖"和"PcChoice"。

在线拍卖：大学校园总会存在一定的二手市场，这一点从学校内各处公告栏上张贴的许许多多的"求购""贱卖"公告就可见一斑。这为晨光学生网的"在线拍卖"栏目提供了很大的发展空间。另外，由于与经济学院财经协会的合作，便更能为广大用户提供实用、可信的拍卖服务。

PcChoice：主要为同学们提供选购电脑的咨询和买卖服务，努力使该品牌成为深圳大学师生的"一位你身边的电脑顾问"。

需求即是市场，满足需求即能占领市场，在以后的发展中我们将针对师生的需求变化而不断开设不同的栏目，如解决学生困惑的"心理热线"和推出的"旅游专栏"等。

（五）投资与回报

1.设备费用

服务器（启动投入）：初期拟采用两台INTEL（英特尔）架构服务器，每台价格人民币5万元，共10万元。

专线（每年投入）：高速专线，年租费约15万元。

PC（personal computer，个人计算机）（启动投入）：10台，共10万元。

软件（启动投入）：10万元。

租用办公地点（每年投入）：拟租用办公室120平方米，年租金7万元。

设备的启动资金合计52万元。

将来，随着访问率的提高及咨询队伍的扩大，将需要提高服务器的档次、增大专线带宽、增加PC的台数、扩大办公面积。预计在一年后设备费用将追加40万～60万元。

2.行政费用

人员工资：200 000元/年。

宣传费用: 60 000 元/年。

参考资料: 10 000 元/年。

行政费用启动资金合计 27 万元。

3. 盈利回报

网络时代,"注意力即是经济",晨光学生网以指向性强并且相对忠实的"注意力"为基础,便可以实现以下的盈利方式。

(1) 服务收费

晨光学生网的"在线拍卖"和"PcChoice"栏目,先期推出时,所有服务都是免费的,但在打出一定知名度后将酌情收费。

在线拍卖: 以每月有 6000 元交易额计算,收取 5%服务费用,年收入为 3600 元。

PcChoice: 以每月有 60 000 的交易额,按 10%利润计算,年收入为 72 000 元。

(2) 旅游栏目佣金

这是晨光学生网即将推出的综合旅游信息栏目,它将针对同学们的需求汇集各方面的旅游资源,使同学们足不出户就能饱览天下,并为同学们提供旅游的好建议。

将近暑假,深圳大学学生又将掀起出游的热潮。以前这项服务都是由个人或团体提供服务的,而现在则可以利用晨光学生网的优势将这方面的工作包揽下来,通过定向旅游协会或校外的旅行社进行合作,从中获得经济利益。预计收入为 2.1 万元/年。

(3) 出售广告空间

在晨光学生网上做广告,目标对象将是消费力很强的时尚青年一族,广告时间及版位较灵活而且可以配合一定的校内促销活动。

在晨光学生网刚推出 10 天内(4 月 27 日~5 月 7 日),平均日浏览量已达到 1500 人次/天,根据吉姆·斯特恩(Jim Sterne)著的《WEB 广告指南》,日浏览量达到 1000 人次以上就可以出售广告空间。而晨光学生网正是作者极力推介的做广告的网站类型之一。预计广告收入为 1 万/年。

(4) 招聘中介收入

个人: 信息服务费 5 元/月,以每月平均有 100 位个人在线记录计算,年收入为 6000 元。

公司: 信息服务费 50 元/项,按一年有 300 个招聘记录计算,年收入为 15 000 元。

两项年收入总和为 21 000 元。

(5) 网页制作收费

① 编写 10 页主页按每页 200 元收费,不足 10 页者按 10 页计算。

② 编写 20~30 页主页,超过 10 页的部分按每页 150 元收费。

③ 30 页以上每页 100 元。

④ 每 1 页主页以电脑屏幕 800×600 显示 1.5 屏计算,分栏每栏按 1 页计算。

⑤ 在主页中如需加入复杂的 script 编程或数据库连接则价格另议。

⑥ 主页中所有的素材均由用户提供(包括文字、图片、数据等各种资料)。

年收入估计为 30 000 元。

（6）技术转让盈利

技术转让收入，技术主要是以系统转让（租赁）的形式进行。

目前本站拥有的 4 套系统价格如下。

Info Gain System 20 000 元/套（零售），200 元/月（租赁）；

Net Show System 15 000 元/套，100 元/月；

Smart Bid System 10 000 元，100 元/月；

Live Talk System 5000 元，50 元/月。

以每套系统、每年卖出一套算，收入 50 000 元。

以每套系统、每年租出两套算，收入 10 800 元。

年收入 60 800 元。

（7）特许经营权输出

具体收费另议。

创业计划书案例二：淘宝网店创业计划书

一、网店概要

1. 投资安排

资金需求数额	5 万元	相应权益	无

2. 网店基本情况

网店名称	乐淘淘创意生活用品
网店店址	
法定代表人	
电话	
传真	
E-mail	
地址	北京朝阳区
邮编	100000
网店性质	□国有 □有限责任网店 □股份有限网店 ■合伙网店 □其他
网店注册日期	2007 年 10 月 18 日
您在寻找第几轮资金	□种子资本 ■第一轮 □第二轮 □第三轮
网店的主营产业	创意生活用品

3. 网店的宗旨

坚定与执着于一个目标——只为您创意新生活而存在。

4. 网店简介资料

优质的生活，不一定要用高级品才能营造出来。只要感觉对了，就连一个不起眼的纸箱都会充满艺术性。生活里各个角落都存在着不用心发掘就难以体会的快乐和趣味，在每一次专注于亲自完成的过程之中慢慢地释放出来，逐渐地丰盛、充实了人们的心灵与精神，并且感受到单纯无杂质的快乐。杂货的意义在于那份真心的喜爱与投入以及发现的乐趣中。一件简单的产品，细细玩味，用心想想，无论清新的色调、可爱的造型、柔软的材质、逗趣的喜感还是实用的生活功能，由这些生活小物件仿佛可以触摸到更贴心也更扎实的温暖感，一如身处在某个温度刚好、清风舒爽、阳光和煦，在此时光除了让自己更愉快之外再也别无他事的悠闲午后。我们一直在想的是，如何不把一件哪怕是最平常、简单的玩意儿当成产品来开发。我们始终认为，产品也是有感情的，喜怒哀乐，自成风格。有感情，有温度的产品才会生动，有趣起来；因此我们将一些充满人性的、有趣的、充满创意的产品与客户和消费者来共享，力求可以用最少的钱找到更大的意外惊喜，希望可以让消费者感到愉悦。网店为您提供各类创意的家居生活用品，是个性、简约与时尚的完美融合。创意的灵感来源于我们对于日常生活细微处的敏锐洞察，在琳琅满目的商品中，最迷人的正是让人大呼过瘾的发现创意。我们相信唯有充满创意的杂货，是最让人深深着迷的。我们给您实用、体贴、幽默的创意商品，为您生活带来奇妙的惊喜。用心体会吧，你会发现生活真美。乐淘淘创意，生活有我，爱家，爱生活！

二、网店管理

1. 负责人：王××

2. 经营团队：王×、韩×、魏×、王××

3. 外部支持：××老师

三、市场调查概况分析

① 伴随着房地产的火爆，其周边产业尤其是家居装饰家居用品蕴藏着巨大的商机。而区别于普通用品的奇趣生活用品，将更符合现在购房主力军——年轻人的消费需求。除此之外，办公室、店堂、汽车等各种生活空间，家居饰品无处不在，亲朋之间、同事之间、单位之间，开业庆典，各种节日时馈赠家饰早已蔚然成风。

我们可以经常发放调查问卷，调研创意家居生活用品在市场的占有率。我们也可以派店员到市场中去体验生活，随时掌握市场概况。

② 目标市场的设定：着重于年轻的消费者群体，年龄在20~40岁之间的年轻朋友们，这些消费者会使我们网点的最大客户群。

③ 分析产品消费群体、消费方式、消费习惯及影响市场的主要因素。随着网络、电子商务的发展，大多数年轻消费者越来越喜欢网上购物，原因是网上购物可以节省购物时间，还可以提供大量的商品让消费者选择，非常便捷。现代年轻人非常适应网上购物这种方式，而且非常喜爱个性化的商品，这对我们的网店有很大的优势，会为我们提供大量的商机。

④ 目前公司产品市场状况，产品所处市场发展阶段（空白/新开发/高成长/成熟/饱和）产品排名及品牌状况：市场状况趋于良好，产品处于新开发阶段，经过我们的调查，这类产品有很大的发展空间，正在不断地发展当中。

⑤ 市场趋势预测和市场机会：经过我们的市场调查，日常用品购买比例明显增高。日常生活用品购买比例的增势今后仍将持续，并最终成为网上购物的主流，因此我们选择这一类产品作为我们的主打商品。

四、竞争分析

① 发有无行业垄断：无行业垄断。

② 主要竞争对手情况：公司实力、产品情况（种类、价位、特点、包装、营销、

市场占有率等）。经过对多家类似商品网店的调查，我们发现，我们的竞争对手还未成熟，他们在一些商品的选择上有明显的失误；我们曾经对一些消费人群进行了深入的调研，他们对产品的要求很特别。这些深入的了解，非常有利于我们网店的发展。目前这些网店的产品种类还可以，价位偏高，包装一般，没有自己的个性特点。这对我们来说都是有利条件。

③ 公司产品竞争优势：商品 DIY，有助于吸引消费者眼球，产品种类繁多，价位低廉，包装精致，有自己的个性特点，为客户提供个性化的服务，多方面满足客户要求，在线咨询帮助客户了解我们的产品。

五、网店的主要发展战略目标和阶段目标

1. 战略目标

一直以来，我们坚定并执着于一个目标—— 只为您的创意新生活而存在！不断挖掘创新自己网店的创意个性用品。每月主推几种个性商品。

2. 阶段目标

寻找适合自己网店的货源保质保量，慢慢深入市场，开发客户。为了提升自己店铺的人气，在开店初期，应适当地进行营销推广，但只限于网络上是不够的，要网上网下多种渠道一起推广。

3. 进度安排

第一阶段：挖掘创意生活用品，市场调研，分析问卷。

第二阶段：淘宝网开店、维护。

第三阶段：宣传推广。

第四阶段：进入正轨，运营网店。

六、项目技术独特性

1. 做个性

随着社会经济水平的不断提高，人们已经不再只满足于温饱了，而是更多开始注重生活品位；消费格调也越来越高，追求时尚，注重品质，崇尚个性。而一个美好、温馨、舒适、有品位的家，需要各式各样有装饰性、实用性、观赏性的家居饰品来装扮。我们所放在网店上销售的用品全是选自于生活中比较有个性的生活用品，用品样子要选择新颖的，当消费者打开我们的网店就会被吸引。

2. 做创意

"拒绝平淡，追求创意"，从来都是"乐淘淘创意"前进的方向。在贴吧或生活中发掘一些做创意生活用品的人，请求他们为我们提供丰富的货源。

七、已投入的资金及用途

① 进货：主要的资金将用来进货。

② 盈利后有足够存款后将聘请人员专门开发创意生活用品。

八、网店目前主要产品或服务介绍

1. 产品生产

① 资源及原材料供应：各大批发市场、宜家家居等。

② 产品标准、质检和生产成本控制：本着为顾客负责的心态仔细挑选商品，若发

现损坏则禁止出售。信誉永远大于利益。

③ 包装与储运：为顾客所挑选的要售出的商品，均用包装纸包好。

2. 产品价格介绍及方案

① 定价依据和价格结构：根据消费者价格接受程度，消费者对商品的需求程度，在所能负担的情况下，我们会定出适当的价格。

② 影响价格变化的因素和对策：根据市场环境的变化，会对我们的产品或价格产生一些影响，我们会适时地做出决策，如通过多买多赠等促销手段来应对，不会对网店带来损失。

3. 服务介绍

为您提供各类创意家居生活用品，是个性、简约与时尚的完美融合（见图 10-1）。创意的灵感来源于我们对于日常生活细微处的敏锐洞察，在琳琅满目的商品中，最迷人的正是让人大呼过瘾的发现创意，我们相信唯有充满创意的杂货，是最让人深深着迷的。我们给您实用、体贴、幽默的创意商品，为您生活带来奇妙的惊喜。用心体会吧，你会发现生活的美好。乐淘淘创意，生活有我，爱家，爱生活！

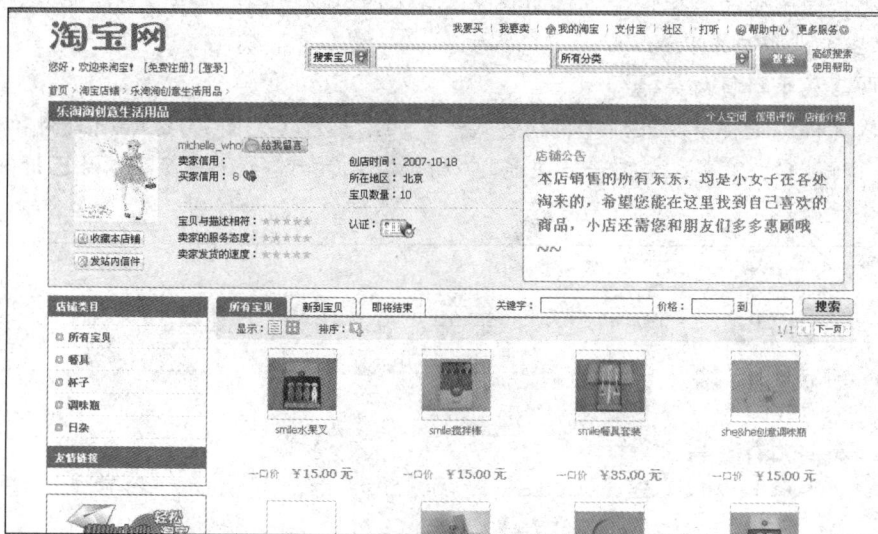

图 10-1　网店首页

我们店采用跟踪服务的方式，向消费者发邮件询问产品使用情况，参加抽奖活动，征求他们的建议与意见，完善服务。没有自己喜欢的款式，那么可以自己动手做，甚至可以将已经购买的产品按照自己的想法加以改造，或者加上自己的印记，成就感将油然而生。我网店接到订单后将在第一时间与消费者联系确定发货时间。

九、网店优势说明

我们网店随时更新创意产品，进货方便。利用这些优势我们将不断开发销售新产品。我们的网店具有以下 4 点优势。

① 具备独特性或时尚性。网店销售独具特色且十分时尚。

② 价格较合理。选择好的进货渠道，使自己的价格可以相对便宜且货品质量更有

保证。

③ 通过网店中，大量的精美实物图片，可以激起浏览者的购买欲。

④ 一些个性商品只有网上才能买到，如外贸订单商品或者直接从国外带回来的商品。

十、市场营销

1. 销售政策的制定

① 创意营销。乐淘淘创意生活用品是设计者的创意，自己动手做是自己的创意，二者结合自然人气更旺。

② 体验式销售、自助式服务、创意营销不仅能够迅速为本店带来人气，其本身也是一项利润丰厚的经营项目，将使本店的经营竞争力更强、盈利点更多。

2. 销售渠道、方式、行销环节和售后服务

网上销售，专注服务。

前期精心选择店面和设计店面，对地域、季节、消费习惯、经济水平的差异进行全面考虑，从方方面面为经销商考虑周全，帮助其进行合理配货，对开业发放赠品等一系列环节进行周密布局，提供全方位的服务强有力的市场攻略、广告宣传、形象包装等。

3. 主要业务关系状况

本网店属于零售商类。

各级资格认定标准政策：①付款方式——网上支付（见图 10-2）、货到付款等，消费者可自行选择；②货运方式——快递，邮局等；③折扣政策——产品本身已折价售卖，保证价格低廉。

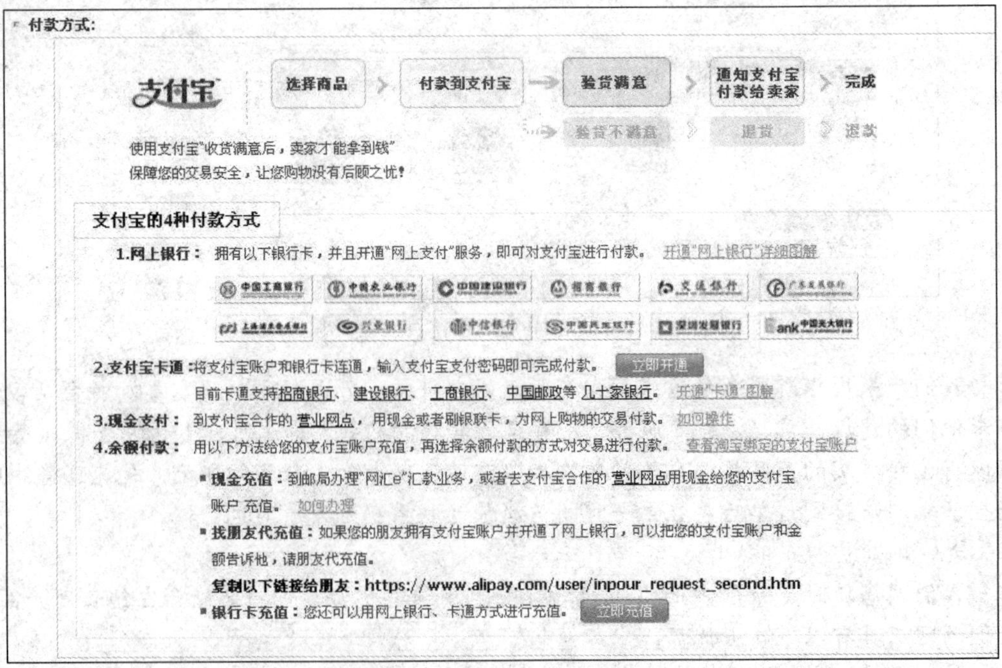

图 10-2 支付宝付款流程

4. 销售队伍情况及销售福利分配政策

除工资外，按销售额分配奖金。

5. 促销和市场渗透（方式及安排、预算）

① 主要促销方式：赠送小礼品，根据价格可选择免除一部分运费等，尽最大努力让客户满意。

② 广告/公关策略、媒体评估：在博客上刊登广告，在贴吧发帖。

十一、风险分析

1. 资源（原材料/供应商）风险

乐淘淘创意生活用品都是经过店主精心挑选的，集时尚、个性为一体。个性化和时尚化是本店主题，但你也能找到日常所需要的生活用品。本店将为顾客奉献最好、最精美的商品，本着提供最经济、最方便的礼品服务的初衷，专门为用户提供一流时尚的生活用品。主要应注意选好原材料的供应商，建立良好的供求关系，以便能够拿到第一手的流行货品，保证网上销售的低价位。

2. 进货的风险

① 货源过于单一，并非所有顾客都会喜欢。

② 在批发市场批发的货物出现质量问题，无法进行退换。

③ 进货人员工作失误。

④ 采购预测不准确，超出预算。

⑤ 运货途中出现意外（如发生车祸造成人员伤亡）等。

3. 市场不确定性风险

市场占有率是衡量企业发展成功的关键因素之一。电子商务企业的大部分资金用于商品的采购、库存等；商品的数量完全需要根据市场份额、销售量来确定；通过对市场规模、现状、趋势，网络消费者的需求、状况，价格的定价，营销手段，促销活动，商品的采购、库存管理、安全库存量等方面分析目标市场的选择。

4. 研发风险

自己喜欢的样式和品种顾客未必喜欢；商品品种、规格不齐全；商品过于单一会造成一些商品积压，使企业的资金处于危机之中。

5. 生产不确定性风险

商品质量关系到企业生存，质的优劣是提高企业信誉的一个重要因素。由一名消费者至少能影响身边 20 名消费者的连锁反应可以知道，质量对顾客的重要性。商品出现质量问题，商家应承担责任。

6. 积压商品的风险

① 积压商品使资金不能循环，无进货、补货资金。

② 积压货物占了一定的库存空间，无法购买新货。

7. 成本控制风险

主要从资金的投入、商品的成本分析、期间费用、商品的销售利润、预测现金流量表、预测利润表、预测资产负债表、主营业务利润率、总资产利润表、成本费用利润率等方面分析企业的财务状况。

8. 资金链的风险

① 因积压的商品不能卖出而不能得到货款。

② 未及时购买新货，使商品没有更新，顾客失去购买欲望。

③ 工人工资不能按时发放。

9. 竞争风险

竞争激烈的时代需要明确竞争者的各种状况，主要从技术、商品的价格、服务等方面与竞争者比较制定竞争策略，明确自己的优势与不足之处，以便更好地适应时代的发展。

10. 交易安全的风险

① 网络的信息数据传输使数据被窃取或破坏。

② 运输途中损坏或者纸箱包装不完整。

11. 政策风险

在 21 世纪的今天，电子商务的发展已成为信息时代经济活动的技术手段和方法，人们已进入最广阔的互联网应用领域。经济危机也会给我们带来风险，市场变幻莫测，政府也会做出决策来应对市场的风起云涌，因此，要关注政府的宏观和微观政策。

12. 财务风险

企业有负债必定会有风险，在创业之初一定要减少盲目性，提高投资科学性。企业息税前资金利润率高于借入资金利息率时，使用借入资金获得的利润除了补偿利息外还有剩余，因而使自有资金利润提高；否则企业需借入资金还本付息，会陷入财务风险，因而必须严格控制固定成本比例占销售收入的比例。由于企业息税前资金利润率和借入资金利息率差额具有不明确性，因而需要有一个合理的资金结构，维持适当的负债水平，充分利用举债经营手段获取财务收益，提高自有的盈利能力。

13. 管理风险（含人事/人员流动/关键雇员依赖）

投资是一项经营人才的业务。我们要构建一支有直接技术与经验的管理队伍，为公司制定切实可行的决策，最有效率地执行任务；并邀请具有专业技术及管理经验的人员加入，担任重要职务；由于人员的流动性，因而需要制定一个合理的雇员聘用准则，营造可持续发展的和谐环境，控制突发事件。

14. 破产风险

市场竞争越发激烈、企业缺乏管理经验、管理素质低下，企业经营方式单一、市场并不能完全接受我们的产品、产品滞销于网店等因素，都会加大破产的风险。只有赢取顾客的购买欲望，产品与众不同，我们才能在市场上占有一席之地。

十二、应对风险的措施

① 在周围一些大型的批发市场进货，需要有强大的议价能力，力争将批发价压到最低，同时要与批发商建立好关系，在关于调换货品的问题上要与批发商提前商议清楚，以免日后起纠纷。尽可能地寻找最廉价、质量好、稳定的货源渠道，无须仅找一家。另外，我们可以寻找个性的产品进行销售，或自己创新一些新的产品。

② 可以用极低的价格进货，再在网上销售，利用网上销售的优势，利用地域或时空差价获得足够的利润。因此，要经常去市场上，密切关注市场变化。

③ 购物后，获知对方的联系方式，根据约定的方式进行交易。可以选择见面交易，也可以通过汇款、邮寄的方式交易，对路上运送的物品应时时关注。

④ 对顾客关系给予足够重视，建立顾客联系卡，将顾客的肯定意见广为宣传。

⑤ 每种营销手段有明确的目标，使顾客或潜在顾客知道下一步该干什么。

⑥ 在信息时代，可以利用网络定期向顾客发送相关产品的介绍，使顾客了解最新的打折、促销及最新产品。

⑦ 创新总会伴随着失败，但在不断地创新探索中，把风险降到最低，使我们拥有良好的心理素质。

⑧ 找到自己网店的独特"卖点"。

⑨ 定期向顾客发送新闻邮件。利用顾客留下的邮箱及联系方式，定期向顾客发送打折产品的相关信息，会员可换取小礼品，还可以赠送会员生日礼品。

十三、需要的技能

① 选择产品，并对价位进行市场定位，锁定目标消费群。

② 摸索，摸索，再摸索。这个过程中，你会学到很多，这都是一点一滴累积起来的经验。

③ 学习价值创新。如果只是卖产品，是赚不到钱的，即使赚到，也只够你的日常开销，只有不断创新，才能有所发展。

④ 熟悉网络交易平台的规则。

⑤ 销售技巧的把握和对顾客的人脉维护。开张纳客，诚信为本。

要及时、坦诚地回答留言，解除买家的疑虑，并增加买家的信任感。网店由于成本低，不用办理烦琐的手续，东西一般都较实惠。一些店家还用"打折""送礼""抽奖"等方式让利。网上做生意，必须重视信用，只有拥有良好的信誉，才能赢得更多的稳定客户。有的店家还通过推出星级客户、交流生活经验、发表生活随想等方式把自己的小店变成了一个小社区，把客户变成了自己的朋友。

创业计划书案例三：大学生服装店创业计划书（简约版）

一、项目介绍

21世纪，人们对于衣食住行的要求越来越高。社会不断进步，人们对于穿着的要求也不只是简简单单的保暖了，靓丽光鲜的外表对于他人也是一种尊重。服装行业的投资资金比较小，但盈利的金额可观，并且资金回收较快。

不过这个行业竞争力很大，犹如一块奶酪上，已有了无数的蚂蚁，都在啃食着这块蛋糕。究竟怎样，自己才能成为这块蛋糕的主要占据者？要看所选择的市场定位及生存方式。让消费者欣赏自己的产品，是最重要的。这就是我们即将面对的最重要的根本问题。只有产品迎合了大多的消费群体，你才是赢家。

创新也是引领成功的指明灯，只有不断地创新才能适应社会的发展。

二、项目群体

我们把目标消费群体定为 18～26 岁的女性。首先，她们的消费水平并不是很高，由于我们的资金不是很充足，无法承担高消费水平群体所需的货物价格；其次，该群体有很强的购买欲，并且追求、时尚、流行、个性，敢于尝试新事物。

商品定位：由于本店的目标对象是 18～26 岁的女性群体，则款式应相应时尚、新颖、前卫、夸张能吸引他人眼球引领时尚。价位将定在中、低档次上，大众化的定价让顾客有"物超所值"的感觉。

三、店面选址

我们将选在商业繁华地带的商业街、居民区附近开店。这类地区人流量大，各年龄层和社会阶层的人都有，对于服装服饰款式或类型的选择比较容易。经营同类商品的店铺越多，顾客在这里进行比较和选择的机会就越多，因此若能集中在某一地段或街区则更能招揽顾客。

四、选货及进货的渠道

需找一些较为优质的服装生产厂家。

五、营销策略

首先不同于传统服装业的是，我们的服装是由自己设计的，这样既能体现我们的服装独一无二，还能与厂家联系生产，这样减少了一道工序降低了成本。

同时我们将推出收购二手衣服，经过我们的修改也将变成另一种时尚，经济、实惠、环保。而且我们将会在各大网站上发布信息以征询更多服装设计创意，这样就能发现新的设计师。因此，定制服装店要思想前卫、能迅速消化吸收流行趋势，同时雇佣有经验的裁缝可以弥补裁剪技术不足的缺陷。

顾客除了可以拿着杂志上的样子去店铺里定做，也可购买自己喜欢的面料，向店中的设计师谈自己的想法，通过沟通，使想法成真。因此，与买成衣的一次定型不同，定做服装一般都要经过量身、设计、制版、修改到认可等多个步骤。

不同于以往的裁缝店，定制服装店更多是要融入时尚元素。同时还要针对顾客的发型、肤色、身材、气质和职业、穿着场合设计适合顾客的时装和穿着效果，并能给出中肯的意见和建议。

当一切都就绪之后，就准备择期正式开业。开业当天为招徕顾客，办一些促销活动是不可避免的，促销活动不外乎打折、赠品及抽奖等三大类型。同时在周围小区散发传单。

（1）初次来店的惊喜

第一位在本店消费的顾客可以享受 6.6 折，第二位可以享受 6.8 折（视情况而定）。

（2）增加其下次来店的可能性

① 传达每周都有新货上架的信息。

② 利用顾客数据库，周期性地与其保持联系、赠送小礼品等，或告知打折消息，或者免费赠送虽已过季但质量较好的衣服（要定量）或送生日礼物等。

六、结语

自认为现今服装业的竞争力很大，只有不断满足顾客的需求才能得到顾客的肯定并获得成功。

附录 1　霍兰德职业兴趣测量表

请根据对每一题目的第一印象作答，不必仔细推敲，答案没有好坏、对错之分。选"是"，请打"√"，否则请打"×"。

1. 我喜欢把一件事情做完后再做另一件事。
2. 在工作中我喜欢独自筹划，不愿受别人干涉。
3. 在集体讨论中，我往往保持沉默。
4. 我喜欢做戏剧、音乐、歌舞、新闻采访等方面的工作。
5. 每次写信我都一挥而就，不再重复。
6. 我经常不停地思考某一问题，直到想出正确的答案。
7. 对别人借我的和我借别人的东西，我都能记得很清楚。
8. 我喜欢抽象思维的工作，不喜欢动手的工作。
9. 我喜欢成为人们注意的焦点。
10. 我喜欢不时地夸耀一下自己取得的好成就。
11. 我曾经渴望有机会参加探险。
12. 当我一个人独处时，会感到更愉快。
13. 我喜欢在做事情前，对此事情做出细致的安排。
14. 我讨厌修理自行车、电器一类的工作。
15. 我喜欢参加各种各样的聚会。
16. 我愿意从事虽然工资少、但是比较稳定的职业。
17. 音乐能使我陶醉。
18. 我办事很少思前想后。
19. 我喜欢经常请示上级。
20. 我喜欢需要运用智力的游戏。
21. 我很难做那种需要持续集中注意力的工作。
22. 我喜欢亲自动手制作一些东西，从中得到乐趣。
23. 我的动手能力很差。
24. 和不熟悉的人交谈对我来说毫不困难。
25. 和别人谈判时，我总是很容易放弃自己的观点。
26. 我很容易结识同性朋友。
27. 对于社会问题，我通常持中庸的态度。
28. 当我开始做一件事情后，即使碰到再多的困难，我也要执着地干下去。
29. 我是一个沉静而不易动感情的人。
30. 当我工作时，我喜欢避免干扰。
31. 我的理想是当一名科学家。
32. 与言情小说相比，我更喜欢推理小说。

33. 有些人太霸道，有时明明知道他们是对的，也要和他们对着干。

34. 我爱幻想。

35. 我总是主动地向别人提出自己的建议。

36. 我喜欢使用榔头一类的工具。

37. 我乐于解除别人的痛苦。

38. 我更喜欢自己下了赌注的比赛或游戏。

39. 我喜欢按部就班地完成要做的工作。

40. 我希望能经常换不同的工作来做。

41. 我总留有充裕的时间去赴约会。

42. 我喜欢阅读自然科学方面的书籍和杂志。

43. 如果掌握一门手艺并能以此为生，我会感到非常满意。

44. 我曾渴望当一名汽车司机。

45. 听别人谈"家中被盗"一类的事，很难引起我的同情。

46. 如果待遇相同，我宁愿当商品推销员，而不愿当图书管理员。

47. 我讨厌跟各类机械打交道。

48. 我小时候经常把玩具拆开，把里面看个究竟。

49. 当接受新任务后，我喜欢以自己的独特方法去完成它。

50. 我有文艺方面的天赋。

51. 我喜欢把一切安排得整整齐齐、井井有条。

52. 我喜欢做一名教师。

53. 和一群人在一起的时候，我总想不出恰当的话来说。

54. 看情感影片时，我常禁不住眼圈红润。

55. 我讨厌学数学。

56. 在实验室里独自做实验会令我寂寞难耐。

57. 对于急躁、爱发脾气的人，我仍能以礼相待。

58. 遇到难解答的问题时，我常常放弃。

59. 大家公认我是一名勤劳踏实的、愿为大家服务的人。

60. 我喜欢在人事部门工作。

职业人格的类型：（符合以下"是"或"否"答案的记 1 分，不符合的记 0 分）

"常规型"：是（7，19，29，39，41，51，57），否（5，18，40）

"现实型"：是（2，13，22，36，43），否（14，23，44，47，48）

"研究型"：是（6，8，20，30，31，42），否（21，55，56，58）

"管理型"：是（11，24，28，35，38，46，60），否（3，16，25）

"社会型"：是（26，37，52，59），否（1，12，15，27，45，53）

"艺术型"：是（4，9，10，17，33，34，49，50，54），否（32）

请将得分最高的三种类型从高到低排列，得出一个（或两个）三位组合答案，再对照《人格类型与职业环境的匹配》和《测试结果与职业匹配对照表》得出人格类型所匹配的职业。

测试结果与职业匹配对照表

RIA： 牙科技术员、陶工、建筑设计员、模型工、细木工、制作链条人员。

RIS： 厨师、林务员、跳水员、潜水员、染色员、电器修理、眼镜制作、电工、纺织机器装配工、服务员、装玻璃工人、发电厂工人、焊接工。

RIE： 建筑和桥梁工程、环境工程、航空工程、公路工程、电力工程、信号工程、电话工程、一般机械工程、自动工程、矿业工程、海洋工程、交通工程技术人员、制图员、家政经济人员、计量员、农民、农场工人、农业机械操作、清洁工、无线电修理、汽车修理、手表修理、管工、线路装配工、工具仓库管理员。

RIC： 船上工作人员、接待员、杂志保管员、牙医助手、制帽工、磨坊工、石匠、机器制造、机车（火车头）制造、农业机器装配、汽车装配工、缝纫机装配工、钟表装配和检验、电动器具装配、鞋匠、锁匠、货物检验员、电梯机修工、装配工、托儿所所长、钢琴调音员、印刷工、建筑钢铁工作、卡车司机。

RAI： 手工雕刻、玻璃雕刻、制作模型人员、家具木工、制作皮革品、手工绣花、手工钩针纺织、排字工作、印刷工作、图画雕刻、装订工。

RSE： 消防员、交通巡警、警察、门卫、理发师、房间清洁工、屠夫、锻工、开凿工人、管道安装工、出租汽车驾驶员、货物搬运工、送报员、勘探员、娱乐场所的服务员、起卸机操作工、灭害虫者、电梯操作工、厨房助手。

RSI： 纺织工、编织工、农业学校教师、某些职业课程教师（诸如艺术、商业、技术、工艺课程）、雨衣上胶工。

REC： 抄水表员、保姆、实验室动物饲养员、动物管理员。

REI： 轮船船长、航海领航员、大副、试管实验员。

RES： 旅馆服务员、家畜饲养员、渔民、渔网修补工、水手长、收割机操作工、搬运行李工人、公园服务员、救生员、登山导游、火车工程技术员、建筑工作、铺轨工人。

RCI： 测量员、勘测员、仪表操作者、农业工程技术、化学工程技师、民用工程技师、石油工程技师、资料室管理员、探矿工、煅烧工、烧窑工、矿工、炮手、保养工、磨床工、取样工、样品检验员、纺纱工、漂洗工、电焊工、锯木工、刨床工、制帽工、手工缝纫工、油漆工、染色工、按摩工、木匠、农民建筑工、电影放映员、勘测员助手。

RCS： 公共汽车驾驶员、一等水手、游泳池服务员、裁缝、建筑工作、石匠、烟囱修建工、混凝土工、电话修理工、爆炸手、邮递员、矿工、裱糊工人、纺纱工。

RCE： 打井工、吊车驾驶员、农场工人、邮件分类员、铲车司机、拖拉机司机。

IAS： 普通经济学家、农场经济学家、财政经济学家、国际贸易经济学家、实验心理学家、工程心理学家、心理学家、哲学家、内科医生、数学家。

IAR： 人类学家、天文学家、化学家、物理学家、医学病理学家、动物标本剥制者、化石修复者、艺术品管理者。

ISE： 营养学家、饮食顾问、火灾检查员、邮政服务检查员。

ISC：侦察员、电视播音室修理员、电视修理服务员、验尸室人员、编目录者、医学实验定技师、调查研究者。

ISR：水生生物学者、昆虫学者、微生物学家、配镜师、矫正视力者、细菌学家、牙科医生、骨科医生。

ISA：实验心理学家、普通心理学家、发展心理学家、教育心理学家、社会心理学家、临床心理学家、目标学家、皮肤病学家、精神病学家、妇产科医师、眼科医生、五官科医生、医学实验室技术专家、民航医务人员、护士。

IES：细菌学家、生理学家、化学专家、地质专家、地理物理学专家、纺织技术专家、医院药剂师、工业药剂师、药房营业员。

IEC：档案保管员、保险统计员。

ICR：质量检验技术员、地质学技师、工程师、法官、图书馆技术辅导员、计算机操作员、医院听诊员、家禽检查员。

IRA：地理学家、地质学家、声学物理学家、矿物学家、古生物学家、石油学家、地震学家、声学物理学家、气象学家、原子和分子物理学家、电学和磁学物理学家、设计审核员、人口统计学家、数学统计学家、外科医生、城市规划家、气象员。

IRS：流体物理学家、物理海洋学家、等离子体物理学家、农业科学家、动物学家、食品科学家、园艺学家、植物学家、细菌学家、解剖学家、动物病理学家、作物病理学家、药物学家、生物化学家、生物物理学家、细胞生物学家、临床化学家、遗传学家、分子生物学家、质量控制工程师、地理学家、兽医、放射性治疗技师。

IRE：化验员、化学工程师、纺织工程师、食品技师、渔业技术专家、材料和测试工程师、电气工程师、土木工程师、航空工程师、行政官员、冶金专家、原子核工程师、陶瓷工程师、地质工程师、电力工程量、口腔科医生、牙科医生。

IRC：飞机领航员、飞行员、物理实验室技师、文献检查员、农业技术专家、生物技师、动植物技术专家、油管检查员、工商业规划者、矿藏安全检查员、纺织品检验员、照相机修理者、工程技术员、编计算程序者、工具设计者、仪器维修工。

CRI：簿记员、会计、记时员、铸造机操作工、打字员、按键操作工、复印机操作工。

CRS：仓库保管员、档案管理员、缝纫工、讲述员、收款人。

CRE：标价员、实验室工作者、广告管理员、自动打字机操作员、电动机装配工、缝纫机操作工。

CIS：记账员、顾客服务员、报刊发行员、土地测量员、保险公司职员、会计师、估价员、邮政检查员、外贸检查员。

CIE：打字员、统计员、支票记录员、订货员、校对员、办公室工作人员。

CIR：校对员、工程职员、海底电报员、检修计划员、发报员。

CSE：接待员、通讯员、电话接线员、卖票员、旅馆服务员、私人职员、商学教师、旅游办事员。

CSR：运货代理商、铁路职员、交通检查员、办公室通信员、簿记员、出纳员、银行财务职员。

CSA： 秘书、图书管理员、办公室办事员。

CER： 邮递员、数据处理员、办公室办事员。

CEI： 推销员、经济分析家。

CES： 银行会计、记账员、法人秘书、速记员、法院报告人。

ECI： 银行行长、审计员、信用管理员、地产管理员、商业管理员。

ECS： 信用办事员、保险人员、各类进货员、海关服务经理、售货员、购买员、会计。

ERI： 建筑物管理员、工业工程师、护士长、农场管理员、农业经营管理人员。

ERS： 仓库管理员、房屋管理员、货栈监督管理员。

ERC： 邮政局长、渔船船长、机械操作领班、木工领班、瓦工领班、驾驶员领班。

EIR： 科学、技术和有关周期出版物的管理员。

EIC： 专利代理人、鉴定人、运输服务检查员、安全检查员、废品收购人员。

EIS： 警官、侦查员、交通检验员、安全咨询员、合同管理者、商人。

EAS： 法官、律师、公证人。

EAR： 展览室管理员、舞台管理员、播音员、驯兽员。

ESC： 理发师、裁判员、政府行政管理员、财政管理员、工程管理员、售货员、职业病防治、商业经理、办公室主任、人事负责人、调度员。

ESR： 家具售货员、书店售货员、公共汽车的驾驶员、日用品售货员、护士长、自然科学和工程的行政领导。

ESI： 博物馆管理员、图书馆管理员、古迹管理员、饮食业经理、地区安全服务管理员、技术服务咨询者、超级市场管理员、零售商品店店员、批发商、出租汽车服务站调度员。

ESA： 博物馆馆长、报刊管理员、音乐器材售货员、广告商售画营业员、导游、（轮船或班机上的）事务长、飞机上的服务员、船员、法官、律师。

ASE： 戏剧导演、舞蹈教师、广告撰稿人、报刊专栏作者、记者、演员、英语翻译。

ASI： 音乐教师、乐器教师、美术教师、管弦乐指挥，合唱队指挥、歌星、演奏家、哲学家、作家、广告经理、时装模特。

AER： 新闻摄影师、电视摄影师、艺术指导、录音指导、丑角演员、魔术师、木偶戏演员、骑士、跳水员。

AEI： 音乐指挥、舞台指导、电影导演。

AES： 流行歌手、舞蹈演员、电影导演、广播节目主持人、舞蹈教师、口技表演者、喜剧演员、模特。

AIS： 画家、剧作家、编辑、评论家、时装艺术大师、新闻摄影师、男演员、文学作者。

AIE： 花匠、皮衣设计师、工业产品设计师、剪影艺术家、复制雕刻品大师。

AIR： 建筑师、画家、摄影师、绘图员、雕刻家、环境美化工、包装设计师、绣花工、陶器设计师、漫画工。

SEC： 社会活动家、退伍军人服务官员、工商会事务代表、教育咨询者、宿舍管理员、旅馆经理、饮食服务管理员。

SER： 体育教练、游泳指导。

SEI： 大学校长、学院院长、医院行政管理员、历史学家、家政经济学家、职业学校教师、资料员。

SEA： 娱乐活动管理员、国外服务办事员、社会服务助理、一般咨询者、宗教教育工作者。

SCE： 部长助理、福利机构职员、生产协调人、环境卫生管理人员、戏院经理、餐馆经理、售票员。

SRI： 外科医师助手、医院服务员。

SRE： 体育教师、职业病治疗者、体育教练、专业运动员、房管员、儿童家庭教师、警察、引座员、传达员、保姆。

SRC： 护理员、护理助理、医院勤杂工、理发师、学校儿童服务人员。

SIA： 社会学家，心理咨询者，学校心理学家，政治科学家，大学或学院的系主任，大学或学院的教育学教师，大学农业教师，大学法律教师，大学工程和建筑课程的教师，大学数学、医学、物理教师，大学社会科学、生命科学教师，研究生助教，成人教育教师。

SIE： 营养学家、饮食学家、海关检查员、安全检查员、税务稽查员、校长。

SIC： 描图员、兽医助手、诊所助理、体检检查员、娱乐指导者、监督缓刑犯的工作者、咨询人员、社会科学教师。

SIR： 理疗员、救护队工作人员、手足病医生、职业病治疗助手。

附录2　MBTI 职业性格测试题

MBTI 测试前须知

1．参加测试请务必诚实、独立地回答问题。只要认真、真实地填写测试问卷，通常情况下都能得到一个确实和性格相匹配的类型。希望你能从中或多或少地获得一些有益的信息。

2．《性格分析报告》展示的是你的性格倾向，而不是你的知识、技能、经验。

3．MBTI 提供的性格类型描述仅供测试者确定自己的性格类型之用，性格类型没有好坏，只有不同。每一种性格特征都有其价值和优点，也有缺点和需要注意的地方。

4．本测试分为四部分，共 93 题；需时约 18 分钟。所有题目没有对错之分，请根据自己的实际情况选择，将你选择的 A 或 B 所在的○涂黑，例如：●。

一、哪一个答案最能贴切的描绘你一般的感受或行为？

序号	问题描述	选项	E	I	S	N	T	F	J	P
1	当你要外出一整天，你会 　A 计划你要做什么和在什么时候做　B 说去就去	A							○	
		B								○
2	你认为自己是一个 　A 较为随兴所至的人　B 较为有条理的人	A								○
		B							○	
3	假如你是一位老师，你会选教 　A 以事实为主的课程　B 涉及理论的课程	A			○					
		B				○				
4	你通常 　A 与人容易混熟　B 比较沉静或矜持	A	○							
		B		○						
5	一般来说，你和哪些人比较合得来？ 　A 富于想象力的人　B 现实的人	A				○				
		B			○					
6	你是否经常让 　A 你的情感支配你的理智　B 你的理智主宰你的情感	A						○		
		B					○			
7	处理许多事情上，你会喜欢 　A 凭兴所至行事　B 按照计划行事	A								○
		B							○	
8	你是否 A 容易让人了解　B 难于让人了解	A	○							
		B		○						
9	按照程序表做事， 　A 合你心意　B 令你感到束缚	A							○	
		B								○
10	当你有一份特别的任务，你会喜欢 　A 开始前小心组织计划　B 边做边找须做什么	A							○	
		B								○
11	在大多数情况下，你会选择 　A 顺其自然　B 按程序表做事	A								○
		B							○	
12	大多数人会说你是一个 　A 重视自我隐私的人　B 非常坦率开放的人	A		○						
		B	○							
13	你宁愿被人认为是一个 　A 实事求是的人　B 机灵的人	A			○					
		B				○				

续表

序号	问题描述	选项	E	I	S	N	T	F	J	P
14	在一大群人当中，通常是 A 你介绍大家认识　B 别人介绍你	A	○							
		B		○						
15	你会跟哪些人做朋友？ A 常提出新注意的　B 脚踏实地的	A				○				
		B			○					
16	你倾向 A 重视感情多于逻辑　B 重视逻辑多于感情	A						○		
		B					○			
17	你比较喜欢 A 坐观事情发展才作计划　B 很早就作计划	A								○
		B							○	
18	你喜欢花很多的时间 A 一个人独处　B 和别人在一起	A		○						
		B	○							
19	与很多人一起会 A 令你活力倍增　B 常常令你心力交瘁	A	○							
		B		○						
20	你比较喜欢 A 很早便把约会、社交聚会等事情安排妥当 B 无拘无束，看当时有什么好玩就做什么	A							○	
		B								○
21	计划一个旅程时，你较喜欢 A 大部分的时间都是跟当天的感觉行事 B 事先知道大部分的日子会做什么	A								○
		B							○	
22	在社交聚会中，你 A 有时感到郁闷　B 常常乐在其中	A		○						
		B	○							
23	你通常 A 和别人容易混熟　B 趋向自处一隅	A	○							
		B		○						
24	哪些人会更吸引你？ A 一个思维敏捷及非常聪颖的人 B 实事求是，具丰富常识的人	A				○				
		B			○					
25	在日常工作中，你会 A 颇为喜欢处理迫使你分秒必争的突发事件 B 通常预先计划，以免要在压力下工作	A								○
		B							○	
26	你认为别人一般 A 要花很长时间才能认识你　B 用很短的时间便认识你	A		○						
		B	○							

二、在下列每一对词语中，哪一个词语更合你心意？请仔细想想这些词语的意义，而不要理会它们的字形或读音。

序号	问题描述	选项	E	I	S	N	T	F	J	P
27	A 注重隐私　　B 坦率开放	A		○						
		B	○							
28	A 预先安排的　B 无计划的	A							○	
		B								○
29	A 抽象　　　　B 具体	A				○				
		B			○					
30	A 温柔　　　　B 坚定	A						○		
		B					○			
31	A 思考　　　　B 感受	A					○			
		B						○		
32	A 事实　　　　B 意念	A			○					
		B				○				

续表

序号	问题描述		选项	E	I	S	N	T	F	J	P
33	A 冲动	B 决定	A								○
			B							○	
34	A 热衷	B 文静	A	○							
			B		○						
35	A 文静	B 外向	A		○						
			B	○							
36	A 有系统	B 随意	A							○	
			B								○
37	A 理论	B 肯定	A				○				
			B			○					
38	A 敏感	B 公正	A						○		
			B					○			
39	A 令人信服	B 感人的	A					○			
			B						○		
40	A 声明	B 概念	A			○					
			B				○				
41	A 不受约束	B 预先安排	A								○
			B							○	
42	A 矜持	B 健谈	A		○						
			B	○							
43	A 有条不紊	B 不拘小节	A							○	
			B								○
44	A 意念	B 实况	A				○				
			B			○					
45	A 同情怜悯	B 远见	A						○		
			B					○			
46	A 利益	B 祝福	A					○			
			B						○		
47	A 务实的	B 理论的	A			○					
			B				○				
48	A 朋友不多	B 朋友众多	A		○						
			B	○							
49	A 有系统	B 即兴	A							○	
			B								○
50	A 富想象的	B 以事论事	A				○				
			B			○					
51	A 亲切的	B 客观的	A						○		
			B					○			
52	A 客观的	B 热情的	A					○			
			B						○		
53	A 建造	B 发明	A			○					
			B				○				
54	A 文静	B 爱合群	A		○						
			B	○							
55	A 理论	B 事实	A				○				
			B			○					

续表

序号	问题描述	选项	E	I	S	N	T	F	J	P
56	A 富同情　　　B 合逻辑	A						○		
		B					○			
57	A 具分析力　　B 多愁善感	A					○			
		B						○		
58	A 合情合理　　B 令人着迷	A			○					
		B				○				

三、哪一个答案最能贴切地描绘你一般的感受或行为？

序号	问题描述	选项	E	I	S	N	T	F	J	P
59	当你要在一个星期内完成一个大项目，你在开始的时候会 A 把要做的不同工作依次列出　B 马上动工	A							○	
		B								○
60	在社交场合中，你经常会感到 A 与某些人很难打开话匣儿和保持对话 B 与多数人都能从容地交谈	A		○						
		B	○							
61	要做许多人也做的事，你比较喜欢 A 按照一般认可的方法去做 B 构想一个自己的想法	A			○					
		B				○				
62	你刚认识的朋友能否说出你的兴趣？ A 马上可以　B 要待他们真正了解你之后才可以	A	○							
		B		○						
63	你通常较喜欢的科目是 A 讲授概念和原则的　B 讲授事实和数据的	A				○				
		B			○					
64	哪个是较高的赞誉，或称许为 A 一贯感性的人　B 一贯理性的人	A						○		
		B					○			
65	你认为按照程序表做事 A 有时是需要的，但一般来说你不大喜欢这样做 B 大多数情况下是有帮助而且是你喜欢做的	A								○
		B							○	
66	和一群人在一起，你通常会选 A 跟你很熟悉的个别人谈话　B 参与大伙的谈话	A		○						
		B	○							
67	在社交聚会上，你会 A 是说话很多的一个　B 让别人多说话	A	○							
		B		○						
68	把周末期间要完成的事列成清单，这个主意会 A 合你意　B 使你提不起劲	A							○	
		B								○
69	哪个是较高的赞誉，或称许为 A 能干的　B 富有同情心	A					○			
		B						○		
70	你通常喜欢 A 事先安排你的社交约会　B 随兴之所至做事	A							○	
		B								○
71	总的说来，要做一个大型作业时，你会选 A 边做边想该做什么　B 首先把工作按步细分	A								○
		B							○	
72	你能否滔滔不绝地与人聊天 A 只限于跟你有共同兴趣的人 B 几乎跟任何人都可以	A		○						
		B	○							
73	你会 A 跟随一些证明有效的方法 B 分析还有什么毛病，及针对尚未解决的难题	A			○					
		B				○				
74	为乐趣而阅读时，你会 A 喜欢奇特或创新的表达方式 B 喜欢作者直话直说	A				○				
		B			○					

续表

序号	问题描述	选项	E	I	S	N	T	F	J	P
75	你宁愿替哪一类上司（或者老师）工作？ A 天性纯良，但常常前后不一的 B 言辞尖锐但永远合乎逻辑的	A						○		
		B					○			
76	你做事多数是 A 按当天心情去做　B 照拟好的程序表去做	A								○
		B							○	
77	你是否 A 可以和任何人按需求从容地交谈 B 只是对某些人或在某种情况下才可以畅所欲言	A	○							
		B		○						
78	要做决定时，你认为比较重要的是 A 据事实衡量　B 考虑他人的感受和意见	A					○			
		B						○		

四、在下列每一对词语中，哪一个词语更合你心意？

序号	问题描述	选项	E	I	S	N	T	F	J	P
79	A 想象的　B 真实的	A				○				
		B			○					
80	A 仁慈慷慨的　B 意志坚定的	A						○		
		B					○			
81	A 公正的　B 有关怀心	A					○			
		B						○		
82	A 制作　B 设计	A			○					
		B				○				
83	A 可能性　B 必然性	A				○				
		B			○					
84	A 温柔　B 力量	A						○		
		B					○			
85	A 实际　B 多愁善感	A					○			
		B						○		
86	A 制造　B 创造	A			○					
		B				○				
87	A 新颖的　B 已知的	A				○				
		B			○					
88	A 同情　B 分析	A						○		
		B					○			
89	A 坚持己见　B 温柔有爱心	A					○			
		B						○		
90	A 具体的　B 抽象的	A			○					
		B				○				
91	A 全心投入　B 有决心的	A						○		
		B					○			
92	A 能干　B 仁慈	A					○			
		B						○		
93	A 实际　B 创新	A			○					
		B				○				
每项总分										

E　I　S　N　T　F　J　P

五、评分规则

1. 当你将○涂好后，把 8 项（E、I、S、N、T、F、J、P）分别加起来，并将总和填在每项最下面方格内。

2. 请复查你的计算是否准确。

四个维度		每项总分	每项总分	四个维度	
外向	E			I	内向
实感	S			N	直觉
思考	T			F	情感
判断	J			P	认知

六、确定类型的规则

1. MBTI 以四个组别来评估你的性格类型倾向："E-I""S-N""T-F" 和 "J-P"。请你比较四个组别的得分。每个组别中，获得较高分数的那个类型，就是你的性格类型倾向。例如：你的得分是：E（外向）12 分，I（内向）9 分，那你的类型倾向便是 E（外向）了。

2. 将代表获得较高分数的类型的英文字母，填在下方的方格内。如果在一个组别中，两个类型获同分，则依据下边表格中的规则来决定你的类型倾向。

评估类型

同分处理规则	假如	E=I	请填上 I
	假如	S=N	请填上 N
	假如	T=F	请填上 F
	假如	J=P	请填上 P

性格解析

"性格"是个体内部的行为倾向，具有整体性、结构性、持久稳定性等特点，是每个人特有的，可对个人外显的行为、态度提供统一、内在的解释。MBTI 把性格分析成四个维度，每个维度上包含相互对立的两种偏好：

E	外向	or	**I**	内向
S	感觉	or	**N**	直觉
T	思考	or	**F**	情感
J	判断	or	**P**	感知

其中，"外向 E—内向 I"代表着各人不同的精力（Energy）来源；"感觉 S—直觉 N""思考 T—情感 F"分别表示人们在进行感知（Perception）和判断（Judgement）时不同的用脑偏好；"判断 J—感知 P"针对人们的生活方式（Life Style）而言，它表明我们如何适应外部环境——在我们适应外部环境的活动中，究竟是感知还是判断发挥了主导作用。

ISTJ	ISFJ	INFJ	INTJ
ISTP	ISFP	INFP	INTP
ESTP	ESFP	ENFP	ENTP
ESTJ	ESFJ	ENFJ	ENTJ

注：根据 1978-MBTI-K 量表，以上每种类型中又分 625 个小类型。

每一种性格类型都具有独特的行为表现和价值取向。了解性格类型是寻求个人发展、探索人际关系的重要开端。

MBTI 十六种人格类型

ISTJ

1. 严肃、安静、集中心志与全力投入及可被信赖获致成功。

2. 行事务实、有序、实际、逻辑、真实及可信赖。

3. 十分留意且乐于任何事（工作、居家、生活均有良好组织及有序）。

4. 负责任。

5. 照设定成效来做出决策且不畏阻挠与闲言会坚定为之。

6. 重视传统与忠诚。

7. 传统性的思考者或经理。

ISFJ

1. 安静、和善、负责任且有良心。

2. 行事尽责投入。

3. 安定性高，常居项目工作或团体之安定力量。

4. 愿投入、吃苦及力求精确。

5. 兴趣通常不在于科技方面，对细节事务有耐心。

6. 忠诚、考虑周到、知性且会关切他人感受。

7. 致力于创构有序及和谐的工作与家庭环境。

INFJ

1. 因为坚忍、创意及必须达成的意图而能成功。

2. 会在工作中投注最大的努力。

3. 默默强力地、诚挚地及用心地关切他人。

4. 因坚守原则而受敬重。

5. 提出造福大众利益的明确远景而为人所尊敬与追随。

6. 追求创见、关系及物质财富的意义及关联。

7. 想了解什么能激励别人及对他人具洞察力。

8. 光明正大且坚信其价值观。

9. 有组织且果断地履行其愿景。

INTJ

1. 具强大动力与本意来达成目的与创意。

2. 有宏大的愿景且能快速在众多外界事件中找出有意义的模范。

3. 对所承担的职务认真负责，积极策划并努力完成任务。

4. 具怀疑心、挑剔性、独立性、果决，对专业水准及绩效要求高。

ISTP

1. 冷静旁观者——安静、预留余地、弹性及会以无偏见的好奇心与原始的幽默观察与分析。

2. 有兴趣于探索原因及效果，技术事件是为何及如何运作且使用逻辑的原理组构事实、重视效能。

3. 擅长于掌握问题核心及找出解决方案。

4. 分析成事的缘由且能实时由大量资料中找出实际问题的核心。

ISFP

1. 羞怯的、安宁和善的、敏感的、亲切的且行事谦虚。

2. 喜于避开争论，不对他人强加己见或价值观。

3. 无意于领导却常是忠诚的追随者。

4. 办事不急躁，安于现状，无意于以过度的急切或努力破坏现况，且非成果导向。

5. 喜欢有自由的空间及照自己拟订的时程办事。

INFP

1. 安静观察者，具理想性，对其价值观及重要之人具忠诚心。

2. 希望外在生活形态与内在价值观相吻合。

3. 具好奇心且很快能看出机会所在，常担负开发创意的触媒者。

4. 除非价值观受侵犯，行事会具弹性、适应力高且承受力强。

5. 具有想了解及发展他人潜能的企图，想做太多事，且做事全神贯注。

6. 对所处境遇及拥有不太在意。

7. 具适应力、有弹性，除非价值观受到威胁。

INTP

1. 安静、自持、弹性及具适应力。

2. 特别喜爱追求理论与科学事理。

3. 习于以逻辑及分析来解决问题——问题解决者。

4. 最有兴趣于创意事务及特定工作，对聚会与闲聊无大兴趣。

5. 追求可发挥个人强烈兴趣的生涯。

6. 追求发展对有兴趣事务之逻辑解释。

ESTP

1. 擅长现场实时解决问题——解决问题者。

2. 喜欢办事并乐于其中的过程。

3. 倾向于喜好技术事务及运动，交结有共同爱好的人。

4. 具适应性、容忍度、务实性；投注心力于会很快具成效的工作。

5. 不喜欢冗长概念的解释及理论。

6. 最专精于可操作、处理、分解或组合的真实事务。

ESFP

1. 外向、和善、接受性、乐于分享，喜欢给予他人。

2. 喜欢与他人一起行动且促成事件发生，在学习时亦然。

3. 知晓事件未来的发展并会热烈参与。

4. 最擅长于人际相处能力及具备完备常识，很有弹性能立即适应他人与环境。

5. 对生命、人、物质享受的热爱者。

ENFP

1. 充满热忱、活力充沛、聪明的、富想象力的，认为生命中充满了机会，期望能得到他人的肯定与支持。

2. 几乎能达成所有有兴趣的事。

3. 对难题很快就有对策，并能对有困难的人施予援手。

4. 依赖能改善的能力而无须预作规划准备。

5. 为达目的常能找出强制自己为之的理由。

6. 即兴执行者。

ENTP

1. 反应快、聪明、长于多样事务。

2. 具激励伙伴、敏捷及直言不讳专长。

3. 会为了有趣而对问题的两面加予争辩。

4. 对解决新的及挑战性的问题富有策略，但会轻忽或厌烦经常的任务与细节。

5. 兴趣多元，易倾向于转移至新生的兴趣。

6. 对所想要的会有技巧地找出逻辑的理由。

7. 长于看清楚他人，有智能去解决新的或有挑战的问题。

ESTJ

1. 务实、真实、事实倾向，具企业或技术天分。

2. 不喜欢抽象理论；最喜欢学习可立即运用事理。

3. 喜好组织与管理活动且专注以最有效率的方式行事以达至成效。

4. 具决断力、关注细节且很快做出决策——优秀行政者。

5. 会忽略他人感受。

6. 喜作领导者或企业主管。

ESFJ

1. 诚挚、爱说话、合作性高、受欢迎、光明正大的——天生的合作者及活跃的组织成员。

2. 重和谐且长于创造和谐。

3. 常做对他人有益的事务。

4. 给予鼓励及称许会有更佳工作成效。

5. 最有兴趣于会直接及有形影响人们生活的事务。

6. 喜欢与他人共事去精确且准时地完成工作。

ENFJ

1. 热忱、易感应及负责任的——具有能鼓励他人的领导风格。

2. 对别人所想或希求会表达真正关切且切实用心去处理。

3. 能怡然且技巧性地带领团体讨论或演示文稿提案。

4. 爱交际、受欢迎及富同情心。

5. 对称许及批评很在意。

6. 喜欢带引别人且能使别人或团体发挥潜能。

ENTJ

1. 坦诚、具决策力的活动领导者。

2. 长于发展与实施广泛的系统以解决组织的问题。

3. 专精于具内涵与智能的谈话，如对公众演讲。

4. 乐于经常吸收新知且能广开信息管道。

5. 易生过度自信，会强于表达自己创见。

6. 喜于长程策划及目标设定。

MBTI 各种性格类型的常见适合职业举例

ISTJ	首席信息系统执行官，天文学家，数据库管理，会计，房地产经纪人，侦探，行政管理，信用分析师
ISFJ	内科医生，营养师，图书/档案管理员，室内装潢设计师，客户服务专员，记账员，特殊教育教师，酒店管理
INFJ	特殊教育教师，建筑设计师，培训经理/培训师，职业策划咨询顾问，心理咨询师，网站编辑，作家，仲裁人

续表

INTJ	首席财政执行官，知识产权律师，设计工程师，精神分析师，心脏病专家，媒体策划，网络管理员，建筑师
ISTP	信息服务业经理，计算机程序员，警官，软件开发员，律师助理，消防员，私人侦探，药剂师
ISFP	室内装潢设计师，按摩师，客户服务专员，服装设计师，厨师，护士，牙医，旅游管理
INFP	心理学家，人力资源管理，翻译，大学教师（人文学科），社会工作者，图书管理员，服装设计师，编辑/网站设计师
INTP	软件设计师，风险投资家，法律仲裁人，金融分析师，大学教师（经济学），音乐家，知识产权律师，网站设计师
ESTP	企业家，经纪人，保险经纪人，土木工程师，旅游管理，职业运动员/教练，电子游戏开发员，房产开发商
ESFP	幼教老师，公关专员，职业策划咨询师，旅游管理/导游，促销员，演员，海洋生物学家，销售
ENFP	广告客户管理，管理咨询顾问，演员，平面设计师，艺术指导，公司团队培训师，心理学家，人力资源管理
ENTP	企业家，投资银行家，广告创意总监，市场管理咨询顾问，文案，广播/电视主持人，演员，大学校长
ESTJ	公司首席执行官，军官，预算分析师，药剂师，房地产经纪人，保险经纪人，教师（贸易/工商类），物业管理
ESFJ	房地产经纪人，零售商，护士，理货员/采购，按摩师，运动教练，饮食业管理，旅游管理
ENFJ	广告客户管理，杂志编辑，公司培训师，电视制片人，市场专员，作家，社会工作者，人力资源管理
ENTJ	公司首席执行官，管理咨询顾问，政治家，房产开发商，教育咨询顾问，投资顾问，法官

附录3 职业能力自测量表

下面是一项描述"能力"的量表，请依据你平常的行为表现，为自己目前所拥有的职业能力做出最真实的判断。看看你所擅长的职业能力和适合的职业。第一个括号填"强"，第二个括号填"弱"。

第一组

1. 善于表达自己的观点 （ ） （ ）
2. 阅读速度快，并能抓住中心内容 （ ） （ ）
3. 清楚地向别人解释难懂的概念 （ ） （ ）
4. 对文章的字、词、段落的理解、分析和综合的能力 （ ） （ ）
5. 掌握词汇量的程度 （ ） （ ）
6. 您读书期间的语文成绩 （ ） （ ）

总计次数 （ ） （ ）

第二组

1. 目测能力（如测量长、宽、高等） （ ） （ ）
2. 解应用题的速度 （ ） （ ）
3. 笔算能力 （ ） （ ）
4. 心算能力 （ ） （ ）
5. 使用工具（如计算器、算盘等）的计算能力 （ ） （ ）
6. 您读书期间的数学成绩 （ ） （ ）

总计次数 （ ） （ ）

第三组

1. 作图能力 （ ） （ ）
2. 画三维度的立体图形 （ ） （ ）
3. 看几何图形的立体感 （ ） （ ）
4. 想象盒子展开后的平面形状 （ ） （ ）
5. 想象立体物体的能力 （ ） （ ）
6. 玩拼板游戏 （ ） （ ）

总计次数 （ ） （ ）

第四组

1. 发现相似图形中的细微差异 （ ） （ ）
2. 识别物体的形状差异 （ ） （ ）
3. 注意到多数人所忽视的物体的细节部分 （ ） （ ）
4. 检查物体的细节 （ ） （ ）

5. 观察图案是否正确 （　　）　（　　）

6. 善于改正计算中的错误 （　　）　（　　）

总计次数 （　　）　（　　）

第五组

1. 快速而正确地抄写资料（诸如姓名、日期、电话号码等）（　　）　（　　）

2. 发现错别字 （　　）　（　　）

3. 发现计算错误 （　　）　（　　）

4. 发现图表中的细小错误 （　　）　（　　）

5. 在图书馆很快地查找编码卡片 （　　）　（　　）

6. 持久工作的能力（如较长时间地抄写资料） （　　）　（　　）

总计次数 （　　）　（　　）

第六组

1. 操作机器的能力 （　　）　（　　）

2. 玩电子游戏或瞄准打靶 （　　）　（　　）

3. 运动中身体的协调和灵活性 （　　）　（　　）

4. 打球（如篮球、排球、乒乓球、羽毛球等）的姿势与水平 （　　）　（　　）

5. 手指的协调性（如打字、珠算等） （　　）　（　　）

6. 身体平衡的能力（如走平衡木等） （　　）　（　　）

总计次数 （　　）　（　　）

第七组

1. 灵巧地使用手工工具（如榔头、锤子等） （　　）　（　　）

2. 灵巧地使用很小的工具（如镊子、缝衣针等） （　　）　（　　）

3. 弹乐器时手指的灵活度 （　　）　（　　）

4. 动手做一件小手工艺品 （　　）　（　　）

5. 很快地削水果（如苹果、梨子） （　　）　（　　）

6. 修理、装配、拆卸、编织、缝补一类活动 （　　）　（　　）

总计次数 （　　）　（　　）

第八组

1. 善于在陌生的场合发表自己的意见 （　　）　（　　）

2. 去新场所并结交新朋友 （　　）　（　　）

3. 您的口头表达能力 （　　）　（　　）

4. 善于与人友好交往并协同工作 （　　）　（　　）

5. 善于帮助别人 （　　）　（　　）

6. 擅长做别人的思想工作 （　　）　（　　）

总计次数 （　　）　（　　）

第九组

1. 善于组织集体活动 （　） （　）
2. 在集体活动或学习中，经常关心他人的情况 （　） （　）
3. 在日常生活中能经常动脑筋，出点子 （　） （　）
4. 冷静地果断地处理突然发生的事情 （　） （　）
5. 在工作中您认为自己的工作能力 （　） （　）
6. 善于解决与朋友或同事之间的矛盾 （　） （　）
总计次数 （　） （　）

计分：
现在请将每组回答的"强""弱"的总次数填在下面的括号中：

组	相应的职业能力	强（次数）	弱（次数）
第一组	言语能力	（　）	（　）
第二组	数理能力	（　）	（　）
第三组	空间判断能力	（　）	（　）
第四组	察觉细节能力	（　）	（　）
第五组	书写能力	（　）	（　）
第六组	运动协调	（　）	（　）
第七组	动手能力	（　）	（　）
第八组	社会交往能力	（　）	（　）
第九组	组织管理能力	（　）	（　）

评价： 在强（次数）栏中找出两个数字最大的组，这两个组所表示的能力就是您在职业能力上最强的两个方面，然后您可以对照下面的分析，看到您做适宜从事的职业有哪些，反之您也可在弱（次数）栏找出两个数字最大的组，这两组所反映的职业能力对您来说最弱，您不应该从事要求这两方面职业能力强的职业。

第一组：言语能力。您具有对词、句子、段落、篇章的理解能力，以及善于清楚而正确地表达自己的观念和向别人介绍信息的能力。您最适宜从事的职业有：外销员、商务师、导游、演员、导演、编辑、播音员、节目主持人、教师、律师、审判员等。

第二组：数理能力。您能迅速而准确地运算，并具有在快速准确地进行计算的同时，进行推理、解决应用问题的能力。您最适宜从事的职业有：会计、银行职员、保险公司职员、税务员、审计员、统计员、自然科学家、计算机工程师等。

第三组：空间判断能力。您具有对立体图形以及平面图形与立体图形之间关系的理解能力，包括能看懂几何图形、对立体图形的三个面的理解力，识别物体在空间运动中的联系，解决几何问题。您最适宜从事的职业有：技术员、工程师、服装设计师、艺术家、家具设计师、建筑师、摄影师、家电维修专家、自然科学家、军官、司机等。

第四组：察觉细节能力。您对物体或图形的有关细节具有正确的知觉能力，对于图形的明暗、线的宽度和长度能做出区别和比较，可以看出其细微的差别。您最适宜从事的职业有：技术员、工程师、电工、房管员、咨询师、运动员、教练员、导演、图书馆员、会计、银行职员、保险公司职员、审计员、统计员、编辑、播音员、自然科学家、计算机工程师等。

第五组：书写能力。您具有对词、印刷品、账目、表格等细微部分正确知觉的能力，善于发现错字和正确地校对数字的能力。您最适宜从事的职业有：教师、公务员、社会科学家、秘书、打字员、编辑、银行职员、咨询师、经理、记者、作家等。

第六组：运动协调。您的眼、手、脚、身体能够迅速准确和协调地做出准确的动作和运动反应，手能跟随眼所看到的东西迅速行动，具有正确控制的能力。您最适宜从事的职业有：运动员、教练员、演员、工人、农民、服装设计师、家具设计师、美容师、电工、司机、服务员、导游、医生、护士、药剂师、导演、警察、战士等。

第七组：动手能力。您的手、手指、手腕能迅速而准确地活动和操作小的物体，在拿取、放置、调换、翻转物体时手能做出精巧运动和腕的自由运动。您最适宜从事的职业有：医生、护士、药剂师、运动员、教练员、自然科学家、工人、农民、技术员、工程师、服装设计师、家具设计师、艺术家、美容师、售货员、服务员、保育员、摄影师、演员、导演、战士等。

第八组：社会交往能力。您善于进行人与人之间的相互交往、相互联系、相互帮助、相互作用和影响，具有协同工作或建立良好的人际关系的能力。您最适宜从事的职业有：采购员、推销员、公共关系人员、外销员、商务师、编辑、调度员、经理、服务员、房管员、导游、咨询师、银行信贷员、税务师、审计员、保险公司职员、演员、导演、教师、社会科学家、公务员、秘书、警察、律师等。

第九组：组强管理能力。您擅长于组织和安排各种活动，具有协调人际关系的能力。您最适宜从事的职业有：调度员、导游、教练员、导演、教师、经理、公务员等。

附录 4 职业锚测试

测评标准：1 从不；2 偶尔；3 有时；4 经常；5 频繁；6 总是。

姓名：	性别：	年龄：	职业：	分数
1	我希望做我擅长的工作，这样我的内行建议可以不断被采纳			
2	当我整合并管理其他人的工作时，我非常有成就感			
3	我希望我的工作能让我用自己的方式、按自己的计划去开展			
4	对我而言，安定与稳定比自由和自主更重要			
5	我一直在寻找可以让我创立自己事业（公司）的创意（点子）			
6	我认为只有对社会做出真正贡献的职业才算是成功的职业			
7	在工作中，我希望去解决那些有挑战性的问题，并且胜出			
8	我宁愿离开公司，也不愿从事需要个人和家庭做出一定牺牲的工作			
9	将我的技术和专业水平发展到一个更具有竞争力的层次是成功职业的必要条件			
10	我希望能够管理一个大的公司（组织），我的决策将会影响许多人			
11	如果职业允许自由地决定自己的工作内容、计划、过程时，我会非常满意			
12	如果工作的结果使我丧失了自己在组织中的安全稳定感，我宁愿离开这个工作岗位			
13	对我而言，创办自己的公司比在其他的公司中争取一个高的管理位置更有意义			
14	我的职业满足感来自我可以用自己的才能去为他人提供服务			
15	我认为职业的成就感来自克服自己面临的非常有挑战性的困难			
16	我希望我的职业能够兼顾个人、家庭和工作的需要			
17	对我而言，在我喜欢的专业领域内做资深专家比总经理更具有吸引力			
18	只有在我成为公司的总经理后，我才认为我的职业人生是成功的			
19	成功的职业应该允许我有完全的自主与自由			
20	我愿意在能给我安全感、稳定感的公司中工作			
21	当通过自己的努力或想法完成工作时，我的工作成就感最强			
22	对我而言，利用自己的才能使这个世界变得更适合生活或居住，比争取一个高的管理职位更重要			
23	当我解决了看上去不可能解决的问题，或者在必输无疑的竞赛中胜出时，我会非常有成就感			
24	我认为只有很好地平衡了个人、家庭、职业三者的关系，生活才能算是成功的			
25	我宁愿离开公司，也不愿频繁接受那些不属于我专业领域的工作			
26	对我而言，做一个全面管理者比在我喜欢的专业领域内做资深专家更有吸引力			
27	对我而言，用我自己的方式不受约束地完成工作，比安全、稳定更加重要			
28	只有当我的收入和工作有保障时，我才会对工作感到满意			
29	在我职业生涯中，如果我能成功地创造或实现完全属于自己的产品或点子，我会感到非常成功			
30	我希望从事对人类和社会真正有贡献的工作			
31	我希望工作中有很多的机会，可以不断挑战我解决问题的能力（或竞争力）			
32	能很好地平衡个人生活与工作，比达到一个高的管理职位更重要			
33	如果在工作中能经常用到我特别的技巧和才能，我会感到特别满意			
34	我宁愿离开公司，也不愿意接受让我离开全面管理的工作			
35	我宁愿离开公司，也不愿意接受约束我自由和自主控制权的工作			
36	我希望有一份让我有安全感和稳定感的工作			
37	我梦想着创建属于自己的事业			
38	如果工作限制了我为他人提供帮助或服务，我宁愿离开公司			
39	去解决那些几乎无法解决的难题，比获得一个高的管理职位更有意义			
40	我一直在寻找一份能最小化个人和家庭之间冲突的工作			

职业锚类型

类型	请填写相应题目的得分，相加总和为最终得分					得分
技术-职能型	1	9	17	25	33	
管理型	2	10	18	26	34	
自主-独立型	3	11	19	27	35	
安全-稳定型	4	12	20	28	36	
创业型	5	13	21	29	37	
挑战型	6	14	22	30	38	
服务型	7	15	23	31	39	
生活型	8	16	24	32	40	

参考文献

卜欣欣，陆爱平，2005．个人职业生涯规划[M]．北京：中国时代经济出版社．

陈龙海，李忠霖，2008．成功创业训练[M]．北京：北京师范大学出版社．

戴安·萨克尼克，等，2005．职业指导[M]．李洋，等译．北京：中国劳动社会保障出版社．

杜林致，2006．职业生涯管理[M]．上海：上海交通大学出版社．

费利克斯·劳耐尔，赵志群，吉利，2010．职业能力与职业能力测评：KOMET理论基础与方案[M]．北京：清华大学出版社．

傅进军，2005．大学生就业力促进与职业发展[M]．北京：科学出版社．

何二毛，2015．大学生非专业就业能力指标建构研究[M]．北京：科学出版社．

胡志强，2009．大学生职业生涯规划与就业指导[M]．北京：中国传媒大学出版社．

蒋建荣，詹启生，2005．大学生生涯规划导论[M]．天津：南开大学出版社．

金树人，2007．生涯咨询与辅导[M]．北京：高等教育出版社．

阚雅玲，张强，2007．大学生成功素质训练[M]．北京：机械工业出版社．

李俊珂，2009．职业素质与就业能力训练[M]．北京：清华大学出版社．

李建明，2005．大学生职业生涯设计与就业指导[M]．沈阳：东北大学出版社．

刘德华，2010．我是这样长大的[M]．上海：学林出版社．

刘平，2009．大学生创业教程[M]．北京：清华大学出版社．

罗双平，1999．职业生涯规划[M]．北京：中国人事出版社．

乔刚，2009．大学生职业生涯规划与管理[M]．上海：复旦大学出版社．

曲振国，2008．大学生就业指导与职业生涯规划[M]．北京：清华大学出版社．

时勘，1992．职业指导[M]．北京：人民教育出版社．

宋景华，刘立功．2010．大学生职业发展与就业创业指导[M]．北京：高等教育出版社．

孙长缨．2008．当代大学生就业研究[M]．北京：高等教育出版社．

王莉，陈岩，吕化周，2013．大学生职业发展与就业能力培养[M]．武汉：武汉理工大学出版社．

王贤国，2006．大学生创业教育教程[M]．大连：辽宁师范大学出版社．

王小玲，邢士彦，2007．就业与创业指导[M]．北京：知识产权出版社．

徐笑君，2008．职业生涯规划与管理[M]．成都：四川人民出版社．

徐左平，何海翔，冯丽琴，2012．应用型本科学生综合职业能力培养[M]．上海：华东师范大学出版社．

许海元，2013．大学生生涯规划能力研究[M]．北京：清华大学出版社．

许玫，张生妹，2006．大学生如何进行生涯规划[M]．上海：复旦大学出版社．

赵北平，雷五明，等，2006．大学生生涯规划与职业发展[M]．武汉：武汉大学出版社．

张惠丽，等，2009．职业生涯规划与大学生素质发展[M]．北京：科学出版社．

张乐敏，等，2008．大学生职业生涯规划与管理[M]．上海：复旦大学出版社．

张琼，2010．大学生职业核心能力论[M]．上海：同济大学出版社．

张文双，等，2010．大学生职业生涯与发展规划教程[M]．北京：中国传媒大学出版社．

张文勇，等，2006．大学生职业规划与就业指导[M]．北京：科学出版社．

张智强，2011．大学生职业规划与人生发展[M]．北京：北京大学出版社．

钟谷兰，杨开，2008．大学生职业生涯发展与规划[M]．上海：华东师范大学出版社．

周坤，2006．我的人生我做主[M]．北京：北京大学出版社．

周仁钺，徐恺，2007．世界500强员工能力素质模型[M]．广州：广东经济出版社．

周文霞，2004．职业生涯管理[M]．上海：复旦大学出版社．

后　记

——梦想，并不遥远

不积跬步，无以至千里；

不积小流，无以成江海。

一个不能靠自己改变命运的人，是不幸的，也是可怜的；人生中究竟有多少事情，可以掌握在自己手中，成为命运的主宰？！生命就像一张白纸，等待着去描绘、去谱写。

没有兢兢业业的辛苦付出，哪来甘甜欢畅的成功喜悦？

没有勤勤恳恳的刻苦钻研，哪来激动人心的累累硕果？

古云：人生有涯而知无涯。求知与求职，快乐且艰辛。而如今，知识更新之快，职场变化之大，连喘息之机都没有。正所谓，不进则退，时不我待。

身为"天之骄子"的大学生们，与其消极应对、匆匆而过，不如潜心静思、厚积薄发，多学知识，多练才干，多增实力。

人生毕竟不是"快餐"，而应是一种兼具营养和艺术的筵席。它需要一张清清楚楚的"菜谱"，以使各种物料得到最佳搭配，铸就"美味佳肴"。

有则微信讲：这个世界上至少两样东西不能嘲笑：一是出身，一是梦想。什么样的出身不重要，重要的是将来成为什么样的人。出生在哪里不重要，未来在哪里才更重要。有梦想，人生自有动力，未来必将出彩。

生命清单，不仅仅是安排先做什么后做什么，更为重要的是：

它使我们确立了一种精神、一种理念、一种追求，并愿意为之奋斗。

天道酬勤！只要耕耘，必有收获！

未来，掌握在自己手中！

梦想，离我们并不遥远！